Wirtschaftsrecht des MERCOSUR

Im Max-Planck-Institut für ausländisches und internationales Privatrecht herausgegeben von Prof. Dr. Jürgen Basedow und Dr. Jürgen Samtleben

Band 1

Ulrich Wehner

Der Mercosur

Rechtsfragen und Funktionsfähigkeit eines neuartigen Integrationsprojektes und die Erfolgsaussichten der interregionalen Kooperation mit der Europäischen Union

Nomos Verlagsgesellschaft
Baden-Baden

Gedruckt mit Unterstützung der Deutschen Forschungsgemeinschaft.

Die Deutsche Bibliothek – CIP-Einheitsaufnahme

Wehner, Ulrich:
Der Mercosur : Rechtsfragen und Funktionsfähigkeit eines neuartigen Integrationsprojektes und die Erfolgsaussichten der interregionalen Kooperation mit der Europäischen Union / Ulrich Wehner. – 1. Aufl. – Baden-Baden : Nomos Verl.-Ges., 1999
(Wirtschaftsrecht des MERCOSUR ; Bd. 1)
Zugl.: Köln, Univ., Diss., 1998/99
ISBN 3-7890-6026-7

1. Auflage 1999

Meinen Eltern

Vorwort

Diese Arbeit lag dem Fachbereich Rechtswissenschaft der Universität zu Köln im Wintersemester 1998/99 als Dissertation vor. Sie befindet sich nunmehr auf dem Stand von November 1998.

Für Anregung, Zuspruch, Kritik und die erfahrene Unterstützung insgesamt schulde ich vielfachen Dank.

Er gilt zunächst meinem Doktorvater, Herrn Prof. Dr. Dr. Rainer Hofmann, für seine angenehme, unkomplizierte, vor allem wertvolle Hilfe in allen Angelegenheiten und die schnelle Verfahrensabwicklung. Herrn Prof. Dr. Stephan Hobe danke ich für die zügige Erstattung des Zweitgutachtens.

Weiter bedanke ich mich für die ideelle und materielle Förderung durch das Studienförderwerk der Stiftung der Deutschen Wirtschaft. Ebenfalls gilt mein Dank dem Deutschen Akademischen Austauschdienst für die Förderung gewinnbringender Auslandsaufenthalte und der Deutschen Forschungsgemeinschaft für die großzügige Gewährung einer Druckbeihilfe.

Zu Dank verpflichtet bin ich ferner den Herausgebern für die Aufnahme in diese Schriftenreihe und insbesondere Herrn Dr. Jürgen Samtleben für die engagierte Durchsicht der Arbeit und seine wertvollen Anregungen. Mein Dank gilt auch den Mitarbeitern des Verlages für die reibungslose und angenehme Zusammenarbeit.

Dankbar bin ich auch für die in Buenos Aires insbesondere von Frau Dr. Analía Miqueri sowie von den Herren Dr. Horacio Lavopa und Marcelo Prieto erhaltene Unterstützung.

Im Laufe der Zeit wurde mir nicht zuletzt auch die Hilfe der Herren Sascha Lehman und Dr. Sven Schello zuteil, bei denen ich mich herzlich bedanke.

Köln im Dezember 1998

Ulrich Wehner

Inhaltsverzeichnis

Abkürzungsverzeichnis

a.A.	anderer Ansicht
a.E.	am Ende
a.F.	alte Fassung
ABl.	Amtsblatt der Europäischen Gemeinschaften
AKP	Asien - Karibik - Pazifik
ALADI	Asociación Latinoamericana de Integración
ALALC	Asociación Latinoamericana de Libre Comercio
ALCA	Área de Libre Comercio de las Américas
Anm.	Anmerkung
Art./Artt.	Artikel
Aufl.	Auflage
Bd.	Band
BfAI	Bundesstelle für Außenhandelsinformation
BGBl.	Bundesgesetzblatt
BID	Banco Interamericano de Desarrollo
Bull.-EG/EU	Bulletin der Europäischen Gemeinschaften/der Europäischen Union
bzw.	beziehungsweise
CARICOM	Caribbean Community
CaseW. Res. J. Int. L.	Case Western Reserve Journal of International Law
CEE	Comunidad Económica Europea
CEPAL	Comisión Económica para América Latina
d.h.	das heißt
EA	Europa Archiv
EAG	Europäische Atomgemeinschaft
EEA	Einheitliche Europäische Akte
EG	Europäische Gemeinschaft
EGKS	Europäische Gemeinschaft für Kohle und Stahl
EGV	Vertrag zur Gründung der Europäischen Wirtschaftsgemeinschaft
EPIL	Encyclopedia of Public International Law

EUGH	Gerichtshof der Europäischen Gemeinschaften
EuR	Europarecht
EUV	Vertrag zur Gründung der Europäischen Union
EuZW	Europäische Zeitschrift für Wirtschaftsrecht
EWG	Europäische Wirtschaftsgemeinschaft
f./ff.	folgende
FAZ	Frankfurter Allgemeine Zeitung
FN	Fußnote
FS	Festschrift
FusionsV	Fusionsvertrag
GATT	General Agreement on Tariffs and Trade
GATTS	General Agreement on Trade in Services
GRUR-Int.	Gewerblicher Rechtsschutz und Urheberrecht - Internationaler Teil
Hrsg.	Herausgeber
ICE	Información Comercial Española
ILM	International Legal Materials
int.	international
INTAL	Instituto para la Integración de América Latina
IRA	Interregionales Rahmenabkommen
IRELA	Instituto de Relaciones Europeo Latinoamericanas
Kap.	Kapitel
LAFTA	Latin American Free Trade Association
lit.	litera
MCCA	Mercado Común Centroamericano
Mercosur	Mercado Común del Sur
MOEL	Mittel- und Osteuropäische Länder
n.F.	neue Fassung
Nr.	Nummer
OEA	Organización de los Estados Americanos
PB	Protocolo de Brasilia
PLC	Programa de Liberalización Comercial
POP	Protocolo de Ouro Preto
RDAI	Revue de Droit des Affaires Internationales

Rdnr.	Randnummer
Rs.	Rechtssache
S.	Seite
s.	siehe
s.a.	siehe auch
s.o.	siehe oben
Slg.	Sammlung
sog.	sogenannt
TA	Tratado de Asunción
TRIPS	Trade-Related Intellectual Property Rights
UNTS	United Nations Treaty Series
v.a.	vor allem
vgl.	vergleiche
Vol.	Volume
WM	Wertpapier-Mitteilungen
WTO	World Trade Organisation
WVK	Wiener Übereinkommen über das Recht der Verträge
z.B.	zum Beispiel
ZaöRV	Zeitschrift für ausländisches öffentliches Recht und Völkerrecht
Ziff.	Ziffer

Einführung

Am 26. März 1991 wurde mit der Unterzeichnung des sogenannten Vertrages von Asunción durch die Präsidenten von Argentinien, Brasilien, Paraguay und Uruguay der Mercado Común del Sur ins Leben gerufen[1]. Damit entstand unter der Kurzbezeichnung Mercosur, brasilianisch Mercosul, gemessen am Bruttoinlandsprodukt der vier beteiligten Staaten, die viertgrößte Wirtschaftszone der Welt[2].

Der Gründungsvertrag von Asunción strebt die Bildung eines gemeinsamen Marktes an. Erreicht werden soll das Wachstum der Binnenmärkte und eine Beschleunigung der wirtschaftlichen Entwicklung und Modernisierung in der Region. Die Berührung nachhaltiger europäischer Interessen wird im Zusammenhang mit der außenwirtschaftlichen Orientierung des Mercosur und der eingeleiteten Öffnung seiner Märkte deutlich. Die Kommission der Europäischen Gemeinschaften selbst sieht im Mercosur „erwiesenermaßen den dynamischsten Markt für die europäischen Exporteure" und konstatiert „sowohl ein politisches als auch ein wirtschaftliches Interesse an einem Ausbau der Beziehungen zu Mercosur"[3]. Der Kooperationswille fand seinen bisherigen Höhepunkt in dem Abschluß des Interregionalen Rahmenabkommens über die Zusammenarbeit zwischen der Europäischen Gemeinschaft und dem Mercosur am 15. Dezember 1995[4].

Insgesamt ist allerdings die Beurteilung der Aussichten des Mercosur und damit auch der Kooperation mit der Europäischen Union durchaus kontrovers. Während einerseits im Mercosur bereits ein zukünftiger Hauptakteur auf der regionalen und internationalen Bühne gesehen wird[5], bestehen andererseits Befürchtungen, letztlich entstehe nicht mehr als ein weiterer Mythos in der langen Geschichte lateinamerikanischer Freihandels- und Integrationsprojekte[6].

---

1 *Tratado para la constitución de un mercado común entre la República Argentina, la República Federativa del Brasil, la República del Paraguay y la República Oriental del Uruguay - Tratado de Asunción*, in Kraft getreten am 29. November 1991; veröffentlicht im: Boletín Oficial del Mercosur/Boletim Oficial do Mercosul, Año I Nr. 1, Juni 1997, S. 13 ff.; englische Übersetzung in: I.L.M. 1991, S. 1042 ff.

2 Rangfolge: NAFTA, EU, Japan, *Mercosur*, Russische Föderation, Asean; vgl. IRELA INF-95-MERC, S. 1; Statistisches Bundesamt, Jahrbuch 1997 für das Ausland, S. 338 ff.

3 Mitteilung der Kommission an den Rat und das Europäische Parlament, „Ausbau der Politik der Europäischen Union gegenüber Mercosur, COM (94) 428, S. 7; terminologisch wird im Rahmen dieser Arbeit den Entscheidungen des Allgemeinen Rates vom 08.11.1993 und der Kommission vom 17.11.1993 gefolgt: die übliche Bezeichnung ist danach zwar „*Europäische Kommission*", jedoch bleibt die Bezeichnung „*Kommission der Europäischen Gemeinschaften*" bei juristischen und formellen Texten - so auch im Rahmen dieser Arbeit - bestehen, da der EUV Art. 9 des FusionsV unberührt läßt, vgl. EG-Nachrichten Nr. 46 v. 29.11.1993, S. 2, wiedergegeben in: EuZW 1994, S. 34

4 Interregionales Rahmenabkommen über die Zusammenarbeit zwischen der Europäischen Gemeinschaft und ihren Mitgliedstaaten einerseits und dem Mercado Común del Sur und seinen Teilnehmerstaaten andererseits, ABl. 1996 Nr. L 69, S. 4 ff.

5 *Stevens*, A Latin American regional integration of the second generation, in: Studia Diplomatica 1995, Nr.4, S. 63

6 *Sangmeister*, Regionale Integration und Kooperation in den beiden Amerikas, in: *Betz/Brüne*, S. 215

Übergeordnet ist der Untersuchung daher die Frage nach den dem Mercosur und der Kooperation zwischen Europäischer Union und Mercosur tatsächlich innewohnenden Erfolgsaussichten. Ausschlaggebender Faktor für die Erfolgsaussichten insgesamt ist zum einen die Funktionsfähigkeit des von den Mercosur-Staaten gewählten Integrationsansatzes. Zum anderen sind Inhalt und Wesen der interregionalen Kooperation zwischen Europäischer Union und Mercosur, vor allem die notwendige Ausfüllung des Interregionalen Rahmenabkomens, entscheidend für Erfolg oder Mißerfolg der Zusammenarbeit.

Beim Mercosur handelt es sich aufgrund seiner methodischen Besonderheiten um ein neuartiges Integrationsprojekt. Mit dem Recht des Mercosur ist insgesamt ein neues Rechtsgebiet entstanden. Die vorliegende Arbeit dient daher der Heranführung an die wichtigsten Rechtsfragen im Zusammenhang mit diesem hierzulande weitgehend unbekannten Integrationsprojekt. Sie reagiert auf den - im deutschen Schrifttum erst jüngst festgestellten[7] - dringenden Anlaß, sich mit dem Recht des Mercosur näher zu beschäftigen. Dabei vermag die Berücksichtigung der reichhaltigen europäischen Integrationserfahrung, Aufschlüsse über die Beurteilung der Funktionsfähigkeit des Mercosur zu geben, so daß der Vergleich zwischen der Integration in Europa und im Mercosur-Gebiet der Arbeit immanent ist.

Die Gestaltung des Mercosur ist kein isoliert zu betrachtender Prozeß. In Lateinamerika gab und gibt es eine Vielzahl weiterer Integrationsprojekte. Der 1. Teil der Arbeit stellt daher den Mercosur in den Kontext der regionalen Integration auf dem lateinamerikanischen Kontinent. Das Augenmerk gilt dabei insbesondere dem 1969 gegründeten Andenpakt, der in seinen Zielsetzungen dem Mercosur am nächsten kommt. Dabei wird nicht nur die historische Entwicklung anderer Integrationsvorhaben dargestellt, sondern vielmehr eine Systematisierung dieser Prozesse und der Gründe für ihre Erfolglosigkeit vorgenommen. Ferner wird die unmittelbare Vorlaufgeschichte des Mercosur gezeigt. Auch hier geht es über die historische Betrachtung hinaus darum, die wirtschaftlichen und politischen Hintergründe der Annäherung zwischen den beteiligten Staaten zu beleuchten und methodische Merkmale herauszuarbeiten, die bereits in dieser Phase deutlich werden.

Der 2. Teil der Arbeit ist ausschließlich dem Mercosur selbst gewidmet. Die Qualität der eingesetzten rechtlichen und institutionellen Mittel bestimmt maßgeblich die Funktionsfähigkeit eines Wirtschaftszusammenschlusses. Der von den beteiligten Staaten eingeschlagene neuartige Integrationsansatz wird daher einer umfassenden rechtlichen Analyse unterzogen. Im Rahmen dieses Teils der Arbeit wird so die Integrationsmethode des Mercosur bewertet und dessen Leistungsfähigkeit kritisch hinterfragt. Um zu einer solchen Bewertung zu gelangen, bildet die Betrachtung der Ziele des Mercosur den Ausgangspunkt. Eindeutige Ergebnisse lassen sich dabei nur durch die Abgrenzung der institutionellen Zielsetzungen von Wirtschaftszusammenschlüssen, wie Freihandelszo-

7 vgl. *Samtleben*, Das Recht des Mercosur - wichtig für Europa?, in: EuZW 1998, S. 65

ne, Zollunion und gemeinsamer Markt, erzielen. Der Betrachtung der Rechtsquellen schließt sich dann die Analyse der Organstruktur des Mercosur an. Von besonderer Bedeutung sind in diesem Zusammenhang die Qualität und Umsetzung der von den Organen hervorgebrachten Rechtsakte, so daß auch dogmatischen Fragen des Mercosur-Rechts nachgegangen wird. Des weiteren trägt dieser Teil der Arbeit der Tatsache Rechnung, daß mit dem Zusammenschluß souveräner Staaten auch ein nachhaltiges Konfliktpotential verbunden ist und untersucht daher die Vorkehrungen des Mercosur zur Streitbeilegung. Die so gewonnenen Ergebnisse fließen dann ein in die am Ende dieses Teils der Arbeit stehende wertende Gesamtbetrachtung der Mercosur-Methode aus völker- und europarechtlicher Sicht. Die Bewertung vollzieht sich vor allem mit Blick auf die angestrebten Ziele des Mercosur und die Geeignetheit der angewendeten Mittel zu ihrer Erreichung. Charakteristisch für den Mercosur ist dabei, anders als etwa im Falle der Europäischen Union, der Verzicht auf eine supranationale Organstruktur, was Anlaß gibt, die Durchsetzbarkeit getroffener Regelungen und Zielvorstellungen in Zweifel zu ziehen und den Vergleich mit dem Einzelheiten der europäischen Integration an dieser Stelle zu vertiefen.

Die europäischen Perspektiven für eine Zusammenarbeit werden außer von der institutionellen Funktionsfähigkeit und Zuverlässigkeit des Mercosur auch von dessen materiell-rechtlicher Ausgestaltung geprägt. Die Fortschritte des Mercosur auf diesem Gebiet geben Aufschluß darüber, welche Art von Markt sich den europäischen Akteuren bietet und inwieweit europäische Forderungen und Erwartungen bereits erfüllt werden konnten. Mit dieser Thematik ist der 3. Teil der Arbeit das Bindeglied zwischen der vorangegangenen methodisch-institutionellen Betrachtung des Mercosur und der Analyse von Stand und Perspektiven einer Zusammenarbeit der Europäischen Union mit diesem Wirtschaftszusammenschluß. Neben dem Mercosur selbst wird hier auch das Verhältnis der Europäischen Union zum Mercosur zum unmittelbaren Gegenstand der Untersuchung.

Ausschließlich den Möglichkeiten und Zukunftsaussichten einer Zusammenarbeit der Europäischen Union mit dem Mercosur ist dann der 4. Teil der Arbeit gewidmet. Um Aussagen darüber treffen zu können, werden zunächst die Interessenlage für eine Kooperation und die wichtigsten Einflußfaktoren hierfür analysiert. Neben der Betrachtung volkswirtschaftlicher Eckdaten und der Handelsströme zwischen den beiden Regionen, lassen sich Rückschlüsse auf europäische Interessen auch aus der kontinentalen Dimension der Wirtschaftsintegration in Nord- und Südamerika insgesamt ziehen. Bedeutung erlangt dabei insbesondere das Projekt der Bildung einer gesamtamerikanischen Freihandelszone von Alaska bis Feuerland, an deren Errichtung unter der Kurzbezeichnung ALCA gearbeitet wird. Möglichen wirtschaftlichen und strategischen Vorteilen einer europäischen Zusammenarbeit mit dem Mercosur stehen jedoch auch andere gegenläufige Prioritäten und Interessen der Europäischen Union gegenüber, auf die ebenso eingegangen wird. Den Schwerpunkt bei der Bestimmung von Möglichkeiten und Zukunftsaussichten der interregionalen Zusammenarbeit für die Europäische Union bildet dann die Untersuchung des Interregionalen Rahmenabkommens als bisheriges Kernstück der Kooperation. Nachdem der Zusammenhang mit vorangegangenen Kooperationsschritten zwischen den Regionen hergestellt sein wird, folgen grundlegende Ausführungen zu Technik und Rechtsnatur des Rahmenabkommens. Sodann werden die im Vertrag festgelegten Inhalte untersucht. Da ein wesentliches Merkmal des interregionalen Rahmenabkommens seine Ausfüllungsbedürftigkeit ist, werden abschließend die Möglichkeiten seiner zukünftigen Ausfüllung analysiert. Diese Analyse gibt Aufschluß über die zukünftige Ausgestaltung des Verhältnisses der Europäischen Union zum Mercosur insgesamt.

Der 5. Teil der Arbeit faßt die gewonnenen Erkenntnisse zusammen und bietet eine Gesamtbewertung des Mercosur und der Kooperation zwischen Europäischer Union und Mercosur an.

Erster Teil

Regionalintegration in Lateinamerika und unmittelbare Vorläufer des Mercosur

1. Kapitel: Integrationsprojekte in Lateinamerika seit den sechziger Jahren

Der Mercosur ist keineswegs das erste oder einzige Integrationsprojekt in Lateinamerika. Versuche regionaler Blockbildung lassen sich bis in das vorige Jahrhundert zu den Bemühungen Simón Bolívars und dem sogenannten *Bolivarismo* zurückverfolgen[1]. Auch die vornehmlich wirtschaftlich motivierten Bestrebungen, den regionalen bzw. subregionalen Handel zu fördern und die wirtschaftliche Integration durch die Schaffung von Integrationszonen voranzutreiben, reichen bis in die späten fünfziger Jahre dieses Jahrhunderts zurück[2]. Diese Ansätze zeichnen sich allerdings vor allem bis in die Mitte der achtziger Jahre durch ihre weitgehende Erfolglosigkeit aus, so daß sogar von einem „*largo período de fracasos y frustraciones*“[3] - einer langen Phase des Scheiterns und der Enttäuschungen - gesprochen wird.

Die Betrachtung der bisherigen Integrationsversuche liefert wichtige Grundlagen und Erkenntnisse für die Untersuchung der Erfolgsaussichten des Mercosur. So wird im Lichte der bis dato gemachten lateinamerikanischen Erfahrungen allzu große Euphorie kritisch hinterfragt werden müssen; denn viele Integrationsmodelle waren gekennzeichnet durch eine von Enthusiasmus geprägte ehrgeizige Anfangsphase, der die schließlich erzielten Ergebnisse nicht gerecht wurden[4].

A. Regionale Integration in Lateinamerika seit 1960

I. Die einzelnen Integrationsprojekte

Die im folgenden behandelten Initiativen aus den Jahren 1960 bis 1985 werden zusammenfassend als Integrationsversuche der ersten Generation bezeichnet[5]. Mit Blick auf das Ziel, Rückschlüsse auf die Integration im Rahmen des Mercosur zu gewinnen, erfolgt eine Konzentration auf die sogenannte ALALC, die ALADI und den Andenpakt

1 Initiative aus dem Jahre 1826 zum *Vertrag über die ewige Union, Liga und Konföderation* von Kolumbien, Zentralamerika und Mexiko. *Lucángeli,* Mercosur: Antecedentes, Logros y Perspectivas, in: Pensamiento Iberoamericano 1995, S. 176; ausführlich: *Mols,* Integration in zwei Kontinenten, S. 106 ff; zuletzt: *Hilpold,* Neue Freihandelszonen in Asien und Amerika, in: Wirtschaftspolitische Blätter 1996, S. 192

2 vgl. dazu die Übersicht bei: *Dichiara*, Wirtschaftsintegration in Lateinamerika, in: Integration 1994, S. 990

3 *Castro Escudero*, El Mercosur contra viento y marea, in: Comercio Exterior 1994, S. 990

4 *Mayr*, Die Rolle des Mercosur im multidimensionalen Integrationsschema Lateinamerikas, in: Verfassung und Recht in Übersee 1993, S. 259

5 Begriff in diesem Sinne verwendet von: *Stevens*, Mercosur - A Latin American regional integration of the second generation, in Studia Diplomatica 1995, Nr. 4, S. 56

als die drei wichtigsten lateinamerikanischen Integrationsansätze. Die bloß bilateralen Kooperationsschritte bleiben dabei außer Acht[6].

1. Die Asociación Latinoamericana de Libre Comercio (ALALC)[7]

Die ALALC stellt den ersten modernen Versuch wirtschaftlicher Integration in Lateinamerika dar. Sie wurde nach Abschluß der 1957 begonnenen Verhandlungen im Jahre 1960 durch die Unterzeichnung des Vertrages von Montevideo gegründet[8]. Zunächst aus sieben Gründungsmitgliedern bestehend, traten ihr bis 1967 vier weitere Staaten bei[9].

Die ALALC ist ein Beispiel für einen gescheiterten Integrationsversuch in Lateinamerika. Ihre ehrgeizigen Zielsetzungen blieben unverwirklicht. In einer Zeitspanne von höchstens zwölf Jahren ab der Gründung im Jahr 1960 sollte zwischen den Vertragsparteien eine Freihandelszone errichtet werden. Darüber hinausgehendes Ziel sollte sogar die Schaffung eines gemeinsamen lateinamerikanischen Marktes sein[10]. Der Vertrag von Montevideo sah zu diesem Zweck die Verpflichtung zum schrittweisen Abbau sämtlicher Handelsbeschränkungen für Waren mit Ursprung in den Vertragsstaaten vor[11].

Wenngleich die Gründung der ALALC vom Modell der damaligen EWG beeinflußt war[12], wurde bei der institutionellen Ausgestaltung der ALALC die volle Souveränität der Mitgliedstaaten strikt gewahrt. Weder im Vertrag von Montevideo noch in den nachfolgenden Vereinbarungen finden sich supranationale Elemente. Die Organisationsform war rein zwischenstaatlich, da die Befugnisse der eingesetzten Organe auf Beratungs- und Unterstützungsfunktionen reduziert blieben[13].

Zurückhaltung zeigten die Mitgliedstaaten auch bei der Wahl der zur Handelsliberalisierung vorgesehenen Mittel. Anstelle eines festgelegten Zollabbau-Mechanismus sollte der Abbau von Zöllen und Handelshindernissen Produkt für Produkt im Wege eines schwerfälligen Systems von Verhandlungen erreicht werden[14]: In verschiedene Listen sollten jeweils die Produkte aufgenommen werden, für die Mitgliedstaaten in eine schrittweise Zollsenkung einwilligten oder für die vollständige Zollfreiheit gelten sollte.

---

6 vgl. dazu Übersicht bei: *Fischer*, Regionalisierungstendenzen in Amerika, in: Außenwirtschaft 1995, S. 56

7 übersetzt: Lateinamerikanische Freihandelsassoziation; in der englischsprachigen Literatur: Latin American Free Trade Association (LAFTA); im folgenden wird das spanische Kürzel ALALC verwendet

8 *Tratado que establece una Zona de Libre Comercio e Instituye la Asociación Latinoamericana de Libre* Comercio, unterzeichnet am 18. Februar 1960, in Kraft getreten am 1. Juli 1961; englische Übersetzung abgedruckt in: *Amos J. Peaske*, International Governmental Organisations, 1974, S. 1090 (hier bezeichnet als Vertrag von Montevideo)

9 Gründungsmitglieder: Argentinien, Brasilien, Chile, Mexico, Paraguay, Peru, Uruguay; Beitritte: Kolumbien und Ecuador (1961), Venezuela (1966), Bolivien (1967)

10 vgl. Präambel des Vertrages von Montevideo

11 Art. 2 des Vertrages von Montevideo

12 *Haines-Ferrari,* Mercosur: A new Model of Latin American Economic Integration?, in: Case W. Res. J. Int. L. 1993, S. 416

13 Zusammenfassung der Funktionen bei: *Abreu Bonilla*, Mercosur e Integración, S. 21

14 *Johnson*, The Montevideo Treaty, in: International Trade and Investment 1965, S. 718

Zusammengefaßt sind Hauptmerkmale der ALALC neben ihrer strikt auf Souveränitätswahrung bedachten intergouvernementalen Struktur vor allem das vereinbarte Verhandlungssystem zur graduellen Handelsliberalisierung Produkt für Produkt und zur progressiven Zollsenkung. Charakteristisch ist weiter die Absage an jegliche Form der Zollvereinheitlichung gegenüber dritten Staaten.

Die im Rahmen der ALALC erzielten Ergebnisse nehmen sich ausgesprochen bescheiden aus. Weder in der Entwicklung der Handelsströme zwischen den Partnern, noch im Verlauf der vorgesehenen Verhandlungen zeigten sich deutliche Fortschritte. Die Vertragspartner setzten ihre weitgehende Bevorzugung außer-regionaler Märkte fort und schirmten weiterhin die eigenen Märkte ab[15]. Schnell geriet das gesamte ALALC-Projekt ins Stocken. Die Arbeiten im Rahmen des geschaffenen Verhandlungssystems verliefen zunehmend schleppend. Während der siebziger Jahre war der Vertrag von Montevideo zwar formal in Kraft, in Wirklichkeit fand aber der größte Teil der vereinbarten regelmäßigen Zusammenkünfte erst gar nicht statt[16]. Die Zahl der in die Listen zur progressiven Zollsenkung aufgenommenen Güter stieg zwar zwischen 1962 und 1968 leicht an, stagnierte dann jedoch, während in die Listen für gänzlich von Zöllen befreite Produkte überhaupt keine Waren aufgenommen wurden[17]. Konsequenz daraus war zunächst im Jahre 1969 die Verlängerung der ursprünglich auf zwölf Jahre festgesetzten Frist zur Schaffung einer Freihandelszone bis zum Jahr 1980[18]. Doch auch in den Folgejahren wurden keine nennenswerten Fortschritte erzielt, so daß die angestrebte Freihandelszone zwischen den Mitgliedstaaten der ALALC niemals verwirklicht wurde.

2. Die Asociación Latinoamericana de Integración (ALADI)[19]

Mit der Schaffung der ALADI im Jahre 1980[20] reagierten die beteiligten Staaten auf das vorangegangene Scheitern der ALALC. Die ALADI ist als unmittelbare Nachfolgeorganisation aus den elf Mitgliedstaaten der ALALC gegründet worden[21]. Der ins Stocken geratene Integrationsprozeß sollte so wiederbelebt werden.

---

15 *Edwards*, Latin American Economic Integration, in: The World Economy 1993, S. 320

16 *Abreu Bonilla*, Mercosur e Integración, S. 22

17 *Edwards*, Latin American Economic Integration, in: The World Economy 1993, S. 320

18 *Mayr*, Die Rolle des Mercosur im multidimensionalen Integrationsschema Lateinamerikas, in: Verfassung und Recht in Übersee 1993, S. 259

19 übersetzt: Lateinamerikanische Integrationsassoziation; in der englischsprachigen Literatur: Latin American Integration Association (LAIA); im folgenden wird das spanischsprachige Kürzel ALADI verwendet

20 *Tratado de Montevideo estableciendo la Asociación Latinomericana de Integración*, unterzeichnet am 12. August 1980; abgedruckt in: Integración Latinoamericana Nr. 47 (1980), S. 4 ff.; englische Übersetzung in: I.L.M. 20 (1981), S. 672 ff.; im folgenden: ALADI-Vertrag

21 Zur Sukzessionsproblematik vgl.: *Hummer*, Die Lateinamerikanische Integrationsassoziation ALADI, in: Verfassung und Recht in Übersee 1980, S. 361 ff.; Gründungsmitglieder: Argentinien, Bolivien, Brasilien, Chile, Ecuador, Kolumbien, Mexico, Paraguay, Peru, Uruguay und Venezuela

a) Die Zielsetzung der ALADI

Übergeordnetes Ziel bei der Gründung der ALADI war die Ausweitung des Handels und die Entwicklung von Mechanismen zur wirtschaftlichen Zusammenarbeit im Gebiet der Vertragsstaaten[22]. Zu diesem Zweck sollte zwischen den ALADI-Staaten eine Präferenzzone geschaffen werden, in der jedoch die Präferenzbehandlung nicht notwendig sofort auf alle Mitglieder ausgedehnt werden mußte, sondern auch auf das Verhältnis einzelner Staaten oder Staatengruppen untereinander beschränkt bleiben konnte[23]. Präferenzzonen sind die lockerste Form der räumlichen Integration; abgebaut werden Zölle unter den Mitgliedstaaten lediglich teilweise für bestimmte Produkte oder Produktgruppen; eine generelle Verringerung der Binnenzölle erfolgt ebensowenig wie die Einführung eines gemeinsamen Außenzollsatzes[24].

Das Ziel, unter allen Beteiligten einen gemeinsamen Markt zu errichten, wurde lediglich beiläufig erwähnt[25], ohne daß ein konkreter Zeitplan oder spezielle Liberalisierungsschritte hierfür festgesetzt worden wären. Die multilaterale Option zur Integration der Gesamtregion sollte lediglich offengehalten werden[26]. Zusammengefaßt diente die ALADI der Schaffung eines Rahmens kollektiver Disziplin für die Durchführung aller in der Region verlaufenden Integrationslinien[27].

b) Instrumente zur Zielerreichung

Seiner Zielsetzung entsprechend, sieht der ALADI-Vertrag Instrumente zur Handelsliberalisierung sowohl auf regionaler als auch auf subregionaler Ebene vor; Maßnahmen also, die entweder für alle Mitgliedstaaten gelten oder zunächst nur für einige von ihnen untereinander.

Auf Ebene der Gesamtregion sieht der Vertrag die Vereinbarung einer regionalen Zollpräferenz durch den Abschluß von *acuerdos de alcance regional* - von Abkommen mit regionaler Geltung - vor, die im Laufe der Zeit auf sämtliche Warengruppen ausgedehnt werden sollten. Für diese Abkommen galten jedoch keine weiteren Maßgaben, als daß sie den Zielsetzungen des Vertrages gerecht zu werden haben[28]. In Anbetracht einer solchen weiten und wenig unbestimmten Ausgestaltung dieses Instruments gingen hiervon keine nennenswerten Impulse aus.

Bedeutsamer - zumal mit Blick auf den Mercosur - ist jedoch das subregional ausgerichtete Instrumentarium in Gestalt der *acuerdos de alcance parcial* - der Abkommen

22 Art. 2 des ALADI-Vertrages
23 Art. 4 des ALADI-Vertrages
24 *Siebert*, Weltwirtschaft, C 12.1 (S. 199)
25 Präambel und Art. 1 Abs. 2 des ALADI-Vertrages
26 *Grigera Naón*, Latin American Integration Association, in: EPIL 6 (1983), S. 247 f.
27 *Peña*, New Approaches to Economic Integration in the Southern Cone, in: The Washington Quarterly 1995, S. 114; *Davidson*, The Treaty of Asunción, in: Virginia Journal of International Law 1991, S. 269
28 Art. 6 des ALADI-Vertrages

mit lediglich begrenzter Reichweite. Es handelt sich dabei um Teilabkommen, an denen also nur einige Mitgliedstaaten der ALADI partizipieren[29]. Einzelnen Staaten wird so die Gelegenheit gegeben - flexibel, am jeweiligen Integrationswillen und den spezifischen Integrationsmöglichkeiten der einzelnen Volkswirtschaften orientiert - Abkommen zu schließen. Berücksichtigt wird dabei, daß einige Staaten untereinander eher in der Lage sind, sich gegenseitig Vorteile zu gewähren und effizienter zu kooperieren als auf der Ebene der Gesamtregion[30]. Der mögliche Inhalt der Teilabkommen wird nicht abschließend geregelt und läßt den Mitgliedstaaten insofern Freiheit für die Entwicklung und den Abschluß eigener Inhalte. Ein Beispiel für diesen Abkommenstypus ist just der Vertrag zur Gründung des Mercosur selbst[31].

Wenig Bedeutung erlangen hingegen auch im Rahmen des ALADI-Vertrages die Beziehungen zu Staaten und Wirtschaftszusammenschlüssen außerhalb der Region. Die Einführung eines Gemeinsamen Außenzollsatzes findet überhaupt keine Erwähnung. Auch wird die Möglichkeit der Kooperation mit anderen Staaten und Wirtschaftszusammenschlüssen in- und außerhalb Lateinamerikas den Mitgliedstaaten lediglich eröffnet und jeweils der Einschränkung unterworfen, daß die für Drittstaaten gewährten Vergünstigungen diejenigen für alle Mitgliedstaaten nicht überschreiten[32].

c) Organisationsstruktur

Wie bereits im Fall der ALALC folgt auch der organisatorische Aufbau der ALADI einem strikt auf die Wahrung der Souveränität der Mitgliedstaaten bedachten Kooperationsverständnis[33]. Die ALADI verfügt über eine komplexe, aus drei Organen und einem Hilfsorgan bestehende institutionelle Ausstattung.

Die Zusammensetzung der drei Organe zeigt, daß die Mitglieder jeweils weisungsgebunden sind und vor allem in Funktion der Interessen ihrer Mitgliedstaaten handeln. Dies gilt naturgemäß für den *Consejo de Ministros de Relaciones Exteriores*, also den Außenministerrat, und das *Comité de Representantes*, das ständige Komitee von Repräsentanten der Mitgliedstaaten, aber auch für die *Conferencia de Evaluación y Convergencia*, die sich aus Bevollmächtigten der einzelnen Staaten zusammensetzt[34]. Ein dem direkten Einfluß der Mitgliedstaaten entzogenes Organ zur Streitbeilegung ist im ALADI-Vertrag nicht vorgesehen. In Anbetracht der für Abstimmungen in bedeutenden

---

29 vgl. Art. 7 des ALADI-Vertrages; zu den inhaltlichen Vorgaben und Abkommenstypen vgl. Art. 8 ff. des ALADI-Vertrages
30 *Abreu Bonilla*, Mercosur e Integración, S. 26
31 *Díez de Velasco,* Las Organizaciones Internacionales, S. 611
32 vgl. Artt. 24 ff. des ALADI-Vertrages
33 *Díez de Velasco,* Las Organizaciones Internacionales, S. 580
34 vgl. Artt. 28, 34, 36 des ALADI-Vertrages, Integración Latinoamericana 1980, S. 4 ff. / I.L.M. 20 (1981), S. 672 ff.

Fragen geltenden Veto-Regelung[35], stellt die ALADI insgesamt eine strikt intergouvernementale Organisation dar.

d) Die Bedeutung der ALADI für den Mercosur

Zunächst schien die Gründung der ALADI gegenüber der ALALC eher einen Rückschritt im lateinamerikanischen Integrationsprozeß darzustellen, da den Mitgliedstaaten keine konkreten Verpflichtungen zur Erfüllung präziser Ziele in einem festen Zeitplan auferlegt wurden. Bestätigung erhält diese Einschätzung durch die schleppende Entwicklung der im Vertrag vorgesehenen multilateralen Mechanismen mit Wirkung für die gesamte Region. Dies zeigt sich an ihrer geringen Auswirkung auf den regionalen Handel, den umfangreichen Ausnahmelisten und dem Weiterbestehen zahlreicher nichttarifärer Handelshindernisse[36]. Die Abkommen mit Geltung für die Gesamtregion beschränken sich im wesentlichen auf drei Abkommen zur Marktöffnung zugunsten von Bolivien, Ecuador und Paraguay sowie eines Kooperationsabkommen im Bereich Kultur, Bildung und Wissenschaft[37]. Soweit die Gesamtentwicklung der ALADI auf multilateraler, alle Vertragsstaaten umfassender Ebene betroffen ist, deren Abschluß langfristig die Bildung eines gemeinsamen lateinamerikanischen Marktes sein soll, ist damit auch diesem Integrationsprojekt bisher kein durchschlagender Erfolg beschienen.

Mehr als auf Ebene der Gesamtregion sind Erfolge im subregionalen Bereich auszumachen, soweit also die Kooperation zweier oder mehrerer Mitgliedstaaten untereinander betroffen ist. Indem der ALADI-Vertrag diese subregionale Option als Zwischenziel auf dem Weg zur Gesamtintegration fördert, stellt er, verglichen mit der ALALC, sowohl ein realistischeres als auch ein flexibleres Vorhaben dar. Gerade im Bereich von Maßnahmen, die auf einzelne Staaten oder Staatengruppen beschränkt bleiben, manifestiert sich das im ALADI-Vertrag festgeschriebene Grundprinzip der Flexibilität[38]. Maßgebliches Instrument auf diesem Feld ist die Regelung des Abschlusses von Teilabkommen mit begrenzter Reichweite. Hierdurch wurde einzelnen Staaten ermöglicht, ihren spezifischen Integrationswillen nach ihren eigenen Vorstellungen umzusetzen. Hauptvorteil der durch den ALADI-Vertrag getroffenen Vorkehrungen ist dabei die Möglichkeit zur Ausschaltung der unbedingten Anwendung der Meistbegünstigungsklausel[39]. Die Vorteile, zu deren Gewährung einzelne Staaten untereinander bereit und

35 Art. 43 des ALADI-Vertrages; *Grigera Naón,* Latin American Integration Association, in: EPIL 6 (1983), S. 249

36 so die Einschätzung der Präsidenten der Rio-Gruppe in der *Declaración de Caracas* vom 15. März 1991, auszugsweise wiedergegeben bei: *Abreu Bonilla*, Mercosur e Integración, S. 24; vgl. zum Begriff des nichttarifären Handelshindernisses: *Berg*, S. 469 f., danach handelt es sich um eine Verzerrung der Preisrelation, die anders als durch staatliche Abgaben herbeigeführt wird, also etwa durch Kontingentierungen, Schutzklauseln, vom Ausland abweichende Normen und Sicherheitsbestimmungen etc.

37 vgl. *Pizarro*, in: Estudios Internacionales 1995, S. 210

38 vgl. Art. 3 lit. c des ALADI-Vertrages

39 dazu: *Haines-Ferrari, Mercosur:* A new Model of Latin American Economic Integration?, in: Case W. Res. J. Int. L. 1993, S. 418

in der Lage sind, müssen damit nicht automatisch auch auf andere Staaten der Region ausgedehnt werden, sondern können zum Gegenstand weiterer Verhandlungen gemacht werden. Die Gründung der ALADI vermochte so die Zurückhaltung der Staaten bei der konkreten Durchführung integrationspolitischer Schritte zu verringern. Sie ist jedenfalls mitursächlich für das als „Kaskade internationaler Abkommen“[40] bezeichnete Wiederaufleben lateinamerikanischer Integrationsbemühungen auf subregionaler Ebene und damit auch für die Gründung des Mercosur.

3. Der Pacto Andino - die spätere Comunidad Andina

Im Mai 1969 unterzeichneten Bolivien, Kolumbien, Chile, Ecuador und Peru das sogenannte Cartagena-Abkommen über subregionale Integration, mit dem der *Pacto Andino* - der Andenpakt - gegründet wurde[41]. Venezuela trat dem Vertrag im Jahre 1973 bei, während Chile 1976 wieder ausschied. Innerhalb der ALALC und von dieser ausdrücklich befürwortet[42], entstand so der Andenpakt. Nach einer zwischenzeitlich erfolgten Reform beschlossen die Mitgliedstaaten im Jahre 1996 eine umfassende Umstrukturierung des Andenpaktes[43]. Dabei wurde mit der sogenannten *Acta de Trujillo* die Gründung der *Comunidad Andina* - der Andengemeinschaft - beschlossen, durch die der Andenpakt nunmehr fortgeführt wird[44].

Die Gründung des des Andenpaktes leitete die später im Rahmen der ALADI ausdrücklich eröffnete Hinwendung zu Integrationsbemühungen ein, die sich auf Subregionen beschränken. Aus diesem Grund und wegen seines differenzierten Rechtsgefüges, das eine Vielzahl von Integrationsproblemen zu lösen suchte, ist der Andenpakt das wichtigste Vergleichsobjekt in Lateinamerika für die Analyse des Mercosur.

a) Zielsetzung und Instrumente des Andenpaktes

Die Zielformulierung des Andenpaktes im Cartagena-Abkommen war allgemein gehalten. Im Mittelpunkt stand die Ermöglichung einer ausgewogenen und abgestimmten Entwicklung der Vertragspartner durch wirtschaftliche Integration, um so die Lebensverhältnisse und den Wohlstand in der Region zu verbessern[45]. Die Handelsliberalisie-

---

40 *Pastori*, Marché Commun du Sud-Mercosur, in: Revue du Marché commun et de l'Union européenne 1993, S. 778

41 *Acuerdo de Integración Andina - Acuerdo de Cartagena*, unterzeichnet am 26. Mai 1969, englische Übersetzung abgedruckt in: ILM 8 (1969), S. 910 ff.; im folgenden bezeichnet als: Cartagena-Abkommen

42 zum Verhältnis von Anden-Gruppe und ALALC vgl. *Leu*, Andean Common Market-Court of Justice, in: EPIL 6 (1983), S. 13

43 vgl. zur Reform: *Protocolo de Quito*, unterzeichnet am 12.05.1987, abgedruckt in: Integración Latinoamericana, Nr. 134 (1988), S. 62 ff.

44 Art. 1 der *Acta de Trujillo - Protocolo Modificatorio del Acuerdo de Integración Subregional Andino*, vom 10.03.1996, in Kraft getreten am 1. Januar 1998

45 Art. 1 des Cartagena Abkommens zählt folgende Ziele auf: „promover el desarrollo equilibrado y armónico de los Países Miembros, acelerar su crecimiento mediante la integración económica [...]

rung ist im Rahmen des Andenpaktes eingebettet in den Zusammenhang der gesamten wirtschaftlichen Entwicklung und Entwicklungsförderung[46].

Eine Festlegung auf ein bestimmtes Integrationsmodell, wie etwa die Errichtung einer Freihandelszone oder eines gemeinsamen Marktes, erfolgte im Wege der Zielformulierung nicht. Die eigentliche Zielsetzung des Andenpaktes erschließt sich jedoch aus seinen nachfolgend dargestellten Mechanismen.

aa) Kooperation und Handelsliberalisierung

Als Mittel zur Erreichung seiner Ziele nennt das Cartagena-Abkommen die Koordinierung der Wirtschafts- und Sozialpolitiken in den Mitgliedstaaten sowie die Angleichung der jeweiligen Rechtsordnungen in diesen Bereichen[47]. Genau betrachtet handelt es sich auch dabei lediglich um eine weitere Zielvorgabe. Denn das Thema der Koordination und Harmonisierung bleibt ohne nähere Ausführung und Konkretisierung.

Anders verhält es sich mit dem ebenfalls als Instrument aufgeführten Programm zur Handelsliberalisierung[48]. Dieses Programm mutet zunächst vielversprechend an. Aufgegriffen wurde nicht das von der ALALC bekannte produktweise Verhandlungssystem, das sich bereits zur Zeit des Abschlusses des Cartagena Abkommens als schwerfällig und ineffizient erwies. Die Mitgliedstaaten beschlossen vielmehr für Kolumbien, Chile, Peru und Venezuela eine jährliche Zollsenkung um sieben Prozent der anfänglichen Zollsätze und die Abschaffung aller sonstigen Handelsbeschränkungen, was keiner weiteren Vereinbarungen bedurfte, sondern sich automatisch vollziehen sollte und bis zum 31. Dezember 1980 zur vollständigen Liberalisierung der Handelsströme führen sollte[49]. Eingeführt wurde zur möglichst konsequenten Verwirklichung der Handelsliberalisierung neben diesem Grundsatz des Automatismus der Zollsenkungen ferner das Prinzip der Geltung sämtlicher Maßnahmen *inter alia*[50], sowie die Unwiderruflichkeit des Liberalisierungsprogrammes[51].

bb) Außer-regionaler Handel

Erstmals wurde auch dem außer-regionalen Handel Beachtung geschenkt. Deutlich wird dies in der Vereinbarung zur Einführung eines gemeinsamen Außenzollsatzes und zur

---

con la finalidad de procurar un mejoramiento persistente en el nivel de vida de los habitantes de la Subregión"; zitiert nach: *Abreu Bonilla*, Mercosur e Integración, S. 31 f.

46 *Abreu Bonilla*, Mercosur e Integración, S. 32

47 Art. 3 lit. a des Cartagena-Abkommens

48 Art. 3 lit. c des Cartagena-Abkommens

49 Artt. 41 ff. des Cartagena Abkommens, ILM 8 (1969), S. 910 ff.

50 vgl. Art. 3 Abs. 1 des Cartagena Abkommens; gemeint ist damit die grunsätzliche Identität der eingegangenen Verpflichtungen für alle Mitgliedstaaten, *Abreu Bonilla*, Mercosur e Integración, S. 32, die jedoch in Art. 3 lit. h wieder eingeschränkt wird

51 Art. 45 des Cartagena-Abkommens

Kanalisierung des von innerhalb wie außerhalb der Region stammenden Kapitals[52]. Das Verhältnis zu Märkten außerhalb der Region ist jedoch von einer stark defensiven und protektionistischen Einstellung gekennzeichnet[53]. Ein eindrucksvolles Beispiel dafür liefert die vieldiskutierte *Decisión 24* zur Behandlung von ausländischem Kapital, in der sich die Mitgliedstaaten verpflichten, grundsätzlich keine Auslandsinvestitionen zuzulassen, wenn es sich um Bereiche handelt, die bereits von vorhandenen Unternehmen angemessen belegt sind oder die Investition zum Eigentumserwerb oder Teilhaberechten von nationalen Investoren dient[54]. Ausländische Unternehmen wurden zu den Vorteilen des Gemeinsamen Marktes in dessen Gebiet nur zugelassen, wenn innerhalb von drei Jahren das betreffende Unternehmen mehrheitlich in das Eigentum von Staatsbürgern des betreffenden Anden-Staates überging[55]. Die Erkenntnis, daß gerade ausländische Privatinitiativen eine wichtige Rolle bei der Erreichung der angestrebten Ziele spielen, lag den im Andenpakt zusammengeschlossenen Staaten insgesamt äußerst fern. Gleiches zeigte sich auch in der Entwicklung des vereinbarten gemeinsamen Außenzollsatzes. Die meisten Mitglieder bevorzugten möglichst hohe Zollsätze, um so die eigenen Märkte vor ausländischer Konkurrenz abzuschirmen[56].

b) Institutionelle Struktur des Andenpaktes

Während die Einflüsse des europäischen Integrationsprozesses auf der Ebene der ALALC lediglich im Vorfeld der Gründung eine Rolle spielten, weist der Andenpakt vor allem in seiner institutionellen Struktur deutliche Parallelen zu den Regelungen der Römischen Verträge auf. So verfügt dieses Integrationsprojekt über eine komplexe und differenzierte Organstruktur.

Der Andenpakt besteht aus vier Organen. Zwei davon wurden bereits durch das Cartagena Abkommen selbst geschaffen[57]. Hauptorgan ist die aus Vertretern der einzelnen Regierungen zusammengesetzte *Comisión del Acuerdo de Cartagena* - die Kommission. Hinzu kommt die *Junta del Acuerdo de Cartagena* - der Rat - als technisches Organ und ferner das noch im Aufbau begriffene *Parlamento Andino* - das Andenparlament[58].

52 Art. 3 lit. d u. f des Cartagena Abkommens

53 *Grigera Naón*, Latin American Economic Cooperation, in: EPIL 6 (1983), S. 244

54 Die *Decisión 24* aus dem Jahre 1970 trägt den Titel: „*Régimen Común de Tratamientos a los Capitales Extranjeros y sobre Marcas, Patentes, Licencias y Regalías*"; abgedruckt bei *Abreu Bonilla*, Mercosur e Integración, S. 34; Art. 3 Abs. 1 u. 2 führt aus: „*Los Países Miembros no autorizarán inversión extranjera directa en actividades que considere adecuadamente atendidas por empresas existentes. Tampoco autorizarán inversión extranjera directa destinada a la adquisición de acciones, participaciones o derechos de propiedad de inversionistas nacionales.*"

55 *Seidl-Hohenveldern/Loibl*, Das Recht der Internationalen Organisationen, Rdnr. 3118

56 *Edwards*, Latin American Economic Integration, in: The World Economy 1993, S. 323

57 Art. 5 des Cartagena Abkommens, ILM 8 (1969), S. 910 ff.

58 Zum Tratado constitutivo del Parlamento Andino: *Zelada Castedo*, Competencias legales y toma de decisiones en la integración en América Latina, in: Integración Latinoamericana Nr. 196/1993, S. 61

Schließlich wurde der Andenpakt im Jahre 1979 noch mit dem *Tribunal de Justicia* - dem Andengerichtshof - ausgestattet[59].

Drei Aspekte stechen mit Blick auf das Institutionsgefüge hervor. Zu nennen ist der Einbau supranationaler Elemente, der Versuch, Gemeinschaftsentscheidungen mit unmittelbarer Wirkung auszustatten sowie die erwähnte Einsetzung eines Gerichtshofes des Gemeinsamen Andenmarktes. Verschiedene Faktoren tragen die Einordnung als teilweise supranationale Organisation: Zunächst sind dies Zusammensetzung und Aufgaben der *Junta*. Deren Mitglieder sollen unabhängig, nicht an Weisungen gebunden sein und ihre Entscheidungen einzig an gemeinsamen Interessen der gesamten Region ausrichten[60]. Die innerhalb des Andenpaktes anfallenden technischen und administrativen Aufgaben kommen damit einzig einem von den Regierungen der Mitgliedstaaten unabhängigen Organ zu. Auch die zweite Besonderheit dieses Integrationsansatzes, nämlich die vereinbarte unmittelbare Wirkung von Entscheidungen der Kommission, die keiner weiteren Transformation in nationales Recht bedürfen, ist ein supranationales Element innerhalb des Andenpaktes[61].

Die teilweise Aufgabe von Souveränität und die Hinwendung zu einer teilweise supranationalen Organisationsform kommt schließlich in der Einführung und Ausgestaltung des Gerichtshofes zum Ausdruck. Als von den einzelnen Regierungen unabhängiges Organ kommt ihm die Funktion zu, über das Gemeinschaftsrecht zu entscheiden, dieses einheitlich auszulegen und Streitfälle zu schlichten[62]. Das Verfahrensrecht des Andengerichtshofes weist eine weitgehende Übereinstimmung mit demjenigen des EuGH auf[63]. Die Entscheidungen des Gerichtshofes sind obligatorisch und entfalten unmittelbare Wirkung, bedürfen also keiner Vollstreckbarkeits- oder Unterwerfungserklärung der Mitgliedstaaten[64].

59 Tratado de creación del Tribunal de Justicia, unterzeichnet am 28. Mai 1979, englische Übersetzung in: ILM 18 (1979), S. 1203 ff.; für eine umfassende Untersuchung des Andengerichtshofes vgl.: *Marwege*, Der Andengerichtshof: Das Rechtsschutzsystem des Andenpaktes mit vergleichenden Bezügen zum Recht der Europäischen Gemeinschaft, S. 57 ff.

60 Art. 13 u. 14 des Cartagena Abkommens, ILM 8 (1969), S. 910 ff.; wörtlich führt das Cartagena Abkommen aus, daß die Handlungen „*con sujeción a los intereses comunes*" zu erfolgen haben und für die Junta-Mitglieder gilt: „*no deben solicitar ni aceptar instrucciones de ningún gobierno, entidad nacional o internacional.*"; zitiert nach: *Zelada Castedo*, Competencias legales y toma de decisiones en la integración en América Latina, in: Integración Latinoamericana Nr. 196/1993, S. 61

61 eingeführt durch Tratado de creación del Tribunal de Justicia, Art. 2 u. 3, ILM 18 (1979), S. 1203 ff.; zur näheren Analyse der unmittelbaren Wirkung der Kommissionsentscheidungen s.a.: *Guillermo*, La aplicación directa del ordenamiento jurídico del Acuerdo de Cartagena, in: Integración Latinoamericana 1985, Nr. 98, S. 104

62 in der Präambel des Tratado de creación del Tribunal de Justicia wird dies ausgedrückt als „*capacidad de declarar el derecho comunitario, dirimir las controversias que surjan del mismo e interpretarlo uniformemente*", zitiert nach *Zelada Castedo*, Competencias legales y toma de decisiones en la integración en América Latina, in: Integración Latinoamericana Nr. 196/1993, S. 64

63 vgl. *Marwege*, Der Andengerichtshof: Das Rechtsschutzsystem des Andenpaktes mit vergleichenden Bezügen zum Recht der Europäischen Gemeinschaft, S. 152 ff.

64 *Herdegen*, Internationales Wirtschaftsrecht, § 9 Rdnr. 2; s.a. Art. 32 Tratado de creación del Tribunal de Justicia, ILM 18 (1979), S. 1203 ff; zur Rechtsprechung des Andengerichtshofes vgl. *Marwege/ Samtleben*, Wirtschaftliche Integration und gewerbliche Schutzrechte in der Rechtsprechung des Andengerichtshofs, in: GRUR-Int. 1993, S. 279 ff.

c) Erneuerung und Umgestaltung zur Andengemeinschaft

Mit der Ersetzung des Andenpaktes durch die Andengemeinschaft erfolgte eine umfassende Neustrukturierung der Integrationsbemühungen in der Andenregion. Das neugeschaffene *Sistema Andino de Integración* - das Andinische Integrationssystem - ersetzt die im Cartagena-Abkommen geschaffene institutionelle Struktur des Andenpaktes[65]. Die Andengemeinschaft soll danach aus sechs Hauptorganen sowie weiteren Beratungs- und Hilfsorganen bestehen[66].

An die Spitze der Andengemeinschaft tritt nunmehr als oberstes Organ der aus den Staatschefs der Mitgliedstaaten zusammengesetzte *Consejo Presidencial Andino* - der Präsidentialrat[67]. Die *Comisión del Acuerdo de Cartagena*, das vormals höchste Organ wird bei weitgehender Beibehaltung seiner Funktionen in *Comisión de la Comunidad Andina* umbenannt[68]. Neu geschaffen wurde der mit den jeweiligen Außenministern besetzte *Consejo de Ministros de Relaciones Exteriores* - der Außenministerrat, dem in Zusammenarbeit mit dem Präsidentialrat die Behandlung der Außenpolitik obliegt, soweit die Subregion als Ganze betroffen ist[69]. Die *Junta* wird ersetzt durch die als Exekutivorgan ausgestaltete *Secretaría General de la Comunidad Andina* - das Generalsekretariat[70]. Beibehalten wird die supranationale Ausgestaltung: Auch das Generalsekretariat soll ausschließlich den gemeinsamen Interessen der Gesamtregion verpflichtet und seine Funktionäre nicht an Weisungen der einzelnen Regierungen gebunden sein[71]. Neugefaßt wurden Stellung und Aufgaben des *Parlamento Andino* - des Andenparlament[72]. Der Andengerichtshof wurde unter der Bezeichnung *Tribunal de Justicia de la Comunidad Andina* beibehalten und einer gesonderten Überarbeitung unterzogen, die jedoch noch nicht in Kraft getreten ist[73].

d) Ergebnisse

Der Andenpakt und später die Andengemeinschaft verfügen mit den dargestellten Elementen über die ausdifferenzierteste Organstruktur. Die Andenintegration erschien damit zunächst, jedenfalls aus rechtlicher Sicht, als das potentiell effizienteste Integrationsprojekt in Lateinamerika. Soweit die ersten zwei Jahrzehnte nach dem Abschluß des Cartagena Abkommens betroffen sind, zeigt sich allerdings, daß diese Vorkehrungen

65 vgl. Art. 1 des *Protocolo de Trujillo,* der das gesamte Kapitel II des Cartagena-Abkommens durch insgesamt 49 Artikel ersetzt
66 vgl. Art. 6 des Cartagena-Abkommens n.F.
67 vgl. Art. 11-14 des Cartagena-Abkommens n.F.
68 vgl. Art. 21-28 des Cartagena-Abkommens n.F.
69 vgl. Art. 15-20 des Cartagena-Abkommens n.F.
70 vgl. Art. 29-39 des Cartagena-Abkommens n.F.
71 vgl. Art. 29 und 38 des Cartagena-Abkommens n.F.
72 vgl. Art. 42-43 des Cartagena-Abkommens n.F.
73 vgl. *Tratado Modificatorio del Tribunal Andino de Justicia*, unterzeichnet am 28. Mai 1996

keineswegs zwangsläufig zum Erfolg und zur Verwirklichung der angestrebten Integrationsziele führten. Vielmehr wurde dieser Zeitraum sogar als weitgehende Stagnation angesehen und dem Andenpakt für Mitte der achtziger Jahre ein völliger Stillstand attestiert[74].

Während das ALALC-Integrationsvorhaben unter seinem schwerfälligen Verhandlungssystem zur Erzielung von Handelsliberalisierungen litt, setzte das Cartagena Abkommen zwar ein schneidigeres System automatischer Beseitigung von Handelshindernissen ein. Im Ergebnis jedoch blieben die Resultate durch die große Anzahl von Ausnahmen von diesem Programm ebenfalls hinter den hochgesteckten Erwartungen zurück. Noch im Jahre 1980 war ein Großteil der für eine vollständige Liberalisierung bis zu diesem Zeitpunkt vorgesehenen Güter vom Programm zur Handelsliberalisierung ausgenommen[75].

Teilweise erwiesen sich die komplexen Vereinbarungen der Vertragspartner geradezu als hinderlich für eine erfolgreiche Fortentwicklung. Denn hierdurch kam es zu einer hohen Unsicherheit bei den Produzenten der Region über die Anwendung der entsprechenden Regelungen[76]. Dementsprechend dürftig gestaltete sich auch die Entwicklung der intraregionalen Handelsströme. In den ersten zehn Jahren seines Bestehens stieg im Andenpakt der Anteil der Exporte in Mitgliedstaaten an den Gesamtexporten von 1,5 Prozent auf ebenfalls noch geringe 4,5 Prozent und stagnierte dann bis Ende der 80er Jahre in dieser Höhe[77].

Wenig erfolgreich blieb zunächst auch die Einführung eines gemeinsamen Außenzollsatzes[78]: Zum einen konnte wegen der Verschiedenheit der protektionistischen Struktur in den einzelnen Mitgliedstaaten keine dauerhafte Einigung über den angemessenen Zeitplan und über die optimale Höhe des gemeinsamen Außenzollsatzes erzielt werden. Hinzu kam zum anderen, daß die Überbewertung der meisten Währungen und die unterschiedlichen Wechselkurs-Praktiken die Bewertung des tatsächlichen Maßes protektionistischen Handelns nachhaltig erschwerten.

Erst zu Beginn der 90er Jahre kam es im Andenpakt zu einer Wiederbelebung des Integrationsprojektes[79], die in institutioneller Hinischt ihren vorläufigen Höhepunkt in der Gründung der Andengemeinschaft fand. Eingeleitet wurde dieser Prozeß durch die von den Präsidenten der Mitgliedstaaten unterzeichnete *Acta de Barahona* aus dem Jahr 1991[80]: Vorgesehen war darin vor allem ein konkreter Zeitplan für die vollständige Abschaffung der Binnenzölle und die Einführung eines gemeinsamen Außenzollsatzes. Nachdem die zeitlichen Vorgaben zunächst nicht eingehalten werden konnten und Peru

---

74 so etwa: *Díez de Velasco,* Las Organizaciones Internacionales, S. 604; *Fischer*, Regionalisierungstendenzen in Amerika, in: Außenwirtschaft 1994, S. 542; *Edwards,* Latin American Economic Integration, in: World Economy 1993, S. 324

75 *Edwards,* Latin American Economic Integration, in: World Economy 1993, S. 323

76 *Fischer*, Regionalisierungstendenzen in Amerika, in: Außenwirtschaft 1994, S. 543

77 *Edwards,* Latin American Economic Integration, in: World Economy 1993, S. 323

78 *Edwards* Latin American Economic Integration, in: World Economy 1993, S. 323

79 *Díez de Velasco,* Las Organizaciones Internacionales, S. 604

80 *Acta de Barahona - Protocolo Adicional al Tratado de Cartagena*, unterzeichnet am 15.12.1991

sich von dem Liberalisierungsprogramm zurückgezogen hatte, gelang den übrigen Staaten im Januar 1993 schließlich die weitgehende Liberalisierung des Binnenhandels[81].

Fortschritte konnten auch bei der Einführung eines gemeinsamen Außenzollsatzes erzielt werden. Zunächst gaben die Mitgliedstaaten die in der *Decision 24*[82] festgeschriebene Abschottungspolitik endgültig auf. Sie befürworteten ausdrücklich zunehmende Auslandsinvestitionen und schufen entsprechende Regelungen für den Zufluß von Auslandskapital[83]. Zum 1. Februar 1995 wurde ein gemeinsamer Einfuhrzolltarif eingeführt, von dem Peru jedoch wiederum ausgenommen blieb[84]. Ebenso wurden für zahlreiche Produkte länderspezifische Ausnahmen beibehalten, so daß insgesamt allenfalls von einer unvollständigen Zollunion gesprochen werden kann[85].

Die zusammenfassende Beurteilung der Integrationsbemühungen des Andenpaktes in den ersten zwei Jahrzehnten seines Bestehens ist, neben dem bereits innerhalb der ALALC auftretenden Mißverhältnis von erklärtem politischen Willen und tatsächlich verwirklichten Integrationsschritten, noch durch ein weiteres Phänomen gekennzeichnet: Im Fall des Andenpaktes tritt eine deutliche Diskrepanz zwischen dem differenzierten Normgefüge sowie der anspruchsvollen institutionellen Ausstattung einerseits und den erzielten Erfolgen andererseits hinzu.

Nach der 1991 begonnenen Wiederbelebung des Andenpaktes zeigen sich zwar einige Erfolge auf dem Gebiet der Handelsliberalisierung. Aber auch bis zur Neugründung der Anden*gemeinschaft* stagnierte die handelspolitische Entwicklung immer wieder und wurde von Uneinigkeiten und Streitigkeiten überschattet[86]. Eine abschließende Bewertung der Integrationsbemühungen innerhalb der neugeschaffenen Anden*gemeinschaft* ist zum gegenwärtigen Zeitpunkt noch nicht möglich. Festzustellen ist aber bereits, daß die beteiligten Staaten den institutionellen Integrationsmechanismus nahezu vollständig umstrukturierten und dabei das komplexe System des Andenpaktes durch das nicht minder komplexe *Sistema Andino dé Integración* ersetzten. Auch danach kam es weiterhin zu Konflikten bis hin zu Austrittsankündigungen Perus, die begründet wurden mit negativen Auswirkungen des Integrationsprojektes und Behinderungen, die sich daraus für den Wirtschaftsaustausch seiner Mitglieder ergäben[87].

4. Sonstige Integrationsprojekte

In Zentralamerika führten die regionalen Integrationsbemühungen 1960 zur Gründung des *Mercado Común Centroamericano*, des Gemeinsamen Zentralamerikanischen

81 vgl. BfAI, Zoll- und Handelsinformation - Andenpakt, Nr. 25, August 1996, S. 10 ff.
82 s.o. in diesem Kapitel A I 3 a) bb)
83 vgl. Decisiones Nr. 220 und 291 der Comisión del Acuerdo de Cartagena.
84 Decisión Nr. 370 der Comisión del Acuerdo de Cartagena
85 vgl. BfAI, Zoll- und Handelsinformation - Andenpakt, Nr. 25, August 1996, S. 20 f.
86 vgl. BfAI, Zoll- und Handelsinformation - Andenpakt, Nr. 25, August 1996, S. 8
87 vgl. FAZ-Meldung vom 14.04.1997, S. 4

Marktes. Im Gründungsvertrag, dem sich 1962 auch Costa Rica anschloß, wurden zwischen El Salvador, Guatemala, Honduras und Nicaragua die Grundzüge zukünftiger Zusammenarbeit festgelegt und die Gründung eines gemeinsamen regionalen Marktes durch progressive Handelsliberalisierung und Festsetzung von Standard-Zollsätzen angestrebt[88]. Nach weitgehender Erfolglosigkeit wurde im Jahr 1991 die Wiederbelebung des Integrationsprojektes im Rahmen der bereits 1962 unterzeichneten Charta der Organisation Zentralamerikanischer Staaten[89] mit der Unterzeichnung des Protokolls von Tegucigalpa eingeleitet[90]. Ins Leben gerufen wurde damit das *Sistema de Integración Centroamericana* - ein Konsultations- und Entscheidungsmechanismus zur Entwicklungsförderung und Durchsetzung von Handelsliberalisierungen[91]. Fortgesetzt wurden diese Anstrengungen mit dem Protokoll von Guatemala, mit dem die Errichtung einer Freihandelszone angestrebt und in dessen Rahmen seitdem auf eine Liberalisierung des regionalen Handels hingearbeitet wird[92].

Entsprechende Integrationsbemühungen in der Karibik[93] führten zur Gründung der Karibischen Freihandelsassoziation, deren Kürzel CARIFTA von der englischen Bezeichnung als *Caribbean Free Trade Association* abgeleitet ist. Das Gründungsabkommen und verschiedene Zusatzabkommen mit dem Hauptziel der Schaffung einer Freihandelszone zwischen elf und später zwölf Karibikstaaten trat 1968 in Kraft[94]. CARIFTA wurde 1973 durch den *Caribbean Common Market* CARICOM ersetzt, dessen Gründungsvertrag vor allem die Bildung eines gemeinsamen Marktes anstrebte[95]. Nach längerem Stillstand des Projektes sind die Vertragstaaten inzwischen zur Erneuerung des Integrationsprozesses im Wege der Neugestaltung des Caricom-Gründungsvertrages zurückgekehrt[96].

Mit Blick auf das Ziel dieser Untersuchung, nämlich Rückschlüsse auf den Mercosur zu ziehen, wird auf eine nähere Erläuterung und Analyse dieser Integrationsprojekte verzichtet[97], da es an der entsprechenden Vergleichbarkeit von Volkswirtschaften und Ausgangslage der kleinen karibischen und zentralamerikanischen Staaten mangelt.

---

88 *Tratado General de Integración Económica Centroamericana entre la Repúblicas de Guatemala, El Salvador, Honduras y Nicaragua - Tratado de Managua*, unterzeichnet am 13. Dezember 1960, UNTS, Bd. 455, S. 3 ff.

89 *Carta de la Organización de Estados Centroamericanos (ODECA)*, unterzeichnet am 12. Dezember 1962

90 *Protocolo de Tegucigalpa a la Carta de la Organización Estados Centroamericanos*, unterzeichnet am 13. Dezember 1991

91 Art. 2 und 4 ff. des *Protocolo de Tegucigalpa*

92 *Protocolo al Tratado General de Integración Económica Centroamericana - Protocolo de Guatemala*, unterzeichnet am 29. Oktober 1993

93 zu den Anfängen der Zusammenarbeit in der Karibik vgl.: *Simmonds*, Carribean Cooperation, in: EPIL, 6 (1983), S. 69 ff.

94 Abkommen mit Zusatzabkommen in: UNTS, Bd. 772, S. 2 ff.

95 *Tratado de Chaguaramas*, englische Übersetzung abgedruckt in: ILM 12 (1973), S. 1033 ff.

96 vgl. zuletzt *Protocol Amending the Treaty Establishing the Caribbean Community*, unterzeichnet am 24. Juni 1997

97 vgl. die ausführliche Darstellung bei: *Díez de Velasco,* Las Organizaciones Internacionales, S. 580 ff.; Überblick bei: *Lion*, Regional Trade Arrangements in the Western Hemisphere, in: Business America, Dezember 1997, S. 17 ff.

B. Systematisierung des Integrationsprozesses und Gründe für Erfolglosigkeit

Spätestens mit der gemeinhin als *Década Perdida* - Verlorenes Jahrzehnt - bezeichneten Lage Lateinamerikas in den achtziger Jahren[98] bleibt für Zweifel an der weitgehenden Erfolglosigkeit der Integrationsprojekte der ersten Generation kein Raum mehr. Diese allgemeine Feststellung bedarf allerdings der Konkretisierung durch die Herausarbeitung gemeinsamer Merkmale der Integrationsbemühungen aus jener Zeit, die zu den unbefriedigenden Resultaten geführt haben. Damit steht dann ein Rahmen zur Verfügung, der Rückschlüsse auf das derzeitige Integrationsklima zuläßt und das Fundament für die nachfolgende Analyse des Mercosur bildet.

I. Die Politik der Importsubstitution

Die Gründungen der ALALC und der nachfolgenden Organisationen der ersten Generation fanden ihre theoretische Grundlage in dem Prinzip der Importsubstitution. Der angestrebte volkswirtschaftliche Effekt der Importsubstitution ist, daß der Anteil der Einfuhren am inländischen Gesamtangebot sinkt und die heimische Produktion dadurch schneller zunimmt, als die inländische Nachfrage expandiert[99]. Maßgeblich vorangetrieben durch die *Comisión Económica para América Latina (CEPAL)*, die UN-Wirtschaftskommission für Lateinamerika, sollte eine derartige Politik nicht nur auf die einzelnen Märkte angewendet werden, sondern für die gesamte lateinamerikanische Region gelten und die folgenden Grundzüge tragen[100]: Ein gemeinsamer Außenzollsatz muß hoch genug sein, um die regionale Industrie zu schützen. Weiter erforderlich ist der Abbau von Zollbeschränkungen und nicht-tarifären Hindernissen für den intraregionalen Handel und die Einräumung von Handelspräferenzen für weniger entwickelte Staaten. Wirtschaftswachstum und Entwicklung sollten demnach erreicht werden, indem Importe von außerhalb der Region durch die regionale Produktion ersetzt würden, wobei ein durch Integrationsschritte vergrößerter Markt die erwarteten Effekte verstärken sollte. Zwar enthielt die Importsubstitutionsstrategie auch das Ziel, durch die Förderung des Exports in Drittstaaten die Eingliederung der regionalen Wirtschaft in die Weltwirtschaft zu erreichen. Diesem Ziel wurde jedoch wenig Beachtung geschenkt, wie das Fehlen konkreter Maßnahmen hierzu in den vorstehend geschilderten Verträgen zeigt. Besonders deutlich schlägt sich der zutiefst protektionistische und strikt binnenorientierte Charakter der Importsubstitutionsstrategie in der Zollstruktur nieder. So wa-

98 vgl. dazu: *Dichiara,* Wirtschaftsintegration in Lateinamerika, in: Integration 1994, S. 234
99 *Donges*, Außenwirtschafts- und Entwicklungspolitik, S. 30 f.
100 nach: *v. Wuthenau,* Los procesos de integración interestatales, in: Contribuciones 1996, Nr. 4, S. 8; *Stevens*, in Studia Diplomatica 1995, S. 57

ren die gesamten lateinamerikanischen Einfuhrzölle mit durchschnittlich 56 Prozent im Jahr 1985 die höchsten der Welt[101]. Derartige Bestrebungen waren den Integrationsbemühungen abträglich. Konsequenz daraus und aus der zunehmenden Außenverschuldung war die Konzentration auf die nationale Wirtschaftspolitik[102].

Es hat sich damit gezeigt, daß regionale Integration und die Öffnung der Märkte für Drittstaaten innerhalb der Importsubstitutionsstrategie als ein gegenseitiger Widerspruch aufgefaßt wurden. Mißliches Ergebnis war zum einen die Stagnation im Integrationsprozeß, die am Beispiel von ALALC, Andenpakt und ALADI dargestellt wurde. Zum anderen schottete die Importsubstitution die Region von den Weltmärkten und damit vom Wettbewerb ab und verhinderte so durch den fehlenden Technologietransfer die Modernisierung des Produktionsapparates und die entsprechende internationale Wettbewerbsfähigkeit[103].

Der bis in die Mitte der achtziger Jahre vorherrschende Protektionismus, wie er in der Strategie der Importsubstitution zum Ausdruck kommt, stellt nach dem Gesagten als gemeinsame Grundlage der Integrationsprojekte der ersten Generation einen der wesentlichen Gründe für das Scheitern dieser Vorhaben dar.

II. Sonstige gemeinsame wirtschaftliche Faktoren als Ursache für die Erfolglosigkeit

Neben der verfehlten Politik der Importsubstitution wird weitgehend einheitlich eine Gruppe gemeinsamer wirtschaftlicher Faktoren genannt, die für die mäßigen Ergebnisse der lateinamerikanischen Integrationsbemühungen verantwortlich gemacht werden. Im einzelnen sind dies:

- Die wirtschaftliche Integration sollte durch Komplementarität der jeweiligen Volkswirtschaften statt durch Wettbewerb erreicht werden[104];
- Die Heterogenität der lateinamerikanischen Staaten und Volkswirtschaften[105];
- Der Mangel an Kommunikations- und Verkehrsinfrastruktur, der eine physische Integration verhinderte[106];
- Die schwerwiegenden makroökonomischen Störungen und die mangelnde makroökonomische Koordinierung, einhergehend mit einer Verzerrung der Preis- und Wechselkursrelationen[107];

Das Merkmal der Heterogenität von Staaten und Volkswirtschaften wurde schon früh im Fall der ALALC als Hinderungsgrund für eine erfolgreiche Integration ausgemacht,

---

101 *Edwards*, Latin American Economic Integration, in: The World Economy 1993, S. 325
102 *Brand*, Freihandel in Lateinamerika, in: Ifo-Schnelldienst 1991, S. 16
103 *Fischer*, Regionalisierungstendenzen in Amerika, in: Außenwirtschaft 1994, S. 536; *Foders*, Mercosur: A new Approach to Regional Integration?, S. 2 f.
104 *Baumer*, Neue Integrationsbewegungen in Lateinamerika, in: Lateinamerika Nachrichten 1992, S. 5 ff.
105 *Haines-Ferrari*, Mercosur: A new Model of Latin American Economic Integration?, in: Case W. Res. J. Int. L. 1993, S. 417
106 *Wuthenau*, Mercosur: Entstehung, Ziele und Perspektiven, in: *Lauth/Mols*, S. 98
107 *Dichiara*, Wirtschaftsintegration in Lateinamerika, in: Integration 1994, S. 234

der die vollständige Multilateralisierung tarifärer Zugeständnisse unmöglich machte[108]. Naturgemäß steigt der Grad der Heterogenität, je mehr Staaten an einem Integrationsprojekt beteiligt sind. Unabhängig von den auftauchenden politischen Schwierigkeiten sind demzufolge Ansätze, die ohne wesentliche und klar definierte Zwischenschritte die Integration einer Vielzahl von Staaten oder gar der Gesamtregion anstreben, utopisch und ungerechtfertigt ehrgeizig.

III. Institutionelle und vertragstechnische Gemeinsamkeiten als Ursachen der Erfolglosigkeit

Wenngleich jedes der regionalen Projekte spezifische Besonderheiten aufweist, besteht Übereinstimmung bei der Wahl der angestrebten Ziele. Ähnlichkeiten zeigen sich auch bei der Aufstellung der Mittel zur Zielerreichung: Jeweils stand im Rahmen von ALALC, Andenpakt und ALADI die Grundform wirtschaftlicher Zusammenschlüsse, also die Errichtung von Freihandelszonen im Vordergrund, um eine Liberalisierung des Handels mit Produkten, die ihren Ursprung in den Vertragsstaaten haben, zu erreichen und langfristig zur Bildung eines weitgehend abgeschottcten gemeinsamen Marktes zu gelangen[109]. Erster Schritt auf diesem Weg und Kern regionaler Wirtschaftsintegration ist der fortschreitende Abbau von Zöllen und anderen Handelsbeschränkungen innerhalb des von den Mitgliedstaaten gewählten Wirtschaftsraumes[110].

Bereits dieser erste Schritt der Handelsliberalisierung wurde in den fraglichen Integrationsprojekten nicht konsequent durchgeführt. Die Erfolglosigkeit äußerte sich dabei auf unterschiedliche Weise. Im Ergebnis gleichbedeutend ist, ob die erforderlichen Liberalisierungsmaßnahmen - wie im Falle der ALALC - wegen des dargestellten schleppenden Verhandlungsmechanismus erst gar nicht getroffen werden oder - wie die Entwicklung des Andenpaktes gezeigt hat - wegen einer Vielzahl von Ausnahmen nur geringe Wirksamkeit entfalten.

Aufgrund der genannten Faktoren werden lateinamerikanische Integrationsprojekte durch eine Kluft zwischen den gemachten Ankündigungen und den in der Realität erzielten Ergebnissen charakterisiert[111]. Aufgestellt wird die These, der geringe Erfolg der Integrationsbemühungen lasse sich in juristischer Hinsicht auf die Diskrepanz zwischen institutionellem Rahmen und den aufgeführten wirtschaftlichen Zielen zurückführen[112].

Dieser These vom Mißverhältnis zwischen Integrationszielen und -mitteln, die auch als Vorwurf der Unfähigkeit lateinamerikanischer Staaten, verläßliche und dauerhafte

108 *Johnson*, The Montevideo Treaty, in: International Trade and Investment 1965, S. 720, 728

109 *Gudiño*, Le processus d'intégration économique dans le continent américain, Revue d'intégration européenne 1995, S. 238

110 *Herdegen*, Internationales Wirtschaftsrecht, § 9 Rdnr. 1

111 so etwa: *Minsburg*, Argentina y el Mercosur: un proceso complejo, Cuadernos del CLAEH 1993, S. 41

112 *Haines-Ferrari,* Mercosur: A new Model of Latin American Economic Integration?, in: Case W. Res. J. Int. L. 1993, S. 413, 414; *Gudiño*, Le processus d'intégration économique dans le continent américain, Revue d'intégration européenne 1995, S. 235, 255

Organisationsformen zu schaffen erhoben wird[113], kann allerdings in ihrer Allgemeinheit nicht bedingungslos gefolgt werden. Projekte wie die ALALC und ihre Nachfolgerin ALADI weisen zwar wie gesehen eine einfache institutionelle Struktur ohne supranationale Elemente auf. Jedoch sehen die für den Andenpakt getroffenen Vereinbarungen durchaus einen komplexen institutionellen Rahmen vor, der in weiten Teilen mit dem europäischen Integrationsgefüge vergleichbar ist. Festzustellen ist damit, daß weder eine simple noch eine differenzierte Organstruktur den Integrationsprojekten bisher zum Erfolg verhelfen konnte.

IV. Die neue Dimension

Nachdem wirtschaftliche Schwierigkeiten, die geringe vertragliche Konkretisierung und die häufige Nichteinhaltung der getroffenen Vereinbarungen die Integrationsprojekte zum Erliegen gebracht hatten, ist seit der zweiten Hälfte der achtziger Jahre eine Wiederbelebung alter und die Gründung neuer Integrationsprojekte zu beobachten. Konstatiert wird in diesem Zusammenhang eine Renaissance der Wirtschaftsintegration unter veränderten Vorzeichen[114].

Nach nahezu einhelliger Auffassung stehen die neuen Integrationsansätze in scharfem Kontrast zu denjenigen der ersten Generation. Begründet wird dies mit der Ablösung eines defensiven, nach innen gerichteten Regionalisierungstyps durch eine offensive, weltmarktorientierte Integrationsstrategie und die gegenwärtige Integrationsphase dementsprechend als offener Regionalismus bezeichnet[115].

Tatsächlich erfolgversprechend sind die neuen Ansätze jedoch nur dann, wenn unter anderem die Lehren aus der wenig erfolgreichen Vergangenheit gezogen werden; wenn also die institutionellen Voraussetzungen für eine Eigendynamik des Integrationsprozesses geschaffen werden. Konkret für den Mercosur muß daher gefragt werden, inwieweit dies tatsächlich der Fall ist und ob der Mercosur der Forderung nach starken, möglichst supranational geprägten, Institutionen nachkommt oder eine eigene, lateinamerikanisch geprägte Alternative anbietet. Wurde angesichts der zunächst wiederentstandenen Bemühungen im Rahmen des Andenpakt die Frage aufgeworfen, ob es sich um ein „*revival*" dieses Integrationsprojektes oder lediglich den „*second death*" handele[116], so wird sich auch an Leistungsfähigkeit und Entwicklung des Mercosur zeigen, ob der lateinamerikanische Integrationsprozeß tatsächlich wiederbelebt wurde oder nur im Begriff ist, ein zweites Mal ohne nennenswerte Ergebnisse zu enden.

113 so: *Early*, Towards the Economic Integration of Argentina, Brazil, Paraguay and Uruguay, in: *Gustafson*, S. 170

114 *Dichiara*, Wirtschaftsintegration in Lateinamerika, in: Integration 1994, S. 234

115 in diesem Sinne: *Grabendorff*, Lateinamerika in einer neuen internationalen Ordnung, in: Europa-Archiv 1993, S. 587, 589; *Naim*, Lateinamerikas wachsende wirtschaftliche Attraktivität, in: Internationale Politik, S. 57 f; *Fischer*, Regionalisierungstendenzen in Lateinamerika, in: Außenwirtschaft 1994, S. 536; *Gudiño*, Le processus d'intégration économique dans le continent américain, Revue d'intégration européenne 1995, S. 235;

116 *Edwards*, Latin American Economic Integration, in: The World Economy 1993, S. 328

2. Kapitel: Unmittelbare Vorläufer des Mercosur

Während die vorhergehenden Integrationsversuche und die Integrationsprojekte in anderen Regionen die allgemeinen Grundlagen der Integration in Lateinamerika bilden, gehen der Gründung des Mercosur im Jahre 1991 noch unmittelbare Schritte der Annäherung zwischen den beteiligten Staaten voraus. Den Kern bildet dabei die 1985 begonnene schrittweise Vertiefung der Zusammenarbeit zwischen Argentinien und Brasilien, der sich erst später Uruguay und dann Paraguay anschlossen. Der Ablauf dieser Kooperation beleuchtet Dynamik und Charakteristik des Integrationsprozesses im südlichen Kegel. Darüber hinaus bilden die in den entsprechenden Vertragswerken verkörperten Ergebnisse der Zusammenarbeit zwischen den zwei und später vier Staaten auch in materieller Hinsicht die Grundlagen des Mercosur.

A. Wirtschaftliche und politische Hintergründe

I. Das Verhältnis von Argentinien und Brasilien

Bis zum Vertrag von Tordesillas zurückreichend, mit dem im Jahre 1494 die Aufteilung der entdeckten Gebiet in Lateinamerika zwischen Spanien und Portugal vereinbart wurde[1], war das Verhältnis zwischen Argentinien und dem späteren Brasilien durch Spannungen und Rivalitäten gekennzeichnet. Insbesondere die Militärregierungen in den sechziger und siebziger Jahren dieses Jahrhunderts verlegten sich mehr auf Konfrontation und auf regionale Auseinandersetzungen denn auf regionale Kooperation[2].

Ohne eine Annäherung der beiden größten Staaten der Region war eine Zusammenarbeit in der Gesamtregion unmöglich. Erst nach der zu Beginn der 80er Jahre beinahe gleichzeitig erfolgten Rückkehr Argentiniens und Brasiliens zu demokratischen Staatsformen konnten die Präsidenten Raúl Alfonsín in Argentinien und José Sarney in Brasilien mit der *Declaración de Iguazú* - der Erklärung von Iguazú - die argentinisch-brasilianische Entspannung einleiten[3]. Damit war der Grundstein für eine Zusammenarbeit gelegt, die sich zunächst vornehmlich zwischen diesen beiden Staaten abspielte. Sie gelten als Hauptakteure, gleichsam als „Motor", der Integration im südlichen Kegel[4].

---

1 *Herrera Vegas*, Política Exterior: de la rivalidad a la integración regional, S. 5 f.
2 *Minsburg*, Argentina y el Mercosur: un proceso complejo, Cuadernos del CLAEH 1993, S. 39
3 *Declaración de Iguazú* vom 30. November 1985; abgedruckt in: Integración Latinoamericana Nr. 110/1986, S. 64 ff.
4 *Abreu Bonilla*, Mercosur e Integración, S. 43; *Hirst*, Mercosur and the new circumstances for its integration, in: CEPAL-Review, Nr. 46, 1992, S. 139 f.

II. Die wirtschaftliche Entwicklung in Argentinien und Brasilien

Die positive politische Entwicklung spiegelte sich zunächst jedoch nicht auf wirtschaftlicher Ebene wider. Zum Ende der 80er Jahre befanden sich sowohl Argentinien als auch Brasilien in einer tiefen wirtschaftlichen Krise. Hauptmerkmale waren Hyperinflation, bedrohliche Haushaltsdefizite und die Last der hohen Auslandsverschuldung[5]. Noch in den Jahren 1985 und 1986 versuchten die Regierungen in beiden Staaten erfolglos mit nicht aufeinander abgestimmten Programmen vor allem die Inflationskrise zu bewältigen[6].

Gefährdet war die Fortsetzung der 1985 eingeleiteten Kooperation kurzzeitig auch aus politischen Gründen. Unklar war, ob begonnene Prozeß die Wechsel in den Regierungen seiner Hauptakteure überstehen würde, denn Mitte des Jahres 1989 wurde zunächst Raúl Alfonsín durch Carlos Menem in Argentinien ersetzt, während zu Beginn des Jahres 1990 José Sarney durch Fernando Collor de Mello an der Spitze der brasilianischen Regierung abgelöst wurde[7]. Beide Präsidenten verfolgten dann jedoch eine vergleichbare Wirtschaftspolitik neoliberalen Zuschnitts, verbunden mit der Öffnung ihrer Märkte und dem Willen, die Integration voranzutreiben[8].

Mit dem 1991 in Argentinien eingeleiteten „*Plan de Convertabilidad*“ und dem 1994 in Brasilien aufgestellten „*Plano Real*“, deren oberstes Ziel die Inflationsbekämpfung war und mit denen die jeweilige Währung an die Entwicklung des US-Dollars gekoppelt wurde, konnten dann nachhaltige Stabilisierungserfolge erzielt werden[9].

III. Die Rolle der späteren Mitglieder Uruguay und Paraguay

Uruguay nahm in der Anfangsphase zwar nicht aktiv an der Annäherung zwischen Argentinien und Brasilien teil, war jedoch mit beiden Staaten durch bilaterale Abkommen verbunden und zeigte Interesse an einer Partizipation, wohingegen Paraguay wegen der erst im Mai 1989 beendeten 36-jährigen Diktatur General Stroessners zunächst nicht in den Integrationsprozeß einbezogen wurde[10].

Ohnehin läßt sich der politische und wirtschaftliche Einfluß beider Staaten in Anbetracht der Tatsache, daß es sich gegenüber Argentinien und Brasilien, den größten Staa-

5 *Castro Escudero,* Inflación en Argentina, in: Comercio Exterior 1994, S. 990

6 *Mayr*, Die Rolle des Mercosur im multidimensionalen Integrationsschema Lateinamerikas, in: Verfassung und Recht in Übersee 1993, S. 261; zum sog. *Plan Austral* in Argentinien und zum sog. *Plan Cruzado* in Brasilien vgl:*Castro Escudero,* Inflación en Argentina, in: Comercio Exterior 1993, S. 954 ff.

7 *Manzetti*, The Political Economy of Mercosur, in: Journal of Interamerican Studies and World Affairs 1993, S. 104

8 *Minsburg*, Argentina y el Mercosur: un proceso complejo, Cuadernos del CLAEH 1993, S. 42

9 *Gassner/Wolf,* Der Mercosur - Ein Beispiel für erfolgreiche Integration?, in: IFO Schnelldienst 16/1995, S. 31; *Garriga/Sanguinetti*, Coordinación macroeconómica en el Mercosur, S. 17; *Fritz,* Der Mercosur: Zwei Schritte vor, einer zurück, S. 246

10 *Early*, Towards the Economic Union of Argentina, Brazil, Uruguay and Paraguay, in: Gustafson, S. 179

ten, mit Paraguay und Uruguay um die kleinsten Staaten Südamerikas handelt, als eher gering bezeichnen. Auch aus wirtschaftlicher Sicht, wird dieser Eindruck bestätigt und von einem Verhältnis „ökonomischer Riesen und Zwerge“ gesprochen[11]. Hinzu tritt die weitgehende wirtschaftliche Abhängigkeit Uruguays und Paraguay von Argentinien und Brasilien, die sowohl auf die geographische Situation als auch auf den relativ geringeren Entwicklungsstand der beiden kleinen Staaten zurückzuführen ist[12]

Politisch und wirtschaftlich betrachtet, stellt sich der Integrationsprozeß vor der Gründung des Mercosur als ein weitgehend von Argentinien und Brasilien initiiertes und dominiertes bilaterales Projekt dar.

B. Ablauf und Inhalt der Integration

I. Integrationsschritte zwischen Argentinien und Brasilien

Die Kooperation zwischen Argentinien und Brasilien vollzog sich im wesentlichen in den Jahren 1985 bis 1990. In diesen Zeitraum fallen sechs bilaterale Abkommen und dazu wiederum zahlreiche Protokolle, in denen schrittweise auch die inhaltlichen und methodischen Grundlagen der späteren Mercosur-Gründung bestimmt werden.

1. Die Declaración de Iguazú[13]

Die von den Präsidenten Argentiniens und Brasiliens am 30. November 1985 unterzeichnete Deklaration von Iguazú ist in erster Linie lediglich eine Absichtserklärung. Ihrem Wortlaut nach betonte sie den festen politischen Willen nach bilateraler Integration zwischen Argentinien und Brasilien[14]. Dennoch stellt sie den ersten konkreten Schritt zu Annäherung und wirtschaftlicher Zusammenarbeit beider Staaten dar. Anders als bei vorangegangenen Integrationssignalen erschöpfte diese Deklaration sich nicht in der Erklärung bloßer Absichten. Vielmehr wurde gleichzeitig eine hochrangige *Comisión Mixta* - eine Gemischte Kommission - unter Vorsitz der jeweiligen Außenminister mit der Ausarbeitung konkreter Vorschläge zur wirtschaftlichen Integration zwischen beiden Ländern betraut[15].

---

11 *Sangmeister*, Auf dem Weg in den Weltmarkt. Regionale Wirtschaftsintegration im Cono Sur, in: Junker/Nohlen/*Sangmeister*, S. 197

12 *Castro Escudero*, Inflación en Argentina, in: Comercio Exterior 1994, S. 991

13 vgl. oben FN 3

14 *Declaración de Iguazú*, Punkt 18 spricht von der „*firme voluntad política de acelerar el proceso de integración bilateral*“

15 *Minsburg*, Argentina y el Mercosur: un proceso complejo, Cuadernos del CLAEH 1993, S. 41; *Mayr*, Die Rolle des Mercosur im multidimensionalen Integrationsschema Lateinamerikas, in: Verfassung und Recht in Übersee 1993, S. 261

2. *Die Acta para la Integración Argentino-Brasileña von 1986*

Nur wenige Monate nach Einsetzung der Gemischten Kommission im Rahmen der Erklärung von Iguazú mündeten deren Vorschläge am 29. Juli 1986 in die Unterzeichnung der Argentinisch-Brasilianischen Integrationsakte und zwölf weiterer Zusatzprotokolle[16]. Wesentlicher Inhalt ist die Errichtung des *Programa de Integración y Cooperación Económica entre Argentina y Brasil (PICAB)* - des argentinisch-brasilianischen Integrations- und Kooperationsprogrammes.

a) Ziele und Instrumente der Integrationsakte

Bei der Bestimmung des Integrationszieles offenbart die Integrationsakte noch eine deutliche integrationstechnische Ungenauigkeit: Zur Zielumschreibung wird die Figur eines „*Espacio Económico Común*" - eines Gemeinsamen Wirtschaftsraumes - gewählt[17]. Eine Festlegung auf eines der im internationalen Wirtschaftsrecht bekannten Integrationsmodelle, wie Freihandelszone, Zollunion oder Gemeinsamer Markt[18], erfolgte damit nicht.

Ohne auf ein vorgegebenes Integrationsmodell zurückzugreifen, ist Ziel des Integrationsprogrammes *PICAB* eine sektorweise und selektive Öffnung der jeweiligen Märkte, wodurch eine Zunahme und Diversifizierung des beiderseitigen Handels erreicht werden soll[19].

Das Ziel der schrittweisen Marktöffnung sollte durch den sukzessiven Abschluß einzelner Protokolle erreicht werden. Zurückgegriffen wurde damit auf eine Technik, die Ähnlichkeiten mit dem im Rahmen der ALALC in den sechziger Jahren angestrebten Vorgehen zeigt. Durch die Protokolle sollten tarifäre und nichttarifäre Hindernisse für einzelne Bereiche des wechselseitigen Austausches abgebaut werden und so die schrittweise Integration Sektor für Sektor voranschreiten[20]. Die Protokolle deckten die verschiedensten Bereiche ab[21], wie etwa die Schaffung binationaler Unternehmen, die Stahlindustrie oder die Telekommunikation. Beispielhaft erwähnt sei das *Protocolo No. 1 de Bienes de Capital* - das Protokoll über Kapitalgüter - mit einer Liste von annähernd 350 Kapitalgütern, für die ab 1987 vollständige Zollfreiheit im Handel zwischen

---

16 *Acta para la Integración Argentino-Brasileña*, unterzeichnet am 29. Juli 1986, abgedruckt mit Zusatzprotokollen in: Integración Latinoamericana Nr. 116/1986, S. 97 ff., englische Übersetzung in: I.L.M. 1988, S. 907 ff.

17 *Haines-Ferrari*, Mercosur: A new Model of Latin American Economic Integration, in: Case W. Res. J. Int. L. 1993, S. 419; vgl. Präambel der Integrationsakte

18 zu den einzelnen Integrationsformen: *Herdegen*, Internationales Wirtschaftsrecht, § 3 Rdnr. 33; eingehend dazu unten: Teil 2, Kap. 1 A u. B

19 *Manzetti*, The Political Economy of Mercosur, in: Journal of Interamerican Studies and World Affairs 1993, S. 103

20 *Haines-Ferrari*, Mercosur: A new Model of Latin American Economic Integration, in: Case W. Res. J. Int. L. 1993, S. 420

21 allesamt abgedruckt in: Integración Latinoamericana, Mercado Común entre Argentina y Brasil, Tratados, Actas y Anexos, Período 1985-1990, Buenos Aires 1990, S. 43 ff.

Argentinien und Brasilien gelten sollte und für die außerdem eine Zollunion anvisiert wurde[22].

b) Methodische Merkmale

Zentrale methodische Besonderheiten des Integrationsprogrammes PICAB sind dessen Flexibilität und die graduelle Vorgehensweise[23]. Das Merkmal der Flexibilität ist bereits mit dem dargestellten Instrumentarium der Protokolle verdeutlicht, die anders als ein rigides Liberalisierungsprogramm Änderungen und Anpassungen zu berücksichtigen vermögen. Mit dem Prinzip der Gradualität ist das schrittweise Vorgehen in Form jährlicher Festsetzungen von Zielen und Maßnahmen gemeint, wodurch die ökonomisch-sozialen Kosten gering gehalten werden sollten[24].

Weiterhin auffällig ist in methodischer Hinsicht das Fehlen einer wie auch immer gearteten Organstruktur zur Durchführung und Überwachung der vereinbarten Schritte und Maßnahmen sowohl in der Integrationsakte als auch in den nachfolgenden Protokollen. Eine Evaluation erfolgter und der Beschluß neuer Maßnahmen vollzog sich allein im Rahmen der jährlichen Zusammenkünfte auf Regierungsebene[25]. Der mit dem Integrationsabkommen in Gang gesetzte Prozeß lag damit nahezu ausschließlich in den Händen der jeweiligen Präsidenten Argentiniens und Brasiliens.

c) Resultate

Den Instrumenten zur wirtschaftlichen Integration, namentlich den zwölf und später 24 Zusatzprotokollen, wird ein hoher praktischer Wert bescheinigt, der bei sonstigen Integrationsprojekten in Lateinamerika kaum anzutreffen war[26].

Die eingangs geschilderten wirtschaftlichen Turbulenzen und die einzelstaatlichen Reaktionen darauf verhinderten jedoch größere wirtschaftliche Integrationserfolge. Auch wenn der bilaterale Außenhandel in den Jahren 1985 bis 1990 um ungefähr 80 Prozent wuchs, erreichte er damit in weiten Teilen nicht einmal das Niveau des Jahres 1980[27]. Die als praktischer Wert gerühmte Flexibilität des Instrumentariums schlug in ihr Gegenteil um, indem sie die Zurückhaltung gegenüber der Verabschiedung neuer Liberalisierungsmaßnahmen nährte. Das sektorweise Vorgehen erwies sich einmal mehr

22 vgl. *Emmes*, Äquivalente zur Europäischen Politischen Zusammenarbeit in Lateinamerika, S. 236

23 *Behar*, Economic Integration and Intra-Industry Trade, in: Journal of Common Market Studies 1991, S. 530; so auch formuliert in der Präambel der *Acta para la Integración Argentino-Brasileña,* Integración Latinoamericana Nr. 116/1986, S. 97

24 *Minsburg*, Argentina y el Mercosur: un proceso complejo, Cuadernos del CLAEH 1993, S. 41

25 *Haines-Ferrari*, Mercosur: A new Model of Latin American Economic Integration, in: Case W. Res. J. Int. L. 1993, S. 420

26 so etwa: *Seitenfus*, Nationalregierungen im Mercosur, in: Lateinamerika. Analysen-Daten-Dokumente, Nr. 22/1993, S. 13

27 *Nofal*, Integración Argentina-Brasil y regionalización del mercado en el Cono Sur, in: Contribuciones 1991, Nr. 4, S. 115 f.

als zu vorsichtig, um nachhaltige Liberalisierungen im gegenseitigen wirtschaftlichen Austausch herbeizuführen. Die meisten der Protokolle kamen darüber hinaus nie zur Anwendung[28].

In zweierlei Hinsicht sind Integrationsakte und PICAB jedoch positiv zu bewerten. Sie trugen einmal, wie die nachfolgende Entwicklung zeigen wird, zur Konsolidierung der politischen Beziehungen zwischen Argentinien und Brasilien bei und brachten den Willen zu konstruktiver Zusammenarbeit zum Ausdruck. Zum anderen gaben die methodischen Grundlagen mit ihrer Betonung schrittweisen Vorgehens Anlaß, weitergehende Konzepte zur wirtschaftlichen Integration zu entwickeln.

3. Die Acta de Amistad Argentino-Brasileña von 1986

Auf einem weiteren Treffen der Präsidenten Alfonsín und Sarney wurden am 10. Dezember 1986 die *Acta de Amistad Argentino-Brasileña* - die Freundschaftsakte - und noch einmal fünf Protokolle zur Einbeziehung weiterer Sektoren in das PICAB unterzeichnet[29]. Wie auch der Untertitel *„Paz, Democracia y Desarollo"* - Frieden, Demokratie und Entwicklung - signalisiert, standen politische Beweggründe im Mittelpunkt der Freundschaftsakte. Noch einmal bekräftigt werden sollte der beiderseitige Wille zur Zusammenarbeit. Bemerkenswert erscheint weiter die ausdrückliche Betonung der demokratiefördernden Absichten der Kooperation. In wirtschaftlicher und integrationstechnischer Hinsicht weist die Freundschaftsakte keine Neuerungen auf gegenüber der Integrationsakte aus demselben Jahr und den entsprechenden Protokollen.

4. Der Tratado de Integración, Cooperación y Desarollo von 1988

Nachdem der mit der Integrationsakte von 1986 eingeleitete Integrationsprozeß seinen anfänglichen Schwung verloren hatte, wurde - wiederum auf Initiative der Präsidenten Alfonsín und Sarney - versucht, diesen Prozeß wiederzubeleben. Dementsprechend schlossen Argentinien und Brasilien am 29. November 1988 den *Tratado de Integración, Cooperación y Desarrollo* - den Vertrag zur Integration, Kooperation und Entwicklung[30].

Im wesentlichen werden mit dem neuen Integrationsvertrag methodisch und integrationstechnisch gegenüber der Integrationsakte von 1986 keine neuen Wege beschritten. Wenn der Vertrag dennoch als Wandel in der Integrationsstrategie beschrieben wird[31],

28 *Manzetti*, The Political Economy of Mercosur, in: Journal of Interamerican Studies and World Affairs 1993, S. 104

29 *Acta de Amistad Argentino-Brasileña*, abgedruckt in: Integración Latinoamericana 122/1987, S. 70

30 *Tratado de Integración, Cooperación y Desarrollo entre la República Argentina y la República Federativa de Brasil*, abgedruckt in: Integración Latinoamericana, Nr. 142/1989, S. 76 f., im folgenden: Integrationsvertrag

31 so: *Mayr*, Die Rolle des Mercosur im multidimensionalen Integrationsschema Lateinamerikas, in: Verfassung und Recht in Übersee 1993, S. 262

läßt sich dies allenfalls auf die Neuformulierung mittel- und langfristiger Ziele, nicht jedoch auf die vorgesehenen Mittel und Instrumente zurückführen.

In diffuser, weil keiner der im internationalen Wirtschaftsrecht geläufigen Integrationsformen entsprechenden, Art und Weise wird als Ziel zunächst die Bildung eines Gemeinsamen Wirtschaftsraumes, eines *Espacio Económico Común*, angegeben[32]. Erst an späterer Stelle konkretisiert der Vertrag, daß innerhalb eines Zeitraumes von zehn Jahren die Errichtung eines Gemeinsamen Marktes zwischen Argentinien und Brasilien angestrebt wird und dieser Prozeß in zwei Phasen, der Zolliberalisierung und schließlich der Koordinierung der Wirtschaftspolitiken, ablaufen soll[33].

Damit ist zwar eine erste Abkehr von der sektoriellen Integration hin zu einer Einbeziehung von Liberalisierungsregimen für den Globalhandel auszumachen. Die Gestaltung dieses Prozesses wurde jedoch durch den Integrationsvertrag nicht konkretisiert. Vielmehr war dieser ein Rahmenvertrag, der die Vornahme konkreter Maßnahmen erst durch zusätzliche bilaterale Vereinbarungen lediglich anheimstellte[34]. Dementsprechend fehlte auch in diesem Vertrag die Einrichtung gemeinsamer Organe zur Lenkung und Gestaltung des Integrationsprozesses.

5. Die Acta de Buenos Aires von 1990

Wenngleich wie gesehen durchschlagende Integrationsvereinbarungen und -techniken noch nicht vereinbart waren und der Integrationsprozeß wiederum zu erlahmen drohte, wurde jedenfalls die Zweifel zerstreut, er komme mit der Ersetzung der Regierungsspitzen durch Oppositionspolitiker in beiden Staaten gänzlich zum Erliegen. Die neugewählten Präsidenten Carlos Menem und Fernando Collor de Mello unterzeichneten schon bald, am 6. Juli 1990, die *Acta de Buenos Aires*[35].

Damit vollzog sich eine qualitative Wende in der Integration zwischen Argentinien und Brasilien, die sich insbesondere in methodischer Hinsicht bei den neu eingeführten Mechanismen zeigt. Da diese später im Vertrag von Asunción zur endgültigen Gründung des Mercosur weitgehend übernommen wurden, seien sie an dieser Stelle nur insoweit erwähnt, als sie die vollzogene Trendwende verdeutlichen.

Mit der *Acta de Buenos Aires* erfolgte die endgültige Festlegung auf das Ziel der Errichtung eines Gemeinsamen Marktes zwischen den beiden Staaten, wobei der noch im Integrationsvertrag vereinbarte Zeitraum von zehn Jahren auf nur fünf Jahre verkürzt wurde[36]. Zum 31. Dezember 1995 sollte also das Ziel der vollständigen Liberalisierung erreicht sein.

---

32 Art. 1 des Integrationsvertrages

33 Art. 5 des Integrationsvertrages; *Haines-Ferrari*, Mercosur: A new Model of Latin American Economic Integration, in: Case W. Res. J. Int. L. 1993, S. 421

34 *Abreu Bonilla*, Mercosur e Integración, S. 43

35 *Acta de Buenos Aires* vom 6. Juli 1990, abgedruckt in: Integración Latinoamericana Nr. 159/1990, S. 67 f.

36 Punkt 1 der *Acta de Buenos Aires*; vgl. auch: *Felperín/del Huerto Romero*, S. 99

Von großer Bedeutung ist ferner die Aufgabe des Gedankens der sektoriellen Integration zugunsten eines regelgebundenen Mechanismus allgemeiner und linearer Zollsenkungen[37]. Dies bedeutet den Übergang von einer bloßen Präferenzzone zur Einleitung genereller Zollsenkungen[38]. Die bereits in Form von Protokollen vereinbarten Erleichterungen blieben dabei weiterhin in Kraft. Schließlich wurde das wenig einsichtige Zwei-Stufen-System des Integrationsvertrages von 1988 aufgegeben, nach dem sich zunächst die Zolliberalisierung vollziehen und dann eine Koordinierung der Wirtschaftspolitiken stattfinden sollte. Auch begünstigt durch die neue wirtschaftspolitische Ausrichtung in Argentinien und Brasilien[39], hatte der Integrationsprozeß hiermit eine neue Dynamik gewonnen.

6. Der Acuerdo de Alcance Parcial de Complementación Económica No. 14

Die mit der *Acta de Buenos Aires* getroffenen Vereinbarungen bedurften noch weiterer Konkretisierung. Erforderlich war auch eine Legitimierung durch die ALADI als übergeordneter Integrationsrahmen[40]. Dies geschah unter Rückgriff auf ein von der ALADI entwickeltes Instrument mit dem *Acuerdo de Alcance Parcial de Complentación Económica No. 14* - dem Wirtschaftlichen Komplementierungsabkommen Nr. 14 - das am 20. Dezember 1990 unterzeichnet wurde[41]. Das Abkommen systematisierte und vertiefte die bis dato getroffenen bilateralen Vereinbarungen. Die meisten Sektorabkommen wurden hierdurch zusammengefaßt und die Einführung eines progressiven Zollsenkungssystems zum 1. Januar 1990 beschlossen, das bis zum 31. Dezember 1994 vollendet sein sollte. Die Ausführungsbestimmungen sehen vor, daß nach einer anfänglichen allgemeinen Zollsenkung um 40 Prozent im halbjährlichen Rhythmus eine weitere progressive Reduzierung der Zolltarife um 7 Prozent erfolgen soll, wobei zwar Güter ausgenommen werden können, diese Ausnahmelisten jedoch jährlich um ein Fünftel zu kürzen sind[42].

Damit wurde die endgültige Abkehr vom sektorweisen Vorgehen mittels einzelner Protokolle vollzogen. Dieses Abkommen enthielt bereits zahlreiche Elemente des späteren Mercosur-Prozessses und erlangte keine selbständige Bedeutung, weil zwar viele seiner Regelungen bei der Gründung des Mercosur übernommen wurden, vorher aber noch nicht zur Anwendung gekommen waren.

---

37 *Sangmeister*, Auf dem Weg in den Weltmarkt. Regionale Wirtschaftsintegration im Cono Sur, in: Junker/Nohlen/Sangmeister, S. 194; Punkt 2 der *Acta de Buenos Aires*

38 *Siebert*, Weltwirtschaft, S. 199

39 s.o.: in diesem Kapitel: A II

40 vgl. dazu: *Salomão/Samtleben*, in: WM 1992, S. 1347 u. 1386

41 *Acuerdo de Alcance Parcial de Complentación Económica No. 14,* abgedruckt in: Integración Latinoamericana, Mercado Común entre Argentina y Brasil, Tratados, Actas y Anexos, Período 1985-1990, S. 43 ff.

42 *Sangmeister*, Auf dem Weg in den Weltmarkt. Regionale Wirtschaftsintegration im Cono Sur, in: Junker/Nohlen/Sangmeister, S. 194

II. Von der bilateralen Kooperation zur Einbeziehung Uruguays und Paraguays

Uruguay war bereits seit Mitte der siebziger Jahre durch bilaterale Verträge, das Wirtschaftliche Kooperationsabkommen - den *Convenio Argentino-Uruguayo de Cooperación Económica (CAUCE)* - mit Argentinien und dem Protokoll zur Handelserweiterung - *Protocolo de Expansión Comercial (PEC)* mit Brasilien verbunden[43]. Paraguay pflegte durch gemeinsame Großprojekte wie die Wasserkraftwerke Itaipú mit Brasilien und Yacyretá mit Argentinien in faktischer Hinsicht seit längerem bedeutende Beziehungen mit beiden Staaten[44].

Wenngleich eine gemeinsame Akte der Präsidenten Argentiniens, Brasiliens und Uruguay - die *Acta de Alvorada* vom 7. April 1988 - die Einbeziehung Uruguays in den bilateralen Integrationsprozeß proklamierte[45], wurden bis auf weiteres keine Schritte zur Erweiterung des bilateralen Integrationsprojektes unternommen. Dementsprechend wurde auch der Integrationsvertrag von 1988, in dem erstmals das Ziel der Schaffung eines Gemeinsamen Marktes anklang, wie gesehen, nur von Argentinien und Brasilien unterzeichnet.

Die wirtschaftliche Abhängigkeit der beiden kleinen Staaten und die als Signal der Ernsthaftigkeit der argentinisch-brasilianischen Integrationsbemühungen gewertete *Acta de Buenos Aires* ließen für Uruguay und Paraguay die Einbeziehung in das bilaterale Projekt notwendig erscheinen[46]. Sie vollzog sich schließlich erst mit dem Vertrag von Asunción, dem ersten Vertrag, an dem alle vier Staaten partizipierten.

C. Unmittelbare Vorläufer des Mercosur in der Gesamtbetrachtung - Systematisierung und Bewertung

I. Allgemeine Merkmale

1. Bilaterale Prägung

Auch die letztlich erfolgte Eingliederung Uruguays und Paraguays vermag nicht die Tatsache zu verändern, daß der Integrationsprozeß im südlichen Kegel im wesentlichen von Argentinien und Brasilien und ihrem bilateralen Verhältnis bestimmt wird. Die wesentlichen Schritte des Prozesses waren bilateral. Während der Beginn des Mercosur-

---

43 Einzelheiten dazu bei: *Ferrere*, The Uruguayan-Argentinian Trade Cooperation Agreement, in: Journal of World Trade Law 1984, S. 320 ff. (CAUCE); *Mármora/Messner*, La integración de Argentina, Brasil, Paraguay y Uruguay, in: Nueva Sociedad 1991, S. 130 ff. (PEC)

44 *Mayr*, Die Rolle des Mercosur im multidimensionalen Integrationsschema Lateinamerikas, in: Verfassung und Recht in Übersee 1993, S. 264

45 *Sanguinetti*, Mercosur: las alternativas del diseño institucional definitivo, in. Integración Latinoamericana, Nr. 201/1994, S. 4

46 *Early*, Towards the Economic Union of Argentina, Brazil, Uruguay and Paraguay, in: Gustafson, S. 181

Prozesses für Argentinien und Brasilien Zwischenergebnis in einem 1985 angelaufenen Prozeß gradueller Annäherung war[47], wurden Paraguay und Uruguay in diesen Prozeß lediglich einbezogen, konnten ihn aber nicht wesentlich prägen. Ausschlaggebender Indikator für das jeweilige wirtschaftliche und politische Integrationsklima ist daher das Verhältnis von Argentinien und Brasilien.

2. Entscheidender Fortschritt

Wichtigstes Ergebnis des bilateralen Integrationsprozesses als unmittelbare Vorstufe des Mercosur, ist die Tatsache, daß in inhaltlicher Hinsicht Lehren aus den an Erfolgen armen lateinamerikanischen Integrationsprojekten, aber auch aus dem Ablauf der bilateralen Integration selbst gezogen wurden.

Nachdem Argentinien und Brasilien mit der Integrationsakte von 1986 zunächst in Form der sektoriellen Integration durch die Aushandlung von Einzelprotokollen ein Verfahren anwendeten, das starke Ähnlichkeiten mit der gescheiterten Vorgehensweise der ALALC aufwies[48], wurde dies schrittweise zugunsten eines automatischen und globalen Systems von Zollsenkungen aufgegeben. Zutreffend wird daher in der durch die *Acta de Buenos Aires* beschlossenen und im Januar 1991 in Kraft gesetzten allgemeinen linearen Zollsenkung um 40 Prozent für den bilateralen Handel ein entscheidender Schritt und der Beginn einer zweiten Phase der Integration im Südlichen Kegel gesehen[49].

II. Institutionelle Merkmale und Methodik

1. Die sog. top-down-integration

Bereits das äußere Bild der vorgestellten Dokumente weist hin auf ein durchgängiges Wesensmerkmal des der Gründung des Mercosur unmittelbar vorausgehenden Integrationsprozesses. Mit Ausnahme des Integrationsvertrages von 1988, in dem der Vertragschluß und die vorangestellten Erwägungen als von den Regierungen Argentiniens und Brasiliens durchgeführt dargestellt werden[50], erscheinen in allen übrigen Dokumenten die jeweiligen Präsidenten als Hauptakteure[51]. So werden etwa in der Präambel der *Acta de Amistad* von 1986 Überzeugung und Beweggründe der Präsidenten Alfonsín und

47 *Abreu Bonilla*, Mercosur e Integración, S. 47

48 *Grandi*, Le Mercosur en période de transition, in: Problèmes d'Amérique latine 1995, S. 75; s.o. in diesem Teil, Kap. 1 A I 1.

49 *Sangmeister*, Auf dem Weg in den Weltmarkt. Regionale Wirtschaftsintegration im Cono Sur, in: Junker/Nohlen/Sangmeister, S. 195

50 s. Präambel des Integrationsvertrages, oben FN 30

51 vgl. jeweils Präambel der *Declaración de Iguazú (1985),* der *Acta para la Integración Argentino-Brasileña* (1986), der *Acta de Amistad* (1988) und der *Acta de Buenos Aires* (1990)

Sarney vorangestellt und diese Formulierung auch nach dem jeweiligen Präsidentenwechsel im *Acta de Buenos Aires* aus dem Jahr 1990 beibehalten.

Das geschilderte Phänomen ist dabei keineswegs lediglich sprachlicher Art. Widergespiegelt wird damit vielmehr ein Hauptmerkmal der präsidentialistischen Regierungsformen in den beteiligten Staaten[52] und des Integrationsprozesses insgesamt. Es ist dies die überaus dominante Rolle der jeweiligen Präsidenten bei der Gestaltung und Durchführung politischer Maßnahmen im allgemeinen sowie außen- und wirtschaftspolitischen im besonderen. Andere Akteure, wie zum Beispiel die nationalen Parlamente, spielten gerade bei der Gestaltung des Integrationsprozesses eine gänzlich untergeordnete Rolle[53]. Der somit fast ausschließlich durch die Präsidenten und ihre technischen Berater geprägte Prozeß wird dementsprechend als *top-down integration*, also als von oben nach unten verlaufende Integration beschrieben[54]. Eine breite Mitwirkung oder auch nur Erörterung des Vorgehens unterblieb also gerade in der Anfangsphase des in Gang gesetzten Prozesses.

2. Das Fehlen von Institutionen

Eng verbunden mit dem Phänomen der *top-down integration* ist eine weitere wesentliche Eigenart des der Gründung des Mercosur im Südlichen Kegel vorangehenden Integrationsprozesses. Die Ausgestaltung der Integration im geschilderten Zeitraum von 1985 bis 1990 war gekennzeichnet durch eine einfache, rein intergouvernementale Struktur ohne gemeinschaftliche Organe und ohne die Einsetzung über bloße Konsultationsvereinbarungen hinausgehender Mechanismen.

Die Deklaration von Iguazú aus dem Jahre 1985 beschränkte sich auf die Bildung einer *Comisión Mixta de alto nivel* - einer hohen Gemischten Kommission unter Vorsitz der jeweiligen Außenminister und wies dieser lediglich Beratungsfunktionen zu[55]. Auch die im Zuge der Argentinisch-Brasilianischen Integrationsakte eingesetzte *Comisión de Ejecución del Programa* - die Kommission zur Durchführung des Integrationsprogrammes - war lediglich aus Regierungsvertretern zusammengesetzt und in ihrer Funktion auf die Evaluation des Programmablaufs und die Unterbreitung von Vorschlägen an die jeweiligen Präsidenten beschränkt[56]. Auf diese Kommission wurde dann weiter im Rahmen des Integrations- und Kooperationsvertrages von 1988 zurückgegriffen, der dann noch die ebenfalls nur beratende *Comisión Parlamentaria Conjunta* - die Gemeinsame Parlamentarische Kommission - zur Seite gestellt werden sollte[57]. Dieses Modell

52 *Lavopa*, La dimensión jurídica de la integración, in: Contribuciones 1996, Nr. 4, S. 178 ff.
53 Hirst, Avances y desafíos, S. 16
54 so: *Manzetti*, The Political Economy of Mercosur, in: Journal of Interamerican Studies and World Affairs 1993, S. 117
55 vgl. Punkt 19 der *Declaración de Iguazú* vom 30. November 1985, s.o. FN 3
56 vgl. Punkt 4 und 5 der *Acta para la Integración Argentino-Brasileña*, s.o. FN 16
57 vgl. Art. 7 und 8 des *Tratado de Integración, Cooperación y Desarrollo entre la República Argentina y la República Federativa de Brasil*, s.o. FN 30

wurde dann lediglich in quantitativer Hinsicht im Zuge der Akte von Buenos Aires aus dem Jahr 1990 erweitert. Der Gemischten Kommission wurde, ebenfalls betraut mit Analyse- und Vorschlagsaufgaben, der *Grupo Mercado Común* - die aus Vertretern einzelner Ministerien zusammengesetzte Gruppe Gemeinsamer Markt - untergeordnet[58].

Diese institutionell äußerst simple Ausstattung ist von besonderer Bedeutung für die Bewertung des unmittelbar vor der Gründung des Mercosur liegenden Integrationsprozesses. Auch diese muß sich mit dem pauschal gegenüber lateinamerikanischen Staaten erhobenen Vorwurf auseinandersetzen, sie seien offensichtlich unfähig zur Errichtung verläßlicher und dauerhafter Organisationsformen der Integration[59].

III. Bewertung

Der institutionellen Ausstattung wird in der Behandlung regionaler Integration große Bedeutung geschenkt und einem geringen Institutionalisierungsgrad mit entsprechender Skepsis begegnet. Regionale Integration wird danach als eine Serie vielfältiger Annäherungsschritte gesehen, die die Schaffung neuer supranationaler Einrichtungen mit Entscheidungsgewalt zur Folge habe[60]. Proklamiert wird, regionale Integration müsse begleitet werden durch die Bildung von Institutionen; ein funktionsfähiges Integrationsmodell, das keine solide institutionelle Struktur besitze, sei nicht denkbar[61].

Ähnlich verallgemeinernd läßt sich dem entgegenhalten, daß auch eine von vornherein vorgesehene differenziertere institutionelle Struktur nicht notwendig nachhaltige Integrationserfolge mit sich bringt. Der Fall der ALALC und des Andenpaktes haben das deutlich gemacht[62].

Im konkreten Falle des bilateralen und später quatrilateralen Integrationsprozesses der Periode von 1985 bis 1990 erwies sich der nahezu vollständige Verzicht auf institutionelle Festlegungen in weiten Teilen sogar als erfolgreich. Der Ablauf wird zwar als zuweilen wenig geradlinig und erratisch beschrieben[63]. Doch spiegelt sich darin die permanente Analyse der erzielten Ergebnisse und die ständige Anpassung wider. Diese flexible Gestaltung, ohne Notwendigkeit großen bürokratischen Aufwand zu betreiben, war es dann auch, die die vergleichsweise rasche Abwendung von einer schrittweisen und sektoriellen hin zu einer globalen und automatischen Handelsliberalisierung ermöglichte.

Gestützt wird eine positive Beurteilung auch durch die Entwicklung des Handelsaustausches zwischen den Integrationspartnern. Im fraglichen Zeitraum von 1985 bis 1991 konnte der intra-regionale Handel nachhaltig gesteigert werden. Während im Jahr 1985

58 vgl. Anexo II der *Acta de Buenos Aires* vom 6. Juli 1990, s.o. FN 35
59 *Early*, Towards the Economic Union of Argentina, Brazil, Uruguay and Paraguay, in: Gustafson, S. 170
60 *Dougherty/Pfaltzgraff*, Contending Theories in International Relations, S. 433
61 *Mols,* The Integration Agenda, in: Smith, S. 62
62 s.o. Kap.1 A I 1. u. 3. c)
63 *Abreu Bonilla*, Mercosur e Integración, S. 45

noch ein Volumen von 1,952 Milliarden US-Dollar angegeben wurde, erreichte der bilaterale Austausch im Jahr 1991 bereits einen Umfang von 6,3 Milliarden US-Dollar[64].

Diese Erfolge relativieren die dargestellten überkommenen Grundsätze wirtschaftlicher Integration und zeigen, daß sie einer stark vom europäischen Integrationsprozeß geprägten Sichtweise entspringen. Wie es die Vertreter Argentiniens und Brasiliens bereits in der Deklaration von Iguazú ausdrückten[65], ist der Prozeß im Südlichen Kegel von einer pragmatischen Vorgehensweise geprägt. Im Vergleich etwa zur Integration auf europäischer Ebene ist er damit in seiner Anfangsphase als Integrationsschema *sui generis* zu bezeichnen.

Zu bedenken ist allerdings weiter, daß der in der präsidentiellen Prägung und im Verzicht auf Institutionalisierung gezeigte Pragmatismus auch in sein Gegenteil umschlagen kann. Im Falle eines erlahmenden Integrationswillens oder innenpolitischer Durchsetzungsschwierigkeiten, würde sich ein annähernd im Belieben der jeweiligen Präsidenten stehender Integrationsprozeß als äußerst anfällig erweisen. Dem Integrations*un*willen wären in einer solchen Situation ebensowenig institutionelle Bindungen entgegengesetzt wie dem zwischen 1985 und 1990 manifestierten Integrationswillen.

Zusammengefaßt stellen die dem Mercosur unmittelbar vorausgehenden Integrationsbemühungen einen Prozeß dar, der sich einerseits durch einen dynamischen Pragmatismus auszeichnet, andererseits aber auch sensibel und anfällig ist. Während sich die flexible Vorgehensweise in den Jahren 1985-1990 als durchaus erfolgreich erwiesen hat, bieten die Merkmale dieser Integrationsmethode Anlaß zur Frage, ob der eingeschlagene Weg auch weiterhin den Anforderungen an eine gewinnbringende und dauerhafte Integration gerecht wird. Inwiefern die darauffolgende Gründung des Mercosur eine entsprechende Lösungsmöglichkeit bietet, wird nunmehr die rechtliche Untersuchung des mit der Schaffung des Mercosur fortgeführten Integrationsprozesses zeigen.

---

64 *Grandi*, Le Mercosur en période de transition, in: Problèmes d'Amérique latine 1995, S. 86

65 vgl. Punkt 13 der *Declaración de Iguazú* vom 30. November 1985, s.o. FN 3

Zweiter Teil

Rechtsfragen und Methodik eines neuartigen Integrationsansatzes

1. Kapitel: Einführung in den Mercosur und die rechtliche Untersuchung

Erstmals wird der Begriff Mercosur, bzw. die brasilianische Bezeichnung Mercosul, durch den am 26. März 1991 unterzeichneten Vertrag von Asunción auf das von Argentinien, Brasilien, Paraguay und Uruguay eingeleitete Integrationsprojekt angewendet[1]. Aus dem Vertrag selbst wird deutlich, daß es nur unter Inkaufnahme von Ungenauigkeiten möglich ist, bereits den Vertragsabschluß oder sein Inkrafttreten als die Gründung des Mercosur zu bezeichnen. Erst der nach den seinerzeitigen Bestimmungen bis zum 31. Dezember 1994 noch zu bildende gemeinsame Markt sollte zukünftig die Bezeichnung „Mercosur“ erhalten[2].

Im Vertrag von Asunción werden jedoch Grundidee, Ziele und einzusetzende Mittel in ihren wesentlichen Zügen auch über das Jahr 1994 hinausgehend festgeschrieben. Der Vertrag von Asunción bildet daher das Fundament des Mercosur[3] und ist somit die zentrale Grundlage für die Feststellung seines globalen Zieles.

A. Integrationsziel des Mercosur

I. Als Hauptziel angestrebte wirtschaftsrechtliche Integrationsform

Seinem Wortlaut nach unmißverständlich, legt sich der Vertrag von Asunción auf die Errichtung eines Gemeinsamen Marktes zwischen den vier Unterzeichnerstaaten als Ziel der Integrationsbemühungen fest. Dies sollte in weniger als vier Jahren geschehen. Nach dem Vertragstext soll der Gemeinsame Markt die folgenden Bestandteile aufweisen[4]:

- drei Grundfreiheiten in Form des freien Verkehrs von Waren, Dienstleistungen und Produktionsfaktoren;
- Einführung eines Gemeinsamen Außenzolltarifs;
- Festlegung einer gemeinsamen Handelspolitk gegenüber Drittstaaten;
- Koordinierung der makroökonomischen und sektorialen Politiken;
- Harmonisierung der Gesetzgebung in den von der Integration betroffenen Bereichen.

---

1 *Tratado para la constitución de un mercado común entre la República Argentina, la República Federativa del Brasil, la República del Paraguay y la República Oriental del Uruguay - Tratado de Asunción*, in Kraft getreten am 29. November 1991, Boletín Oficial del Mercosur/Boletim Oficial do Mercosul, Año I Nr. 1, Juni 1997, S. 13 ff.; englische Übersetzung in: I.L.M. 1991, S. 1042 ff.; im folgenden als TA bezeichnet; die erforderliche Einbindung in den Integrationsrahmen der ALADI erfolgte durch den *Acuerdo de Complementación Económica No. 18* vom 29. November 1991, vgl. dazu: *Samtleben*, in: WM 1996, S. 1998

2 Art. 1 Abs. 1 des TA spricht von einem „*Mercado Común [...] que se denominará 'Mercado Común del Sur' (MERCOSUR)*“ - einem Gemeinsamen Markt, der als MERCOSUR bezeichnet werden wird

3 *Tabaré/Bizzózero*, La construcción del Mercosur: Dignóstico y evaluación de lo acordado, S. 11

4 vgl. Art. 1 Abs. 2 TA

Im Vorgriff auf die abschließende Bewertung des Vertrages von Asunción und des Integrationsprojektes insgesamt, läßt sich bereits hier feststellen, daß diese umfangreiche Zielsetzung in dem dafür festgesetzten Zeitrahmen bis zum Ende des Jahres 1994 nur in Teilen verwirklicht werden konnte. In Voraussicht dieser Tatsache wurde die aus dem Vertrag von Asunción hervorgehende Zielsetzung zuweilen als ein zweistufiges Projekt beschrieben[5] und im Vertragswerk sogar zwei einzelne, sich überschneidende Abkommen gesehen[6]. Danach sei vorgesehen, zwei Integrationsformen in zwei Entwicklungsstufen zu erreichen. Einmal gehe es dabei um die verbindliche Verpflichtung zur Errichtung einer Freihandelszone und zum anderen um die Übereinkunft, durch weitere Verhandlungen schließlich zur Vollendung eines Gemeinsamen Marktes zu gelangen.

Unabhängig von einer möglichen Bestätigung der geschilderten Annahme von einer zweistufigen Zielfestsetzung durch den tatsächlichen Ablauf des Integrationsprozesses, ist daran festzuhalten, daß der Vertrag von Asunción nur ein einheitliches übergeordnetes Ziel nennt, nämlich die Errichtung eines Gemeinsamen Marktes unter dem Namen Mercosur. Allein zwei unterschiedliche Grade lassen sich im angestrebten Ablauf der Integration ausmachen. Dies liegt jedoch nicht an einer zweistufigen Zielformulierung durch das Vertragswerk, sondern daran, daß die weitgehendere Integrationsform des Gemeinsamen Marktes, wie nachfolgend gezeigt wird, notwendig die Elemente der Freihandelszone als geringerer Integrationsform enthält.

II. Bekannte Integrationsformen und ihre rechtlichen Merkmale

Insgesamt zeigen sich bei der Systematisierung der wirtschaftlichen Integration auf Staatenebene vier unterschiedliche Integrationsformen und -konzepte. Es ist dies zunächst die Errichtung einer Freihandelszone, dann die Zollunion, ferner der Gemeinsame Markt und schließlich die Wirtschafts- und Währungsunion[7]. Freihandelszone und Zollunion gelten dabei als die klassischen Organisationsformen regionaler Zusammenarbeit[8]. Die Integrationsformen weisen, in der genannten Reihenfolge aufsteigend, jeweils einen höheren Grad der Integration auf, wobei die nachsthöhere Integrationsstufe auch jeweils die Merkmale der niedrigeren enthält. Da ein höherer Integrationsgrad einhergeht mit einem zunehmenden Verlust einzelstaatlicher Souveränität und wirtschaftlicher Unabhängigkeit[9], stößt dementsprechend die Errichtung höherstufiger Integrationsformen auch auf ein größeres Maß an Schwierigkeiten und Widerständen.

Die am Mercosur beteiligten Staaten haben sich als Integrationsziel auf die Errichtung eines Gemeinsamen Marktes festgelegt. Zwar ist auch die Bildung einer Wirt-

5 *Baptista*, Le Traité d'Asunción établissant le Marché Commun du Sud, in: Revue de Droit des Affaires Internationales (RDAI) 1992, S 571
6 *Haines-Ferrari*, Mercosur: A new Model of Latin American Economic Integration?, in: Case W. Res. J. Int. L. 1993, S. 422
7 gl. z.B. *Schweitzer/Hummer*, Rdnrn.1076, 1089, 1450 ff.
8 *Herdegen*, Internationales Wirtschaftsrecht, § 3 Rdnr. 33
9 so für Freihandelszone und Zollunion: *Fischer*, Free Trade Areas, in: EPIL Nr. 8 (1985), S. 250

schafts- und Währungsunion als Ziel nicht explizit ausgeschlossen und wird theoretisch auch für möglich gehalten[10]. Indes sind keine Anhaltspunkte dafür ersichtlich, daß die Vertragsstaaten dies bereits als ein Ziel ihrer Integrationsbemühungen ansehen. Die Einführung einer gemeinsamen Währung für den Mercosur wird gegenwärtig lediglich als Möglichkeit diskutiert, wobei die aufgestellten Szenarien hierfür mit einem Beginn frühestens im Jahr 2012 rechnen[11]. Unabdingbare Grundvoraussetzung wäre auch zunächst die Vollendung von Freihandelszone, Zollunion und Gemeinsamem Markt. Die weitere Erörterung beschränkt sich daher auf diese drei Integrationsformen.

1. Die Freihandelszone

Mit der geringsten Integrationstiefe stellt die Freihandelszone die Grundform regionaler Wirtschaftszusammenschlüsse dar[12]. Die gebräuchlichste Definition findet sich in Artikel XXIV.8b des *General Agreement on Trade and Tariffs* (GATT) aus dem Jahre 1947[13]. Demnach ist Wesensmerkmal einer Freihandelszone die Abschaffung von Ein- und Ausfuhrzöllen zwischen den Mitgliedstaaten auf Produkte, die ihren Ursprung in diesen Gebieten haben. Für diese Waren sollen ferner Abgaben und Regelungen gleicher Wirkung ausgeschlossen werden. Zentrales Merkmal der Freihandelszone ist damit die Abschaffung jeglicher Handelshindernisse zwischen den Mitgliedstaaten.

Die gebräuchlichen Handelsbeschränkungen, namentlich Zölle und nichttarifäre Handelshindernisse, lassen sich naturgemäß nicht *ipso facto* mit Inkrafttreten des Gründungsvertrages einer Freihandelszone beseitigen. Hierfür wird vielmehr eine von fünf bis zwölf Jahren reichende Übergangszeit angesetzt[14].

Im Rahmen der Beseitigung von Handelsbeschränkungen ist die Festlegung von Regeln über den Warenursprung eine zentrale Aufgabe bei der Errichtung einer Freihandelszone. Diese Notwendigkeit ergibt sich bereits aus der durch das GATT in Art. XXIV.8b vorgenommenen Definition, wonach nur Produkte, die ihren Warenursprung im Territorium der Mitgliedstaaten haben, von der Freihandelszone profitieren sollen.

In institutioneller Hinsicht ist für die Errichtung einer Freihandelszone ein breites Spektrum von einfachen bis hin zu komplizierten Organstrukturen denkbar. Grundsätzlich wird jedoch die Einrichtung von wenigstens einem gemeinsamen Organ für erforderlich gehalten[15].

---

10 *Baptista*, Le Traité d'Asunción établissant le Marché Commun du Sud, in: Revue de Droit des Affaires Internationales (RDAI) 1992, S 575
11 vgl. IRELA, Dossier Nr. 61/1997, S. 15 f.
12 *Herdegen*, Internationales Wirtschaftsrecht, § 9 Rdnr. 1
13 abgedruckt in: *Brand/Zamora*, Basic Documents of International Law, Bd. 1, S. 9ff.
14 *Fischer*, Free Trade Areas, in: EPIL Nr. 8 (1985), S. 252
15 *Fischer*, Free Trade Areas, in: EPIL Nr. 8 (1985), S. 253

2. Die Zollunion

Die Zollunion unterscheidet sich von der Freihandelszone durch ein grundlegendes Merkmal. Die Mitglieder einer Zollunion führen einen einheitlichen Außenzolltarif ein, so daß Einfuhren aus Drittstaaten in das Gebiet einer Zollunion einem für die Mitgliedstaaten einheitlichen Zolltarif unterliegen, der jedoch für die einzelnen Drittstaaten verschieden hoch sein kann[16]. Eingeschränkt wird damit durch die Errichtung einer Zollunion, anders als im Fall der bloßen Freihandelszone, die Möglichkeit der Mitgliedstaaten, ihre Außenhandelspolitik vollkommen selbständig zu bestimmen[17]. Bei Vollendung der Zollunion entfallen schließlich die Regelungen über den Warenursprung, da sämtliche in das Gebiet der Zollunion eingeführten Waren frei zirkulieren können sollen[18].

Abgesehen von den dargelegten Unterschieden zwischen beiden Integrationsformen gelten die Ausführungen zur Freihandelszone gleichermaßen auch für die Zollunion.

3. Gemeinsamer Markt

Eine gegenüber den vorgenannten Modellen fortentwickelte Integrationsform ist schließlich die Errichtung eines Gemeinsamen Marktes. Zusätzlich zu den Merkmalen von Freihandelszone und Zollunion unterscheidet er sich durch die Gewährleistung weiterer Marktfreiheiten. Nicht nur Güter, sondern auch die Produktionsfaktoren Arbeit und Kapital sollen ungehindert zirkulieren können. Kernstück eines Gemeinsamen Marktes sind demnach die Freiheit des Personenverkehrs in ihrer Ausprägung als Freizügigkeit und Niederlassungsfreiheit und die Freiheiten des Waren-, Kapital- und Dienstleistungsverkehrs[19]. Damit soll letztlich hinsichtlich des wirtschaftlichen Austausches ein Zustand herrschen, als handele es sich beim gesamten Territorium der Mitgliedstaaten lediglich um einen einzigen Staat[20].

Zur abstrakten Bestimmung der Wesensmerkmale eines Gemeinsamen Marktes läßt sich das konkrete Beispiel der europäischen Integration nutzen. Denn mit der Vollendung des Europäischen Binnenmarktes ist unzweifelhaft, daß innerhalb der Europäischen Gemeinschaften die Freiheit des grenzüberschreitenden Verkehrs von Waren, Dienstleistungen, Personen und Kapital in einem sonst unerreichten Maße bereits verwirklicht worden ist[21]. Dabei deckt sich zunächst die für den Europäischen Binnenmarkt im EGV enthaltene Legaldefinition mit den genannten Merkmalen eines Gemeinsamen Marktes. So werden auch an dieser Stelle die vier Grundfreiheiten als Wesensmerkmale

16 *Seidl-Hohenveldern/Loibl*, Das Recht der internationalen Organisationen, § 31, Rdnr. 3102
17 *Hauser/Schanz,* Das neue GATT - Die Welthandelsordnung nach Abschluß der Uruguay-Runde, S. 250
18 *Seidl-Hohenveldern/Loibl*, Das Recht der internationalen Organisationen, § 31, Rdnr. 3102
19 *Schweitzer/Hummer*, Rdnrn. 1068 ff.
20 *Seidl-Hohenveldern/Loibl*, Das Recht der internationalen Organisationen, § 31, Rdnr. 3101
21 *Herdegen*, Internationales Wirtschaftsrecht, § 1 Rdnr. 7

genannt[22]. Die Betrachtung des Ziel-Aufgaben-Kataloges der Europäischen Gemeinschaft[23] macht deutlich, daß die Schaffung eines Gemeinsamen Marktes ferner insbesondere die Annäherung und Koordinierung der Wirtschaftspolitik der Mitgliedstaaten sowie eine gemeinsame Handelspolitik beinhaltet. Darüber hinaus wird die Herstellung einheitlicher rechtlicher Bedingungen für das Wirtschaftsleben in den einzelnen Mitgliedstaaten als weiterer wichtiger Aspekt angesehen[24].

Zusammengefaßt beinhaltet die Errichtung eines Gemeinsamen Marktes damit die Gewährleistung der einzelnen Marktfreiheiten sowie die Schaffung möglichst einheitlicher rechtlicher, wirtschaftlicher und wirtschaftspolitischer Voraussetzungen in den jeweiligen Mitgliedstaaten.

4. Der Mercosur vor dem Hintergrund der verschiedenen wirtschaftsrechtlichen Integrationsformen

Die Gegenüberstellung des Hauptzieles des Mercosur einerseits und den Merkmalen der verschiedenen wirtschaftsrechtlichen Integrationsformen andererseits unterstreicht die Festlegung der Mercosur-Mitglieder auf das Ziel der Errichtung eines Gemeinsamen Marktes. Über die bloße Absichtserklärung zur Gründung des Gemeinsamen Marktes im insoweit maßgeblichen Vertrag von Asunción hinaus[25], findet sich auch die Bestimmung der Merkmale, die im Einklang mit der vorgenommenen Systematisierung der verschiedenen Integrationsformen stehend, die wesentlichen Merkmale eines Gemeinsamen Marktes sind. So werden dementsprechend die Marktfreiheiten, die Errichtung eines gemeinsamen Außenzolltarifes, die Koordinierung der Wirtschaftpolitk, eine gemeinsame Handelspolitik und die Rechtsvereinheitlichung als die Bestandteile des zukünftigen Mercosur genannt[26]. Notwendig beinhaltet diese Zielvorgabe die übrigen Integrationsformen wie Freihandelszone und Zollunion gleichermaßen als Minus gegenüber dem Gemeinsamen Markt. Soweit der Vertrag von Asunción daher als ein Ziel den freien Warenverkehr zwischen den Mitgliedstaaten nennt, ist darin auch die Schaffung einer Freihandelszone enthalten. Gleiches gilt für die Zollunion in Anbetracht der angestrebten Einführung eines einheitlichen Außenzolltarifes.

Wenngleich damit das Ziel der Errichtung eines Gemeinsamen Marktes von den Mercosu-Staaten unmißverständlich aufgestellt und hinsichtlich seiner einzelnen Elemente eine zutreffende Konkretisierung vorgenommen wurde, befremdet die aus der Formulierung des Vertrages von Asunción hervorgehende zeitliche Vorstellung: Danach sollte der Gemeinsame Markt zum 31. Dezember 1994, also binnen weniger als fünf

---

22 Art. 7a Abs. 2 EGV: „*Der Binnenmarkt umfaßt einen Raum ohne Binnengrenzen, in dem der freie Verkehr von Waren, Personen, Dienstleistungen und Kapital [...] gewährleistet ist.*"

23 vgl. Art. 2 u. 3 EGV

24 *Herdegen*, Internationales Wirtschaftsrecht, § 5 Rdnr. 15

25 vgl. Art. 1 Abs. 1 TA

26 vgl. Art. 1 Abs. 2-5 TA

Jahren, errichtet und vollendet sein[27]. Deutlich wird damit zwar, daß bei den Vertragspartnern ein äußerst ambitioniertes Verständnis von wirtschaftlicher Integration herrschte, indem auf die ausdrückliche Festlegung elementarerer Ziele, etwa zunächst die Errichtung einer Freihandelszone, verzichtet wurde[28]. Jedoch ist die Realitätsnähe dieser Zielvorstellung mit der Tatsache in Zweifel zu ziehen, daß etwa der europäische Prozeß zur Errichtung eines Gemeinsamen Marktes mehr als 20 Jahre in Anspruch nahm[29]. Hinzukommt, daß wie oben gesehen, bereits für den Übergang zur Errichtung einer bloßen Freihandelszone ein Erfahrungswert von etwa fünf Jahren angesetzt wird.

B. Hinter der Errichtung eines Gemeinsamen Marktes stehende Ziele

Nun stellen die Errichtung eines Gemeinsamen Marktes, das Streben nach wirtschaftlicher Integration und die Liberalisierung des wechselseitigen Handels insgesamt keinen Selbstzweck dar. Damit verbunden sind vielmehr diverse Ziele im tatsächlichen, politischen und vor allem wirtschaftlichen Bereich. Deren kurze Darstellung als Teil der Einführung in den Mercosur vermag das Verständnis des von Argentinien, Brasilien Uruguay und Paraguay eingeschlagenen Integrationsweges zu vertiefen und dann in Form des volkswirtschaftlichen Exkurses die wirtschaftlichen Hintergründe der Integration offenzulegen.

I. Die Ziele der Vertragspartner

Zuweilen wird die Hauptbedeutung des Mercosur im politischen Bereich gesehen. Dabei wird vor allem auf die Funktion des Mercosur abgestellt, demokratische Konsolidierung, eine weitere Annäherung und eine gemeinsame Entwicklung der beteiligten Staaten zu erreichen[30]. Scheinbar gestützt wird diese Sichtweise durch Formulierungen in der Präambel des Vertrages von Asunción, wonach der Integrationsprozeß einhergehen soll mit sozialer Gerechtigkeit sowie dem Schutz der Umwelt und eine zunehmende Verbindung zwischen den Völkern der beteiligten Staaten -*"una unión cada vez más estrecha entre sus pueblos"*- gewährleisten soll[31]. Dennoch erscheinen derart weitgehende Schlußfolgerungen auf die politische Dimension des Mercosur verfehlt.

Bereits die Präambel des Vertrages von Asunción, die wie bei allen völkerrechtlichen Verträgen bekanntlich nur der Auslegung des Vertrages dient und keine völkerrechtli-

27 wörtlich heißt es: *„Los Estados Partes deciden constituir un Mercado Común, que deberá estar conformado al 31 de diciembre de 1994 [...]"*, Art. 1 Abs. 1 TA

28 *Early*, Towards the Economic Union of Argentina, Brazil, Paraguay and Uruguay, in: *Gustafson*, S. 181

29 *Baptista*, Le Traité d'Asunción établissant le Marché Commun du Sud, in: Revue de Droit des Affaires Internationales (RDAI) 1992, S 572

30 *Peña,* New Approaches to Economic Integration in the Southern Cone, in: The Washington Quarterly 1995, S. 115

31 Präambel des TA

chen Rechte und Pflichten begründet[32], enthält ganz überwiegend wirtschaftliche Zielsetzungen. Anders als die vorgenannten Absichten finden wirtschaftliche Aspekte auch Niederschlag in der oben gesehenen Bestimmung der Merkmale des Gemeinsamen Marktes. Zusammengefaßt lassen sich damit die Hauptziele, die hinter der angestrebten Errichtung eines Gemeinsamen Marktes stehen, in der Ausdehnung der jeweiligen nationalen Märkte als Mittel zu beschleunigter Entwicklung und Wachstum sehen. Erreicht werden soll damit letztlich die Gewährleistung einer angemessenen Stellung in der Weltwirtschaft[33].

II. Exkurs: Wirtschaftsintegration aus volkswirtschaftlicher Sicht

Mit seiner auf Wachstum und Entwicklung durch regionale Integration gerichteten Zielsetzung folgen die Staaten des Mercosur nicht nur einem weltweiten Trend zur Handelsliberalisierung[34]. Darüber hinaus wird auch in der Volkswirtschaftslehre die Möglichkeit anerkannt, durch die Verflechtung einzelner Volkswirtschaften, brachliegende Ressourcen besser zu nutzen und den Entwicklungs- und Industrialisierungsprozeß insgesamt zu beschleunigen. Die Auswirkungen bekannter Integrationsformen werden durch eine Gegenüberstellung von Kosten und Nutzen systematisiert, wobei jeweils weiter zwischen statischen und dynamischen Effekten unterschieden wird[35].

1. Statische Effekte

Nach der einschlägigen Theorie der Zollunion kommt es vor allem zu einer Ausweitung des Handels zwischen den Mitgliedstaaten, der in Form der Handelsschaffung und der Handelsumlenkung auf zwei unterschiedliche statische Effekte zurückgeführt wird[36].

Mit Handelsschaffung wird dabei der Effekt beschrieben, daß durch den Zollabbau Produkte, die bis dahin relativ teuer im Inland produziert wurden, durch billigere Importe aus den Partnerländern ersetzt werden und andererseits durch die Senkung des Preisniveaus im Inland die Importnachfrage erhöht wird. Dieses Phänomen wird als Spezialisierung nach Maßgabe der komparativen Vorteile bezeichnet und verbessert normalerweise die Faktorallokation, also die Aufteilung und Nutzung der einzelnen Produktionsfaktoren in der Gemeinschaft als Ganzes und ist damit insgesamt als Integrationsvorteil zu werten[37].

Ökonomische Kosten in Gestalt des statischen Effekts der Handelsumlenkung können hingegen dann auftreten, wenn relativ billige Weltmarktprodukte aufgrund der un-

32 vgl. Art. 31 Wiener Übereinkommen über das Recht der Verträge vom 23. Mai 1969; BGBl. 1985 II, S. 926 ff.
33 *Eguivar/Boiero*, Mercosur, S. 266; s.a. Präambel des TA
34 dazu: *Bergsten*, Globalizing Free Trade, in: Foreign Affairs, Vol. 75 (1996) No. 3, S. 105 f.
35 *Siebert*, Außenwirtschaft, S. 187 f.
36 zurückgehend auf: *Viner*, The Customs Union Issue, S. 25 ff.
37 *Donges*, Außenwirtschafts- und Entwicklungspolitik, S. 57

gleichen Zollbelastung von Mitgliedstaaten und Drittländern durch teurere Importe aus den Partnerländern ersetzt werden[38].

2. Dynamische Effekte

Unter wirtschaftlichen und entwicklungspolitischen Gesichtspunkten sind die dynamischen Effekte in der Regel sehr viel bedeutender[39]. Die wesentlichen dynamischen Effekte werden folgendermaßen beschrieben[40]: Infolge der Ausweitung des Marktes steigt die gesamtwirtschaftliche Produktivität, die Durchschnittskosten sinken und die Faktorproduktivität steigt; der durch den Wegfall der Binnenzölle verstärkte Preiswettbewerb zwingt die einzelnen Unternehmen, wirtschaftlichere Produktionsverfahren anzuwenden und führt daher zu Effizienzgewinnen; schließlich können Unternehmen die Chancen der zwischenbetrieblichen Arbeitsteilung nutzen und eine entsprechende Spezialisierung herbeiführen.

Zusammengefaßt bedeutet dies, daß der Wettbewerb verstärkt und die Effizienz erhöht wird. Damit kann das Wirtschaftswachstum erhöht, das Investitionsklima verbessert und eine schnellere Verbreitung des technischen Fortschritts ermöglicht werden.

Auch ohne die volkswirtschaftlichen Betrachtungen vertiefend fortzusetzen[41], zeigt sich, daß die von den Mercosur-Partnern formulierten Ziele mit den Erkenntnissen eines Teils der Volkswirtschaftslehre in Einklang stehen, der wirtschaftliche Integration als ein taugliches Mittel zur Erzielung positiver wohlfahrtsökonomischer Ergebnisse ansieht.

C. Die Ziele und die daraus resultierenden Rechtsfragen

Nachdem die mit der Bildung des Mercosur angestrebten Ziele in institutioneller und wirtschaftlicher Hinsicht umrissen sind, gilt das Augenmerk nun dem für die Bewertung der Erfolgsaussichten entscheidenden Themenkomplex, also der Analyse der zur Verwirklichung der Integrationsziele vorgesehenen rechtlichen Mittel.

Was bereits hinsichtlich der Errichtung einer Freihandelszone ausgeführt wurde, gilt in verstärktem Maße für die mit dem Mercosur angestrebte Errichtung eines Gemeinsamen Marktes: Sie vollzieht sich nicht *ipso facto* mit Inkrafttreten der Gründungsinstrumente. Vielmehr bedarf es eines Zeit beanspruchenden Integrationsprozesses, der unter

---

38 *Gassner/Wolf*, Der Mercosur - Ein Beispiel für eine erfolgreiche Integration, in: IFO Schnelldienst 16/1995, S. 27

39 *Jaber*, The Relevance of Traditional Integration Theory to Less Developed Countries, in: Journal of Common Market Studies, 1971, S. 258

40 nach: *Donges*, Außenwirtschafts- und Entwicklungspolitik, S. 58 f.

41 vgl. dazu: *Gassner/Wolf*, Der Mercosur - Ein Beispiel für eine erfolgreiche Integration, in: IFO Schnelldienst 16/1995, S. 27 ff.; zu den negativen Effekten der Wirtschaftsintegration s.a.: *Hauser/Schanz*, Das neue GATT - Die Welthandelsordnung nach Abschluß der Uruguay-Runde, S. 251 f.

anderem auch von politischen und wirtschaftlichen Faktoren beeinflußt wird. Seine Prägung erhält dieser Prozeß jedoch vor allem durch die normativen und daraus resultierenden institutionellen Vorkehrungen der zur Integration entschlossenen Staaten.

Deutlich ist damit der enge Zusammenhang zwischen den gesteckten Zielen und der Leistungsfähigkeit der eingesetzten institutionellen Mittel. Dieser Zusammenhang findet sich bestätigt in den von europäischer Seite für eine engere Zusammenarbeit mit dem Mercosur aufgestellten Bedingungen: Bereits im Rahmen des Antrittsbesuches der Mercosur-Außenminister bei der Kommission der Europäischen Gemeinschaften im Jahre 1991 wurde von Kommissionsseite die endgültige Festlegung des institutionellen Aufbaus des Mercosur als Voraussetzung für eine enge Kooperation genannt[42]. Auch später wiederholte die Kommission ihre Forderung nach Schaffung operationeller Organe durch den Mercosur und dessen Festigung als regionale Instanz als Voraussetzung einer umfassenden Partnerschaft mit dem Mercosur[43].

Um tatsächlich aus der juristisch-institutionellen Untersuchung des Mercosur Rückschlüsse auf dessen Funktionsfähigkeit ziehen zu können, müssen zunächst die rechtlichen Grundlagen des Mercosur vorgestellt werden. Dies geschieht anschließend durch die Beschäftigung mit seinen Rechtsquellen, wobei auf den grundlegenden Vertrag von Asunción auch inhaltlich bereits näher eingegangen wird.

Im Anschluß an die Auseinandersetzung mit den für das Integrationsprojekt maßgeblichen Rechtsquellen folgt dann die Beschäftigung mit der institutionellen Struktur des Mercosur. Im Mittelpunkt stehen dabei die einzelnen Organe und ihre Stellung im Institutionsgefüge des Mercosur sowie ihr Zusammenwirken beim Erlaß von Rechtsakten. Besonderes Augenmerk gilt dabei schließlich der Problematik der Streitbeilegung im Mercosur.

Die Effizienz der im Rahmen des Mercosur hervorgebrachten Rechtsnormen und ihre Möglichkeiten der Durchdringung der jeweiligen nationalen Rechtsordnungen geben weiteren Aufschluß über die Funktionsfähigkeit des Integrationsmodelles. Unter Berücksichtigung der Erkenntnisse europäischer Integration werden daher dogmatische Positionen im Recht des Mercosur erörtert. Entscheidend ist dabei die Umsetzung der Rechtsakte in nationales Recht und ihre hierarchische Stellung.

Auf diese Weise läßt sich dem von den Mercosur-Staaten angestrebten Ziel der Errichtung eines Gemeinsamen Marktes das hierfür vorgesehene rechtliche Instrumentarium zuordnen. Ermöglicht wird so auch der Vergleich mit den entsprechenden Vorkehrungen auf europäischer Ebene.

---

42 vgl. Bull-EG 4-1991, Ziff. 1.3.36.

43 Mitteilung der Kommission an den Rat und das Europäische Parlament, Ausbau der Politik der Europäischen Union gegenüber Mercosur, COM(94) 428, S. 16

2. Kapitel: Die Rechtsquellen des Mercosur

A. Grundlagen und Begriffsklärung

Auf europäischer Ebene ist zu beobachten, daß die Lehre von einzelnen Rechtsquellen vom übergeordneten Begriff des Europäischen Gemeinschaftsrechts überlagert wird. Es besteht insoweit Einigkeit, daß mit Gemeinschaftsrecht oder Europarecht im engeren Sinne das Recht der Europäischen Gemeinschaften EGKS, EWG und EAG und der Europäischen Union insgesamt bezeichnet wird[1].

Weniger einheitlich sind die Auffassungen hinsichtlich der Existenz eines *Derecho Comunitario Mercosureño* - also eines Mercosur-Gemeinschaftsrechtes. So steht auf der einen Seite die Behauptung, ein solches Gemeinschaftsrecht existiere überhaupt nicht[2], während andererseits kein Zweifel an seinem Vorhandensein gelassen wird[3]. Diese Frage nach der Qualität des Rechtes des Mercosur und seiner möglichen eigenen Rechtsordnungen kann nicht vorab beantwortet werden, sondern wird überhaupt erst ein Ergebnis der rechtlichen Analyse sein. Deshalb wird an dieser Stelle auf den Begriff der Rechtsquelle zurückgegriffen, um die Gesamtheit derjenigen Normen, die den Mercosur ausmachen, darzustellen.

B. Die Rechtsquellen im Überblick

Eine ausdrückliche Aufzählung der einzelnen Rechtsquellen, die den Mercosur ausmachen, findet sich zuletzt in Artikel 41 des sogenannten Protokolles von Ouro Preto (POP). Dabei handelt es sich um eine von den vier Mitgliedstaaten des Mercosur am 17. Dezember 1994 unterzeichnete Ergänzung des Vertrages von Asunción[4]. Demnach sind Rechtsquellen des Mercosur:

- der Vertrag von Asunción einschließlich der Protokolle und weiterer zusätzlicher oder ergänzender Anlagen;
- die im Rahmen des Vertrages von Asunción nachfolgend abgeschlossenen Vereinbarungen mit ihren Protokollen;
- die von den Organen des Mercosur erlassenen Rechtsakte.

---

1 vgl. *Streinz,* Europarecht, Rdnr. 1; *Schweitzer/Hummer,* Rdnr. 7

2 so etwa: *Pastori,* Marché Commun du Sud, in: Revue du Marché commun et de l'Union européenne 1993, S. 781

3 so etwa: *Menem,* Mercosur, S. 23

4 *Protocolo Adicional al Tratado de Asunción sobre la Estructura institucional del Mercosur - Protocolo de Ouro Preto,* unterzeichnet am 17.12.1994, veröffentlicht im Boletín Oficial del Mercosur/Boletim Oficial do Mercosul, Año I No. 1, Juni 1997, S. 33 ff.; abgedruckt auch in: Integración Latinoamericana, Nr. 206 (1994), S. 66 ff.; englische Übersetzung in: I.L.M. 34 (1995), S. 1248 ff.; im folgenden bezeichnet als: POP

Eine erste Systematisierung der aufgezählten Rechtsquellen läßt sich vornehmen in Anlehnung an die im Europäischen Gemeinschaftsrecht übliche grundlegende Einteilung in primäres und sekundäres Recht[5]. Danach umfaßt das primäre Gemeinschaftsrecht die Gründungsverträge der Europäischen Gemeinschaften einschließlich der Anlagen, Anhänge und Protokolle sowie deren spätere Ergänzungen und Änderungen durch völkerrechtliche Verträge[6]. Das sekundäre Gemeinschaftsrecht hingegen umfaßt das von den Organen nach Maßgabe des Primärrechts erlassene Recht.

Dementsprechend läßt sich auch im Rahmen des Mercosur, soweit der Vertrag von Asunción, seine Protokolle und Anlagen, sowie die weiteren in seinem Rahmen abgeschlossenen Vereinbarungen und Protokolle erfaßt werden, von primärem Recht sprechen. In diesem Sinne werden dann die von den einzelnen Organen erlassenen Rechtsakte als sekundäres Recht bezeichnet. Diese Einteilung beruht nicht etwa auf der Anerkennung eines eigenständigen Mercosur-Gemeinschaftsrechts. Die Anlehnung an die europäische Terminologie ist vielmehr Ausfluß der Tatsache, daß sich eine eigenständige und gefestigte Dogmatik des Mercosur-Rechtes noch nicht gebildet hat.

Im folgenden wird wegen seiner grundlegenden Funktion für die Errichtung des Mercosur und für die prägende Festlegung des methodischen Vorgehens allein auf den Vertrag von Asunción näher eingegangen werden. Die übrigen Rechtsquellen werden vor allem kurz vorgestellt, um erstens die stetige Entwicklung des Mercosur seit dem Jahr 1991 aufzuzeigen und um zweitens den gegenwärtigen Stand rechtlicher Regelung innerhalb des Mercosur wiederzugeben, auf dem dann auch die späteren Ausführungen zum institutionellen und materiellen Recht beruhen.

C. Das primäre Recht des Mercosur (1): der Vertrag von Asunción

I. Funktion des Vertrages

Wenngleich der Vertrag von Asunción - untechnisch betrachtet - die Grundlage des Mercosur bildet, ist die zuweilen vorgenommene Einordnung als Gründungsvertrag[7] unkorrekt. Der Vertrag stellt genau betrachtet eine Vorstufe zur Gründung des späteren Gemeinsamen Marktes unter dem Namen Mercosur dar. Seine Hauptaufgabe lag darin, diese spätere Gründung überhaupt erst durch die Aufstellung entsprechender Regeln vorzubereiten[8].

Diese Feststellung daß es sich, wie der Vertragstitel selbst angibt, um einen *Tratado para la constitución de un mercado común* - einen Vertrag zur späteren Gründung also -

---

5 vgl. *Bogdandy/Nettesheim*, in: *Grabitz/Hilf*, Art. 1, Rdnrn. 12 ff; *Streinz*, Europarecht, Rdnr. 3 f.; *Schweitzer/Hummer*, Rdnrn. 74 ff.

6 vgl. auch Art. 239 EGV

7 so z:B.: *Castro Escudero*, El Mercosur: contra viento y marea, in: Comercio Exterior 1994, S. 992; *Menem*, Mercosur, S. 94

8 *Magariños*, Uruguay en el Mercosur, S. 55

handelt und nicht bereits um einen Gründungsvertrag ist mitnichten eine bloß sprachliche Frage. Vielmehr offenbart sich damit von Beginn an die grundlegende Unterschiedlichkeit des Mercosur mit anderen Integrationsprozessen wie insbesondere dem europäischen. So wird nicht bezweifelt, daß die Römischen Verträge sehr wohl unmittelbar die Gründung der Europäischen Gemeinschaften zur Folge hatten, also ohne weiteres als Gründungsverträge anzusehen sind[9]. Der Asunción-Vertrag hingegen stellt mehr den Ausgangspunkt und weniger den vorläufigen Abschluß eines intergouvernementalen Verhandlungsprozesses zur Errichtung eines Gemeinsamen Marktes dar[10].

Als dementsprechend sparsam und wenig umfangreich erweist sich der Vertrag selbst. Sein eigentlicher Vertragstext besteht aus einer Präambel und sechs einzelnen Kapiteln und zählt insgesamt nur 24 Artikel. Seine Hauptfunktion besteht, wie ausgeführt, in der im ersten Kapitel unter der Überschrift *„Propósitos y principios"* - Ziele und Prinzipien - festgesetzten zukünftigen Gründung eines Gemeinsamen Marktes. Das anschließende Kapitel beschäftigt sich in Grundzügen mit der vorgesehenen Organstruktur, während die übrigen Kapitel zunächst das Inkrafttreten, den Beitritt anderer Staaten, Ausstiegsmöglichkeiten und allgemeine Vereinbarungen enthalten.

Zusammen mit dem Vertrag von Asunción wurden fünf Anhänge unterzeichnet und traten mit diesem gemeinsam in Kraft. Sie besitzen denselben juristischen Wert und bilden mit dem Vertrag zusammen eine Einheit[11]. Die Anhänge beinhalten vor allem materielle Regelungen. Aufgestellt wird im Anhang I das sogenannte *Programa de Liberación Comercial* - das Programm zur Handelsliberalisierung -, mit dem die Reduzierung der intraregionalen Zölle festgesetzt wurde. Anhang II beinhaltet Regelungen zum Warenursprung, während im dritten Anhang Möglichkeiten zum vorübergehenden Ausstieg vom Programm zur Handelsliberalisierung umschrieben werden. Damit treffen diese drei Anhänge exakt die Regelungen, die wie oben gesehen[12] die Wesensmerkmale einer Freihandelszone ausmachen. Zwei weitere Anhänge beinhalten erste Zielformulierungen und Regelungen zur Errichtung eines Systems der Streitbeilegung sowie zur Einrichtung spezieller Arbeitsgruppen.

Die Anhänge waren nur für eine Übergangszeit festgesetzt und sind tatsächlich durch spätere Regelungen ersetzt worden, so daß sie heute als geltendes Recht nicht mehr von Interesse sind[13]. Ebenso verhält es sich auch mit einer Vielzahl von Regelungen des Vertrages von Asunción, was insbesondere insoweit gilt als die institutionelle Struktur betroffen ist. Daher wird auf die konkreten Regelungen des Vertrages und seiner Anhänge nicht näher eingegangen[14]. Diese ursprünglich getroffenen Regelungen werden

---

9 vgl. *S. Küsters,* Die Gründung der Europäischen Wirtschaftsgemeinschaft, S. 264 ff.
10 *v. Wuthenau,* Mercosur: Entstehung, Ziele und Perspektiven, in: *Lauth/Mols*, S. 104
11 *Baptista,* Le Traité d'Asunción établissant le Marché Commun du Sud, in: Revue de Droit des Affaires Internationales (RDAI) 1992, S 569
12 s.o. Teil 2, 1. Kap. A II 1.
13 *Pérez Otermin II*, S. 11
14 vgl. dazu etwa: *Eguivar/Boiero,* Mercosur, S. 179 ff.

nur insoweit wieder auftauchen als sie für die Verdeutlichung der Integrationsmethode relevant sind oder noch Gültigkeit besitzen.

Zwei Funktionen sind also wesentlich für den Vertrag von Asunción als Regelwerk. Einmal die vertragliche und völkerrechtlich verbindliche Vereinbarung zur Gründung eines Gemeinsamen Marktes[15]. Mit dieser Bedeutung verbunden, wenngleich weniger juristischer Natur, ist die Stellung des Vertrages von Asunción gleichsam als *piedra angular*[16] - als Grundstein - und damit seine Symbolfunktion für den eingeleiteten Integrationsprozeß.

II. Rechtsnatur und Einordnung des Vertrages

Nahezu einhellig wird die Frage nach der Rechtsnatur des Vertrages von Asunción mit der Einordnung als sogenannter Rahmenvertrag beantwortet[17], wobei teilweise ausgeführt wird, daß es sich dabei um eine neue Kategorie völkerrechtlicher Verträge handele. Wiedergegeben werden soll mit dieser Einordnung, wie die verschiedentlich angestrengten Definitionsversuche zeigen[18], daß der Vertrag von Asunción aus programmatischen Normen besteht, die lediglich Orientierungen in groben Zügen enthalten und erst durch spezielle Vereinbarungen konkretisiert und durchgeführt werden.

Widersprechen läßt sich dieser Einordnung insofern, als nicht die Gesamtheit des Vertrages lediglich programmatische Züge trägt. Insbesondere das Programm zur Handelsliberalisierung enthält mit seinen Zollfestsetzungen durchaus konkrete Normen[19]. In Anbetracht des Zieles, den Asunción-Vertrag in seiner Bedeutung für die integrationsrechtliche Methode zu untersuchen, erscheint eine abschließende Kategorisierung wenig ergiebig. Auch handelt es sich bei den sogenannten Rahmenverträgen keineswegs um eine gefestigte völkerrechtliche Vertragskategorie, die einen Beitrag zur Erschließung des Vertrages von Asunción liefern könnte.

Bereits unabhängig von der Kategorisierung als Rahmenvertrag ist festzuhalten, daß der Asunción-Vertrag sich durch eine Vielzahl programmatischer Festsetzungen und eine geringe Anzahl konkreter Normen auszeichnet und daher selbst von einem der Vertragsväter als primitiv und einfach bezeichnet wird[20]. Die Vorgehensweise läßt sich so beschreiben, daß zunächst die Zielfestsetzung des Integrationsprozesses vorgenom-

---

15 *Baptista*, Le Traité d'Asunción établissant le Marché Commun du Sud, in: Revue de Droit des Affaires Internationales (RDAI) 1992, S 570

16 *Tabaré/Bizzózero*, La construcción del Mercosur: Diagnóstico y evaluación de lo acordado, S. 11

17 vgl. z.B.: *Grandi*, Le Mercosur en période de tranistion, in: Problèmes d'Amérique latine 1995, S. 76; *Tabaré/Bizzózero*, La construcción del Mercosur: Diagnóstico y evaluación de lo acordado, S. 11; *Garré Copello*, Solución de controversias en el Mercosur, S. 95; *Magariños*, Uruguay en el Mercosur, S. 15; Lavopa, La dimensión jurídica de la integración, in: Contribuciones 1996, Nr. 4, S. 162; Goes Filho, El Mercosur y la Unión Europea, S. 52

18 z.B. bei: *Abreu Bonilla,* Mercosur e Integración, S. 47

19 enthalten in Anhang I des TA; zur Einschätzung: *Pérez Otermin II*, S. 17

20 *Menem*, Mercosur, S. 136

men wurde und dieser dann die Verhandlungen zur Gestaltung der Zielerreichung nachfolgten.

III. Transitorietät und Übergangscharakter des Vertrages

In engem Zusammenhang mit dem soeben festgestellten programmatischen Charakter des Asunción-Vertrages steht auch das wegen seiner Besonderheit herausragende methodische Merkmal. Dabei handelt es sich um die provisorische und transitorische Natur der getroffenen Regelungen. Diese Besonderheit taucht im Vertrag von Asunción erstmals auf und wird auch in der weiteren Entwicklung des Mercosur ihre Bedeutung behalten. Dadurch unterscheidet sich der in Asunción eingeleitete Prozeß von sämtlichen bisher bekannten Integrationsmechanismen[21].

Das Merkmal der Transitorietät manifestiert sich zum einen in der vertraglichen Festsetzung eines *período de transición* - einer Übergangsphase, in der die Handelsliberalisierungen verwirklicht werden soll[22]. Der provisorische und transitorische Charakter zeigt sich jedoch vor allem in institutioneller und operativer Hinsicht. Hauptsächlich ausgedrückt wird dies damit, daß der Vertrag von Asunción zu einem Zeitpunkt vor Ende der Übergangsphase im Dezember 1994 die Einberufung einer Konferenz anordnet, mit dem Ziel, eine endgültige Festsetzung der institutionellen Struktur und der Aufgaben und Rechtsetzungsbefugnisse der einzelnen Organe des Gemeinsamen Marktes vorzunehmen[23]. Weiter findet diese methodische Besonderheit ihren Niederschlag in den Aussagen des Vertrages, die sich mit der Errichtung eines Mechanismus zur Streitbeilegung befassen. Auch hier wird die endgültige Regelung erst für einen späteren Zeitpunkt vorgesehen und der zunächst vorgesehenen Einrichtung demnach ein provisorischer Status verschafft[24].

Gegenüber der Transitorietät seiner inhaltlichen Festsetzungen stellt der Asunción-Vertrag jedoch ebenfalls klar, daß seine Gültigkeit zeitlich unbegrenzt ist[25], womit auch das Ziel der Errichtung eines Gemeinsamen Marktes seine Irreversibilität erhält[26]. Dieses Vorgehen in Form der verbindlichen und definitiven Festsetzung des Integrationszieles einerseits und der nur provisorischen institutionellen und operativen Ausstattung wird als Ausfluß eines weiteren prägenden Merkmals des Mercosur angesehen. Bezeichnet wird dieses Prinzip, dem sich auch der Vertrag von Asunción in seiner Präambel ausdrücklich verschreibt, als Grundsatz der Flexibilität des Integrationsprozesses[27].

Inwieweit dieses Merkmal weiterhin seinen Ausdruck findet und ob es der Entwicklung und Funktionsfähigkeit förderlich ist, werden die weiteren Ausführungen zeigen.

---

21 *Pérez Otermin II*, S. 17
22 Art. 3 TA
23 Art. 18 TA
24 vgl. Punkt 3 des Anhanges III TA
25 vgl. Art. 19 TA
26 *Garré Copello,* Solución de controversias en el Mercosur, S. 97
27 *Pérez Otermin II*, S. 18

Festzuhalten bleibt, daß die Transitorietät ein prägendes Merkmal des Mercosur ist, das weder in den bereits vorgestellten Integrationsansätzen[28] noch in der Gründung der Europäischen Gemeinschaften eine Entsprechung findet. Ohne daß damit nachfolgende Veränderungen oder Anpassungen ausgeschlossen sein würden, wurden diese Integrationsmechanismen durch definitive Verträge mit der definitiven Festsetzung einer Organstruktur gegründet.

IV. Weitere Prinzipien des Vertrages

Im übrigen gelten auch für den Vertrag von Asunción die allgemeinen völkerrechtlichen Grundsätze wie etwa das Prinzip des *pacta sunt servanda*[29]. Diese ergeben sich in erster Linie aus der WVK[30] und stellen somit kein Spezifikum des Mercosur dar.

Besondere Erwähnung verdient hingegen das vertraglich vereinbarte Prinzip der Reziprozität von Rechten und Pflichten[31]. Dieses Prinzip ist zwar im völkerrechtlichen Vertragsrecht durchaus geläufig und verbreitet. Es soll dort das synallagmatische Wesen des Vertragsinhaltes gewährleisten, indem festgeschrieben wird, daß ein Staat einem anderen die Behandlung einräumt oder verspricht, die auch der andere Staat diesem einräumt oder verspricht[32]. Als Vertragsinhalt im Rahmen der lateinamerikanischen Integrationsprojekte stellt gerade die weitgehend durchgängige Reziprozität von Rechten und Pflichten eine Besonderheit dar[33]: Traditionell nahm in den lateinamerikanischen Vorläuferprojekten seit den sechziger Jahren die Vereinbarung spezieller Sonderbehandlungen für relativ benachteiligte Staaten breiten Raum ein. Sowohl das Cartagena-Abkommen zur Gründung des Andenpaktes[34] als auch der ALADI Vertrag von Montevideo schrieben entsprechende Sonderbehandlungen fest, wobei letzterer sogar so weit ging, *la no reciprocidad* - die Nicht-Reziprozität - als ein Grundprinzip des Integrationsprozesses vorzuschreiben[35]. Diesem Prinzip entsprechende Sonderbehandlungen finden sich im Vertrag von Asunción nur in sehr abgeschwächter Form[36]: Uruguay und Paraguay wurde für die erforderlichen Anpassungen ein leicht modifizierter Zeitplan zugestanden. Danach sollte die volle Anpassung dieser Länder an den Gemeinsamen Markt lediglich ein Jahr später als im Fall Argentinens und Brasiliens erreicht werden[37].

28 s.o. Teil 1, Kap. 1 A
29 vgl. den Überblick in: *Tabaré/Bizzózero*, La construcción del Mercosur: Diagnóstico y evaluación de lo acordado, S. 12 f.
30 vgl. Wiener Übereinkommen über das Recht der Verträge vom 23. Mai 1969, BGBl. II, S. 926
31 Art. 2 TA
32 *Abreu Bonilla*, Mercosur e Integración, S. 60
33 *Pastori*, Marché Commun du Sud, in: Revue du Marché commun et de l'Union européenne 1993, S. 780
34 Kapitel XIII, Artt. 91 bis 108 des *Tratado de Cartagena*, unterzeichnet am 26. Mai 1969, englische Übersetzung abgedruckt in: ILM 8 (1969), S. 910 ff.
35 so in Art. 9 lit.d, 15 und im gesamten Kapitel 3 des *Tratado de Montevideo estableciendo la Asociación Latinomericana de Integración*, unterzeichnet am 12. August 1980; abgedruckt in: Integración Latinoamericana Nr. 47/1980, S. 4 ff.; englische Übersetzung in: I.L.M. 20 (1981), S. 672 ff.
36 *Salomão Filho/Samtleben*, Der Südamerikanische Gemeinsame Markt, in: WM 1992, S. 1348
37 Nummer 1 des Anhanges I zum TA

Indem für den Mercosur ausdrücklich die Festlegung auf das Prinzip der Reziprozität erfolgt und nur geringfügige Abweichungen hiervon zugelassen werden, vollzieht sich eine Abkehr von der bis dahin verfolgten Praxis, den relativ benachteiligten Mitgliedstaaten eines Integrationsschemas eine nahezu unbegrenzte Sonderbehandlung einzuräumen. Alle Mitgliedstaaten des Integrationsprojektes werden einer weitgehend gleichen Behandlung unterworfen.

D. Das primäre Recht des Mercosur (2): Die Protokolle

I. Die Stellung der Protokolle

Die Gradualität und Dynamik eines jeden Integrationsprozesses erfordern die Anpassung und Weiterentwicklung des Integrationsmodelles und des Rahmens innerhalb dessen sich die Integration der Mitgliedstaaten vollzieht. Dieser Aufgabe wird im Mercosur vornehmlich durch entsprechende Protokolle nachgegangen. Dabei lassen sich ihrem Inhalt nach institutionelle und materielle Protokolle unterscheiden. In beiden Fällen bedürfen sie der Ratifikation nach den jeweils in den Mitgliedstaaten vorgeschriebenen Verfahren[38].

Sowohl aufgrund der ausdrücklichen Bestimmung in den einzelnen Protokollen als auch aufgrund der Tatsache, daß ihr Abschluß jeweils im Rahmen des Vertrages von Asunción erfolgt, besitzen sie konstitutiven Charakter[39] und sind damit neben dem Vertrag von Asunción als primäre Rechtsquelle einzustufen. Erst aus dem Zusammenspiel des Vertrages von Asunción mit den in der Zwischenzeit abgeschlossenen Protokollen ergibt sich der gegenwärtige organisatorische Entwicklungsstand des Mercosur. Insbesondere wurden die spärlichen institutionellen Vorgaben des Asunción-Vertrages im Wege einzelner Protokolle weiterentwickelt.

II. Der Inhalt der Protokolle

1. Institutionelle Protokolle

a) Das Protokoll von Brasilia

Als erstes Protokoll im Rahmen des Vertrages von Asunción wurde am 17. Dezember 1991 das so genannte Protokoll von Brasilia unterzeichnet. Es trat am 22. April 1993 nach Hinterlegung der vierten Ratifikationsurkunde in Kraft[40].

---

38 *Halperín,* Los particulares y el Mercosur, in: Integración Latinoamericana Nr. 178 (1992), S. 61

39 *Tabaré/Bizzózero,* La construcción del Mercosur: Diagnóstico y evaluación de lo acordado, S. 18

40 *Protocolo de Brasilia para la Solución de Controversias,* veröffentlicht im: Boletín Oficial del Mercosur/Boletim Oficial do Mercosul, Año I No. 1, Juni 1997, S. 49 ff.; abgedruckt auch in: Integración Latinoamericana Nr. 175 (1992), S. 66 ff.

Inhaltlich befaßt es sich mit der Errichtung eines neuartigen Systems der Streitbeilegung. Das Protokoll von Brasilia wird damit einer Maßgabe des Vertrages von Asunción gerecht, wonach innerhalb von 120 Tagen nach dessen Inkrafttreten ein derartiger übergangsweiser Mechanismus eingerichtet werden sollte[41].

Mit dem übergangsweisen Charakter taucht auch in Bezug auf dieses Instrument in Form der Transitorietät wiederum ein vorherrschendes Merkmal des Integrationsprozesses auf. Jedoch wurde in Artikel 34 des Protokolles die Gültigkeit des vereinbarten Mechanismus bis zur endgültigen Verabschiedung eines permanenten Mechanismusses zur Streitbeilegung vereinbart. Da es zur Entwicklung eines solchen bisher nicht gekommen ist und nur eine Ergänzung des Protokolles von Brasilia erfolgt ist[42], bildet dieses die Grundlage für den später zu erörternden aktuellen Mechanismus der Streitbeilegung innerhalb des Mercosur.

b) Das Protokoll von Ouro Preto

Das am 17. Dezember 1994 unterzeichnet Protokoll von Ouro Preto[43] stellt gegenwärtig die für die institutionelle Gestaltung des Mercosur wichtigste Rechtsquelle dar. Die Organstruktur wurde auf diesem Wege durch die Einsetzung neuer Organe und durch die Aufstellung weiterer Regelungen für die bereits seit dem Vertrag von Asunción vorhandenen Organe komplettiert. Besonders deutlich wird die herausragende Funktion dieses Protokolles in Anbetracht der Tatsache, daß es den in Asunción vereinbarten Regelungen vorgeht und diese, soweit neue Regelungen getroffen werden, außer Kraft setzt[44].

Bei dem Protokoll von Ouro Preto handelt es sich um die Antwort auf die im Vertrage von Asunción aufgestellte Verpflichtung, eine endgültige Festsetzung der institutionellen Struktur des angestrebten Gemeinsamen Marktes vorzunehmen[45]. Wenngleich mit dem Protokoll von Ouro Preto die definitive Organstruktur des Mercosur konkretisiert wird[46], sind jedoch weiterhin Anhaltspunkte für das Festhalten am Prinzip der Transitorietät und Vorläufigkeit zu erkennen. Diese nähert sich jedoch immer mehr der bloßen Eröffnung von Überarbeitungsmöglichkeiten an, ohne daß dafür ein konkreter Zeitpunkt genannt würde. Dies kommt besonders im Artikel 47 des Protokolles von Ouro Preto zum Ausdruck, in dem ausgeführt wird, daß die institutionelle Struktur und die

41 vgl. Anhang 3 Nr. 2 des TA

42 *Pérez Otermin II,* S. 33

43 *Protocolo Adicional al Tratado de Asunción sobre la estructura institucional del Mercosur*, abgedruckt in: Integracion Latinoamericana Nr. 206 (1994), S. 66 ff.; englische Übersetzung in: I.L.M. 34 (1995), S. 1244 ff.

44 *Stevens,* Mercosur - A Latin American regional integration of the second generation, in: Studia Diplomatica 1995, Nr. 4, S. 4; vgl. dazu Art. 53 des Protokolles von Ouro Preto: „*quedan derogadas todas las disposiciones del Tratado de Asunción [...], que estén en conflicto con los términos del presente Protocolo*"

45 Art. 18 TA

46 *Menem*, Mercosur, S. 72

Funktionen und Kompetenzen der einzelnen Organe zum gegebenen Zeitpunkt im Wege einer diplomatischen Konferenz überarbeitet werden können.

Neben der Beschäftigung mit der Völkerrechtspersönlichkeit des Mercosur erlangt das Protokoll auch nachhaltige Bedeutung in materieller Hinsicht, da mit ihm zusammen wichtige Regelungen zur weiteren Zollentwicklung und zur Konvergenz der Volkswirtschaften der Mitgliedstaaten beschlossen wurden[47]. Diese werden im Zusammenhang mit dem materiellen Recht des Mercosur erörtert werden.

2. Materielle Protokolle

Ebenfalls in Form von Protokollen wurden in der Anfangsphase die wesentlichen Grundzüge des materiellen Integrationsrechtes festgelegt. Diese decken ein breites Spektrum ab. Ihr Inhalt umfaßt etwa die Zusammenarbeit in Fragen der Rechtsprechung, die Förderung und den Schutz ausländischer Investitionen oder die gegenseitige Anerkennung von Berufsabschlüssen und akademischen Titeln[48]. Durch die Protokolle wurden und werden jeweils die Mittel zur Erreichung der angestrebten Integrationsstufe festgeschrieben. Als Beispiel läßt sich der ebenfalls in Form eines Protokolles verabschiedete - jedoch noch nicht in Kraft getretene - Zollkodex nennen, der sich detailliert mit der Zollentwicklung beschäftigt und die Mittel zur Errichtung einer Zollunion enthält[49].

Inzwischen wird die Regelung materieller Fragen zunehmend im Wege sekundärer Rechtsakte vorgenommen. Auf eine nähere Darstellung des Inhaltes der Protokolle wird daher hier verzichtet. Soweit erforderlich werden diese Protokolle im Rahmen der Beschäftigung mit dem materiellen Recht des Mercosur behandelt.

E. Das sekundäre Recht des Mercosur

Seit dem Vertrag von Asunción ist das sekundäre Recht des Mercosur, also die Rechtsakte, die von seinen Organen hervorgebracht werden, einer ständigen Fortentwicklung unterworfen. Dies resultiert einmal aus dem Hinzutreten neugeschaffener Organe, die ihrerseits wieder Rechtsakte hervorbringen. Weiter beinhaltet dieser Entwicklungsprozeß auch die zunehmende Differenzierung in den Rechtsakten vorhandener Organe.

---

47 *Bouzas,* Liberalización Comercial e Integración Regional, in: Coyuntura Económica 1995, S. 147
48 vgl. die Übersicht bei: *Menem*, Mercosur, S. 100 ff.
49 *Protocolo relativo al Código Aduanero del Mercosur*, unterzeichnet am 17. Dez. 1994, abgedruckt bei: Dromi, S. 198 ff.

I. Das sekundäre Recht nach dem Vertrag von Asunción

Der Vertrag von Asunción sah lediglich die Schaffung von zwei Organen vor, dem *Consejo del Mercado Común* - dem Mercosur-Rat - und des *Grupo del Mercado Común* - also der Mercosur-Gruppe[50]. Hinsichtlich ihrer Rechtsakte findet sich lediglich die Feststellung, daß beide Organe *Decisiones* - Entscheidungen - verabschieden[51]. Dabei stellt die gewählte Bezeichnung als Entscheidung nicht etwa einen spezifischen Terminus für die Rechtsakte von Mercosur-Rat und -Gruppe dar, sondern ist in einem generellen Sinn zu verstehen[52]. Eine deutliche Abgrenzung der Akte beider Organe wurde nicht vorgenommen.

II. Weiterentwicklung des sekundären Rechts

Nachdem sich bereits im Sprachgebrauch innerhalb der Organe eine zumindest terminologische Abgrenzung der Rechtsakte von Rat und Gruppe entwickelt hatte[53], fand diese Unterscheidung erstmals im Protokoll von Brasilia ausdrückliche Erwähnung. Demnach werden die Rechtsakte des Rates mit dem Begriff *Decisiones* und die der Gruppe als *Resoluciones* bezeichnet[54]. Damit läßt sich von den Entscheidungen und den Entschließungen als spezielle Termini für diese beiden Organe sprechen.

III. Aktueller Stand

Gemäß seiner Zielsetzung werden durch das Protokoll von Ouro Preto auch die Rechtsakte der inzwischen vorhandenen Organe des Mercosur systematisiert. Danach lassen sich nunmehr vier Gruppen von Rechtsakten als Basis des sekundären Rechts des Mercosur ausmachen[55]:

- *Decisiones* (Entscheidungen) als Rechtsakt des Mercosur-Rates;
- *Resoluciones* (Entschließungen) der Mercosur-Gruppe:
- *Directivas* (Richtlinien) als Rechtsakte der neugeschaffenen *Comisión de Comercio* - der Handelskommission;
- *Recomendaciones* (Empfehlungen) als Äußerungsform sämtlicher inzwischen eingerichteter Organe, die im Protokoll von Ouro Preto genannt werden[56].

---

50 Art. 10 TA
51 Art. 16 TA
52 *Pérez Otermin II,* S. 21
53 *Tabaré/Bizzózero*, La construcción del Mercosur: Diagnóstico y evaluación de lo acordado, S. 19
54 vgl. Art. 1 des Protokolles von Brasilia
55 Art. 41 Abs. 3 des Protokolles von Ouro Preto; die Angaben in Klammern sind lediglich Übersetzungsvorschläge; sie sind nicht an die Terminologie des Art. 189 EGV angelehnt. Um die Eigenart der Rechtsakte des Mercosur deutlich zu machen, wird im folgenden die spanischsprachige Bezeichnung der Rechtsakte beibehalten.
56 Art. 20, 26, 29 des Protokolles von Ouro Preto

Die nähere Darstellung des Inhaltes, der Reichweite sowie der Wirkung und anderer dogmatischer Fragen der genannten sekundären Rechtsakte kann erst nach der Auseinandersetzung mit der Organstruktur des Mercosur erfolgen. Für die Organstruktur selbst ist allein das primäre Recht des Mercosur ausschlaggebend. Auf die Quellen des primären Rechts stützt sich daher auch die weitere Untersuchung der institutionellen Rechtsfragen des Mercosur.

Darüber hinaus wird zuweilen auf die Existenz verschiedener als akzessorisch bezeichneter Rechtsquellen verwiesen. Genannt werden dabei die Rechtsprechung des vom Mercosur eingerichteten Mechanismus zur Streitbeilegung, das völkerrechtliche Gewohnheitsrecht und die allgemeinen Rechtsgrundsätze[57]. Während auf die Rechtsprechung nicht näher eingegangen werden kann, da diese schlichtweg noch nicht existiert, wird auf eine Darstellung der übrigen Faktoren des Mercosur-Rechts verzichtet, da sie in diesem Zusammenhang keine Besonderheiten gegenüber dem im Völkerrecht üblichen Verständnis enthalten[58].

57 *Tabaré/Bizzózero*, La construcción del Mercosur: Diagnóstico y evaluación de lo acordado, S. 21

58 vgl. zum völkerrechtlichen Gewohnheitsrecht: *Verdross/Simma*, Universelles Völkerrecht, §§ 549 ff.; zu den allgemeinen Rechtgrundsätzen: §§ 597 ff.

Einhergehend mit dem Hinzutreten neuer, den Integrationsprozeß gestaltender Rechtsnormen, hat sich bisher auch die institutionelle Entwicklung des Mercosur vollzogen. Wegen des bedeutenden Impulses des Protokolles von Ouro Preto in diesem Bereich, kennt die Organstruktur des Mercosur zwei grundlegende Momente[1]. Einmal ist dies der institutionelle Stand nach Inkrafttreten des Vertrages von Asunción und zum anderen das Institutionsgefüge, das der Mercosur in Ouro Preto erhielt.

Der Asunción-Vertrag mit seinen simplen Bestimmungen zur Organstruktur wird durch das weitaus differenziertere Protokoll von Ouro Preto allerdings nur soweit verdrängt als damit neue Regelungen anderen Inhaltes getroffen werden. Trotz der erwähnten Transitorietät der Bestimmungen des Vertrages von Asunción, bestand bei der Aushandlung des Protokolles unter den Delegationen Einigkeit darüber, die Grundstruktur von Asunción soweit wie möglich beizubehalten[2]. Das hat dazu geführt, daß die neugeschaffenen Organe neben die bereits bestehenden traten und diese überarbeitet, nicht aber etwa ersetzt wurden.

Danach besteht das institutionelle Gefüge des Mercosur gegenwärtig aus insgesamt sechs Organen. Zwei davon wurden unmittelbar durch den Vertrag von Asunción geschaffen[3]:

- der Mercosur-Rat (*Consejo del Mercado Común*)
- die Mercosur-Gruppe (*Grupo del Mercado Común)*

Die Schaffung von zwei weiteren Organen war durch ihre Erwähnung im Vertrag von Asunción bereits angelegt[4]:

- das Verwaltungssekretariat (*Secretaría Administrativa*)[5]
- die Gemeinsame Parlamentarische Kommission (*Comisión Parlamentaria Conjunta*)[6]

Später wurden weitere zwei Organe hinzugefügt:

- das Wirtschafts- und Sozialforum (*Foro Consultivo Económico Social*)[7]
- die Handelskommission (*La Comisión de Comercio*)[8]

Einmal mehr zeigt sich bereits mit der quantitativen Zunahme der Organe und mit der Ausdifferenzierung ihrer Aufgaben und Kompetenzen die Dynamik des angelaufenen Integrationsprozesses. Um auch zu einer Aussage über die Qualität und Effizienz der

---

1 *Menem* , Mercosur, S. 33
2 *Pérez Otermin II,* S. 77
3 Art. 9 des TA
4 *Tabaré/Bizzózero*, La construcción del Mercosur: Diagnóstico y evaluación de lo acordado, S. 16
5 Art. 15 des TA
6 Art. 24 des TA
7 Art. 28 - 30 des POP
8 Decisión Nr. 9/94 des Mercosur-Rates; Art. 16 ff. des POP

Institutionen des Mercosur zu gelangen, wird zunächst die Organstruktur durch die Untersuchung der einzelnen Organe durchdrungen. Weiter werden die Kompetenzen und Rechtsakte der Organe unter Beachtung der speziellen Besonderheit der vereinbarten Konsens-Regelung analysiert. Wegen der hervorragenden Bedeutung, die einem funktionsfähigen Mechanismus zur Streitbeilegung für die Errichtung eines Gemeinsamen Marktes zugeschrieben wird, gilt den damit zusammenhängenden Fragen schließlich besonderes Augenmerk im Rahmen dieses Kapitels.

A. Die Organe des Mercosur

I. Der Mercosur-Rat

1. Struktur und Aufgabe

Der Mercosur-Rat ist eines der Organe, die bereits im Vertrag von Asunción vorgesehen waren und durch das Protokoll von Ouro Preto beibehalten wurden. Im übrigen hat der Rat auch in Funktion und Beschaffenheit keine weiteren Veränderungen erfahren, sondern lediglich Konkretisierungen und Klarstellungen[9]. Ein Unterschied läßt sich allein darin sehen, daß sein provisorischer Charakter durch die neuerliche Erwähnung und Fortentwicklung weitgehend behoben ist.

Wie der Asunción-Vertrag und das Protokoll von Ouro Preto ausdrücklich und wortgleich bestimmen, ist der Rat das höchste Organ des Mercosur[10]. Zusammengefaßt liegt seine Aufgabe in der politischen Leitung des Integrationsprozesses und der Verabschiedung zur Verwirklichung der vertraglichen Ziele erforderlichen Entscheidungen sowie der Kontrolle ihrer Umsetzung.

Wenngleich der Rat an die Zielsetzungen des Vertrages von Asunción gebunden ist[11], kommt ihm als dem politischen Organ des Mercosur schlechthin die Möglichkeit zu, über den Fortgang der Integration zu entscheiden.

Im Protokoll von Ouro Preto werden die Bestimmungen des Vertrages von Asunción zur Zusammensetzung, Tagungsweise und Präsidentschaft des Rates wiederholt[12]. Demzufolge besteht der Mercosur-Rat aus den Außen- und Wirtschaftsministern der Mitgliedstaaten, unter denen die Präsidentschaft alle sechs Monate wechselt. Die Zusammentreffen finden so oft statt, wie dies für nötig befunden wird. Dabei besteht allerdings die Maßgabe, daß dies wenigstens alle sechs Monate unter Teilnahme der Präsidenten der Mitgliedstaaten zu geschehen hat. Dieses halbjährliche Zusammentreffen der Staatspräsidenten stellt insoweit eine Neuerung dar, als vorher ein Rhythmus von 12 Monaten

9 *Rimoldi,* Estructura institucional, S. 207
10 Art. 10 TA und Art. 3 POP
11 *Tabaré/Bizzózero,* La construcción del Mercosur: Diagnóstico y evaluación de lo acordado, S. 16; s.a. Art. 10 TA und Art. 3 POP
12 vgl. Artt. 4 ff. POP und Artt. 11 f. TA

vorgesehen war[13]. Ohne daß es sich dabei um eine bahnbrechende Neuerung handelte, zeigt sich damit doch die zunehmende Bedeutung, die dem Mercosur auf höchster Regierungsebene beigemessen wird.

2. Die Kompetenzen des Mercosur-Rates:

Hinsichtlich der Kompetenzen und ihrer Abgrenzung gegenüber anderen Organen traf der Vertrag von Asunción keine ausdrücklichen Zuweisungen. Daher wurden die Handlungsbefugnisse und Aufgaben des Mercosur-Rates aus der allgemeinen Zweckbestimmung des Organs gefolgert[14]. Danach sollten diese insbesondere in Kompetenzen zum Normerlaß im Bereich substantieller Materien zur Zielerreichung und Überwachung der Festsetzungen des Vertrages von Asunción bestehen.

Einer derart unpräzisen Bestimmung der Kompetenzen des Rates versuchte das Protokoll von Ouro Preto ein Ende zu bereiten. Sie finden sich nunmehr ausdrücklich bestimmt[15], wobei auch hier wiederum einige Zuständigkeiten eine äußerst allgemeine Formulierung erfahren haben, andere hingegen aber durchaus präzise und konkret sind. Die insgesamt elf genannten Einzelfunktionen lassen sich in vier wesentlichen Aufgabenzuweisungen zusammenfassen:

- Überwachung des Vertrages von Asunción und der entsprechenden Protokolle und Zusätze;
- Ausübung der Entscheidungsbefugnis für die Errichtung des Gemeinsamen Marktes und die Entscheidung über die von der Mercosur-Gruppe gemachten Vorschläge; zusätzlich die Entscheidungsbefugnis zur Einrichtung von Ministerrunden;
- Übernahme der Vertretung des Mercosur nach außen, also gegenüber anderen Staaten, Staatengruppen und internationalen Organisationen;
- Administrative Befugnisse, soweit diese die Schaffung für notwendig befundener Zusatzorgane betrifft, ferner im Fall der Bestätigung der Geschäftsordnung der Mercosur-Gruppe und im Fall der Ernennung des Direktors des Mercosur-Sekretariats und schließlich in Finanz- und Haushaltsfragen;

All diesen Aufgaben kommt der Mercosur-Rat, wie nunmehr unmißverständlich feststeht, durch die Verabschiedung von *Decisiones* - Entscheidungen - nach, womit der Terminus für die Handlungsform festgelegt ist, die einzig dem Rat vorbehalten bleibt.
Der Mercosur-Rat hat die ihm zugewiesene Stellung als oberstes Organ des Mercosur mit umfangreicher Kompetenzausstattung genutzt. Ausschlaggebend dafür ist, daß in seinem Rahmen die Präsidenten der beteiligten Staaten zusammenkommen. Die daraus resultierende Möglichkeit der politischen Steuerung des gesamten Integrationsprozesses

---

13 *Pérez Otermin II, S. 80*
14 *Zelada Castedo*, Competencias legales y toma de decisiones en la integración en América Latina, in: Integración Latinoamericana Nr. 185 (1993), S. 63 ff.
15 Artt. 8 u. 9 des POP

versetzten den Mercosur-Rat in die Lage, die entscheidenden Impulse für den Fortgang des Projektes zu geben. In dem Rat wird daher zu Recht das dynamischste und einflußreichste Organ des Mercosur gesehen[16].

II. Die Mercosur-Gruppe

Die Mercosur-Gruppe ist das Exekutivorgan innerhalb des Mercosur. Auch bereits durch den Vertrag von Asunción errichtet, hat diese Einrichtung an Kontur gewinnen können und deutliche Differenzierungen in ihrer Gestaltung erfahren. Inwieweit dieses Organ tatsächlich, wie zuweilen behauptet, eine fundamentale Bedeutung bei der Verwirklichung der Vertragsziele erlangt[17], wird sich allerdings erst noch zeigen müssen.

1. Aufgaben und Kompetenzen

Im Institutionsgefüge des Mercosur kommt der Mercosur-Gruppe die Funktion zu, die Einhaltung der in Asunción und den anschließenden Protokollen festgelegten Ziele zu gewährleisten und die notwendigen Maßnahmen zur Durchsetzung der Entscheidungen des Mercosur-Rates insbesondere durch die Erarbeitung entsprechender Zeitpläne zu treffen[18].

Mit dem Protokoll von Ouro Preto werden diese Aufgaben dann strukturiert und präzisiert[19]. Im einzelnen handelt es sich um folgende Aufgaben und Funktionen:

- Initiativfunktion in Form von Vorschlägen für die Entscheidungen des Mercosur-Rates; darüber hinaus auch durch die Möglichkeit, Stellungnahmen zu Vorschlägen anderer Organe abzugeben[20];
- Exekutiv- und Administrativbefugnisse in Gestalt der Aufgabe, die notwendigen Maßnahmen zur Durchsetzung der Entscheidungen des Mercosur-Rates zu treffen, die Zusammenkünfte des Rates zu organisieren und vorzubereiten sowie die Studien und Informationen zu beschaffen, die der Rat anfordert und schließlich die Tätigkeit des Sekretariates zu überwachen;
- Entscheidungsbefugnis in Finanz- und Haushaltsangelegenheiten unter der Führung des Mercosur-Rates sowie Entscheidungsbefugnis bei der Einrichtung für nötig befundener Untergruppen als Hilfsorgane der Mercosur-Gruppe;
- Vermittlungsfunktion im Rahmen des durch das Protokoll von Brasilia geschaffenen Mechanismus zur Streitbeilegung[21];

16 *Lavopa*, La dimensión jurídica de la integración, in: Contribuciones 1996, Nr. 4, S. 164
17 *Tabaré/Bizzózero*, La construcción del Mercosur: Diagnóstico y evaluación de lo acordado, S. 17
18 vgl. Art. 13 TA
19 Art. 14 POP
20 *Rimoldi*, Estructura institucional, S. 211
21 vgl. Artt. 4 ff. des PB

- Verhandlungsbefugnis gegenüber Drittstaaten oder Staatengruppen, soweit diese der Mercosur-Gruppe vom Rat ausdrücklich übertragen worden sind;
- die Errichtung von Untergruppen für die Erfüllung einzelner zugewiesener Aufgaben.

Mit der im Protokoll von Ouro Preto vorgenommenen Aufgabenzuweisung wird der Kritik die Grundlage entzogen, es fehle erstens an einer klaren Abgrenzung der Befugnisse von Rat und Gruppe und zweitens sei keine Regelung zu den Initiativ- und Repräsentationsfunktionen innerhalb des Mercosur getroffen worden[22]. Vorschlagsrecht und Repräsentationsbefugnisse der Mercosur-Gruppe sind nunmehr wie gesehen ausdrücklich geregelt.

Ein weiteres Defizit des Vertrages von Asunción wurde bereits durch die von der Mercosur-Gruppe vorgenommene Aufstellung einer eigenen Geschäftsordnung behoben[23]. Nachdem der Vertrag nicht ausführte, in welcher Form Maßnahmen der Gruppe zu treffen seien, wurde durch die Geschäftsordnung klargestellt, daß dies in Form von *Resoluciones* - Entschließungen - zu geschehen hat. Die Entschließung ist der einzige Rechtsakt, den die Mercosur-Gruppe erlassen kann. Neben die sachliche Begrenzung tritt in Form der Festlegung auf eine einzige Art von Rechtsakten damit auch eine formelle Begrenzung der Kompetenz der Gruppe.

2. Zusammensetzung und Arbeitsweise

Die gegenwärtige Zusammensetzung und Tagungsweise findet sich zusammengefaßt in der Geschäftsordnung[24]. Demnach zählt die Mercosur-Gruppe insgesamt 16 Mitglieder, von denen jeder Staat vier ordentliche und vier stellvertretende bestimmt. Weitere Vorgabe für die Zusammensetzung ist, daß die vier Mitglieder aus den einzelnen Staaten das jeweilige Außen- und Wirtschaftsministerium sowie die jeweilige Zentralbank repräsentieren. Darüber hinaus ist es den Staaten freigestellt, welchen Sektor die übrigen Mitglieder der Delegation repräsentieren.

Kein selbständiges Organ, sondern eine eigenständige Arbeitseinheit innerhalb der Mercosur-Gruppe stellt die von jedem Mitgliedstaat gebildete *Sección Nacional* - die Nationale Abteilung - dar. In der Geschäftsordnung wird ergänzend ausgeführt, daß sie sich aus den jeweiligen vier ständigen und vier ersatzweisen Mitgliedern eines Staates zusammensetzt und die Aufgaben erfüllen soll, die ihr zugewiesen werden[25]. Wichtigste von der Nationalen Abteilung wahrzunehmende Funktion dieser Art ist bislang die ihr zugewiesene, weiter unten erörterte, Rolle innerhalb des Individualverfahrens zur Streitbeilegung.

---

22 so: *Zelada Castedo*, Competencias legales y toma de decisiones en la integración en América Latina, in: Integración Latinoamericana Nr. 185 (1993), S. 68 f.

23 *Reglamento interno del Grupo Mercado Común* vom 17. Dez. 1991, verabschiedet als Decisión Nr. 4/91 des Mercosur-Rates

24 Art. 2 u. Kapitel 3 *Reglamento interno del Grupo Mercado Común*

25 Art. 2.2 des *Reglamento interno del Grupo Mercado Común*

Insgesamt koordiniert wird die Tätigkeit der Mercosur-Gruppe wiederum durch die Außenminister der Mitgliedstaaten. Die Mercosur-Gruppe hält ihre ordentlichen Zusammenkünfte im Abstand von höchstens drei Monaten ab und kann jederzeit auf Antrag eines Staates zu außerordentlichen Treffen zusammenkommen.

III. Die Handelskommission des Mercosur

In der Handelskommission wird ein zukünftiges Schlüsselorgan für die angestrebte Errichtung des Gemeinsamen Marktes gesehen und ihre Rolle im institutionellen Gefüge als fundamental erachtet[26]. Dies zeigt sich schon im ungewöhnlich breiten Raum, den das Protokoll von Ouro Preto der Handelskommission einräumt. Sie ist das jüngste mit Entscheidungsbefugnis ausgestattete Organ des Mercosur, dessen Einrichtung zunächst auf eine Entscheidung des Mercosur-Rates zurückgeht, die dann ihren Ausdruck im Protokoll von Ouro Preto findet[27]. Dabei handelt es sich um eine Entstehungsweise, die charakteristische Züge des gesamten Integrationsprozesses trägt und nochmals gesondert behandelt wird.

1. Die Besonderheit der Entstehung der Handelskommission

Über ihre funktionelle Bedeutung innerhalb des Organgefüges des Mercosur hinaus, ist die Handelskommission zunächst auch charakteristisch für die Methode des Integrationsprozesses. In der Art ihrer Entstehung manifestiert sich die flexible Handhabung der Integrationsmechanismen durch die beteiligten Staaten.

So erweist sich bei genauer Betrachtung der zunächst zur Errichtung der Handelskommission eingeschlagene Weg, diese durch eine schlichte Entscheidung des Mercosur-Rates einzusetzen, sogar als nach dem Maßstab des Integrationsrechtes rechtswidrig[28]. Diese Beurteilung ergibt sich daraus, daß der Mercosur-Rat mit der eigenmächtigen Hinzufügung eines neuen Organes die ihm übertragenen Befugnisse überschritten hat. Der Vertrag von Asunción nahm eindeutig die Errichtung einer vorläufigen Organstruktur vor und enthält keinerlei Hinweis darauf, daß die Schaffung neuer Organe Aufgabe des Rates wäre. Er enthält im Gegenteil sogar den Hinweis, daß die Schaffung einer neuen institutionellen Struktur einem weiteren Vertrage vorbehalten bleibe[29].

Mit der Gestaltung der Handelskommission im Wege des Protokolles von Ouro Preto ist diese Errichtung zwar durch einen neuen Vertrag nachgeholt worden und der angenommene rechtswidrige Zustand damit beseitigt[30]. Obschon die rechtswidrige Schaffung

26 IRELA, Documento de Base 1996, S. 16; *Boldorini/Czar de Zalduendo*, La estructura jurídico-institucional del Mercosur después del Protocolo de Ouro Preto, in: Boletín Informativo Techint 1995, Nr. 238, S. 85
27 vgl. Decisión Nr. 9/94 des Mercosur-Rates vom 5. August 1994; Artt. 16 ff. POP
28 *Pérez Otermin II*, S. 80
29 Art. 18 TA
30 *Pérez Otermin II*, S. 82

also nicht mehr fortwirkt, zeigt sich jedoch deutlich, daß bei einem von den Mitgliedstaaten festgestellten Handlungsbedarf, in bestimmten Fällen wenig Rücksicht auf bindende rechtliche Vorgaben genommen wird.

2. Funktionen und Aufgaben

Der Handelskommission kommt zusammengefaßt die Aufgabe zu, die Anwendung handelspolitischer Instrumente, also gegenwärtig derjenigen Maßnahmen, die insgesamt die Wesensmerkmale einer Zollunion ausmachen, sicherzustellen und zu überwachen; miteinbezogen werden Handelsmaßnahmen, wie sie sich aus den Vereinbarungen mit anderen internationalen Organisationen ergeben[31]. Erwähnenswert ist darüber hinaus ihre Funktion innerhalb der vorgesehenen Möglichkeiten zur Streitbeilegung, die jedoch mit diesen zusammen behandelt wird. Insgesamt stellt die Handelskommission damit gleichsam die Hüterin des materiellen Rechts des Mercosur dar.
Aus dieser Aufgabe heraus ergeben sich folgende konkrete Funktionszuweisungen[32]:

- Entscheidungsbefugnis in sämtlichen Bereichen, die mit der Einführung und Anwendung tarifärer Festlegungen und sonstiger handelspolitischer Maßnahmen verbunden sind;
- Initiativfunktion in Form der Unterbreitung von Vorschlägen an die Mercosur-Gruppe in allen in ihren Kompetenzbereich fallenden Materien, soweit als Tarif- oder Handelsmaßnahmen betroffen sind;
- Administrativfunktion in ihrer eigenen Tätigkeit und hinsichtlich der Einrichtung und Koordinierung sogenannter *Comités Técnicos* - von technischen Ausschüssen - als Unterorgane der Handelskommission;
- Hilfsfunktionen, die die Mercosur-Gruppe an die Handelskommission delegiert, so etwa im Bereich der Verhandlungen mit Drittstaaten oder anderen Organisationen.

Als Rechtsakt zur Verwirklichung dieser Aufgaben stehen der Handelskommission *Directivas* - Richtlinien - und *Propuestas* - Vorschläge - zur Verfügung[33].

3. Stellung im Institutionsgefüge

Trotz ihrer Bedeutung nimmt die Handelskommission innerhalb des Institutionsgefüges des Mercosur eine hierarchisch untergeordnete Rolle gegenüber der Mercosur-Gruppe ein[34]. Zunächst sollte diese dem Exekutivorgan des Mercosur untergeordnete Stellung explizit festgeschrieben werden, findet nunmehr ihren Ausdruck im Protokoll von Ouro Preto aber lediglich in der Feststellung, daß die Handelskommission die Arbeit der

---

31 vgl. Artt. 16 u. 19 I POP
32 nach den Artt. 16 u. 19 POP
33 Art. 20 POP
34 *Rimoldi,* Estructura institucional, S. 216

Gruppe unterstützt[35]. Damit entfällt nicht etwa die Unterordnung unter die Mercosur-Gruppe. Vorgebeugt werden sollte den Komplikationen, die eine ausdrückliche Festschreibung etwa in Form der Weisungsgebundenheit und Angreifbarkeit der Direktiven der Handelskommission mit sich gebracht hätte[36].

Insgesamt sind also die drei mit Entscheidungsbefugnis ausgestatteten Organe einander jeweils hierarchisch untergeordnet. An der Spitze der Hierarchie steht als höchstes Organ des Mercosur der Mercosur-Rat, dem die Mercosur-Gruppe untergeordnet ist und der wiederum die Handelskommission folgt.

4. Zusammensetzung und Arbeitsweise

Die Bestimmungen zu Zusammensetzung und Arbeitsweise der Handelskommission sind im Protokoll von Ouro Preto knapp gehalten und werden durch die von ihr im Wege einer *Directiva* beschlossene Geschäftsordnung konkretisiert[37]. Die Handelskommission wird aus jeweils vier Repräsentanten pro Mitgliedstaat gebildet, an deren Eigenschaften keine ausdrücklichen besonderen Anforderungen formuliert werden. Wie im Fall der Mercosur-Gruppe bilden auch diejenigen Mitglieder der Handelskommission, die von demselben Staat entsandt worden sind, die jeweilige *Sección Nacional* - die Nationale Abteilung. Dabei handelt es sich um die spezifischen Nationalen Abteilungen der Handelskommission, die nicht mit denen der Mercosur-Gruppe zu verwechseln sind[38].

Koordiniert durch die Außenminister der Mitgliedstaaten, kommt die Handelskommission so oft wie sie es selbst für nötig befindet oder die Mercosur-Gruppe dies fordert, mindestens jedoch monatlich, zusammen. Die Rotation des Vorsitzes innerhalb der Kommission geschieht in der gleichen Weise wie im Rahmen des Mercosur-Rates. Die Handelskommission verfügt damit jeweils über einen Präsidenten pro tempore, dem eine Vielzahl von Geschäftsführungsbefugnissen zugewiesen worden ist[39].

Wie auch bei den übrigen Entscheidungsorganen des Mercosur, zeigt sich damit, daß die Handelskommission kein permanentes Organ ist, sondern ihre Tätigkeit jeweils im Rahmen einzelner Zusammenkünfte ausübt. Während diese Tatsache im Fall des Rates und der Gruppe, gerade aufgrund ihrer Zusammensetzung wenig angebracht wäre, wird bezüglich der Handelskommission auf den großen Umfang der zugewiesenen Funktionen verwiesen und die Forderung erhoben, diese als permanentes Organ auszugestalten[40].

---

35 zunächst: Art. 2 des Anhanges zu Decisión Nr. 9/94 des Mercosur-Rates; dann: Art. 19POP
36 *Pérez Otermin II*, S. 83
37 Artt. 17 u. 18 POP; *Reglamento interno de la Comisión de Comercio* vom 7. Okt. 1994, Directiva Nr. 1/94 der Handelskommission
38 *Pérez Otermin II, S. 83*
39 vgl. Art. 8 *Reglamento interno de la Comisión de Comercio*
40 *Rimoldi*, Estructura institucional, S. 220 f.

IV. Unter- und Hilfsorgane

Im Zusammenhang mit der Mercosur-Gruppe und der Handelskommission des Mercosur wurde bereits die diesen Organen eingeräumte Möglichkeit zur Einsetzung von Unterorganen erwähnt. Zusätzlich richtete der Mercosur-Rat weitere Hilfsorgane ein. Gemeinsam ist diesen Unter- und Hilfsorganen ihre Funktion im Rahmen der Beschlußfassung. Ihnen obliegt die Vorbereitung der Rechtsakte durch die Unterbreitung von Empfehlungen.

Die Mercosur-Gruppe verfügt über insgesamt zehn als *Subgrupos de Trabajo* bezeichnete untergeordnete Arbeitsgruppen. Die vier wichtigsten dieser Arbeitsgruppen beschäftigen sich jeweils mit den Bereichen Industrie, Landwirtschaft, Transport und Infrastruktur sowie dem Arbeitsmarkt[41].

Ebenso wie die Mercosur-Gruppe hat auch die Handelskommission weitere Unterorgane eingesetzt. Die zehn als *Comités Técnicos* bezeichneten technischen Ausschüsse widmen sich jeweils einzelnen Aspekten der Handelspolitik, die insgesamt die Hauptaufgabe der Handelskommission darstellt. Erwähnt seien hier die technischen Ausschüsse für Zölle, Zollangelegenheiten, Wettbewerbsregeln, Verbraucherschutz und nichttarifäre Handelshindernisse[42].

Daneben wurden als Hilfsorgane durch die Mercosur-Gruppe[43] regelmäßige Spezialistenrunden - die sogenannten *Reuniones Especializadas* - zu den Themen Tourismus und Wissenschaft und Technologie ins Leben gerufen.

Schließlich richtete der Mercosur-Rat noch *Reuniones de Ministros* - Ministerrunden - ein, in denen jeweils die Minister selbst oder hohe Beamte aus den Ressorts Wirtschaft, Bildung, Justiz, Arbeit, Landwirtschaft, Kultur und Gesundheit zusammentreffen[44].

V. Das Mercosur-Verwaltungssekretariat

Nachdem mit dem Mercosur-Rat, der Mercosur-Gruppe und der Handelskommission der harte Kern des Institutionsgefüges des Mercosur vorgestellt worden ist, folgen nunmehr mit den übrigen drei Organen die nach dem gegenwärtigen Stand weniger bedeutenden Einrichtungen. Diese Beurteilung läßt sich vor allem stützen auf die eindeutige Beschränkung der Zuweisung von Entscheidungsbefugnissen allein an die erstgenannten Organe, wie sie das Protokoll von Ouro Preto vornimmt[45].

Innerhalb der Organe ohne Entscheidungsbefugnis ist an erster Stelle die *Secretaría Administrativa* - das Verwaltungssekretariat - des Mercosur zu nennen. Zunächst als

41 vgl. Resolución Nr. 20/95 der Mercosur-Gruppe; zu den Einzelheiten: *Lavopa*, La dimensión jurídica de la integración, in: Contribuciones 1996, Nr. 4, S. 167 f.

42 s. dazu: *Lavopa*, La dimensión jurídica de la integración, in: Contribuciones 1996, Nr. 4, S. 168 f.

43 Resoluciones Nr. 12/91, Nr. 22/92 und Nr. 24/92 der Mercosur-Gruppe

44 s. dazu: *Lavopa*, La dimensión jurídica de la integración, in: Contribuciones 1996, Nr. 4, S. 170 f.

45 vgl. Artt. 1 u. 2 des POP

bloßes Dokumenten-Archiv angelegt, hat es im Laufe der Zeit und zuletzt durch das Protokoll von Ouro Preto als Folge der institutionellen Dynamik des Mercosur eine nachhaltige Aufwertung erfahren. Auch erhält das Verwaltungssekretariat, nachdem es lediglich den Status eines Hilfsorgans der Mercosur-Gruppe besaß, nunmehr ausdrücklich die Stellung als selbständiges Organ des Mercosur zugewiesen[46].

Seine allgemeine Aufgabenzuweisung ist weitgefaßt und stellt eine Verbindung des Verwaltungssekretariats zu sämtlichen anderen Organen des Mercosur her. So soll es als das Organ der operativen Unterstützung seine Leistungen allen anderen Organen zukommen lassen[47]. Die wichtigsten konkreten Aufgaben[48], die sich daraus ergeben sind die Archivierung und Übersetzung aller Rechtsakte des Mercosur, die dann im neugeschaffenen *Boletín Oficial del Mercosur* publiziert werden. Ferner obliegt dem Sekretariat die logistische Unterstützung der Zusammenkünfte aller anderen Organe, sofern diese am Sitz des Sekretariates stattfinden.

Die Funktionsweise des Verwaltungssekretariats wird insoweit geregelt, als die Leitung einem Direktor aus einem der Mitgliedstaaten obliegt, der vom Mercosur-Rat für zwei Jahre bestimmt wird und für die Erfüllung der genannten Aufgaben zu sorgen hat[49].

Das Verwaltungssekretariat wird für das weitere Fortschreiten des Integrationsprozesse als äußerst wichtig eingestuft. Abgeleitet wird dies einmal aus der Verantwortung für die Verbreitung und Systematisierung des vom Mercosur produzierten Rechts insbesondere in Form der Publikation des *Boletín Oficial del Mercosur*[50]. Zwei weitere Aspekte ermöglichen es, in der gegenwärtigen Ausgestaltung des Vewaltungsskretariats Anzeichen für eine zunehmende integrationstechnische Reife des Mercosur zu sehen. Einmal ist dies die innerhalb der Organe des Mercosur beispiellose Ausstattung mit einem eigenen Haushalt, den das Sekretariat selbst aufstellt und der von der Mercosur-Gruppe genehmigt wird[51]. Des weiteren stellt die Einigung der Vertragsstaaten auf einen festen Sitz des Sekretariats in Montevideo[52] den ersten und bisher einzigen Schritt dazu dar, dem Mercosur in institutioneller Hinsicht ein permanentes Gepräge zu geben.

VI. Die Gemeinsame Parlamentarische Kommission

Als zweites Organ ohne Entscheidungsbefugnis wurde die Gemeinsame Parlamentarische Kommission *(Comisión Parlamentaria Conjunta)* erst mit dem Protokoll von Ouro Preto in das institutionelle Gesamtgefüge des Mercosur integriert, wenngleich ihre Anlage bereits im Vertrag von Asunción enthalten war und sie sich unmittelbar nach des-

46 zunächst: Art. 15 TA; jetzt: Art. 1 POP
47 Art. 31 POP
48 nach Art. 32 POP
49 Art. 33 POP
50 *Rimoldi*, Estructura institucional,S. 214
51 Art. 32 VII POP
52 Art. 31 POP

sen Inkrafttreten konstituiert und mit einer eigenen Geschäftsordnung ausgestattet hatte[53].

Die Gemeinsame Parlamentarische Kommission repräsentiert die nationalen Parlamente und setzt sich dementsprechend aus einer nicht ausdrücklich begrenzten Anzahl von derzeit 64 Parlamentariern zusammen, wobei lediglich die Maßgabe besteht, daß jedes Mitgliedsparlament dieselbe Anzahl entsendet[54]. Konkret wird ihr dabei die Funktion zugewiesen, die im Rahmen des Mercosur getroffenen Maßnahmen vor der einzelstaatlichen Ratifikation zu untersuchen und die Harmonisierung der nationalen Gesetzgebungen insbesondere durch Ausarbeitung entsprechender Studien zu fördern. Dabei steht es auch dem Mercosur-Rat offen, derartige Studien anzufordern[55]. Als für die Erfüllung dieser Aufgaben vorgesehener Rechtsakt steht der Pralamentarischen Kommission die Äußerungsform der *Recomendaciones* - die Verabschiedung von Empfehlungen also - zur Verfügung[56]. Diese richten sich an den Mercosur-Rat und werden ihm durch die Mercosur-Gruppe zugeleitet, die sie ihrerseits kommentieren kann. Inhaltlich sind die Empfehlungen keinerlei Beschränkung unterworfen, so daß daraus geschlossen wird, die Aufgaben der Parlamentarische Kommission erstreckten sich auf alle von ihr für wichtig befundenen Themen[57].

Insgesamt steht damit fest, daß mit der Gemeinsamen Parlamentarische Kommission kein Gemeinschaftsparlament geschaffen wurde[58], sondern lediglich ein Organ zur Konsultation und Erörterung, das ohne jegliche Entscheidungsbefugnis vor allem den Kommunikationsfluß zwischen den einzelnen Parlamenten und dem Mercosur fördern soll.

VII. Das Konsultative Wirtschafts- und Sozialforum

Ebenfalls ohne Entscheidungskompetenz wurde schließlich durch das Protokoll von Ouro Preto der *Foro Consultativo Económico-Social* - das Konsultative Wirtschafts- und Sozialforum - als vorerst neuestes Organ geschaffen[59]. Seiner Bezeichnung gemäß, ist es aus Vertretern der verschiedenen wirtschaftlichen und sozialen Sektoren zusammengesetzt und hat die bislang noch nicht näher konkretisierte Aufgabe, diese zu repräsentieren. Als Rechtsakt stehen ihm dabei ebenso wie der Gemeinsamen Parlamentarischen Kommission Empfehlungen zur Verfügung, die jedoch in diesem Fall einzig an die Mercosur-Gruppe zu richten sind.

---

53 vgl. zunächst: Art. 24 TA; dann: *Reglamento de la Comisión Parlamentaria Conjunta* vom 6. Dez. 1991; schließlich: Art. 1 des POP
54 *Pérez Otermin II*, S. 87
55 Art. 25 POP
56 Art. 26 POP
57 IRELA, Documento de Base 1996, S. 16
58 *Rimoldi*, Estructura institucional,S. 215
59 Artt. 28 - 30 POP

Ohne die Bedeutung dieses jüngsten Organs bereits abschätzen zu können, hat die Schaffung des Wirtschafts- und Sozialforums jedenfalls der bis dato geäußerten Kritik die Grundlage entzogen, bestimmte gesellschaftlich relevante Bereiche fänden im Integrationsmodell des Mercosur überhaupt keine Berücksichtigung[60]. Eine entsprechende Grundlage ist nunmehr zumindest geschaffen worden.

B. Die Rechtsakte der Organe und die Beschlußfassung

Ein grundlegendes Merkmal der Rechtsakte und des Systems der Beschlußfassung im Mercosur ergibt sich bereits aus der vorangegangenen Darstellung der einzelnen Organe: Die Art des jeweiligen Rechtsaktes folgt aus dem Organ, das ihn erlassen hat und nicht etwa aus seinen inhaltlichen Merkmalen. Die Organe mit Entscheidungskompetenz sind jeweils auf den Erlaß einer bestimmten Form von Rechtsakten festgelegt: So erläßt der Mercosur-Rat ausschließlich *Decisiones*, während die Mercosur-Gruppe auf *Resoluciones* und die Handelskommission auf *Directivas* festgelegt sind.

Weder in den Verträgen und Protokollen noch im sekundären Recht selbst wird jedoch ein zusammenhängendes und vollständiges System für die Beschlußfassung aufgestellt[61]. Dieses muß daher aus dem Normgefüge und der bisherigen Entscheidungspraxis geschlußfolgert werden. Dabei beschränkt sich die Untersuchung an dieser Stelle auf die Hervorbringung der Rechtsakte auf Ebene des Mercosur selbst. Die Problematik der Umsetzung in nationales Recht wird dann im Zusammenhang mit anderen dogmatischen Fragen des Rechts des Mercosur behandelt[62].

I. Inhaltliche Bestimmung der Rechtsakte

Deutlich wird das Fehlen einer zusammenhängenden Regelung des sekundären Rechts des Mercosur bei der Frage nach der inhaltlichen Reichweite der einzelnen den Organen zur Verfügung stehenden Rechtsakte und ihrer Abgrenzung untereinander. Eine inhaltliche Unterscheidung nach dem Adressatenkreis, dem Ausmaß der Verbindlichkeit und der jeweiligen Notwendigkeit staatlicher Umsetzung, wie sie etwa für die Rechtsakte innerhalb der Europäischen Gemeinschaft gilt[63], existiert für den Mercosur nicht. Die Art des Rechtsaktes bestimmt sich nach dem Organ, das ihn erläßt. Auch nach dem Protokoll von Ouro Preto gilt daher, was bereits für den Vertrag von Asunción festgestellt wurde: Inhalt und Besonderheit der einzelnen Rechtsakte müssen aus den Aufga-

---

60 so etwa: *Zelada Castedo*, Competencias legales y toma de decisiones en la integración en América Latina, in: Integración Latinoamericana Nr. 185 (1993), S. 61

61 *Ekmekdjian*, Introducción al derecho comunitario latinoamericano, S. 287; für den TA auch: *Papaño,* in: La Ley, 1994, S. 707

62 s.unten 2. Teil, Kap. 4 B

63 vgl. Art. 189 EGV; dazu: *Schweitzer/Hummer*, Rdnrn. 346 ff.

ben und Kompetenzen der jeweiligen Institutionen geschlossen werden[64]. Eine abstrakte Abgrenzung des Inhaltes der einzelnen Rechtsakte kann hier dementsprechend nur folgendermaßen vorgeschlagen werden: Die Zugehörigkeit zu einer der genannten Kategorien ergibt sich aus dem Organ, das den Rechtsakt beschlossen hat. Welches Organ handelt, ergibt sich seinerseits aus den zugewiesenen Aufgaben und Funktionen.

Nach diesem Prinzip vollzieht sich bislang auch die Hervorbringung der Rechtsakte, ohne daß es dabei zu Kompetenzkonflikten gekommen wäre. Das Regulativ, mit dem bislang Kompetenzkonflikte vermieden worden sind, ist dabei weniger rechtstechnisch als vielmehr politischer Art. In dem Inhalt der einzelnen Arten von Rechtsakten spiegeln sich nicht nur die den jeweiligen Organen zugewiesenen Kompetenzen wider, sondern auch das spezifische Machtgefüge innerhalb des Mercosur: Als höchstes Organ erläßt der Mercosur-Rat die Leitentscheidungen. Inhalt der ihm allein vorbehaltenen *Decisiones* ist danach die Regelung des Kernbereiches der für die Verwirklichung des gemeinsamen Marktes notwendigen Maßnahmen.

Die Resoluciones, also die der Mercosur-Gruppe vorbehaltenen Maßnahmen, sind demgegenüber ebenso wie die *Directivas* der Handelskommission lediglich Durchführungsbestimmungen. Diese Maßnahmen haben also vor allem konkretisierenden Inhalt und entscheiden über das „wie“ der Verwirklichung der vom Mercosur-Rat vorgegebenen Ziele.

II. Der Ablauf des Beschlußverfahrens

Das Verfahren, in dem die einzelnen Rechtsakte verabschiedet werden, ist wiederum einfach strukturiert. Die endgültige Beschlußfassung obliegt dabei immer dem Organ, das für die jeweilige Art von Rechtsakt zuständig ist. Eine Zusammenarbeit oder sogar Mitentscheidungsbefugnis mehrerer Organe beim Erlaß der Rechtsakte ist nicht vorgesehen.

Ohne daß eine vertragliche Festschreibung vorhanden wäre, hat sich folgender Ablauf der Beschlußfassung durchgesetzt[65]:

(1.) Ausgangspunkt für die Verabschiedung eines der drei Rechtsakte sind die jeweils zuständigen Organe: Der Mercosur-Rat, die Mercosur-Gruppe oder die Handelskommission geben das mit einem Rechtsakt zu behandelnde Thema an eine Spezialistenrunde, eine untergeordnete Arbeitsgruppe oder einen technischen Ausschuß zur Bearbeitung.

(2.) Wenn diese Unter- oder Hilfsorgane über das zu behandelnde Thema eine Einigung erzielen, verabschieden sie eine Empfehlung. Diese Empfehlung wird dann an die Mercosur-Gruppe oder wenn es sich um die Empfehlung eines technischen Ausschusses handelt, an die Handelskommission weitergeleitet. Die Handels-

64 *Tabaré/Bizzózero*, La construcción del Mercosur: Diagnóstico y evaluación de lo acordado, S. 19
65 Ausgangspunkt war ursprünglich die Decisión Nr. 11/91 des Mercosur-Rates

kommission erläßt, sofern zuständig, eine *Directiva* oder leitet die Empfehlung weiter an die Mercosur-Gruppe.

(3.) Sofern der Erlaß einer Maßnahme in ihren Zuständigkeitsbereich fällt, verabschiedet oder verwirft die Mercosur-Gruppe die vorgeschlagene Maßnahme durch eine *Resolución*. Andernfalls leitet sie einen Entscheidungsvorschlag an den Mercosur-Rat weiter. Ebenso können die Ministerrunden ihre Vorschläge über die Mercosur-Gruppe dem Rat zukommen lassen.

(4.) Auf der Grundlage der an ihn weitergeleiteten Entscheidungsprojekte kann der Mercosur-Rat dann seine *Decisión* erlassen. Dem Rat steht zusätzlich die Möglichkeit offen, auf der Grundlage vertraglicher Bestimmungen oder als Ausfluß von Einigungen, die im Rahmen der Ratssitzungen erzielt wurden, direkt *Decisiones* zu verabschieden, also ohne daß das vorgestellte Verfahren durchlaufen werden müßte.

III. Die Besonderheiten des Beschlußverfahrens

1. Die Konsensregelung ohne Stimmengewichtung

Wenngleich ebenfalls gering in Umfang und Differenzierungsgrad, so treffen die Regelungen zum Beschlußverfahren eindeutige Festsetzungen mit weitreichenden Konsequenzen und offenbaren eine weitere Eigenart des Mercosur insgesamt. Das gegenwärtig maßgebliche Protokoll von Ouro Preto legt fest, daß die Maßnahmen der Organe des Mercosur *por consenso* - also im Wege der Übereinstimmung bzw. des Konsens - und bei Anwesenheit aller Mitgliedstaaten getroffen werden[66].

Mit der Festschreibung des Konsensprinzips verwarfen die Vertragsstaaten eindeutig die Möglichkeit von Merheitsentscheidungen durch die einzelnen Organe. Allerdings ist die getroffene Regelung auch nicht gleichbedeutend mit einem Einstimmigkeitserfordernis.

In Bedeutung und Auswirkung kommt das Konsenserfodernis dem Einstimmigkeitsprinzip zwar sehr nahe. Seine genaue Bedeutung ist jedoch, daß Maßnahmen ohne Abstimmung durch die bloße Feststellung des Fehlens von ausdrücklichen Gegenstimmen verabschiedet werden[67]. Die bloße Enthaltung im Fall der nicht vollständigen Übereinstimmung eines Mitgliedstaates mit der zu treffenden Maßnahme hat demnach keine Auswirkungen auf ihr Zustandekommen. Gleichwohl ergibt sich aus dieser Vorgehensweise für jeden der beteiligten Staaten bei allen Maßnahmen ein Veto-Recht[68].

66 Art. 37 POP

67 *Garré Copello*, Solución de controversias en el Mercado Común del Sur, in: Estudios Multidisciplinarios, S. 196

68 *Sanguinetti*, Mercosur: las alternativas del diseño institucional definitivo, in: Integración Latinoamercana Nr. 201 (1994), S. 4

Da bei dieser Regelung der Beschlußfassung weiter keinerlei Differenzierungen vorgenommen werden, steht fest, daß sie sich unterschiedslos auf sämtliche Organe des Mercosur bezieht, gleich also, ob es sich um Institutionen mit oder ohne Entscheidungsbefugnisse oder um Haupt- und Nebenorgane handelt.

Die Beschlußfassung innerhalb der Organe des Mercosur weist als weitere Besonderheit das Fehlen einer wie auch immer gearteten Gewichtung der Stimmen seiner Mitglieder auf. Die durchgängige Regelung ist dementsprechend, daß jeder Staat eine Stimme hat, unabhängig sowohl von Größe und Gewicht des Staates selbst als von der Größe seiner Delegation[69].

2. Die damit verbundene Kritik

In der Festlegung eines Konsenssystems ohne Stimmengewichtung wird keineswegs die beste Lösungsmöglichkeit bei der Gestaltung des Beschlußverfahrens im Mercosur gesehen[70]. Gerade das Mehrheitsprinzip, dem damit eine Absage erteilt wurde, wird für ein wichtiges Mittel zur Bändigung nationaler Interessen gehalten[71]. Geäußert wird daher die Befürchtung, das Konsenserfordernis könne zu einer Lähmung des Integrationsprozesses führen[72].

Die Mercosur-Vorläufer ALADI und Andenpakt verfügten insofern über ein fortschrittlicheres System der Beschlußfassung, als sie jedenfalls in bestimmten Fällen Mehrheiten von zwei Dritteln der Mitgliedstaaten ausreichen ließen[73]. Eine Übernahme ähnlicher Strukturen für den Mercosur ist unwahrscheinlich. Denn gerade auf Seiten Argentiniens und Brasiliens wird wenig Neigung konstatiert, dieses zunächst vorläufig mit dem Vertrag von Asunción eingeführte und dann im Protokoll von Ouro Preto bestätigte System, durch eine differenziertere Lösung zu ersetzen[74].

Die abschließende Bewertung des Beschlußverfahrens bleibt der Auseinandersetzung mit der Integrationsmethode insgesamt vorbehalten. An dieser Stelle bleibt jedoch festzuhalten, daß die Mercosur-Staaten in Form des Konsensprinzips und des Verzichts auf eine Stimmengewichtung wiederum einer schlichten und einfachen Ausgestaltung den Vorzug gaben.

---

69 *Pérez Otermin II,* S. 22

70 so etwa: *Baptista,* Le Traité d'Asunción établissant le Marché Commun du Sud, in: RDAI 1992, S. 576

71 *Herdegen,* Internationales Wirtschaftsrecht, § 5 Rdnr. 3

72 *Pérez Otermin II,* S. 91

73 Art. 43 *Tratado de Montevideo,* unterzeichnet am 12. August 1980; abgedruckt in: Integración Latinoamericana Nr. 47/1980, S. 4 ff.; englische Übersetzung in: I.L.M. 20 (1981), S. 672 ff. und Art. 11 *Tratado de Cartagena,* unterzeichnet am 26. Mai 1969, englische Übersetzung abgedruckt in: ILM 8 (1969), S. 910 ff.; s.o. 1. Teil, Kap. 1 A I 2. u. 3

74 IRELA, Documento de Base 1996, S. 19

C. Die Streitbeilegung

I. Wirtschaftsintegration und Streitbeilegung

In der juristischen Behandlung der Wirtschaftsintegration insgesamt wird der Einrichtung einer gemeinschaftlichen Rechtsprechung und der Entwicklung von Mechanismen zur Streitbeilegung ein hoher Stellenwert eingeräumt. Danach soll für die rechtliche Ausgestaltung wirtschaftlicher Integrationsprozesse im allgemeinen ein neuartiges, gemeinschaftlich ausgerichtetes System zur Streitbeilegung notwendig sein. Untermauert wird die Forderung einmal damit, daß abhängig von der Höhe des Integrationsgrades auch die Anzahl und Komplexität der auftretenden rechtlichen Konflikte zunehme[75]. Weiter wird darauf verwiesen, daß auf europäischer Ebene gerade der Europäische Gerichtshof ein Integrationsfaktor erster Ordnung ist, der den Integrationsprozeß immer wieder in Gang hält[76].

Diese allgemeine Ansicht wird für den speziellen Bereich der lateinamerikanischen Integration unter Verweis auf das Beispiel des Andenpaktes konkretisiert. Seine Erfolglosigkeit lasse sich danach nicht auf inhaltliche Mängel des 1979 eingerichteten Andengerichtshofes zurückführen; vielmehr habe es von vornherein an der Akzeptanz seiner Rechtsprechung von Seiten der beteiligten Staaten gemangelt[77]. Angesichts seiner dennoch beachtlichen Rechtsprechung als einem wesentlichen Beitrag zur theoretischen Durchdringung der Rechtsordnung des Andenpaktes und als Schritt in Richtung einer Gemeinschaftsrechtsordnung wird die Existenz des Andengerichtshofes durchaus positiv bewertet[78].

Schließlich wird dann auch im konkreten Fall des Mercosur die Entwicklung eines funktionsfähigen Rechtsprechungsorgans als eine fundamentale Voraussetzung für den Integrationsprozeß angesehen[79]. Welche Antwort das System des Mercosur auf die vorgenannten Einschätzungen gibt, werden nunmehr die Untersuchung der bislang aufgestellten Mechanismen zur Streitbeilegung und ihre anschließende Bewertung zeigen.

75 *Lipovetzky,* Mercosur - Estratégias para a integração - Mercado Comum ou Zona de Livre Comércio?, S. 243

76 so etwa: *Hallstein,* Die echten Probleme der europäischen Integration, S. 9; *Schweitzer/Hummer*, Rdnr. 445

77 *Garré Copello*, Solución de controversias en el Mercado Común del Sur, in: Estudios multidisciplinarios sobre el Mercosur, S. 220; *Andrade Valencia*, Derecho comunitario andino y Tribunal Andino de Justicia, S. 183, 188; zum Grupo Andino und dem Andengerichtshof: s.o. 1. Teil, Kap. 1 A 3.

78 *Marwege*, Der Andengerichtshof: das Rechtsschutzsystem des Andenpaktes mit vergleichenden Bezügen zum Recht der Europäischen Gemeinschaft, S. 284 ff.; *Marwege/Samtleben,* Wirtschaftliche Integration und gewerbliche Schutzrechte in der Rechtsprechung des Andengerichtshofes, in: GRUR-Int. 1993, S. 290

79 so die Auffassung der *Comisión Nacional de Juristas de Uruguay*, Bases para la creación de un Tribunal de Justicia en el Mercosur; abgedruckt bei: *Pérez Otermin I,* S. 153

II. Die bisherige Entwicklung der Streitbeilegung im Mercosur

Gegenwärtig ist der Mechanismus zur Beilegung von Streitigkeiten im Mercosur durch das Protokoll von Brasilia geregelt, das am 17. Dezember 1991 unterzeichnet wurde[80]. Lediglich für die kurze Zeit vom Inkrafttreten des Vertrages von Asunción bis zum Inkrafttreten des Protokolles von Brasilia galt ein Übergangsmechanismus, der nunmehr aber gegenstandslos ist[81].

Ein prägendes Merkmal des im Wege des Protokolles von Brasilia installierten Mechanismus zur Streitbeilegung ist wiederum dessen Übergangscharakter. Erneut zeigt sich damit das für die Organstruktur des Mercosur charakteristische Merkmal der Transitorietät. Vorgesehen war, daß die Mitgliedstaaten bis zum 31. Dezember 1994 ein permanentes System zur Streitbeilegung verabschiedeten. Darauf hatten sich die Vertragsstaaten bereits im Vertrag von Asunción festgelegt und dieses im Protokoll von Brasilia wiederholt[82].

Das Protokoll von Ouro Preto beschränkte sich dann statt der Errichtung eines permanenten Streitbeilegungsmechanismus auf die Beibehaltung der bereits im Protokoll von Brasilia enthaltenen Vorkehrungen. Dieses wurde lediglich ergänzt durch die Schaffung einer neuen Beschwerdemöglichkeit bei der Handelskommission[83]. Außerdem findet sich dort die erneute Absichtserklärung, einen permanenten Mechanismus zur Streitbeilegung zu schaffen[84].

III. Der gegenwärtige Stand der Streitbeilegung nach dem Protokoll von Brasilia

Der im Protokoll von Brasilia vorgesehene Mechanismus ist keine permanente Einrichtung zur Streitbeilegung. Neben dem bereits angesprochenen Übergangscharakter der Regelungen beinhaltet diese Feststellung auch die Tatsache, daß keine feste, unabhängig von einem einzelnen Streitfall bestehende Rechtsprechungsinstanz geschaffen wurde. Auf der Grundlage des Protokolles von Brasilia ergibt sich ausschließlich die Möglichkeit, eine schiedsgerichtliche Streitentscheidung durch einen ad hoc einzurichtenden Spruchkörper zu erreichen.

Der bislang entwickelte Streitbeilegungsmechanismus weist eine grundlegende Unterteilung auf, der auch die weitere Untersuchung folgt. Zwei Verfahrensarten mit unterschiedlichen Beteiligten und unterschiedlichen Abläufen sind zu unterscheiden: vorge-

---

80 *Protocolo de Brasilia para la Solución de Controversias,* abgedruckt in: Integración Latinoamericana Nr. 175 (1992), S. 66 ff.; zur Entstehungsgeschichte vgl.: *Witker,* La resolución de controversias en el Mercosur, in: Pemex Lex, Nrn. 77/78, 1994, S. 35

81 vgl. Anhang Nr. III zum TA; in Punkt 1 des Anhanges war festgelegt, daß binnen 120 Tagen nach Inkrafttreten des Vertrages von Asunción - wie durch das Protokoll von Brasilia geschehen - ein neues Streitbeilegungssystem erarbeitet werden mußte.

82 vgl. Nr. 3 des Anhanges III TA; Art. 34 des Protokolls von Brasilia

83 zur Beibehaltung: Art. 43, zur Neuerung: Art. 21 des POP

84 Art. 44 POP

sehen sind einmal Verfahren, die ausschließlich den Staaten vorbehalten sind[85], und zum anderen solche, die von natürlichen oder juristischen Personen eingeleitet werden können[86].

1. Das ausschließlich den Staaten vorbehaltene Streitbeilegungsverfahren

a) Aktiv- und Passivlegitimation und Verfahrensgegenstand

Mit der Beschränkung dieses Verfahrens auf die *controversias que surjan entre los Estados partes* - diejenigen Meinungsverschiedenheiten zwischen den Mitgliedstaaten untereinander[87]- wird deutlich, daß nicht nur die Einleitung des entsprechenden Verfahrens den Staaten vorbehalten ist, sondern das gesamte in den Kapiteln I bis IV des Brasilia-Protokolles enthaltene Verfahren. Sowohl aktiv- als auch passivlegitimiert sind einzig und allein die Mitgliedstaaten.

Eine weitere Bestimmung des Verfahrensgegenstandes erfolgt dann durch die Aufstellung von drei Fallgruppen möglicher Streitigkeiten, nämlich über die Interpretation, Anwendung und Nichteinhaltung bestimmter innerhalb des Mercosur geltender Normen. Als Normen dieser Art werden der Vertrag von Asunción und die in seinem Rahmen abgeschlossenen Verträge genannt, sowie die Entscheidungen des Mercosur-Rates und die Entschließungen der Mercosur-Gruppe[88]. Hinzugekommen sind die *Directivas* der Handelskommission[89].

Mit der so vorgenommenen Beschränkung des Verfahrensgegenstandes bleiben insgesamt vier wichtige Konstellationen möglicher Streitigkeiten unberücksichtigt. Gemessen an den Entscheidungsmöglichkeiten des Europäischen Gerichtshofes[90], fehlt es auf Ebene des Mercosur zum einen an der Möglichkeit für ein Organ des Mercosur, gegen einzelne Mitgliedstaaten vorzugehen. Auch die umgekehrte Möglichkeit, daß ein Staat gegen Rechtsakte eines Organs vorgeht, ist nicht vorgesehen. Ebensowenig können im Rahmen des Streitbeilegungsmechanismus etwaige zwischen den Organen untereinander auftretenden Konflikte einer gerichtlichen Lösung zugeführt werden. Schließlich ist kein Vorabentscheidungsverfahren über Auslegung und Gültigkeit des Integrationsrechtes vorhanden.

85 Kapitel I-IV des Protokolles von Brasilia
86 Kapitel V des Protokolles von Brasilia
87 vgl. Art. 1 des *Protocolo de Brasilia,* abgedruckt in: Integración Latinoamericana Nr. 175 (1992), S. 66 ff.
88 vgl. Art. 1 des *Protocolo de Brasilia,* abgedruckt in: Integración Latinoamericana Nr. 175 (1992), S. 66 ff.
89 Art. 43 des Protokolles von Ouro Preto
90 vgl. Art. 169 ff. EGV; s.a. Übersicht bei *Schweitzer/Hummer,* Rdnr. 461

b) Der vorgesehene Verfahrensablauf

Die unter den Staaten auftretenden Streitigkeiten sind einem bis zu drei Stufen umfassenden Streitbeilegungsverfahren zu unterwerfen[91]. Sollte eine Konfliktlösung bereits vorher erfolgen, so sind naturgemäß die weiteren Stufen nicht mehr zu durchlaufen. Im anderen Fall ist jedoch die Erschöpfung der Möglichkeiten der jeweils vorgeschalteten Stufe unabdingbare Voraussetzung für die nachfolgende Verfahrensstufe[92]. Erst als dritte Stufe ist die Möglichkeit eröffnet, das jeweils ad hoc zu errichtende Schiedsgericht mit einer anliegenden Streitigkeit zu befassen.

aa) Die Verhandlungsstufe

Die Vertragsstaaten haben sich verpflichtet, im Fall von Streitigkeiten untereinander auf einer ersten Stufe den Versuch zu deren Beilegung vor allem im Wege direkter Verhandlungen zu unternehmen[93]. Wie zutreffend angemerkt wird, stellt diese Regelung jedoch keine Besonderheit gegenüber der ohnehin üblichen diplomatischen Praxis beim Auftreten von Meinungsverschiedenheiten dar[94]. Über die überflüssige Wiederholung einer Selbstverständlichkeit gehen die aufgestellten Regelungen zur Verhandlungsstufe nur insoweit hinaus, als für die Dauer dieser Verhandlungen eine Frist von höchstens 15 Tagen angeordnet ist und die Mercosur-Gruppe bereits zu Beginn über die aufgetretenen Meinungsverschiedenheiten zu informieren ist[95].

bb) Das Tätigwerden der Mercosur-Gruppe als zweite Stufe

Wenn der Konflikt nicht im Wege der vorgesehenen direkten Verhandlungen vollständig beigelegt wird, besteht für jeden der beteiligten Staaten die Möglichkeit, den Streitfall der Mercosur-Gruppe zu unterbreiten.

Die Gruppe untersucht dann den Fall, wobei den beteiligten Staaten Gelegenheit zur Darlegung ihrer jeweiligen Standpunkte zu geben ist. Sie soll nach höchstens 30 Tagen, wenn möglich, Empfehlungen zur Beilegung ihrer Differenzen an die beteiligten Staaten abgeben[96]. Diese Empfehlungen sind allerdings nicht verbindlich für die Beteiligten.

---

91 insgesamt geregelt in den Artt. 2-20 des *Protocolo de Brasilia,* abgedruckt in: Integración Latinoamericana Nr. 175 (1992), S. 66 ff.

92 *Lipovetzky,* Mercosur - Estratégias para a integração - Mercado Comum ou Zona de Livre Comércio?, S. 253

93 Art. 28 des Protokolles von Brasilia

94 *Arbuet Vignali,* La solución de controversias en el Mercosur - Un aspecto esencial aún por resolver, S. 1247

95 Art. 2 u. 3 des Protokolles von Brasilia

96 Artt. 4-6 des *Protocolo de Brasilia,* abgedruckt in: Integración Latinoamericana Nr. 175 (1992), S. 66 ff.

Ihre Nichtbefolgung hat lediglich zur Konsequenz, daß jeder Mitgliedstaat dann auf der Befassung des Schiedsgerichtes mit dem anstehenden Streitfall bestehen kann[97].

Dem hier, wie auch im Zusammenhang mit dem Anhang III, bestehenden Kritikpunkt, daß die Bindung der Gruppe an das Konsensprinzip die Formulierung brauchbarer Empfehlungen nahezu unmöglich machen dürfte, wird nur mit einer geringfügigen Verbesserung begegnet. So ist die Möglichkeit der Mercosur-Gruppe, Experten zur Entscheidungsfindung heranzuziehen, konkretisiert worden. Nunmehr sind für Wahl und Konsultation dieser Experten konkrete Regelungen aufgestellt[98] und damit jedenfalls die Möglichkeit geschaffen worden, durch externe Begutachtung eine zumindest politische Bindungswirkung zu erzielen.

cc) Das Schiedsverfahren als dritte Stufe

Konnte auf den ersten beiden Stufe des Verfahrens keine Einigung erzielt werden, ist der Weg zur dritten Stufe eröffnet, dem Schiedsverfahren. Eingeleitet wird dieses durch die Mitteilung eines beteiligten Mitgliedstaates an das Mercosur Verwaltungssekretariat[99]. Diesem kommt die tragende Rolle bei der Einleitung der schiedsgerichtlichen Streitbeilegung zu, werden doch hier sämtliche den Streit betreffende Informationen gesammelt und dem Sekretariat die Erfüllung aller anfallenden Formalitäten zugewiesen[100].

c) Einzelheiten zum Schiedsverfahren

Dem ad hoc-Charakter des Schiedsgerichtes entsprechend, mußten im Brasilia Protokoll zunächst Regelungen für die jeweils im Einzelfall vorzunehmende Konstitution des Gerichtes getroffen werden. Weiter geregelt finden sich vor allem der Verfahrensablauf und die Entscheidungsfindung, Wirkung und Inhalt des Schiedsspruches sowie die Möglichkeit von Zwangsmitteln bei Nichteinhaltung des Schiedsspruches.

aa) Zusammensetzung des Schiedsgerichts und Verfahrensablauf

In jedem einzelnen Streitfall sollen nach den Bestimmungen des Protokolles von Brasilia[101], aus einer vorher aufgestellten Liste von 40 möglichen Richtern, drei Richter für den konkreten Fall bestimmt werden, wobei jeweils ein Richter von den beteiligten Staaten und der dritte durch Übereinkunft zwischen diesen Staaten ausgewählt wird. Dieser dritte Richter darf nicht die Staatsangehörigkeit der an der Auseinandersetzung

---

97 *Pérez Otermin II,* S. 49
98 vgl. Art. 4 i.V.m. Art. 30 des *Protocolo de Brasilia*
99 Art. 7.1 des *Protocolo de Brasilia*
100 *Pérez Otermin II,* S. 50; Art. 7.2 des *Protocolo de Brasilia*
101 vgl. Artt. 9.2 bis 14 des *Protocolo de Brasilia*

beteiligten Staaten besitzen. Können die Staaten sich nicht auf den dritten Richter einigen, wird dieser nach 15 Tagen vom Verwaltungssekretariat per Losentscheid bestimmt.

Einen festen Sitz gab es für dieses ad hoc Tribunal zunächst nicht. Dieser sollte ebenfalls in jedem Einzelfall bestimmt und in einem der Mitgliedstaaten genommen werden, wobei darauf zu achten ist, daß die Beteiligten Parteien vergleichbare Zugangsmöglichkeiten erhalten[102]. Inzwischen wurde Asunción als Ort für die Tätigkeit der ad-hoc-Schiedsgerichte bestimmt[103].

Das Schiedsverfahren muß grundsätzlich in einer Zeit von 60 Tagen abgeschlossen sein, wobei ausnahmsweise eine einmalige Verlängerungsmöglichkeit um weitere 30 Tage besteht[104]. Ansonsten soll es dem im Einzelfall zusammentretenden Tribunal überlassen sein, seine Verfahrensregeln jeweils selbst zu bestimmen[105].

Im Zusammenhang mit dem Schiedsspruch findet sich innerhalb des Mercosur die einzige Abweichung von dem ansonsten strikt durchgehaltenen Konsensprinzip. Festgelegt wurde, daß der Schiedsspruch des ad-hoc-Tribunals per Mehrheitsbeschluß der beteiligten Richter gefaßt wird[106].

cc) Der Schiedsspruch und die Möglichkeit von Ausgleichsmaßnahmen

Eine weitere fortschrittliche Regelung neben dem Mehrheitsprinzip ist die Anerkennung der Rechtsprechung des Schiedsgerichtes durch die Mercosur-Staaten. Hierzu bedarf es keiner einzelfallbezogenen vorherigen Unterwerfung der am Streit beteiligten Staaten. Diese erfolgte bereits im Rahmen des Protokolles von Brasilia. Die Mercosur-Staaten unterwarfen sich von vornherein und ohne Ausnahmemöglichkeiten der Rechtsprechung des Schiedsgerichtes; darüber hinaus erkannten sie den Schiedssprüche als verbindlich an[107] und verpflichteten sich, ihm binnen 15 Tagen nachzukommen[108].

Eine im Völkerrecht im allgemeinen und im Recht der Wirtschaftsintegration im besonderen seltene Tatsache stellt die im Brasilia Protokoll vorgesehene Regelung für den Fall der Nichteinhaltung des Schiedsspruches dar. Ausdrücklich eröffnet wird die Möglichkeit, seine Einhaltung im Wege der Retorsion - also durch unfreundliche Maßnahmen[109]- zu erzwingen. Vorgesehen ist, daß in einer derartigen Situation, da ein Mitgliedstaat nicht binnen 30 Tagen den Inhalt des Schiedsspruches erfüllt, die anderen Staaten Ausgleichsmaßnahmen ergreifen können, wie etwa die vorübergehende Aussetzung von gewährten Vergünstigungen[110].

---

102 Art. 15 des *Protocolo de Brasilia*
103 Decisión Nr. 28/94 des Mercosur-Rates
104 Art. 29.1 des *Protocolo de Brasilia*
105 Art. 15 des *Protocolo de Brasilia*
106 Art. 20.2 des *Protocolo de Brasilia*
107 Art. 8 des *Protocolo de Brasilia*
108 Art. 21.2 des *Protocolo de Brasilia*
109 zum Begriff der Retorsion vgl.: *Ipsen*, Völkerrecht, § 57, Rdnr. 44
110 Art. 23 des *Protocolo de Brasilia*

2. Das Streitbeilegungsverfahren für natürliche und juristische Personen

Zu Recht wird in dem vom Brasilia Protokoll bereitgestellten Streitbeilegungsverfahren für Einzelpersonen ein neuartiges und im Vergleich zu den bekannten Mechanismen auch einzigartiges System gesehen[111]. Damit ist allerdings noch keineswegs ein Qualitätsurteil ausgesprochen, beruht doch die Besonderheit des Individualverfahrens unter anderem auf der Tatsache, daß natürliche und juristische Personen nicht selbständig eine Streitentscheidung , beispielsweise durch ein Schiedsgericht, herbeiführen können, sondern dies weitgehend in die Hände seines Heimatstaates gelegt ist.

a) Anwendungsbereich und Verfahrensgegenstand

Als Streitigkeiten, die Gegenstand des Individualverfahrens sein können, kommen von vornherein nur solche in Betracht, die das Handeln eines Staates zum Inhalt haben. Dementsprechend nennt das Brasilia Protokoll als Verfahrensgegenstand den Erlaß oder die Durchführung von belastenden, diskriminierenden oder einen unlauteren Wettbewerb herbeiführenden Maßnahmen eines Staates, die den Vertrag von Asunción verletzen oder den in seinem Rahmen abgeschlossenen Verträge, den Entscheidungen des Mercosur-Rates oder den Entschließungen der Mercosur-Gruppe zuwider laufen[112]. Einbezogen wurden durch das Protokoll von Ouro Preto auch staatliche Maßnahmen, die den *Directivas* der Handelskommission zuwider laufen[113]. Möglichkeiten für Individuen, gegen das Handeln von Mercosur-Organen vorzugehen, sind damit nicht geschaffen worden.

b) Das Verfahren

aa) Die Verfahrensbeteiligten

Wegen der besonderen Ausgestaltung dieses Verfahrens kann nicht von einer Aktivlegitimation des Individuums, sondern muß vorsichtiger von einer Befugnis zur Verfahrenseinleitung gesprochen werden. Denn ein direkter Zugang zu den Streitbeilegungsmechanismen besteht für Einzelpersonen nicht[114]. Die Befugnis zur Verfahrenseinleitung erschöpft sich darin, bei der jeweiligen nationalen Abteilung der Mercosur-Gruppe Beschwerde zu erheben und den weiteren Fortgang des Verfahrens dann in deren Hände

---

111 so: *Lipovetzky,* Mercosur - Estratégias para a integração - Mercado Comum ou Zona de Livre Comércio?, S. 262

112 Art. 25 des *Protocolo de Brasilia*

113 Art. 42.3 des *Protocolo de Ouro Preto*

114 *Baptista,* Le Traité d'Asunción établissant le Marché Commun du Sud, in: RDAI 1992, S. 578

zu legen[115]. Auch die Nationale Abteilung ist demgemäß nicht als Passivlegitimierte oder Antragsgegner zu sehen, sondern als bloßer Empfänger der Beschwerde.

Hinsichtlich der Beteiligten und der Anforderungen an das Vorbringen des Beschwerdeführers trifft das Brasilia Protokoll folgende Regelung[116]: Die für das Vorbringen zuständige Nationale Abteilung bestimmt sich nach dem Hauptwohnsitz oder bei einer juristischen Person dem Geschäftssitz des Beschwerdeführers; inhaltliche Anforderung an die Beschwerde werden nur insoweit gestellt, als der Betroffene Tatsachen beizubringen hat, die es der Nationalen Abteilung ermöglichen, die Wahrscheinlichkeit einer Rechtsverletzung und den Eintritt oder das Drohen eines Schadens festzustellen. Daraus und aus der Bestimmung des Verfahrensgegenstandes, der wie gesehen auch aus bloßen Normen bestehen kann, wird gefolgert, daß ein bereits eingetretener konkreter Schaden nicht Voraussetzung für die Beschwerde ist[117].

bb) Der Verfahrensablauf

Das mit der Beschwerde einer natürlichen oder juristischen Person bei der Nationalen Abteilung des Staates, in dem Wohn- bzw. Geschäftssitz des Beschwerdeführers liegen, eingeleitete Verfahren kann dann wiederum bis zu drei Stufen beinhalten. Die Verfahrensstufen selbst weisen dabei nur sehr geringe Ähnlichkeiten mit dem Ablauf des den Staaten vorbehaltenen Verfahrens auf.

Sofern der Beschwerdeinhalt nicht bereits Gegenstand eines Staatenverfahrens ist, stehen der angerufenen Nationalen Abteilung nach Rücksprache mit dem Beschwerdeführer zwei Möglichkeiten offen[118]: Sie kann entweder in direkte Verhandlungen mit der entsprechenden Nationalen Abteilung des vermeintlichen Urheberstaates der Rechtsverletzung oder -gefährdung treten; ansonsten besteht die Möglichkeit, die Beschwerde direkt der Mercosur-Gruppe vorzulegen. Auch wenn zunächst direkte Verhandlungen eingeleitet worden sind, kann die Nationale Abteilung, sofern sich binnen 15 Tagen keine Lösung ergeben hat, die Streitfrage der Mercosur-Gruppe vorlegen[119].

Die nach diesem Verfahren mit der Streitigkeit befaßte Mercosur-Gruppe besitzt ihrerseits zwei Entscheidungsmöglichkeiten[120]: Sie kann entweder die Beschwerde zurückweisen, womit das Verfahren dann beendet wäre oder eine Expertengruppe einberufen und damit die dritte Verfahrensstufe eröffnen.

---

115 *Garré Copello*, Solución de controversias en el Mercado Común del Sur, in: Estudios Multidisciplinarios, S. 219

116 vgl. Art. 26 des *Protocolo de Brasilia*

117 *Arbuet Vignali*, La solución de controversias en el Mercosur - Un aspecto esencial aún por resolver, S. 1256

118 Art. 27 des *Protocolo de Brasilia*

119 Art. 28 des *Protocolo de Brasilia*

120 Art. 29 des *Protocolo de Brasilia*

Die Expertengruppe soll aus insgesamt drei Personen bestehen, die aus einer vom Verwaltungssekretariat geführten Liste auszuwählen sind[121]. Die Einschaltung der genannten Expertengruppe als dritte Verfahrensstufe steht an Stelle der Tätigkeit des aus dem Staatenverfahren bekannten Schiedsgerichtes und soll daher weitgehend auch dessen Funktionen erfüllen. Ihre Tätigkeit wird mit der eines Gerichtes zuweilen sogar praktisch gleichgestellt[122]. Daher findet keine Experten*konsultation* statt, sondern vielmehr eine Verhandlung vor diesem Gremium, in dessen höchstens dreißigtägigen Verlauf der Einzelne und der betroffene Staat ihre Argumente vortragen sollen. Anstelle des Schiedsspruches im Staatenverfahren, steht am Ende der dritten Stufe dann das Diktamen der Experten, mit dem diese sich zur Lösung des Streitfalles erklären[123].

cc) Das Diktamen der Experten

Anders als der Schiedsspruch im Staatenverfahren besitzt das Diktamen der Experten keine Rechtsverbindlichkeit für die Mitgliedstaaten. Zutreffend wird dies aus dem Fehlen einer entsprechenden Bestimmung gefolgert, die für den Schiedsspruch sehr wohl vorhanden ist[124].

Rechtswirkung entfaltet die von den Experten im Wege des Diktamens getroffene Entscheidung jedoch in zweierlei Hinsicht[125]: Wird dem durch die Beschwerde angegriffenen Staat in dem Diktamen ein Fehlverhalten bescheinigt, so sind die übrigen Staaten berechtigt, Korrekturmaßnahmen oder die Unterlassung der beanstandeten Maßnahmen zu fordern. Kommt der betroffene Staat diesen Forderungen nicht binnen 15 Tagen nach, so kann der Staat, der die Forderung erhoben hat ohne weitere Verfahrenserfordernisse auf das Schiedsverfahren zurückgreifen.

dd) Die Auswirkungen des Konsensprinzips

Die der Mercosur-Gruppe zugewiesene Möglichkeit, Beschwerden zurückzuweisen und das Verfahren damit zu beenden, erscheint zunächst als massive Verkürzung des Rechtsschutzes für den Einzelnen. Zu bedenken ist jedoch, daß eine solche Zurückweisung - wie alle Rechtsakte der Mercosur-Gruppe und sämtlicher anderer Organe[126]- dem Konsensprinzip unterworfen sind. Der Heimatstaat des Beschwerdeführers hätte damit jederzeit die Möglichkeit, eine solche Zurückweisung zu verhindern. Bleibt eine Zurückweisung aus, so ist mit Blick auf den Wortlaut des Brasilia Protokolles die Ein-

121 Art. 30 des *Protocolo de Brasilia*; zur hier nicht erläuterten Auswahl der Experten vgl.: *Pérez Otermin II*, S. 64
122 *Pérez Otermin II, S. 64*
123 zu Verfahren und Diktamen: Art. 29 Nr. 1 und 2 des *Protocolo de Brasilia*
124 *Lipovetzky*, Mercosur - Estratégias para a integração - Mercado Comum ou Zona de Livre Comércio?, S. 268; s.a. oben 2. Teil, Kap. 3 C III 1. c)
125 Art. 32 des *Protocolo de Brasilia*
126 s.o. in diesem Kapitel, B III

schaltung des Expertengremiums als obligatorisch anzusehen[127]. An dieser Stelle wirkt also das Konsenprinzip für den Beschwerdeführer und mildert eine Verkürzung des Rechtsschutzes jedenfalls aus diesem Grunde ab.

IV. Die Beschwerdemöglichkeit vor der Handelskommission nach dem Protokoll von Ouro Preto

Wurde mit dem Protokoll von Ouro Preto bereits bezüglich des institutionellen Gefüges des Mercosur insgesamt für eine weitgehende Beibehaltung des Prinzips der Transitorietät der Organe optiert, so zeigt sich dies im Rahmen der Bestimmungen zur Streitbeilegung in besonderem Maße. Neben wenigen klarstellenden Ergänzungen zum Brasilia Protokoll, vermeidet es das Protokoll von Ouro Preto, ein endgültiges System der Streitbeilegung festzusetzen. Anstelle der Installierung eines permanenten Mechanismus, wie sie der Vertrag von Asunción anordnet[128], trat neben das bestehende System einer ad-hoc-Lösung lediglich ein weiterer Mechanismus hinzu. Die damit neugeschaffene Beschwerdemöglichkeit vor der Handelskommission des Mercosur soll die beschriebenen Streitbeilegungsmöglichkeiten nach dem Brasilia Protokoll ausdrücklich unberührt lassen[129].

1. Verfahrenseinleitung und Verfahrensgegenstand

Erhoben werden kann eine Beschwerde vor der Handelskommission nach diesem Verfahren ausschließlich durch eine der Nationalen Abteilungen der Handelskommission des Mercosur, wenngleich darauf hingewiesen wird, daß eine derartige Beschwerde sowohl durch einen Mitgliedstaat selbst als auch durch natürliche oder juristische Personen angeregt worden sein kann[130].

Der mögliche Verfahrensgegenstand ist in zweierlei Hinsicht eingegrenzt: Zum einen wird auf die bereits erörterten Bestimmungen des Brasilia Protokolles zum Verfahrensgegenstand verwiesen und zum anderen ergänzt, daß die entsprechenden Streitigkeiten in den Kompetenzbereich der Handelskommission fallen müssen[131]. In concreto bedeutet dies, daß sowohl Streitigkeiten über die Interpretation, Anwendung oder Nichteinhaltung der für den Mercosur geltenden Normen als auch wettbewerbsbeschränkende staatliche Maßnahmen Verfahrensgegenstand sein können. Die Beschränkung auf den Kom-

---

127 *Arbuet Vignali*, La solución de controversias en el Mercosur - Un aspecto esencial aún por resolver, S. 1257; Art. 29.2 des *Protocolo de Brasilia* führt aus: *Si el Grupo Mercado Común no rechazare el reclamo, procederá [...] a convocar un grupo de expertos [...]* - unterbleibt die Zurückweisung der Beschwerde, wird [...] ein Expertengremium einberufen [...]

128 s.o. in diesem Kapitel, C II

129 *Rimoldi*, Estructura institucional, S. 219; s.a.: Art. 21 Par. 1 des *Protocolo de Ouro Preto*

130 Art. 21 des *Protocolo de Ouro Preto*

131 Art. 21 des *Protocolo de Ouro Preto* mit seinem Verweis auf die Artt. 1 u. 25 des *Protocolo de Brasilia*

petenzbereich der Handelskommission führt jedoch dazu, daß es sich immer um Streitigkeiten über die handelspolitischen Instrumente des Mercosur handeln muß.

2. Der Verfahrensablauf

Das der Einleitung des Verfahrens durch die Beschwerde der Nationalen Abteilung bei der Handelskommission nachfolgende Verfahren ist in einem Anhang zum Protokoll von Ouro Preto zusammengefaßt[132].

Demnach leitet die Handelskommission, wenn sie nicht bereits selbst eine Entscheidung über den Streitfall trifft, diesen an ihren zuständigen Technischen Ausschuß weiter mit dem Ziel, daß dieser einen Entscheidungsvorschlag erstellt. Die Handelskommission kann dann ein Diktamen zur Entscheidung der strittigen Frage abgeben. Wird hierfür keine Einigkeit erzielt, kommt es zur Weiterleitung der Beschwerde an die Mercosur-Gruppe, die dann ihrerseits eine Entscheidung über den Streitfall erlassen soll.

Bei der Behandlung durch die Mercosur-Gruppe ergeben sich dann zwei Möglichkeiten für den weiteren Fortgang des Verfahrens: Wird auf dieser Ebene Konsens über die Streitentscheidung erzielt, hat der betroffene Staat die von der Mercosur-Gruppe oder bereits von der Handelskommission angeordneten Maßnahmen zu treffen, um den rechtswidrigen Zustand zu beseitigen. Andernfalls können die Handelskommission, die Mercosur-Gruppe oder der Staat, der den rechtswidrigen Zustand moniert hat das Schiedsgericht nach den Vorschriften des Brasilia Protokolles anrufen. Die zweite Möglichkeit ist, daß sich weder auf der Ebene der Handelskommission noch im Rahmen der Mercosur-Gruppe ein Konsens erzielen läßt. In diesem Fall ist ebenfalls der Staat, der den rechtswidrigen Zustand moniert hat, zur Anrufung des Schiedsgerichtes berechtigt.

Geprägt wird dieses Verfahren durch die hervorragende Bedeutung der Rolle des einzelnen Mitgliedstaates. Ihm obliegt es zunächst, dieses Verfahren über seine jeweilige Nationale Abteilung überhaupt einzuleiten. Auch auf den einzelnen Ebenen einer möglichen Streitentscheidung ist sein Einfluß ausschlaggebend: sowohl die Entscheidungen zur Streitentscheidung der Handelskommission als auch diejenigen der Mercosur-Gruppe sind dem Konsensprinzip unterworfen. Ebenso verhält es sich mit der möglichen Entscheidung dieser Organe, das Schiedsgericht anzurufen.

V. Funktions- und Leistungsfähigkeit des Streitbeilegungssystems

Eine Bewertung des mit dem Protokoll von Brasilia geschaffenen Mechanismus zur Streitbeilegung anhand von dessen praktischem Einsatz ist schlicht deshalb nicht möglich, weil das vorgesehene System bislang nicht in Anspruch genommen wurde. Eine

132 *Anexo al Protocolo de Ouro Preto. Procedimiento General para Reclamaciones ante la Comisión de Comercio del Mercosur,* abgedruckt in: Integración Latinoamericana, Nr. 206 (1994), S. 70 f.

Aufgabe, die gerade bei der Tätigkeit des Europäischen Gerichtshofes als wesentlich angesehen wird[133], konnte die Einrichtung des Mercosur zur Streitbeilegung damit von vornherein nicht erfüllen: so fehlt es an der einheitlichen Interpretation der Integrationsnormen, der gemeinschaftsrechtlichen Begriffsbildung und der Rechtsfortbildung durch eine gemeinsame Rechtsprechung. Zur Anwendung kam bislang lediglich die durch das Protokoll von Ouro Preto neu geschaffene Beschwerdemöglichkeit vor der Handelskommission[134]. Wie bereits die Zusammensetzung aus nicht notwendig juristisch geschulten Mitarbeitern und die Funktionsweise dieses Organes deutlich machen, ergibt sich daraus jedoch keine systematische Rechtsprechung[135]. Dieses Verfahren dient bislang vornehmlich der Lösung von Einzelkonflikten und ist nicht auf die theoretische Durchdringung des angewendeten Rechts ausgerichtet.

Aber auch aus der Analyse der getroffenen Vorkehrungen ohne die Betrachtungsmöglichkeit eines durchgängigen Praxiseinsatzes ergibt sich, daß der Mercosur gegenwärtig nicht über einen funktionsfähigen Mechanismus zur Streitbeilegung verfügt. Dies gilt zunächst für das den Staaten vorbehaltene Verfahren. In diesem Bereich werden Vorkehrungen nur für Streitigkeiten der Staaten untereinander getroffen und damit lediglich für eine einzige mögliche Konfliktkonstellation. Hinzu kommt, daß gerade der einzig geregelte Fall einer Kontroverse zwischen den Staaten insgesamt den für die Anwendung eines Mechanismus zur Streitbeilegung am wenigsten relevanten Fall darstellt: Sowohl die Praxis des Europäischen Gerichtshofes als auch die Erfahrungen innerhalb des Andenpaktes haben gezeigt, daß die Staaten im Fall von Meinungsverschiedenheiten untereinander dem Einsatz informeller Mittel den Vorzug geben und nicht als Antragsteller vor einem wie auch immer ausgestalteten Mechanismus zur Streitbeilegung auftreten[136]. In der Tat ist auf Ebene des Andenpaktes überhaupt kein derartiger Fall aufgetreten[137]; und auch vor dem Europäischen Gerichtshof ist bislang nur eine sehr geringe Zahl von Verfahren anhängig geworden, in denen ein Mitgliedstaat gegen einen anderen ein Vertragsverletzungsverfahren anstrengte[138].

Ebenso offenbart die Auseinandersetzung mit den Beschwerdemöglichkeiten natürlicher und juristischer Personen nachhaltige Defizite. De facto ist ein Individualverfahren inexistent. Hinter der Bezeichnung *reclamos de particulares*[139] - Individualbeschwerden - verbirgt sich ein in den Händen der Vertragsstaaten liegendes Verfahren. Es ist lediglich möglich, daß auf die Beschwerde der einzelnen natürlichen oder juristischen Person hin ein Verfahren eingeleitet wird; die Entscheidung darüber, ob und welche weiteren Schritte unternommen werden, liegt jedoch zunächst ausschließlich bei den jeweiligen

133 *Schweitzer/Hummer*, Rdnrn. 451 ff.
134 *Moavro/Orieta/Parera*, Las Instituciones del Mercosur, S. 24
135 s.o. Teil 2, Kap. 3 A III 4
136 *Garré Copello*, Solución de controversias en el Mercado Común del Sur, in: Estudios Multidisciplinarios, S. 205
137 für den Grupo Andino: *Uribe Restrepo,* El derecho de la integración en el Grupo Andino, S. 152
138 für das Verfahren nach Art. 170 EGV vor dem EuGH: *Karpenstein*, in: *Grabitz/Hilf,* Art. 170, Rdnr. 97*; Pérez Otermin II*, S. 39
139 vgl. Überschrift Kap. V des *Protocolo de Brasilia*

nationalen Abteilungen von Mercosur-Gruppe oder Handelskommission sowie der Mercosur-Gruppe selbst.

Angesichts der großen Bedeutung des Vorlageverfahrens gemäß Artikel 177 EGV für die einheitliche Rechtsanwendung wird auch die Schaffung einer vergleichbaren Möglichkeit im Rahmen des Mercosur befürwortet[140]. Dieser Bedarf wird auch darin deutlich, daß die Handelskommission aufgrund ihrer Zusammensetzung und ihrer sonstigen Aufgabenzuweisungen die Interpretation des Mercosur-Rechtes nicht wahrnehmen kann und sollte.

Allerdings ist der gegenwärtige Ansatz zur Streitbeilegung auch ein für Methode und Struktur des Mercosur insgesamt typisches Phänomen. Angesichts seiner derzeitigen institutionellen Ausgestaltung, also der Organzusammensetzung aus Regierungsvertretern, die nach dem Konsensprinzip entscheiden, drohen strukturell bedingt auch keine Streitigkeiten zwischen den Organen und den Mitgliedstaaten. Denn es fehlt ein von den Einzelstaaten unabhängiges Organ, das auf die Einhaltung bestimmter Normen drängen könnte oder sogar autonom zur Rechtsetzung befugt wäre und dadurch in Konflikt mit den einzelnen Staaten geraten könnte. Sogar das Gegenteil ist der Fall, da den drei mit Entscheidungsbefugnis ausgestatteten Organen selbst die Aufgabe zugewiesen ist, über die Einhaltung der Verträge zu wachen[141].

Ferner ist auch das Auftreten von Konflikten und Streitigkeiten zwischen den Organen ausgeschlossen. Hier steht die eindeutige Hierarchie des Organgefüges vor, wonach der Mercosur-Rat das höchste Organ ist, dessen Entscheidungen von der Gruppe auszuführen sind, die ihrerseits wieder durch die Handelskommission unterstützt wird[142].

Die entgegen dem ausdrücklich vertraglich vorgesehenen Zeitplan noch nicht erfolgte Einrichtung eines umfassenden permanenten Mechanismus zur Streitbeilegung ist nach dem Gesagten nicht ein bloßes auf mangelnde Einigungsbereitschaft zurück zu führendes Versäumnis; sondern es ist ebenso Ausfluß der strukturellen Besonderheiten des Mercosur. Mit der Einrichtung eines aufwendigen und permanenten Systems wäre der Mercosur den derzeit auftretenden Anforderungen voraus. Eine solche Möglichkeit für die Zukunft offen zu halten und gegenwärtig das Merkmal der Flexibilität zu betonen, erweist sich jedenfalls als vorzugswürdig gegenüber der vorschnellen Installierung einer abschließenden Lösung, die ebenfalls nicht zur praktischen Anwendung käme.

140 so: *Samtleben,* Las Perspectivas para un Tribunal del Mercosur y la Experiencia Europea, in: Jurisprudencia Argentina, 1998, Band I, S. 801

141 Artt. 8, 14, 16 des *Protocolo de Ouro Preto*, s.o., in diesem Kapitel A I bis III

142 Artt. 3, 10, 16 des *Protocolo de Ouro Preto*

4. Kapitel: Dogmatische Grundpositionen im Recht des Mercosur

Wie gesehen verfügt der Mercosur über eigene Organe, die ihrerseits eigene Rechtsakte hervorbringen. Die neuen Rechtsquellen treten zu den jeweiligen nationalen Rechtsordnungen hinzu. Dementsprechend haben sich Geltung und Rang des im Rahmen des Mercosur hervorgebrachten Rechtes bei ihrer Durchsetzung gegenüber diesen nationalen Rechtsordnungen zu bewähren.

Übergeordnet ist in diesem Zusammenhang die Frage nach der Existenz einer eigenständigen Rechtsordnung mit einem Gemeinschaftsrecht des Mercosur, mit denen die Durchdringung der nationalen Rechtsordnungen erreicht werden soll. Der Weg zur Beantwortung dieser Frage führt notwendig über das Europäische Gemeinschaftsrecht, das durch einen auf Staatenebene sonst unerreichten Grad an rechtlicher Integration gekennzeichnet ist[1].

A. Grundsätzliche Fragen des Gemeinschaftsrechtes

I. Die Bedeutung dogmatischer Fragen des Gemeinschaftsrechtes

Innerhalb der dogmatischen Problembereiche wird der Auseinandersetzung mit dem Verhältnis von Integrationsrecht und nationalem Recht ein hoher Stellenwert beigemessen; betont wird die besondere Bedeutung dieses Aspektes für die tatsächliche Gestaltung eines Prozesses der Wirtschaftsintegration von europäischen und lateinamerikanischen Autoren gleichermaßen[2]: nur durch eine eindeutige, die Durchdringung der nationalen Rechtsordnungen sicherstellende Ausgestaltung dieses Verhältnisses kann demnach dem Integrationsrecht die notwendige politische und juristische Autorität verschafft werden, deren es zur Verwirklichung der Vertragsziele bedarf.

Es hat sich bereits im Fall des Europäischen Gemeinschaftsrechtes gezeigt, daß in keinem Problembereich eine derartige Fülle von divergierenden Ansichten präsentiert wurde wie in der Frage nach der Rechtsnatur des Gemeinschaftsrechtes und seinem Verhältnis zum innerstaatlichen Recht der Mitglieder[3]. Obgleich die Bedeutung der aufgeworfenen Fragen auch für den Mercosur-Prozeß erkannt worden ist, wird zutreffend festgestellt, daß das Recht des Mercosur bislang über keinerlei eigene gemeinschaftsrechtliche Dogmatik verfügt[4]. In Anbetracht des überaus jungen Integrationsprozesses

1 *Herdegen*, Internationales Wirtschaftsrecht, § 5 Rdnr. 1

2 *Oppermann*, Europarecht, Rdnr. 523; *Pescatore*, L'ordre juridique des Communautés Européennes, S. 227; *Cassagne*, El Mercosur y las relaciones con el derecho interno, in: La Ley, 1995 Band C, S. 875 ff.

3 *Schweitzer/Hummer*, § 8 B (S. 212)

4 *Comisión Nacional de Juristas de Uruguay*, Documento de trabajo, abgedruckt in: *Pérez Otermin I*, S. 151 ff. (S. 170)

erscheint ein solches Fehlen zwar verständlich, doch herrschen in diesem Bereich gerade deshalb große Unsicherheit und Verwirrung. Unterstrichen wird damit die Notwendigkeit, zur Erlangung einer Grundlage zur systematischen Erörterung, zunächst auf die entsprechenden Grundzüge des Europäischen Gemeinschaftsrechtes zurückzugreifen.

II. Die Ausgestaltung im Recht der Europäischen Gemeinschaften

Neben der weitgehend theoretisch ablaufenden Erörterung der Rechtsnatur der Europäischen Gemeinschaften und des Europäischen Gemeinschaftsrechtes[5], konzentriert sich die europarechtliche Diskussion auf die Frage des Vorrangs des Gemeinschaftsrechts gegenüber dem nationalen Recht der Mitgliedstaaten und auf dessen unmittelbare Geltung in den Rechtsordnungen der Mitgliedstaaten[6]. Von Interesse ist dabei an dieser Stelle der europarechtliche Geltungsanspruch gegenüber den nationalen Rechtsordnungen, wie er sich insbesondere nach der Rechtsprechung des EuGH manifestiert[7].

1. Die europarechtliche Lösung vom Vorrang des Gemeinschaftsrechtes

Durchgängiger Grundgedanke der europarechtlich begründeten Lösungen der Vorrangfrage ist die Anerkennung eines eigenständigen Rechtscharakters des Europäischen Gemeinschaftsrechts. Damit wird das Gemeinschaftsrecht als unabhängig von den Rechtsordnungen der Mitgliedstaaten angesehen und entsteht aus sich selbst heraus nach seinen besonderen Grundregeln[8].

Maßgeblichen Anteil an der Festigung der Überzeugung vom Vorrang des primären wie sekundären Gemeinschaftsrechtes kommt dem EuGH zu. In der unter der Bezeichnung „Costa/ENEL" bekannten grundlegenden Entscheidung hat der EuGH den Vorrang des Gemeinschaftsrechts - zunächst gegenüber dem einfachen nationalen Recht - im Kern auf drei Argumente gestützt[9]: Zum einen war dies die bereits erwähnte Auffassung von der Eigenständigkeit der Gemeinschaftsrechtsordnung. Ferner wurde die Verpflichtung der Mitgliedstaaten gemäß Art. 5 Abs. 2 EGV angeführt. Hiernach sind diese verpflichtet, alle Maßnahmen zu unterlassen, die der Verwirklichung der Gemeinschaftsziele zuwider laufen, so daß auch spätere Gesetzgebungsakte dem Gemeinschaftsrecht den Vorrang nicht streitig machen könnten. Schließlich wurde auf das teleologische Argument der Einheitlichkeit der Rechtsanwendung als Voraussetzung für die Funktionsfähigkeit der Gemeinschaften verwiesen. Eine unterschiedliche Geltung des

5 vgl. dazu: *Schweitzer/Hummer* Rdnrn. 83 ff.; *Riklin*, Die Europäische Gemeinschaft im System der Staatenverbindungen, S. 329 ff.

6 vgl. etwa *Oppermann*, Europarecht, Rdnrn. 523 ff.; *Bogdandy/Nettesheim*, in: *Grabitz/Hilf*, Art. 1, Rdnrn. 30 ff.; *Schweitzer/Hummer*, Rdnrn. 352, 364 ff., 378 f.

7 Der vornehmlich verfassungsrechtlichen Thematik der einzelstaatlichen Öffnung für diesen Geltungsanspruch wird hier nicht nachgegangen, vgl. dazu für Deutschland: *Streinz*, Europarecht, Rdnrn. 202 ff.; s.a. *Oppermann*, Europarecht, Rdnr. 529 ff.

8 *Beutler/Bieber/Pipkorn/Streil*, Die Europäische Union - Rechtsordnung und Politik, S. 70

9 EuGH RS 6/64, Slg. 1964, S. 1251 ff. (v.a. S. 1269)

Gemeinschaftsrechtes je nach der nachträglichen innerstaatlichen Gesetzgebung wäre damit unvereinbar.

In späteren Entscheidungen hat der EuGH den Vorrang dann auch gegenüber nationalem Recht jeder Rangstufe betont[10] und diesen insoweit konkretisiert, als daß es sich um einen sogenannten Anwendungsvorrang handele, der nicht die Nichtigkeit des im Widerspruch zum Gemeinschaftsrecht stehenden Gesetzes zur Folge habe, sondern dessen Nichtanwendung[11].

Diese Ansicht läßt sich, insbesondere hinsichtlich des Vorranges des Gemeinschaftsrechts, ohne weiteres als herrschende Auffassung bezeichnen; denn auch die Judikatur auf gemeinschaftlicher und nationaler Ebene tendiert überwiegend in diese Richtung, so daß sich von einer hinreichenden Akzeptanz der Vorrangthese in Theorie und Praxis sprechen läßt[12].

2. Die unmittelbare Geltung des Gemeinschaftsrechtes

Anders als für den Grundsatz vom Vorrang des Gemeinschaftsrechts lassen sich für dessen unmittelbare Geltung bereits positiv-rechtliche Belege anführen. Besonders deutlich wird dies mit Blick auf die Verordnung, denn „*sie ist in allen ihren Teilen verbindlich und gilt unmittelbar in jedem Mitgliedstaat*“[13].

Mit der Anordnung der unmittelbaren Geltung wird bestimmt, daß die Normen des Gemeinschaftsrechts ohne die Mitwirkung der nationalen Legislativorgane in Form von Transformation, Adoption, Vollzugsbefehl, Inkorporation oder Anwendungsbefehl innerstaatlich gelten. Insbesondere die Verordnung gilt daher nicht nur für die Mitgliedstaaten, sondern auch in den Mitgliedstaaten; eine legislative Tätigkeit des nationalen Gesetzgebers oder der Verwaltung ist nicht mehr erforderlich.[14].

Maßgeblich wirkte auch auf die Ausgestaltung des Grundsatzes der unmittelbaren Geltung des Gemeinschaftsrechtes wiederum die Rechtsprechung des EuGH. Seit seiner grundlegenden, als „Van Gend & Loos“ bezeichneten Entscheidung[15] hat der Gerichtshof daran festgehalten, daß alle Normen des Gemeinschaftsrechts, die der Sache nach abschließend und vollständig sind, also in funktionaler Betrachtung zu ihrer Anwendbarkeit keiner weiteren Ausführungsakte bedürfen, für sämtliche ihrer Adressaten unmittelbar wirksam sind.

Diese unmittelbare Wirkung des Gemeinschaftsrecht soll bekanntlich unter bestimmten Voraussetzungen sogar Richtlinien erfassen können, die ihrer Definition nach gerade noch hinsichtlich der Form und der Mittel eines staatlichen Umsetzungsaktes zur Kon-

---

10 EuGH RS 11/70 (Internationale Handelsgesellschaft), Slg. 1970, S. 1125 ff. (S. 1171)
11 EuGH (Simmenthal), Slg. 1978, S. 629 ff. (S. 644)
12 so auch: *Schweitzer/Hummer*, Rdnrn. 76 u. 849; *Oppermann*, Europarecht, Rdnr. 532
13 vgl. Art. 189 EGV
14 statt vieler: *Opperman*, Europarecht, Rdnr. 525
15 EuGH RS 26/62, Slg. 1963, S. 1 ff. (S. 36)

kretisierung bedürfen[16]. Auch hinter dieser Erwägung stehen in erster Linie teleologische Erwägungen, nach denen die Wirksamkeit einer Richtlinie gefährdet würde, wenn die Umsetzung oder gerade die Nichtumsetzung dem einzelnen Mitgliedstaat überlassen bliebe.

B. Eigenschaften und Gesamtbetrachtung des Mercosur-Rechts

I. Das Verhältnis des Mercosur-Rechts zum nationalen Recht

In den Rechtsquellen des Mercosur finden sich weder hinsichtlich einer möglichen unmittelbaren Geltung noch zur Frage des Vorranges der Mercosur-Normen vor dem nationalen Recht ausdrückliche Regelungen. Gleichzeitig fehlt es an einer funktionsfähigen und im Einsatz befindlichen Rechtsprechung auf Ebene des Mercosur und damit auch an deren klärenden Aussagen zu den dogmatischen Kernfragen, wie sie im europäischen Integrationsprozeß von hervorragender Bedeutung waren.

Uneinheitlich und zuweilen unhaltbar sind daher auch die in diesem Zusammenhang vertretenen Auffassungen: Während Vorrang und unmittelbare Geltung des Mercosur-Rechts für ein bereits herrschendes Grundprinzip gehalten werden[17], wird andererseits in dem bisherigen Regelungsstand eine deutliche Absage an diese Prinzipien gesehen[18].

Dabei wird die Begründung von Vorrang und unmittelbarer Geltung des Mercosur-Rechtes zuweilen mit dem generellen Hinweis auf eine Übertragung von Hoheitsrechten durch die Mitgliedstaaten an den Mercosur geführt. Demzufolge besitze der Mercosur-Rat bereits nach dem Vertrag von Asunción alle für die Erreichung des übergeordneten Zieles der Errichtung eines Gemeinsamen Marktes notwendigen Kompetenzen[19]. Ein derartiger Rückschluß auf Vorrang und Unmittelbarkeit des Mercosur-Rechtes würde indessen vernachlässigen, daß mit der bloßen Kompetenzzuweisung noch nicht geregelt ist, wie entsprechende Maßnahmen innerstaatlich Geltung erlangen und umgesetzt werden. Allerdings zeigt sich mit dem angestellten Verweis auf die Vertragsziele eine deutliche Nähe zu den teleologischen Begründungen für Vorrang und unmittelbare Geltung des Europäischen Gemeinschaftsrechtes. Als Forderung einleuchtend, vermag dieser Gedanke allein jedoch so weitreichende Konsequenzen nicht zu tragen. Erkenntnisse liefert vielmehr allein die nachfolgende Untersuchung der bestehenden rechtlichen Vorkehrungen.

---

16 Ständige Rspr. seit EuGH RS 41/74 (Van Duyn/Home Office), Slg. 1974, S. 1337 ff. (S. 1348)

17 *Arbuet Vignali*, La solución de controversias en el Mercosur - Un aspecto esencial aún por resolver, in: Liber Amicorum E. Jiménez Aréchaga, S. 1244; *Menem* , Mercosur, S. 64

18 *Alonso García*, Tratado de Libre Comercio, Mercosur y Comunidad Europea - Solución de controversias e interpretación uniforme, S. 74; *Garré Copello*, Solución de controversias en el Mercado Común del Sur, in: Estudios Multidisciplinarios, S. 213

19 unter Verweis auf Art. 10 des TA: *Arbuet Vignali*, La solución de controversias en el Mercosur - Un aspecto esencial aún por resolver, in: Liber Amicorum E. Jiménez Aréchaga, S. 1244

1. Unmittelbare Geltung des Mercosur-Rechts[20]*?*

a) Das Prinzip der gleichzeitigen Geltung

Nach den Bestimmungen des Protokolles von Ouro Preto gilt für die im Rahmen des Mercosur hervorgebrachten Rechtsnormen das Prinzip der sogenannten *aplicación simultánea* - der gleichzeitigen Geltung[21].

Grundsatz für die innerstaatliche Geltung der von den Organen hervorgebrachten Rechtsnormen ist die Verpflichtung der Vertragsstaaten, alle für deren Geltung notwendigen Maßnahmen in ihrem jeweiligen Staatsgebiet zu treffen[22]. Zur Einhaltung dieser Verpflichtung und zur Gewährleistung des Prinzips der gleichzeitigen Geltung ist im Protokoll von Ouro Preto ein Verfahren mit folgendem Ablauf entwickelt worden[23]:

(1.) Nach dem Beschluß einer Norm durch das jeweilige Organ des Mercosur[24], ergreifen die Staaten die nach ihrem jeweiligen Recht vorgeschriebenen Transformationsmaßnahmen. Die Durchführung dieser Maßnahmen ist dann dem Mercosur-Verwaltungssekretariat mitzuteilen;

(2.) Wenn alle Staaten die Einbeziehung der Norm dem Verwaltungssekretariat mitgeteilt haben, unterrichtet dieses wiederum die einzelnen Staaten von der erfolgten Umsetzung;

(3.) Wirksam wird die Norm dann gleichzeitig dreißig Tage nach der Mitteilung durch das Verwaltungssekretariat.

In der Praxis beschränken sich die Mitgliedstaaten darauf, die von den Gemeinschaftsorganen erlassenen Rechtsakte durch deren Abdruck im Gesetzblatt oder den Erlaß von Ausführungsbestimmungen in innerstaatliches Recht umzusetzen, ohne das Inkrafttreten im Vertragsgebiet gesondert bekanntzumachen[25]. Auch eine Veröffentlichung der Rechtsakte im inzwischen erscheinenden *Boletín Oficial del Mercosur* steht nicht im Zusammenhang mit der gleichzeitigen Geltung in sämtlichen Mitgliedstaaten; ausschlaggebend ist vielmehr die innerstaatliche Umsetzung[26].

---

20 die Betrachtung bleibt auf das Sekundärrecht beschränkt, da die Abkommen und Protokolle zwar formell als Decisiones des Rates ergehen, im übrigen aber nach den jeweiligen nationalen Verfahren ratifiziert werden, s.a.: *Samtleben,* WM 1996, S. 2004; im übrigen erfolgt die Regelung materieller Fragen zunehmend durch das Sekundärrecht, s.o. Kap. 2 D II 2.

21 vgl. Art. 40.3 des *Protocolo de Ouro Preto*; *Fernándes Illanes,* Las normas del Mercosur y su vigencia en el derecho interno, in: Revista Diplomacia, März/Juni 1996, S. 10; *Pérez Otermin II,* S. 107

22 Art. 38, 42 des *Protocolo de Ouro Preto*

23 vgl. Art. 40 des *Protocolo de Ouro Preto*

24 s.o. Teil 2, Kap. 3 B II

25 *Samtleben,* Der Südamerikanische Gemeinsame Markt (Mercosur) und seine neue Verfassung, in:WM 1996, S. 2004

26 zuletzt: *Boletín Oficial del Mercosur/Boletim Oficial do Mercosul* - Año 1 No. 3, Dezember 1997, S. 11

b) Bewertung

Das Verfahren zur gleichzeitigen Geltung zeigt, daß die Geltung der vom Mercosur hervorgebrachten Normen maßgeblich von der Einleitung und Durchführung des Transformationsprozesses in den Mitgliedstaaten selbst abhängt. Anders als das Prinzip der *aplicación inmediata*, mit dem nach spanischer Terminologie die unmittelbare Geltung von Gemeinschaftsrecht bezeichnet wird[27], ist das Verfahren der *aplicación simultánea* mithin eine eindeutige Absage an dieses gemeinschaftsrechtliche Prinzip.

Erst nachdem die im Rahmen des vom Mercosur gewählten Systems erforderliche Umsetzung der Normen des Sekundärrechts erfolgt ist, wird es dem einzelnen möglich, sich vor nationalen Gerichten und in eingeschränktem Umfang auch im Rahmen des Mercosur-Mechanismus zur Streitbeilegung auf Normen des Integrationsrechtes zu berufen. Keineswegs läßt sich jedoch aus dieser Tatsache der Rückschluß auf die unmittelbare Geltung der Mercosur-Normen ziehen[28]. Im Rahmen des Mercosur handelt es sich vielmehr um ein normales völkerrechtliches Phänomen[29]: auch eine internationale Organisation herkömmlichen Zuschnitts kann Normen erlassen, deren Adressaten letztlich Einzelpersonen sind, indem sie ihre Mitgliedstaaten zur Setzung entsprechender innerstaatlicher Rechtsetzungsakte veranlaßt.

2. Gemeinschaftsrechtlich begründeter Vorrang des Mercosur-Rechts?

Bei der Konsolidierung des Grundsatzes vom Vorrang des Gemeinschaftsrechts auf europäischer Ebene spielte wiederum die Rechtsprechung des Europäischen Gerichtshofes eine führende Rolle. Wie in der Frage der unmittelbaren Geltung ist für den Mercosur ein Rückgriff auf die Rechtsprechung zur Begründung eines eventuellen Vorranges nicht möglich.

Ein anderer Ansatz, mit dem der Vorrang der Rechtsnormen des Mercosur gegenüber dem Recht der Einzelstaaten begründet werden soll, ist ebenfalls nicht haltbar. Argumentiert wird dabei, daß der Vorrang gegenüber dem nationalen Recht ein Wesensmerkmal von Gemeinschaftsrecht schlechthin, diesem daher immanent sei und also auch im Rahmen des Mercosur gelten müsse[30].

Die Betrachtung der Herleitung des gemeinschaftsrechtlichen Vorranges in der Rechtsprechung des Europäischen Gerichtshofes hat jedoch gezeigt, daß dieser sich gerade auf die Eigenarten des europäischen Gemeinschaftsrechtes und dabei insbesondere auf die Eigenständigkeit der Gemeinschaftsrechtsordnung stützt[31]. Demgegenüber wird die Rechtsordnung des Mercosur, wie gesehen, durch Rechtsakte gestaltet, die aus-

27 vgl. *Díez de Velasco*, Las Organizaciones Internacionales, S. 104
28 so aber: *Cassagne*, El Mercosur y las relaciones con el derecho interno, in: La Ley, Band C 1995, S. 875 ff. und *Ekmekdjian*, Introducción al derecho comunitario latinoamericano, S. 255
29 nach: *Seidl-Hohenveldern/Loibl*, Das Recht der internationalen Organisationen, Rdnrn. 1564 ff.
30 *Cassagne*, El Mercosur y las relaciones con el derecho interno, in: La Ley, 1995 Band C, S. 875 ff.
31 s.o. in diesem Kapitel A II

schließlich aus Regierungsvertretern bestehende Organe erlassen und die der innerstaatlichen Umsetzung bedürfen. Bereits wegen dieses strukturellen Unterschiedes können keine allgemeingültigen gemeinschaftsrechtlichen Prinzipien gebildet und von einem Integrationsmodell auf ein anderes übertragen werden. Hier ist zu beachten, daß jedes Integrationssystem seine eigenen grundlegenden rechtlichen Prinzipien entwickelt[32].

Daß nach dem Gesagten grundlegende gemeinschaftsrechtliche Regelungsprinzipien eines Integrationsmodelles von einem anderen übernommen werden, ließe sich allenfalls durch deren ausdrückliche Einbeziehung oder die ausdrückliche Aufstellung vergleichbarer Prinzipien erreichen[33]. Gerade hierfür findet sich im bisherigen Recht des Mercosur jedoch keine Stütze. Insbesondere begründet der erstmals im Protokoll von Ouro Preto unternommene Versuch einer Bestimmung des juristischen Wertes des sekundären Mercosur-Rechtes keine gemeinschaftsrechtliche Vorrangstellung vor nationalem Recht. Dort heißt es lediglich, daß die einzelnen Rechtsakte der entscheidungsbefugten Organe *obligatorias para los Estados Partes* - also verbindlich für die Mitgliedstaaten seien[34]. Die Einigung der Vertragspartner erfolgte damit auf einen Begriff, der ohne Auswirkungen bleibt: da die Rechtsnormen wie gesehen ohnehin zu ihrer Geltung noch der Transformation bedürfen, kann sich diese Verbindlichkeitsordnung nicht auf die innerstaatliche Geltung beziehen, sondern allein die Verpflichtung zur Umsetzung beinhalten. Genau wie für die Geltung der Rechtsnormen im innerstaatlichen Recht ist damit auch für die Frage des Rangverhältnisses die innerstaatliche Transformation ausschlaggebend. Die Begründung eines eventuellen Vorranges ist somit nicht anhand des Mercosur-Rechtes zu bestimmen, sondern unter Rückgriff auf die allgemeinen völkerrechtlichen Grundsätze zur Bestimmung des Rangverhältnisses von nationalem und internationalem Recht. Dabei erlangt sowohl der bekannte Gegensatz zwischen der monistischen und dualistischen Theorie des Rangverhältnisses Bedeutung, als auch die jeweiligen Aussagen in den Verfassungen der Mercosur-Staaten[35]. Diese Fragen stellen jedoch keine Besonderheit des Mercosur dar, so daß auf ihre Erörterung verzichtet wird. Im Rahmen dieser Untersuchung genügt daher die Erkenntnis, daß ein aus dem Recht des Mercosur selbst abzuleitender Vorrang seiner Rechtsnormen vor dem nationalen Recht nicht begründet ist. Weder ausdrücklich noch durch andere Maßnahmen sind Prinzipien aus dem Europäischen Gemeinschaftsrecht vom Mercosur übernommen worden. Dieser wahrt, wie bereits beim Fehlen der unmittelbaren Geltung seiner Rechtsnormen festgestellt, die Eigenständigkeit des Integrationsansatzes auch in der Vorrangfrage.

---

32 *Garré Copello*, Solución de controversias en el Mercado Común del Sur, in: Estudios Multidisciplinarios, S. 213

33 *Alonso García*, Tratado de Libre Comercio, Mercosur y Comunidad Europea - Solución de controversias e interpretación uniforme, S. 73

34 Artt. 9, 15, 20, 42 des *Protocolo de Ouro Preto*

35 zur monistischen und dualistischen Theorie: *Ipsen*, Völkerrecht, § 72, Rdnrn. 2 ff.; zum Verfassungsrecht in den Mercosur-Staaten: *Dreyzin de Klor*, Fuentes jurídicas de la integración regional, in: Revista de Derecho Privado y Comunitario 1996, Nr. 11, S. 435 ff.

Das Europäische Gemeinschaftsrecht weist wie gesehen in Form des Vorrangs vor den nationalen Rechtsordnungen und seiner unmittelbaren Geltung zwei hervorragende Wesensmerkmale auf. Nach der herrschenden Auffassung[36] verfügen die Europäischen Gemeinschaften damit über eine eigenständige Rechtsordnung mit einem eigenständigen Gemeinschaftsrecht.

An eine vergleichbare Konsolidierung wie im Fall des Europäischen Gemeinschaftsrechts ist im Rahmen des Mercosur nicht zu denken, wenngleich zuweilen auch in diesem Zusammenhang vorschnell von einem *Derecho Comunitario Mercosureño*[37] - einem Mercosur-Gemeinschaftsrecht - gesprochen wird. Diese Einschätzung ist jedoch Ausfluß der fehlerhaften Gleichsetzung von Gemeinschaftsrecht mit jeder Form von Integrationsrecht[38]. Ausschlaggebend für eine Einordnung von Integrationsrecht als Gemeinschaftsrecht ist jedoch das Vorhandensein der charakteristischen Merkmale des Europäischen Gemeinschaftsrechtes. Dementsprechend orientieren sich die Definitionsversuche auch nahezu ausschließlich an den Merkmalen des Europäischen Gemeinschaftsrechtes: Unter Gemeinschaftsrecht ist danach ein Integrationsrecht zu verstehen, daß unmittelbare Geltung und Vorrang vor den nationalen Rechtsordnungen besitzt. Eine von den europäischen Merkmalen losgelöste Definition von Gemeinschaftsrecht ist demgegenüber nicht möglich. Dies beruht vor allem darauf, daß bereits Grundzüge eines lateinamerikanischen Gemeinschaftsrechtes, aus denen sich allgemeine Wesensmerkmale ableiten ließen, nicht vorhanden sind[39].

Daher ist es verfehlt, im Zusammenhang mit dem Mercosur die Existenz von Gemeinschaftsrecht anzunehmen. Durch das nachweisliche Fehlen der unmittelbaren Anwendbarkeit der Mercosur-Rechtsnormen und ihres Vorranges in den nationalen Rechtsordnungen läßt sich nicht von einer eigenständigen Rechtsordnung des Mercosur sprechen. Die Rechtsmasse des Mercosur steht gerade nicht eigenständig zwischen dem nationalen Recht der Mitgliedstaaten und dem Völkerrecht, was für die Annahme einer Gemeinschaftsrechtsordnung gefordert wird[40]. Innerhalb des Mercosur überwiegt deutlich die rein völkerrechtliche Prägung: So wie das primäre Recht des Mercosur durch den Abschluß von völkerrechtlichen Verträgen entsteht, erhält auch das sekundäre Mercosur-Recht seine Geltung aufgrund eines Transformationsprozesses wie er für völkerrechtliche Verträge typisch ist.

Das Fehlen eines eigenständigen Mercosur-Gemeinschaftsrechtes und die damit einhergehende völkerrechtliche Ausgestaltung des Mercosur führt dazu, daß die von den

---

36 vgl. etwa: *Ipsen*, Europäisches Gemeinschaftsrecht, S. 59 ff.; *Schweitzer/Hummer*, Rdnrn. 76 ff.

37 so *Menem* , Mercosur, S. 134

38 *Boldorini/Czar de Zalduendo*, La estructura jurídico-institucional del Mercosur después del Protocolo de Ouro Preto, in: Boletín Informativo Techint 1995, Nr. 283, S. 77

39 *Garré Copello*, Solución de controversias en el Mercado Común del Sur, in: Estudios Multidisciplinarios, S. 213

40 *Oppermann*, Europarecht, Rdnrn. 389 f.

Mercosur-Organen hervorgebrachten Normen unmittelbar nur für die Mitgliedstaaten verbindlich sind. Für die Staaten besteht dann die Pflicht zur Umsetzung. Das Prinzip der gleichzeitigen Gültigkeit ist lediglich eine Verfahrenshilfe, die keineswegs zur Annahme der unmittelbaren Geltung und des Vorranges des sekundären Mercosur-Rechtes führt. Die effektive Umsetzung des Mercosur-Rechtes hängt ausschließlich von der Entschlossenheit der Staaten ab. Bei diesem System sind Reibungsverluste in Form eines größeren Zeitaufwandes zur Durchführung der jeweiligen Transformationsschritte oder sogar in Gestalt der ausbleibenden Umsetzung möglich, die eine effiziente Durchdringung der Rechtsordnungen der Mitgliedstaaten erschweren. Dementsprechend vermitteln auch Erhebungen zum Stand der Gültigkeit der Normen des Mercosur in der internen Gesetzgebung der Mitgliedstaaten[41] ein uneinheitliches Bild. Am höchsten liegt der Umsetzungsgrad bei den *Decisiones* des Mercosur-Rates; hiervon wurden ungefähr zwei Drittel der erlassenen Normen formell in den vier Staaten auch in Kraft gesetzt. Hingegen wiesen die Rechtsakte von Mercosur-Gruppe und Handelskommission jeweils einen Umsetzungsstand von weniger als der Hälfte auf.

Schließlich findet die hier gegenüber der Annahme eines Mercosur-Gemeinschaftsrechtes geäußerte Ablehnung ihre Bestätigung auch in der Entstehungsgeschichte des Protokolles von Ouro Preto, das dem Mercosur ein abschließendes Gepräge geben sollte. Bei der Aushandlung dieses Protokolles wurde der Vorschlag der uruguayanischen Delegation abgelehnt, das Kapitel, das sich den einzelnen Rechtsakten innerhalb des Mercosur widmet, mit der Überschrift *Ordenamiento Jurídico* - also Rechtsordnung - zu versehen. Stattdessen wurde der Titel *Fuentes Jurídicas del Mercosur* - Rechtsquellen - gewählt[42]. Zum Ausdruck kommt damit, daß offenbar auch die Mehrheit der Mitgliedstaaten der verfrühten Annahme eines Mercosur-Gemeinschafts-rechtes ablehnend gegenüber stand.

---

41 *Schonebohm*, Auf dem Weg zu einem Gemeinsamen Markt?, in: Lateinamerika - Analysen, Daten, Dokumentation 1997, Nr. 34/35, S. 19 f.; *Evaluación de la vigencia de la normativa del Mercosur en el derecho interno de los estados partes*, Veröffentlichung Nr. 5/96 des Mercosur-Verwaltungssekretariats

42 vgl. *Pérez Otermin II*, S. 101; *Protocolo de Ouro Preto*, Kapitel V

5. Kapitel: Völkerrechtliche Gesamtbetrachtung und Bewertung der Integrationsmethode des Mercosur

Die bisherige Auseinandersetzung mit der institutionellen Gestalt des Mercosur und den in diesem Zusammenhang auftretenden Rechtsfragen hat nunmehr den Weg zu der auf dem Völkerrecht basierenden Einordnung des Mercosur-Integrationsmodelles als Gesamtgebilde eröffnet. Die bisher gewonnenen Erkenntnisse und diese Gesamtbetrachtung ermöglichen dann die Bewertung der neuartigen Integrationsmethode, die sich in Gestalt des Mercosur offenbart und lassen Aussagen über dessen Leistungs- und Funktionsfähigkeit insgesamt zu.

Zunächst gilt das Augenmerk der Feststellung, ob der Mercosur selbst als internationale Organisation anzusehen ist und so ein Völkerrechtssubjekt mit eigener Völkerrechtspersönlichkeit darstellt. Die sich damit vollziehende Abgrenzung einer Organisation mit dem Zweck der Wirtschaftsintegration gegenüber der bloß vertraglichen Kooperation einzelner Staaten gibt gleichzeitig auch Aufschluß darüber, ob ein eher loser Zusammenschluß mit nahezu ausschließlich wirtschaftlicher Zielsetzung oder ein als irreversibel angelegter Integrationsprozeß mit einer weitergehenden politischen Dimension angestrebt wird. Die Ausstattung mit eigener Rechtspersönlichkeit ist auch ein Indikator für den Grad an integrationspolitischer Reife und deutet auf ein gewisses Maß an Irreversibilität des Integrationsprozesses hin.

Besonderes Gewicht wird sodann der Thematik der Supranationalität beigemessen. Denn hier zeigt sich das methodische Spezifikum des Mercosur schlechthin: Während die Europäischen Gemeinschaften allgemein als supranational qualifiziert werden[1] und etwa auch der Andenpakt supranationale Elemente aufweist[2], bevorzugen die im Mercosur zusammengeschlossenen Staaten einen rein zwischenstaatlichen intergouvernementalen Integrationsansatz. Diese Tatsache ist auch Hauptgegenstand der an den Erfolgsaussichten des Mercosur-Projektes geäußerten Zweifel und der an seiner institutionellen Ausstattung und Leistungsfähigkeit geübten Kritik.

A. Der Mercosur als Internationale Organisation mit Völkerrechtspersönlichkeit

Da heute praktisch kein Zweifel mehr darüber besteht, daß Internationale Organisationen als Völkerrechtssubjekte gelten[3], geht die Frage nach der Völkerrechtspersönlichkeit des Mercosur einher mit der Frage nach seiner Qualität als Internationale Organisation.

1 *Schweitzer/Hummer*, Rdnr. 874; *Bogdandy/Nettesheim*, in: *Grabitz/Hilf*, Art. 1, Rdnr. 59; *Groeben/Thiesing/Ehlermann*, Kommentar zum EWG-Vertrag, Art. 1, Rdrn. 22; i.E. auch: *Oppermann*, Europarecht, Rdnr. 775

2 *Zelada Castedo*, Competencias legales y toma de decisiones en la integración en América Latina, in: Integración Latinoamericana Nr. 185 (1993), S. 60 u. 62; s.a.o. Teil 1, Kap. 1 A I 3.

3 *Seidl-Hohenveldern/Loibl*, Das Recht der internationalen Organisationen, Rdnr. 303

Der Gehalt der völkerrechtlichen Rechtspersönlichkeit wird gemeinhin als die Fähigkeit umschrieben, Träger völkerrechtlicher Rechte und Pflichten zu sein, was bezogen auf Internationale Organisationen bedeutet, daß sie diese Eigenschaft selbständig, also losgelöst von der Völkerrechtspersönlichkeit ihrer Mitgliedstaaten besitzen[4].

I. Völkerrechtspersönlichkeit vor Inkrafttreten des Protokolls von Ouro Preto?

Das Vorliegen einer Internationalen Organisation mit der entsprechenden Völkerrechtspersönlichkeit wird an zwei Arten von Voraussetzungen geknüpft, die sich zusammengefaßt als nach innen und nach außen bezogene Merkmale bezeichnen lassen[5]: Einmal bedarf es im Innenverhältnis der Organisation einer völkerrechtlichen Willenseinigung zwischen Staaten oder anderen Völkerrechtssubjekten mit dem Zweck, ein dauerhaftes Gebilde zur Erreichung eines völkerrechtlich erlaubten Zieles zu errichten. Dabei ist dieses mit einer institutionellen Grundstruktur zu versehen, so daß das Gebilde vertreten werden kann und in der Lage ist, einen eigenen Willen hervorzubringen, der nicht notwendig inhaltsgleich mit dem seiner Mitglieder ist. Zum anderen bedarf es nach außen hin der Anerkennung der Völkerrechtspersönlichkeit dieses Gebildes durch die Nichtmitgliedstaaten, die mit ihm in Berührung kommen.

Der Mercosur in seiner Gestalt unmittelbar nach dem Vertrag von Asunción und vor dem Inkrafttreten des Protokolles von Ouro Preto wurde in Anbetracht der genannten Anforderungen, soweit ersichtlich, an keiner Stelle uneingeschränkt als Internationale Organisation mit Völkerrechtspersönlichkeit angesehen. Eindeutig verneint wurde diese Qualität vor allem mit Blick auf das Merkmal der Transitorietät und die damit zweifelhafte Dauerhaftigkeit seiner institutionellen Struktur sowie die fehlende Möglichkeit seiner Organe zur eigenständigen Willensbildung[6]. Weniger eindeutig wurde jedoch auch versucht, dieses Defizit durch verschiedenartige Konstruktionen abzuschwächen, die im Vertrag von Asunción wenn nicht die Entstehung, so wenigstens die Konzeption einer Internationalen Organisation sehen wollten oder von einer Internationalen Organisation *statu nascendi* beziehungsweise in Gründung sprachen[7]. Damit sollte die Einordnung des Mercosur in einen Bereich zwischen einem bloßen Kooperationsabkommen einerseits und dem Bestehen einer Internationalen Organisation erfolgen.

In jedem Fall spricht aber die fehlende völkerrechtliche Anerkennung vor allem von europäischer Seite gegen die Völkerrechtssubjektivität des Mercosur vor Inkrafttreten des Protokolles von Ouro Preto. So sind für eine Anerkennung des Mercosur als Inter-

---

4 *Ipsen*, Völkerrecht, § 6, Rdnrn. 2 ff.; Seidl-Hohenveldern, Völkerrecht, Rdnr. 599

5 nach: *Seidl-Hohenveldern/Loibl*, Das Recht der internationalen Organisationen, Rdnrn. 105 f., 701 ff.

6 so etwa: *Pastori,* Marché Commun du Sud, in: Revue du Marché commun et de l'Union européenne 1993, S. 780

7 *Abreu Bonilla,* Mercosur e Integración, S. 56; *Díez de Velasco*, Las Organizaciones Internacionales, S. 618; *Sanguinetti,* Mercosur: las alternativas del diseño institucional definitivo, in: Integración Latinoamericana Nr. 201 (1994), S. 14

nationale Organisation, die gewöhnlich durch konkludente Handlungen wie die Aufnahme diplomatischer Beziehungen oder den Abschluß völkerrechtlicher Verträge mit der Organisation selbst erfolgt[8], von der Europäischen Union keine Anzeichen ersichtlich. Dies macht die einzige vertragliche Beziehung der Europäischen Union vor Inkrafttreten des Protokolles von Ouro Preto, in der zumindest Bezug auf den Mercosur als Gesamtheit genommen wird, deutlich: das abgeschlossene Kooperationsabkommen wurde bezeichnet und abgeschlossen als interinstitutionelle Vereinbarung , und nicht etwa als Abkommen zwischen Mercosur und Europäischer Gemeinschaft. Als Vertragspartner standen sich allein die Kommission der Europäischen Gemeinschaften und der Mercosur-Rat gegenüber[9].

Besonders deutlich wurde die zunächst fehlende Völkerrechtspersönlichkeit des Mercosur auch durch die Formulierungen des zwischen den USA und den Mercosur-Staaten abgeschlossenen sogenannten Rosegarden-Agreements[10]. Beim Abschluß dieses vor allem Fragen des Freihandels gewidmeten Abkommens traten die vier Länder des Mercosur als selbständige Vertragspartner auf[11].

Insgesamt ist damit, zumal aus europäischer Sicht, das Vorliegen einer Internationalen Organisation mit Völkerrechtspersönlichkeit vor dem Inkrafttreten des Protokolles von Ouro Preto zu verneinen.

II. Völkerrechtspersönlichkeit nach dem Inkrafttreten des Protokolles von Ouro Preto

1. Im Protokoll enthaltene Regelung

Das Inkrafttreten des Protokolles von Ouro Preto hat in der Frage der Völkerrechtspersönlichkeit des Mercosur zu einer weitgehenden Einheitlichkeit der diesbezüglichen Auffassungen[12] geführt, nach denen der Mercosur sich somit als Völkerrechtssubjekt konstituiert habe und rechtliche Handlungsfähigkeit besitze.

Das Protokoll von Ouro Preto enthält neben den institutionellen Konkretisierungen und Ergänzungen zum inneren Aufbau des Mercosur auch eine ausdrückliche Bestimmung zu dessen Völkerrechtssubjektivität. Das Protokoll führt aus, daß der Mercosur Rechtspersönlichkeit nach Völkerrecht besitzt, alle zur Erreichung seiner gesetzten Ziele

8 *Seidl-Hohenveldern/Loibl*, Das Recht der internationalen Organisationen, Rdnrn. 710 f.

9 *Acuerdo de Cooperación Interinstitucional,* unterzeichnet am 29. Mai 1992, abgedruckt bei: *Alterini,* El sistema jurídico en el Mercosur-Instrumentos fundacionales y complementarios, S. 357 ff.; s.a. Bull. EG 4-1991, Ziff. 1.3.36. und Bull. EG 5-1992, Ziff. 1.2.32.

10 Agreement Concerning a Council on Trade an Investment vom 19. Juni 1991, abgedruckt in: I.L.M. 30 (1991), S. 1034 ff.

11 vgl. *Salomão Filho/Samtleben*, Der Südamerikanische Gemeinsame Markt, in: WM 1992, S. 1386

12 *Pérez Otermin II*, S. 110; *Grandi,* Le Mercosur en période de transition, in: Problèmes d'Amérique latine 1995, S. 80; *Mangas Martín,* Análisis comparativo del derecho de integración en la UE, GRAN, Mercosur, S. 4; *Aldecoa Luzárraga*, El acuerdo entre la Unión Europea y el Mercosur en el marco de la intensificación de relaciones entre Europa y América Latina, in: Revista de Instituciones Europeas 1996, S. 774 f.; *Samtleben,* Der Südamerikanische Gemeinsame Markt und seine neue Verfassung, in: WM 1996, S. 1997

notwendigen Maßnahmen treffen und entsprechende Abkommen schließen kann[13]. In Ausübung der ihm übertragenen Funktionen kann er danach insbesondere Verträge schließen, bewegliche und unbewegliche Güter erwerben oder veräußern, als Partei vor Gericht auftreten sowie Vermögen besitzen und übertragen[14].

Ferner regelten die Vertragsstaaten die Vertretung des Mercosur nach außen. Diese obliegt dem Mercosur-Rat, der Verträge im Namen des Mercosur mit dritten Staaten oder Staatengruppen aushandeln und abschließen oder seine diesbezügliche Zuständigkeit an die Mercosur-Gruppe delegieren kann[15].

Zu bedenken ist nach den bereits genannten Voraussetzungen für das Vorliegen einer mit Völkerrechtspersönlichkeit ausgestatteten Internationalen Organisation allerdings, daß eine einseitige vertragliche Festsetzung noch nicht ausreicht, sondern vielmehr eine entsprechende Qualität des Zusammenschlusses und die Anerkennung durch Drittstaaten hinzutreten müssen.

2. Die Völkerrechtspersönlichkeit im Verhältnis zur Europäischen Union

Die völkerrechtliche Anerkennung läßt sich dem Verhältnis der Europäischen Union zum Mercosur entnehmen. Letzte Zweifel hinsichtlich seiner Völkerrechtssubjektivität werden damit zerstreut: Vertragspartner bei dem bislang bedeutendsten Kooperationsschritt des Mercosur mit einer Drittregion, dem im Mittelpunkt des vierten Teiles dieser Arbeit stehenden Interregionalen Rahmenabkommen[16], sind sowohl die Teilnehmerstaaten als auch der Mercosur selbst. Bei einer solchen Konstellation werden Abkommen dieser Art von den jeweils genannten Vertragspartnern geschlossen, also sowohl von den Teilnehmerstaaten als auch von der Organisation selbst[17]. Der Abschluß durch die Organisation und die Anerkennung derselben als Vertragspartner zeigen dabei, daß diese selbständige Rechtspersönlichkeit besitzt[18].

Liegt damit spätestens im Abschluß des genannten Abkommens mit dem Mercosur eine Anerkennung seiner Völkerrechtspersönlichkeit, so war die Schaffung der entsprechenden Voraussetzungen für diese Anerkennung eine vorgelagerte Aufgabe, die durch das Protokoll von Ouro Preto erfüllt wurde. Gerade die Ausstattung des Mercosur mit der Fähigkeit, völkerrechtliche Rechte und Pflichten zu tragen wurde von europäischer Seite als wichtige Voraussetzung für die zukünftige Zusammenarbeit angesehen und als

---

13 vgl. *Protocolo de Ouro Preto* Artt. 34-36

14 Art. 35 des *Protocolo de Ouro Preto;* s.a.: *Samtleben,* Der Südamerikanische Gemeinsame Markt und seine neue Verfassung, in: WM 1996, S. 1997

15 Art. 8.4 des *Protocolo de Ouro Preto*

16 Interregionales Rahmenabkommen über die Zusammenarbeit zwischen der Europäischen Gemeinschaft und ihren Mitgliedstaaten einerseits und dem Mercado Común del Sur und seinen Teilnehmerstaaten andererseits, ABl. 1996 Nr. L 69, S. 4 ff.

17 *Samtleben,* Der Südamerikanische Gemeinsame Markt und seine neue Verfassung, in: WM 1996, S. 1997

18 *Seidl-Hohenveldern/Loibl,* Das Recht der internationalen Organisationen, Rdnr. 303

Forderung an den Mercosur herangetragen[19]. Auch verschiedene Kommentatoren hatten sich nachdrücklich für die schnelle Ausstattung des Mercosur mit Völkerrechtspersönlichkeit ausgesprochen[20].

Die Schaffung der entsprechenden Voraussetzungen erfolgte wie gesehen durch das Protokoll von Ouro Preto, mithin also sofort bei Gelegenheit der ersten institutionellen Überarbeitung des Mercosur nach Inkrafttreten des Vertrages von Asunción. In der prompten Ausstattung mit dieser Eigenschaft durch den Mercosur ist daher auch der Wille zu sehen, auf die europäischen Forderungen so schnell wie möglich einzugehen. Deutlich tritt damit der Kooperationswille zutage.

Das Protokoll von Ouro Preto wird gerade wegen der damit vorangetriebenen Ausstattung des Mercosur mit Völkerrechtspersönlichkeit positiv bewertet: denn an diesem Punkt komme die Irreversibilität des Integrationsprozesses zum Ausdruck[21]. Freilich stellte diese Schlußfolgerung eine allzu starke Vereinfachung dar, die im folgenden weiter hinterfragt wird. Festzuhalten ist aber, daß seitens des Mercosur mit der Erfüllung der Voraussetzungen für seine Völkerrechtssubjektivität zügig sowohl auf praktisch notwendige Erfordernisse als auch auf Forderungen zahlreicher Kommentatoren und nicht zuletzt von europäischer Seite reagiert wurde. Zweifel an der Völkerrechtssubjektivität, wie sie weiterhin geäußert werden[22], sind angesichts der vorstehenden Ausführungen unbegründet.

B. Mercosur und Supranationalität

Die Auseinandersetzung mit Fragen der Supranationalität stellt im Zusammenhang mit dem Mercosur eines der kontroversesten Themen dar. Die Position des Mercosur gegenüber der Schaffung supranationaler Strukturen macht den Kern der neuartigen Methode zur Errichtung eines gemeinsamen Marktes aus. Diese Position wird sowohl von den Befürwortern als auch von den Kritikern der Mercosur-Methode zur Begründung ihrer Auffassungen herangezogen. Zum Verständnis der Besonderheiten und als Grundlage der Bewertung ist der Umgang der Mercosur-Staaten mit supranationalen Elementen beziehungsweise deren Fehlen in die Gesamtthematik der Supranationalität nach allgemeinem Völkerrecht und die europarechtliche Lösung einzubetten. Nur so können eindeutige Aussagen zum Wesen des Integrationsansatzes getroffen und Fehleinschät-

---

19 vgl. etwa den *Vorschlag für einen Beschluß des Rates über den Abschluß eines interregionalen Rahmenabkommens* der Kommission, KOM(95) 504 (S. 1a); *Entschließung zum Ausbau der Politik der Europäischen Union gegenüber Mercosur* durch das Europäische Parlament, ABl. C 151/28 vom 19.6.95 (S. 29)

20 *Abreu Bonilla*, Mercosur e Integración, S. 56; *Díez de Velasco*, Las Organizaciones Internacionales, S. 618; *Sanguinetti*, Mercosur: las alternativas del diseño institucional definitivo, in: Integración Latinoamericana Nr. 201 (1994), S. 14; *Lauricella*, Políticas de integración regional, S. 39

21 *Rimoldi*, Estructura institucional, S. 208

22 so etwa: *Díez de Velasco*, Las Organizaciones Internacionales, S. 619; *Rimoldi*, Estructura institucional, S. 208

zungen, wonach der Mercosur supranationale Organe besitze und insgesamt eine supranationale Organisation sei[23], vermieden werden.

I. Der Begriff der Supranationalität

1. Supranationalität nach allgemeinem Völkerrecht

Der Begriff der Supranationalität fand erst durch den europäischen Integrationsprozeß Eingang in das Völkerrecht. Erstmals tauchte er im Vertrag über die Gründung der Europäischen Gemeinschaft für Kohle und Stahl vom 18. April 1951 auf, dessen französischer Originaltext vom „*caractère supranational*" - nach der deutschen Übersetzung: dem überstaatlichen Charakter - der Hohen Behörde der EGKS sprach[24].

Seitdem werden im Völkerrecht Versuche angestellt, diesen Begriff mit Inhalt zu füllen. Als ein allgemeines Kriterium findet sich der Grad an Souveränitätsopfern, den die zusammengeschlossenen Staaten erbringen[25], womit die Supranationale Gemeinschaft von ihrem Gegensatz, dem bloß intergouvernementalen Staatenbund abgegrenzt werden soll.

Darüber hinaus wird insbesondere an die institutionelle Struktur und die Ausgestaltung der einzelnen Organe einer Internationalen Organisation angeknüpft[26]: Supranationalität ist demnach anzunehmen, wenn eine Internationale Organisation mit dem Recht ausgestattet ist, in ursprünglich der Hoheitsgewalt der Mitgliedstaaten unterstehenden Bereichen diese Mitgliedstaaten auch ohne deren ausdrückliche Zustimmung zu verpflichten. Diese Verpflichtung kann dabei entweder durch Beschlüsse unabhängiger Organe oder durch Mehrheitsbeschlüsse erfolgen.

Ein weiterer Definitionsansatz stellt schließlich neben der genannten Unabhängigkeit bzw. Modalität der Beschlußfassung der Organe noch auf die Qualität der von diesen erlassenen Normen ab[27]. Von einer supranationalen Organisationsform könne demnach nur dann gesprochen werden, wenn die Organisation verbindliche Normen erläßt, die direkt in den einzelnen Mitgliedstaaten anzuwenden sind und dem nationalen Recht vorgehen.

Deutlich wird bei der Inhaltsbestimmung des Begriffes der Supranationalität, daß die aufgezeigten Merkmale einander keineswegs ausschließen. Daher ist im Einzelfall festzustellen, welche Faktoren in welchem Grad vorliegen, um so zu einer Einordnung der Internationalen Organisation als supranational oder zwischenstaatlich zu gelangen, die dem spezifischen Fall gerecht wird.

---

23 *Menem,* Mercosur, S. 69 u. 71
24 *Schweitzer/Hummer,* Rdnr. 872
25 *Seidl-Hohenveldern/Loibl,* Das Recht der internationalen Organisationen, Rdnr. 115
26 vgl.: *Ipsen,* Völkerrecht, § 6, Rdnr. 17; *Streinz,* Rdnr. 116; *Schweitzer/Hummer,* Rdnrn. 872 f.
27 *Pérez Otermin II,* S. 24

Weiteren Aufschluß bei der Bestimmung des Wesens der Supranationalität vermag die kurze Betrachtung derjenigen Elemente zu verschaffen, die zur Einordnung der Europäischen Gemeinschaften als supranationale Organisationen führten. Denn an ihrem Beispiel zeigt sich ein bislang unerreichter Grad an supranationaler Integration[28], womit sie gegenwärtig das Paradigma supranationaler Ausgestaltung darstellen.

Hauptindiz für die Supranationalität der Europäischen Gemeinschaft ist die Rolle der Kommission der Europäischen Gemeinschaften als vom Willen der Mitgliedstaaten unabhängiges Organ, deren Beschlüsse die Mitgliedstaaten verpflichten sowie die Möglichkeit von Mehrheitsentscheidungen durch den Rat der Europäischen Union[29]. Hinzu treten die unmittelbare Geltung des Gemeinschaftsrechtes in den Mitgliedstaaten sowie dessen Vorrang vor dem jeweiligen nationalen Recht[30].

Darüber hinaus werden weitere Souveränitätsbeschränkungen im Rahmen der Europäischen Gemeinschaften genannt, die deren Supranationalität deutlich machen[31]: Es ist dies die Tatsache, daß die Gemeinschaften mit dem EuGH über ein eigenes gerichtliches Organ mit obligatorischer Gerichtsbarkeit verfügen und ferner Finanzautonomie besitzen, da ihnen neben den Beiträgen der Mitgliedstaaten auch andere Finanzierungsquellen zur Verfügung stehen.

In diesen Eigenschaften spiegeln sich sämtliche oben genannten Merkmale von Supranationalität wider. Ergänzend zu den an der Unabhängigkeit der Organe einer Internationalen Organisation orientierten Definitionsversuchen, zeigt sich, daß auch eine unabhängige Gerichtsbarkeit im Rahmen der Europäischen Gemeinschaften als Beleg für deren Supranationalität angesehen wird. Dementsprechend wird in der anschließenden Untersuchung des Mercosur auf supranationale Elemente auch die Frage zu erörtern sein, ob das im Protokoll von Brasilia aufgestellte System zur Streitbeilegung eine supranationale Prägung aufweist.

---

28 *Herdegen,* Internationales Wirtschaftsrecht, § 5 Rdnr. 1; *Seidl-Hohenveldern/Loibl,* Das Recht der internationalen Organisationen, Rdnr. 115; *Franco da Fonseca,* Los nuevos problemas jurídicos e institucionales en la integración en América Latina, in: Anuario Hispano-Luso-Americano de Derecho Internacional 1995, S. 53 f.

29 *Schweitzer/Hummer,* Rdnrn. 161 ff. u. 212 ff.; terminologisch wird hier der Entscheidung des Allgemeinen Rates vom 08.11.1993 und der Kommission vom 17.11.1993 gefolgt, wonach sich der Rat nach dem Inkrafttreten des EUV „*Rat der Europäischen Union*“ nennt; die Kommission nennt sich danach üblicherweise „*Europäische Kommission*“, wobei jedoch bei juristischen und formellen Texten - so auch hier - die Bezeichnung „*Kommission der Europäischen Gemeinschaften*“ beibehalten wird, vgl. EG-Nachrichten Nr. 46 v. 29.11.1993, S. 2, ebenso: EuZW 1994, S. 34

30 s.o. Teil 2, Kap. 4 A II

31 *Seidl-Hohenveldern/Loibl,* Das Recht der internationalen Organisationen, Rdnr. 113

II. Mercosur und Supranationalität

1. Analyse des Mercosur auf Zwischenstaatlichkeit und Supranationalität

a) Zwischenstaatlichkeit des Mercosur ohne Berücksichtigung des Streitbeilegungssystems

Direkt zu Beginn des Protokolles von Ouro Preto findet sich eine grundlegende Aussage zur zwischenstaatlichen Prägung des Mercosur. Sie betrifft die eingerichteten Entscheidungsorgane und führt ausdrücklich aus, daß diese *de naturaleza intergubernamental* - also zwischenstaatlicher Natur seien[32].

Die ausdrückliche Erwähnung der zwischenstaatlichen Ausgestaltung der Mercosur-Entscheidungsorgane erscheint zunächst verwunderlich, da ihre Notwendigkeit nicht offenbar ist. Auch ohne eine solche Aussage bedürfte es keines großen analytischen Aufwandes zur Feststellung der Zwischenstaatlichkeit von Mercosur-Rat, Mercosur-Gruppe und Handelskommission.

Zusammensetzung und Entscheidungsmodus der genannten Organe reichen bereits aus, deren Supranationalität zu verneinen: Sie sind sämtlich aus Regierungsvertretern zusammengesetzt und bei der Verabschiedung von Rechtsakten an das Konsensprinzip gebunden[33]. Sämtliche Rechtsakte bedürfen ferner der Umsetzung in nationales Recht[34]. Im Sinne der oben genannten Begriffsbestimmung fehlt es hier also bereits an dem für die Supranationalität erforderlichen Mindestmaß an institutioneller Unabhängigkeit. Denn eine Verpflichtung der Mitgliedstaaten gegen ihren Willen und damit ein erkennbarer Souveränitätsverzicht liegen bei dieser Regelung nicht vor.

Besonders beachtlich ist, daß die strikt intergouvernementale Ausrichtung auch die Handelskommission des Mercosur erfaßt; handelt es sich dabei doch um dasjenige Organ, dem eine Fülle von Aufgaben zur Stärkung des Integrationsprozesses zugewiesen worden sind und in das vielfach die Hoffnungen auf eine dynamische Rolle in der Fortentwicklung des Mercosur gesetzt werden[35].

Demgemäß werden die Entscheidungsorgane des Mercosur insgesamt als lediglich mit der Verwaltung der Handelsliberalisierung befaßte Einrichtungen bezeichnet, denen politische Befugnisse etwa zur Ausfüllung möglicher Lücken der getroffenen Vereinbarungen und tatsächliche Rechtsetzungskompetenzen fehlen. All diese Möglichkeiten verblieben vielmehr auf Seiten der einzelnen Mitgliedstaaten, womit den Organen die Qualität bloßer Delegierter zukomme[36].

---

32 Art. 2 des *Protocolo de Ouro Preto*
33 Artt. 4, 11, 17, 37 des *Protocolo de Ouro Preto*; s.o. Teil 2, Kap. 3 B III 1.
34 s.o. Teil 2, Kap. 4 B I
35 s.o. Teil 2, Kap. 3 A III
36 *Haines-Ferrari*, Mercosur: A new Model of Latin American Economic Integration, in: Case Western Reserve Journal of International Law 1993, S. 437

Die Analyse der tatsächlichen Ausgestaltung des Mercosur führt demnach zu einem eindeutigen Ergebnis: Die Entscheidungsorgane des Mercosur weisen keinerlei supranationale Elemente auf, sondern sind ausschließlich zwischenstaatlicher Natur.

Der an sich überflüssige ausdrückliche Hinweis auf diese Ausprägung im Rahmen des Protokolles von Ouro Preto wird zutreffend als Ausdruck der Tatsache gewertet, daß die Vertragsstaaten auch den geringsten Ansatz von Supranationalität zu vermeiden suchten[37]. Damit ergibt sich hinsichtlich der Entscheidungsorgane sogar eine besonders gefestigte Zwischenstaatlichkeit.

b) Supranationalität des Mechanismus zur Streitbeilegung?

Die Betrachtung des im Protokoll von Brasilia aufgestellten Systems zur Streitbeilegung unter dem Gesichtspunkt möglicher Supranationalität ist von vornherein auf die dritte Stufe des Mechanismus beschränkt. Dabei handelt es sich um das vorgesehene Tätigwerden des Schiedsgerichtes[38]. Während die Verhandlungsstufe ausschließlich auf Staatenebene abläuft, wird im Rahmen der zweiten Stufe lediglich die Mercosur-Gruppe als nachgewiesenermaßen intergouvernementales Organ tätig.

Anknüpfungspunkt für das Vorhandensein supranationaler Elemente ist hier die Tatsache, daß mit dem ad hoc einzuberufenden Schiedsgericht ein weisungsungebundenes Gremium tätig werden kann, dessen Schiedsspruch ausdrücklich mit Bindungswirkung für die Mitgliedstaaten versehen worden ist[39].

Dementsprechend wird im Schiedsspruch des ad hoc-Tribunals zuweilen ein Stück Supranationalität gesehen[40]. Demgegenüber wird allerdings auch eine zwischenstaatliche Bewertung des gesamten Mechanismus zur Streitbeilegung vorgenommen[41]. Weder die Annahme einer gleichsam unvollkommenen Supranationalität noch der pauschale Hinweis, diese fehle gänzlich, vermögen indes zu befriedigen.

Die juristische Betrachtung im Lichte der oben erfolgten Begriffsbestimmung ergibt, daß die Vorkehrungen des Protokolles von Brasilia die Einrichtung eines nicht an die Weisungen der Staaten gebundenen, mit unabhängigen Richtern besetztes Schiedsgericht vorsehen. Hinzu kommt, daß der Schiedsspruch uneingeschränkte Bindungswirkung für die Vertragsstaaten besitzen soll[42]. Die entsprechenden Schiedssprüche würden demnach nicht in die Hoheitsgewalt der Mitgliedstaaten fallen. Im Bereich der Rechtsprechung des Schiedsgerichtes wäre damit nach dem Text des Protokolles ein Souveränitätsverzicht zu sehen.

---

37 *Pérez Otermin II,* S. 24

38 s.o. Teil 2, Kap. 3 C III 1.

39 Art. 21 des *Protocolo de Brasilia*

40 so etwa: *González,* Solución de conflictos en un sistema de integración: los casos del Mercosur y la CEE, in: Integración Latinoamericana Nr. 185 (1992), S. 34; *Stevens*, Mercosur - A Latin American regional integration of the second generation, in: Studia Diplomatica 1995, Nr. 4, S. 55

41 *Zelada Castedo*, Competencias legales y toma de decisiones en la integración en América Latina, in: Integración Latinoamericana Nr. 185 (1993), S. 67

42 vgl. Art. 8 des *Protocolo de Brasilia*, s.o. Teil 2, Kap. 3 C III 1 c)

Gegen diese Feststellung spricht allerdings eine faktische Betrachtung des Gesamtzusammenhanges der institutionellen Struktur des Mercosur: Die Streitfälle, in denen das Schiedsgericht tätig werden soll, haben in erster Linie Streitigkeiten über Interpretation, Verletzung oder Anwendung der innerhalb des Mercosur geltenden Rechtsnormen zum Gegenstand. Gerade diese Normen werden jedoch von strikt zwischenstaatlichen Organen oder sogar den Staaten selbst hervorgebracht. Abgesehen davon, daß eine Streitigkeit hierüber per se unwahrscheinlich ist, richtet sich demgemäß auch der Schiedsspruch lediglich auf die Einhaltung intergouvernemental geprägter Normen. Eine selbständige Verpflichtung, die über das ohnehin bereits Vereinbarte hinausginge, ergibt sich damit auch aus der Tätigkeit des Schiedsgerichtes nicht.

Wie im Fall der Entscheidungsorgane, rechtfertigt auch der aufgestellte Mechanismus zur Streitbeilegung ebenso wenig eine Einordnung des Mercosur als Supranationale Organisation. Prägendes Merkmal dieses Integrationsansatzes ist also gegenwärtig - trotz der formal betrachtet vorliegenden supranationalen Elemente der schiedsgerichtlichen Streitbeilegung - die rein zwischenstaatliche Ausgestaltung des Mercosur.

2. Hintergründe der Zwischenstaatlichkeit

Zunächst läßt sich die gegenwärtige Beschränkung auf strikte Zwischenstaatlichkeit mit dem allgemeinen Hinweis auf einzelstaatliches Souveränitätsbewußtsein erklären. Speziell den Staaten der Mercosur-Region wird dabei eine ausgeprägte Zurückhaltung bis hin zur Abneigung gegenüber unabhängigen Organen und ein umso nachhaltigeres Souveränitätsbestreben attestiert[43].

Dabei erweist sich dieses Bestreben, jeglichen Anschein von Supranationalität zu vermeiden, in den einzelnen Mitgliedstaaten als unterschiedlich stark ausgeprägt. So ging etwa der bereits erwähnte ausdrückliche Verweis des Protokolles von Ouro Preto auf den zwischenstaatlichen Charakter des Mercosur auf den Einfluß von Brasilien zurück[44]. In dieses Bild passend, wird in den Staaten des Mercosur auch die Sorge beobachtet, Brasilien könne sich eines Tages aus dem gemeinsamen Projekt wieder zurückziehen[45], womit letzten Endes in Brasilien ein Hauptgegner supranationaler Elemente auszumachen ist.

Zusätzlich zu den ausgeprägten Souveränitätsbestrebungen wurden für die Vermeidung supranationaler Elemente auch verfassungsrechtliche Hindernisse in den einzelnen Mitgliedstaaten angeführt[46]. Dies kann jedoch von vornherein nicht für die Verfassung Paraguays aus dem Jahre 1992 gelten, die ausdrücklich eine supranationale Rechtsord-

---

43 *Grandi,* Le Mercosur en période de transition, in: Problèmes d'Amérique latine 1995, S. 80

44 *Pérez Otermin II,* S. 79; vgl. nochmals: Art. 2 des *Protocolo de Brasilia*

45 vgl. *Appel,* Südamerikas Gemeinsamer Markt bringt den Handel in Schwung, in: FAZ vom 20. Januar 1997, S. 12

46 *O'Keefe,* An Analysis of the Mercosur Economic Integration Project from a Legal Perspective, in: International Lawyer 1994, S. 444

nung akzeptiert[47]. Ähnlich verhält es sich mit der argentinischen Verfassung, die nach ihrer Reform im Jahre 1994 ebenfalls ausdrücklich die Möglichkeit eröffnet, Hoheitsrechte und Rechtsprechungsbefugnisse auf überstaatliche Organisationen zu übertragen[48]. Schwierigkeiten würden damit allein die Verfassungen Brasiliens und Uruguays bereiten, die lediglich in allgemeiner Weise das Ziel der Integration der Staaten Lateinamerikas formulieren[49]. Aber auch diese Hindernisse wären bei Vorliegen eines entsprechenden politischen Willens zur Installierung supranationaler Elemente im Wege von Verfassungsänderungen zu beseitigen, so daß die Absage an jegliche Form der Supranationalität im Mercosur insgesamt ihren Grund in der deutlichen staatlichen Zurückhaltung und Abneigung gegenüber Souveränitätseinbußen findet.

Inwieweit die Ablehnung supranationaler Elemente über die genannten Hintergründe hinaus noch eine bewußte und womöglich wohlbegründete und sinnvolle Entscheidung darstellt, wird ein Gegenstand der nunmehr folgenden Ausführungen zur Integrationsmethode des Mercosur sein.

C. Die Besonderheit der Integrationsmethode

I. Einfache und schlichte Strukturen

Verschiedentlich wurde bereits auf methodische Besonderheiten des Mercosur-Modelles hingewiesen. Mit dem Begriff der Flexibilität zusammenfassend bezeichnet, sind diese speziellen Merkmale von vornherein in dem insoweit grundlegenden Vertrag von Asunción angelegt und auch prägend für den weiteren Ablauf. Erinnert sei dabei insbesondere an die Transitorietät der institutionellen Ausgestaltung[50]. Hinzu kommt der Verzicht auf Ansätze eines Gemeinschaftsrechtes europäischer Prägung durch die einfachen Verfahren der Beschlußfassung und die nachfolgende Notwendigkeit der innerstaatlichen Transformation[51].

Unter zusätzlicher Einbeziehung der festgestellten deutlich zwischenstaatlichen Prägung des Mercosur kommt es zu einer generellen Beschreibung der Integrationsmethode als ein System ohne ausdifferenziertes Gefüge und komplexe Mechanismen; stattdessen streben die Mitgliedstaaten eine allmähliche Bewältigung der Integrationsaufgaben im Wege intergouvernementaler Abstimmung an[52].

Die Schlichtheit der institutionellen Ausstattung kommt auch darin zum Ausdruck, daß der Mercosur, wie die Zusammensetzung seiner Organe zeigt, zunächst überhaupt

---

47 vgl. Art. 145 der *Constitución de la República de Paraguay*
48 vgl. Art. 74 Abs. 24 der *Constitución de la República Argentina*
49 vgl. Art. 6 der *Constituição República Federativa do Brasil*; Art. 6 der *Constitución de la República Oriental del Uruguay*
50 s.o. Teil 2, Kap. 2 C III
51 s.o. Teil 2, Kap. 3 B und 4 B I 1.
52 *Herdegen*, Internationales Wirtschaftsrecht, § 9 Rdnr. 7

keine eigenen Funktionäre besaß, und auch gegenwärtig nahezu die gesamte Verwaltungstätigkeit von Beamten geleitet wird, die gleichzeitig für nationale Belange zuständig sind. Die Schaffung einer eigenen, permanenten Verwaltungsstruktur zeigt sich bislang lediglich in der mit dem Protokoll von Ouro Preto vorgenommenen Aufwertung des zunächst für die Mercosur-Gruppe eingerichteten Sekretariats zum permanenten Verwaltungssekretariat des Mercosur mit Sitz in Montevideo[53].

II. Der Mercosur als sog. top-down-integration

Der Begriff der *top-down-integration* wurde bereits zur Charakterisierung des der Gründung des Mercosur unmittelbar vorausgehenden Integrationsprozesses in den Jahren von 1986 bis 1991 herangezogen. Bezug genommen wurde in dem Zusammenhang auf die präsidentielle Prägung der Annäherung zwischen den einzelnen Staaten und insbesondere zwischen Argentinien und Brasilien, bei der andere Beteiligte als die Staatspräsidenten eine gänzlich untergeordnete Rolle spielten[54]. In diesem Sinne beschreibt der Begriff der *top-down-integration* auch zutreffend den dann im Jahr 1991 begonnenen Mercosur-Prozeß selbst. Dies ergibt sich aus der festgestellten strikt zwischenstaatlichen Prägung und der dementsprechenden Absage an supranationale Elemente. Denn daraus folgt wiederum, daß die Entscheidungen weiterhin durch die Regierungen und ihre Vertreter aus den beteiligten Staaten erfolgen[55]. Die stark präsidentialistische Prägung der Regierungssysteme in den einzelnen Mercosur-Staaten[56] führt dann schließlich dazu, daß die Entscheidungen nahezu ausschließlich in den Händen der Präsidenten liegen.

Bislang wurde der Begriff der *top-down-integration* ausschließlich zur Beschreibung des aufgezeigten beherrschenden Einflusses der Exekutive und insbesondere der Präsidenten der Mitgliedstaaten auf die Gestaltung des Integrationsprozesses verwendet[57]. Dem Terminus wohnt darüber hinaus aber auch der Gedanke eines vom Normalfall abweichend, umgekehrt verlaufenden Prozesses inne. In diesem Sinne läßt sich der Mercosur noch unter einem weiteren Gesichtspunkt als Fall der *top-down-integration* bezeichnen: Im Fall der Europäischen Gemeinschaften wurden supranationale Strukturen von Beginn an implementiert, um gerade so Integrationsfortschritte zu erreichen. Gleiches gilt für die von vornherein durchgeführte Errichtung eines komplexen und differenzierten institutionellen Aufbaus. Anders verhält es sich hingegen im Rahmen der Mercosur-Integration. Im Gegensatz zum europäischen Beispiel soll die Supranationalität allenfalls ein Ergebnis und nicht die Ursache des Integrationsprozesses sein[58].

---

53 vgl. Art. 31 ff. POP; s.o. Teil 2 Kapitel 3 A V; s.a.: *Samtleben*, Der Südamerikanische Gemeinsame Markt (Mercosur), in: WM 1996, S. 2000

54 s.o. Teil 1, Kap. 2 C II 1

55 so auch: *Ekmekdjian*, Introducción al derecho comunitario latinoamericano, S. 355

56 s. dazu: *Lavopa*, La dimensión jurídica de la integración, in: Contribuciones 1996, Nr. 4, S. 178 ff.

57 vgl. etwa: *Manzetti*, The Political Economy of Mercosur, in: Journal of Interamerican Studies and World Affairs 1993, S. 117

58 *Hirst*, Reflexiones para un Análisis político del Mercosur, S. 33

III. Die Eigenart der Integrationsmethode im Vergleich

Verdeutlichen läßt sich die Eigenart der nunmehr als einfach strukturiert und mit dem Begriff der *top-down-integration* im dargelegten Sinne charakterisierten Integrationsmethode schließlich durch einen Vergleich mit anderen Integrationsprojekten, der sich nunmehr anschließt. Besonderes Augenmerk gilt dabei den Europäischen Gemeinschaften als Vergleichsmaßstab. Die deutliche Verschiedenartigkeit der Integrationsprojekte zeigt sich auch beim Blick auf einige ihrer Details.

1. Wichtige Unterschiede gegenüber der Europäischen Integration

a) Kein dem Rat der Europäischen Union vergleichbares Organ

Wesentliche Abweichungen zeigen sich zunächst in der Ausgestaltung der aus Regierungsvertretern zusammengesetzten Entscheidungsorgane von Europäischen Gemeinschaften und Mercosur. Zum Vergleich stehen hier der Rat der Europäischen Union einerseits und der Mercosur-Rat sowie die Mercosur-Gruppe andererseits.

Mercosur-Rat und Mercosur-Gruppe treffen ihre Entscheidungen strikt nach dem Konsensprinzip, wobei jedem Mitgliedstaat das gleiche Stimmengewicht zukommt. Im Gegensatz dazu werden die Beschlüsse des Rates der Europäischen Union bekanntlich mit Einstimmigkeit, qualifizierter oder einfacher Mehrheit gefaßt[59]. Numerisch gesehen kommt das Erfordernis einer qualifizierten Mehrheit in der Mehrzahl aller Beschlußfälle zum Tragen[60], so daß mehrheitlich auch die hierfür vorgesehene Stimmengewichtung Anwendung findet[61]. Der Vergleich der jeweiligen Beschlußfassung macht zunächst wiederum die Absage des Mercosur an jegliche Form der Supranationalität deutlich.

Darüber hinaus spiegelt die weitere Ausgestaltung des Beschlußverfahrens die Einfachheit und kurze Entwicklungszeit der Mercosur-Mechanismen wider: An die Beschlußfassung der Mercosur-Organe werden über das Konsenserfordernis hinaus keine weiteren Anforderungen in Gestalt von Mitwirkungserfordernissen gestellt. Zur Verdeutlichung der demgegenüber in der Europäischen Gemeinschaft bestehenden Komplexität sei beispielhaft auf das Verfahren der Zusammenarbeit hingewiesen, bei dem ein Ratsbeschluß, zurückgehend auf einen Kommissionsvorschlag, erst nach Zustandekommen eines gemeinsamen Standpunktes mit dem Europäischen Parlament gefaßt werden kann[62]. Auch der Regelfall des Zusammenwirkens der Organe wird durch drei Verfahrensabschnitte - Initiative, Beratung mit Änderungsrecht, Beschlußfassung - beschrieben[63].

---

59 vgl. Art. 148 EGV
60 *Schweitzer/Hummer*, Rdnr. 167
61 geregelt in Art. 148 Abs. 2 EGV
62 vgl. dazu: *Louis*, Die Rechtsordnung der Europäischen Gemeinschaften, S. 27
63 *Schweitzer/Hummer*, Rdnr. 386

Insgesamt ist aus dem Gesagten der Schluß zu ziehen, daß im Mercosur sowohl hinsichtlich der supranationalen Entscheidungsbefugnisse als auch mit Blick auf die Differenziertheit der Ausgestaltung ein dem Rat der Europäischen Union vergleichbares Organ nicht vorhanden ist.

b) Die Kommission der Europäischen Gemeinschaften als Vergleichsmaßstab

Bei der Bewertung der Rolle der Kommission für den europäischen Integrationsprozeß herrscht Einigkeit, daß dieses Organ einer der maßgeblichen Erfolgsfaktoren ist: Neben dem vielzitierten Bild vom Motor der Gemeinschaften wird der Kommission die Rolle der Hüterin der Verträge bescheinigt und in ihr das Organ gesehen, das die Entwicklung des Gemeinschaftsrechtes in Gang hält[64].

Ermöglicht wird die bedeutende Stellung der Kommission im Gefüge der Europäischen Gemeinschaften zunächst durch die Gestaltung als staatenunabhängiges Organ. Klargestellt wird dies durch die Regelung der Zusammensetzung, nach der gefordert wird, daß die Kommissionsmitglieder „*volle Gewähr für ihre Unabhängigkeit bieten müssen*“[65]. Wesentlicher Faktor ist allerdings das der Kommission nach dem EGV zustehende Initiativmonopol[66]. Das bedeutet, daß der Rat zumeist erst nach einem Kommissionsvorschlag beschließen kann. Hinzu kommt schließlich die Kontrollbefugnis bei der Einhaltung des primären und sekundären Gemeinschaftsrechtes und der Urteile des Gerichtshofes, die ihren deutlichen Ausdruck in der Möglichkeit der Aufsichtsklage[67] findet. Die Kommission der Europäischen Gemeinschaften ist damit ein Organ, das sowohl nachhaltige integrations*politische* Befugnisse besitzt, als auch mit Rechtsetzungs- und Entscheidungsbefugnissen ausgestattet ist.

Zuweilen wird ein mit der Kommission der Europäischen Gemeinschaften vergleichbares Mercosur-Organ in dessen durch das Protokoll von Ouro Preto endgültig installierter Handelskommission gesehen, deren Rolle als fundamental für den weiteren Fortgang des Integrationsprozesses angesehen wird[68]. Die Ähnlichkeit mit der Kommission der Europäischen Gemeinschaften erschöpft sich jedoch weitgehend darin, daß auch für die Handelskommission des Mercosur die Aufgabe bestimmt worden ist, die Anwendung bestimmter vertraglicher Vereinbarungen durch ihre *Directivas* sicherzustellen und zu überwachen[69]. Was die Ausgestaltung der Handelskommission und der ihr zur Verfügung stehenden Mittel anbelangt, erweist sie sich als deutlich schwächeres Organ. Zu Buche schlägt hier vor allem ihre Zusammensetzung und die damit einhergehende inter-

64 *Bleckmann*, Europarecht, § 2 Rdnr. 56; *Schweitzer/Hummer*, Rdnrn. 202 ff.; aus lateinamerikanischer Sicht: *Manzetti*, The Political Economy of Mercosur, in: Journal of Interamerican Studies and World Affairs 1993, S. 119; *Rimoldi*, Estructura institucional, S. 221
65 vgl. Art. 157 EGV
66 *Schweitzer/Hummer*, Rdnr. 203
67 gem. Art. 169 EGV
68 *Rimoldi*, Estructura institucional, S. 216 u. 231; IRELA, Documento de Base 1996, S. 16; s.a. oben Teil 2, Kap. 3 A III
69 vgl. Art. 16 des *Protocolo de Ouro Preto*

gouvernementale Prägung: Während die Kommission der Europäischen Gemeinschaften ein Gemeinschaftsorgan ist, das auch ausschließlich den Interessen der Gemeinschaft verpflichtet ist, untersteht die Handelskommission dem Willen der einzelnen Mitgliedstaaten. Hinzu kommt der hierarchische Aufbau des Mercosur, wonach die Handelskommission sowohl dem Mercosur-Rat als auch der Mercosur-Gruppe funktional untergeordnet ist[70]. Offen zutage tritt die Unterschiedlichkeit auch darin, daß die Kommission der Europäischen Gemeinschaften mit ihrem Sitz in Brüssel ein permanentes Organ mit einem eigenen und umfangreichen Verwaltungsunterbau ist, wohingegen die Handelskommission des Mercosur all diese Merkmale nicht aufweist. Sinngemäß gelten diese Ausführungen auch für die deutliche Verschiedenheit der Kommission der Europäischen Gemeinschaften und der Mercosur-Gruppe. Eine Ähnlichkeit wird diesbezüglich allein aufgrund der Stellung der Mercosur-Gruppe als Exekutivorgan angenommen[71]. Jedoch sind dagegen wiederum insbesondere die hierarchisch untergeordnete Stellung der Gruppe mit ihrer strikten Gebundenheit an die Vorgaben des Mercosur-Rates, ihre ausschließlich auf Regierungsvertreter beschränkte Zusammensetzung sowie das Fehlen von Permanenz anzuführen.

Auch diese Gegenüberstellung macht damit deutlich, daß - neben der schon festgestellten gravierenden Unterschiedlichkeit vom Rat der Europäischen Union und den Entscheidungsorganen des Mercosur - auch ein der Kommission der Europäischen Gemeinschaften vergleichbares Organ im Mercosur nicht vorhanden ist.

Über die genannten Tatsachen hinaus, sind weitere Gegensätzlichkeiten der beiden Integrationsansätze bereits zutage getreten. Erwähnt seien nochmals das Fehlen eines permanenten Gerichtshofes für den Mercosur und die beschränkten Zugangsmöglichkeiten zum bestehenden System der Streitbeilegung[72]. Prägend bleibt insgesamt die Absage an supranationale Elemente, die gleichzeitig mit dem Ziel verbunden ist, durch die Errichtung eines Gemeinsamen Marktes einen sehr hohen Integrationsgrad zu erreichen.

2. Unterschiedlichkeit der Mercosur-Methode im lateinamerikanischen Vergleich

Die Besonderheit der Mercosur-Methode zeigt sich auch in der globalen Vergleichsbetrachtung mit der *Asociación Latinoamericana de Integración* (ALADI) und dem Andenpakt[73].

Hinsichtlich der ALADI ist die Vergleichbarkeit aufgrund ihrer speziellen Zielsetzung eingeschränkt. Vordringlich ist in ihrem Rahmen nicht die direkte Errichtung eines Integrationsraumes, sondern die Bereitstellung eines institutionellen Rahmens, innerhalb dessen dann bilaterale oder multilaterale Vereinbarungen von Zollpräferenzen vollzogen

70 s.o. Teil 2, Kap. 3 A III 3.

71 soweit ersichtlich nur: *Manzetti*, The Political Economy of Mercosur, in: Journal of Interamerican Studies and World Affairs 1993, S. 118

72 s.o. Teil 2, Kap. 3 C V

73 s.o. Teil 1 Kap. 1 A I 2 u. 3

werden sollen. Für einen Vergleich mit dem Mercosur, der dessen Besonderheit unterstreicht, läßt sich dennoch insbesondere die institutionelle Struktur der ALADI fruchtbar machen: Auch wenn bei der Errichtung der ALADI gleichermaßen auf die Einsetzung supranationaler Organe verzichtet wurde, bot sie den beteiligten Staaten ein von Beginn an definitives System zur Aushandlung von Zollpräferenzen und Regionalabkommen an. Die vier Hauptorgane und die Hilfsorgane wurden direkt und endgültig mit dem Gründungsvertrag eingerichtet, ohne daß nachhaltige zukünftige Ergänzungen, Überarbeitungen und Änderungen von vornherein vorgesehen gewesen wären. Ebenso verhielt es sich mit dem geschaffenen Verhandlungsmechanismus.

Noch deutlicher werden die Besonderheiten des Mercosur im Vergleich mit dem Andenpakt. Im Fall des Andenpaktes wollten dessen Mitglieder von vornherein Gegensätze zwischen einzelstaatlichen und gemeinschaftlichen Interessen durch institutionelle Vorkehrungen ausgleichen. Dieses Gleichgewicht sollte durch die Ausstattung des Andenpaktes mit der aus unabhängigen Funktionären zusammengesetzten, supranational ausgestalteten *Junta* erreicht werden[74]. Zusätzlich wurde auf der Grundlage des Gründungsvertrages ein ausgeprägter eigener Verwaltungsapparat des Andenpaktes errichtet und die Entscheidungsprozesse einer starken Formalisierung und Bürokratisierung unterworfen[75]. Mit Ausnahme des erst im Jahre 1979 als Rechtsprechungsorgan geschaffenen *Tribunal de Justicia* hatte der Andenpakt von vornherein seine definitive institutionelle Struktur erhalten, die zwar Modifikationen zuließ, im wesentlichen aber als endgültig angesehen wurde. Weitere nachträglich geschaffene Organe des Andenpaktes erfüllen vor allem Repräsentationsaufgaben[76], ließen aber die von Anfang an bestehende Organisationsstruktur bis zur Neugründung der Anden*gemeinschaft* unberührt.

Auch im Vergleich mit der Andengemeinschaft und ihrem neuen *Sistema Andino de Integración* zeigt sich weiterhin die Besonderheit der Mercosur-Methode. Wiederum wurde in der Andengemeinschaft ein komplexes und, wie die zukünftige Entwicklung zeigen wird, womöglich ausuferndes Institutionsgefüge geschaffen[77]. Die supranationalen Elemente des Andenpaktes finden sich ebenfalls in der Andengemeinschaft wieder und wurden durch ein Mehrheitssystem innerhalb der Kommission der Andengemeinschaft noch ausgebaut[78]. Die Neugründung der Andengemeinschaft macht schließlich deutlich, daß die Organisationsstruktur des Andenpaktes im Gegensatz zu derjenigen des Mercosur gerade nicht durch das Merkmal der Flexibiliät gekennzeichnet wird: Nachdem mit dem Cartagena-Abkommen zunächst ein weitgehend definitives Organgefüge geschaffen werden sollte, ließ sich die erforderlich gewordene Anpassung nur durch eine weitgehende *Neu*gestaltung erreichen.

74 s.o. Teil 1, Kap. 1 A I 3 b)

75 *Manzetti*, The Political Economy of Mercosur, in: Journal of Interamerican Studies and World Affairs 1993, S. 119

76 *Díez de Velasco,* Las Organizaciones Internacionales, S. 606 f.

77 s.o. Teil 1, Kap. 1 A I 3 c) u. d)

78 s.o. Teil 1, Kap. 1 A I 3 c); vgl. auch den durch Art. 1 des Protocolo de Trujillo neugefaßten Art. 26 des Cartagena-Abkommens

Im Rahmen des Mercosur werden ehrgeizige Ziele mit relativ einfach strukturierten Mitteln verfolgt. Der Integrationsmethode des Mercosur ist ein minimalistischer Ansatz. Gleichzeitig wird den beteiligten Staaten insbesondere bei der Aushandlung des Vertrages von Asunción ein ungeduldiges Verlangen nach Ergebnissen bescheinigt[79].
Das integrationstechnische Ziel des Mercosur ist vergleichbar mit der lange Zeit im Mittelpunkt europäischer Integrationsbemühungen stehenden Zielsetzung: Die Mercosur-Staaten wollen einen Gemeinsamen Markt errichten[80]; auch auf europäischer Ebene wurde das Konzept eines einheitlichen Binnenmarktes bereits Anfang der siebziger Jahre entwickelt[81] und durch die Einheitliche Europäische Akte aus dem Jahr 1986 als bis 1992 zu verwirklichendes Ziel vertraglich festgeschrieben[82]. Diese Entwicklung vollzog sich immer in einem definitiven institutionellen Rahmen, der zuweilen den Prozeß verlangsamte, ihm gleichzeitig aber auch Stabilität und Solidität verlieh[83].

Die Nähe der jeweiligen Ziele beider Integrationsansätze bildet so den Hintergrund für die Feststellung der Besonderheiten der Mercosur-Methode. Diese lassen sich folgendermaßen zusammenfassen:

- Der Mercosur ist strikt zwischenstaatlich ausgestaltet. Supranationale Elemente fehlen nicht nur, ihrer Einführung wurde darüber hinaus sogar eine eindeutige Absage erteilt.
- Die Vorgehensweise der Mercosur-Staaten stellt einen Fall der *top-down-integration* dar: Der Integrationsprozeß liegt nahezu ausschließlich in den Händen der jeweiligen Regierungen und dort vor allem der Staatspräsidenten. Die endgültige institutionelle Ausstattung soll Ergebnis und nicht Grundlage des Integrationsprozesses sein.
- In engem Zusammenhang mit dem vorgenannten Merkmal stehen die für den Mercosur charakteristischen Prinzipien der Transitorietät und der Flexibilität: Die institutionelle Struktur soll jeweils der zunehmenden Integrationsdichte angepaßt werden. Gegenwärtig verzichtet der Mercosur daher auf einen funktionsfähigen permanenten Mechanismus zur Streitbeilegung und besitzt keinen ständigen Verwaltungsunterbau.

---

79 *Early,* Towards the Economic Union of Argentina, Brazil, Paraguay and Uruguay, in: Gustafson, S. 181

80 s.o. Teil 2, Kap. 1 A I

81 vgl. *Schweitzer/Hummer,* Rdnr. 1062

82 vgl. Art. 13, 14, 15 der EEA, ABl. 1987 Nr. L 169, S. 1 ff., sowie die darauf hin eingeführten Art. 8a bis 8c des EGV

83 *Sanguinetti,* Mercosur: las alternativas del diseño institucional definitivo, in: Integración Latinoamericana Nr. 201 (1994), S. 5

D. Bewertung der Integrationsmethode

I. Die Kontroverse um die Integrationsmethode: der Vorwurf der institutionellen Schwäche

Die Hauptkritik am Vorgehen der Mercosur-Staaten kommt zusammenfassend in dem erhobenen Vorwurf der *debilidad institucional* - der institutionellen Schwäche des Mercosur - zum Ausdruck[84]. Dieser richtet sich gegen die Gesamtheit der zur Verwirklichung des angestrebten Integrationszieles bereitgestellten institutionellen Mittel und dabei insbesondere gegen die fehlende Supranationalität der Mercosur-Organe. Untermauert wird die Kritik an der institutionellen Schwäche dadurch, daß die Integrationsinstrumente in Beziehung zu dem angestrebten Integrationsziel gesetzt werden. In Anbetracht des als äußerst ehrgeizig angesehenen Zieles der Errichtung eines Gemeinsamen Marktes wird von einer deutlichen Unangemessenheit der angewendeten Mittel gesprochen[85]. Eine profunde Integration liege danach noch in weiter Ferne, da der Integrationsmechanismus schlechthin unzureichend und allein zur Erreichung der Warenverkehrsfreiheit geeignet sei[86].

1. Anknüpfung an die fehlende Supranationalität

Die Kritik an der institutionellen Schwäche des Mercosur steht vor allem aufgrund ihrer Bemängelung der fehlenden Supranationalität im Einklang mit der herrschenden und überkommenen politischen Theorie zur Wirtschaftsintegration. Danach wird es für unbedingt erforderlich gehalten, daß regionale Wirtschaftsintegration einhergeht mit der Herausbildung einer soliden institutionellen Struktur, wobei weiter deren Supranationalität für die rechtliche und politische Vereinheitlichung und Angleichung essentiell sei[87].

Dementsprechend stellt sich der bisherige Verzicht auf die Einbeziehung supranationaler Elemente in den Augen vieler Kritiker als eine deutliche Schwäche des Mercosur dar, was auf die als nachteilig angesehenen Eigenschaften der Zwischenstaatlichkeit zurückgeführt wird[88]: In dem intergouvernementalen Gefüge des Mercosur seien so keine

84 *Sanguinetti,* Mercosur: las alternativas del diseño institucional definitivo, in: Integración Latinoamericana Nr. 201 (1994), S. 5

85 *Zelada Castedo,* Competencias legales y toma de decisiones en la integración en América Latina, in: Integración Latinoamericana Nr. 185 (1993), S. 74; *Haines-Ferrari,* Mercosur: A new Model of Latin American Economic Integration, in: Case Western Reserve Journal of International Law 1993, S. 414

86 *Sanguinetti,* Mercosur: las alternativas del diseño institucional definitivo, in: Integración Latinoamericana Nr. 201 (1994), S. 9; *Haines-Ferrari,* Mercosur: A new Model of Latin American Economic Integration, in: Case Western Reserve Journal of International Law 1993, S. 424 f.

87 *Mols,* The Integration Agenda, in: Smith, S.62

88 *Stevens,* Mercosur - A Latin American regional integration of the second generation, in: Studia Diplomatica 1995, Nr. 4, S. 55; *Ekmekdjian,* Introducción al derecho comunitario latinoamericano, S. 358; *Zelada Castedo,* Competencias legales y toma de decisiones en la integración en América Lati-

autonomen Entscheidungen möglich und der Prozeß der zwischenstaatlichen Konsensfindung äußerst langwierig. Gerade dann, wenn die intergouvernementale Anfangsdynamik zum Erliegen käme, führe dies unweigerlich zur Stagnation des gesamten Integrationsprozesses. Bereits heute werden die Konsequenzen hieraus beobachtet, die sich in der starken Abhängigkeit des Mercosur vom präsidentiellen Willen und der damit einhergehenden größeren Verletzlichkeit des Projektes zeigten; in der darin zum Ausdruck kommenden Übervorsicht gegenüber losgelösten Integrationsstrukturen zeigten sich wiederum die Fehler der Vergangenheit, an denen bislang alle lateinamerikanischen Integrationsprojekte gescheitert seien.

2. *Anknüpfung an das Fehlen einer tatsächlichen Rechtsgemeinschaft*

Nicht das Fehlen supranationaler Elemente allein, sondern dahinter stehende grundsätzliche integrationsrechtliche Erwägungen werden ebenfalls zur Begründung von negativer Kritik an der Integrationsmethode des Mercosur herangezogen. Ihren Ausgangspunkt findet diese Sichtweise in der Forderung nach einer strikten und durchgängigen Unterwerfung des Integrationsprozesses unter ein entsprechend ausgestaltetes Integrationsrecht[89].

Bereits das Fehlen eines permanenten Rechtsprechungsorganes mit supranationaler Ausgestaltung läuft einer solchen Forderung zuwider. Ähnlich verhält es sich mit der Unterordnung rechtlicher Vorgaben unter tatsächlich festgestellte Bedürfnisse, für die etwa die Einrichtung der Mercosur-Handelskommission durch eine dem Vertrag von Asunción zuwiderlaufende eigenmächtige Initiative des Mercosur-Rates als Beispiel dienen kann[90]. Insbesondere in der Schaffung einer permanenten unabhängigen Rechtsprechungseinrichtung und eines weiteren vom einzelstaatlichen Willen unabhängigen und damit supranationalen Organes wird die Möglichkeit gesehen, rechtliche Unsicherheiten zu beseitigen, Rechtsverstöße zu verhindern oder zu ahnen und der Fortentwicklung eines geschlossenen Integrationsrechtes zu dienen[91].

Insgesamt wird nach dieser Ansicht die Rolle des Rechts als treibender Integrationsfaktor hervorgehoben und für politischen Integrationswillen und wirtschaftliche Interessen darauf verwiesen, daß diese sich strikt in den Bahnen eines ausgeprägten Gemeinschaftsrechtes zu bewegen hätten.

---

na, in: Integración Latinoamericana Nr. 185 (1993), S. 74; *Garré Copello*, S. 214; *Haines-Ferrari*, Mercosur: A new Model of Latin American Economic Integration, in: Case Western Reserve Journal of International Law 1993, S. 414; *Manzetti*, The Political Economy of Mercosur, in: Journal of Interamerican Studies and World Affairs 1993, S. 118; *Moavro/Orieta/Parera*, Las instituciones del Mercosur, S. 50

89 *Comisión Nacional de Juristas de Uruguay*, Documento de trabajo, abgedruckt in: *Pérez Otermin I*, S. 151 ff. (S. 154)

90 s.o. Teil 2, Kap. 3 A III 1.

91 *Comisión Nacional de Juristas de Uruguay*, Documento de trabajo, abgedruckt in: *Pérez Otermin I*, S. 151 ff. (S. 170)

II. Zu einer Neubewertung der Integrationsmethode

Bereits die vorangegangene völkerrechtliche Betrachtung hat deutlich gemacht, daß die bislang konsequent vollzogene Absage der Mercosur-Staaten an supranationale Elemente das Spezifikum der Mercosur-Methode schlechthin darstellt. Dementsprechend erweist sich, wie bei den vorstehend aufgeführten Kritikpunkten geschehen, die fehlende Supranationalität als zutreffender Anknüpfungspunkt für die wertende Auseinandersetzung mit der Mercosur-Methode.

Bereits vorab zeigt sich eine mißliche Konsequenz aus der stark betonten Zwischenstaatlichkeit: es ist dies das mangelnde Vertrauen in die Zukunft des Mercosur, das sich vor allem auf die Verläßlichkeit, Berechenbarkeit und Irreversibilität des mit großen Zielen angetretenen Integrationsprojektes bezieht.

Hinzu kommt, daß angesichts bisheriger lateinamerikanischer Integrationserfahrungen, also der langen Geschichte von Freihandels- und Integrationsprojekten mit der konstatierten Unfähigkeit, verläßliche und dauerhafte Integrationsinstitutionen zu schaffen[92], jegliche Art von Vertrauensvorschuß abwegig ist. Allerdings dürfen diese allgemeinen Feststellungen eine objektive Bewertung nicht überlagern. Hinterfragt werden muß vielmehr, ob daß geäußerte Mißtrauen auch im konkreten Fall wohlbegründet ist.

1. Unrichtige Bewertungsmaßstäbe

Gerade im Rahmen der Betonung des Gedankens der Supranationalität und seiner eminenten Bedeutung für erfolgreiche Integrationsvorhaben unterbleibt nicht selten die geforderte Ausrichtung am konkret vorliegenden Integrationsmodell. Vor allem auf der Grundlage der herkömmlichen politischen Theorie besteht die Gefahr, fehlende Supranationalität pauschal als für die erfolgreiche Integration hinderlichen Faktor zu werten.

Der Hintergrund für die geschilderte Bewertung liegt nahe. Anschauungsobjekt bei der Annahme generell negativer Auswirkungen fehlender Supranationalität sind vor allem die Europäischen Gemeinschaften als bislang erfolgreichstes Integrationsprojekt, die eben gerade die geforderte Supranationalität aufweisen.

Ein Abweichen von den Erfolgsfaktoren europäischer Wirtschaftsintegration kann daher kein Qualitätsurteil im Sinne der überkommenen Ansichten rechtfertigen, wenn die Ausgangssituation nachhaltige Unterschiede aufweist. Genau diese Unterschiedlichkeit der Voraussetzungen ist indessen im Fall des Mercosur gegeben:

- So muß zunächst die Tatsache Berücksichtigung finden, daß ein wichtiger Ausgangspunkt des Mercosur-Projektes ökonomischer Natur ist, woraus sich als Ziel in erster Linie die Herstellung wirtschaftlicher Stabilität in der Region und weniger das Erreichen einer politischen Union ergibt. Hinzu kommen die weitaus grö-

92 *Early,* Towards the Economic Union of Argentina, Brasil, Paraguay and Uruguay, in: *Gustafson,* S. 170

ßeren Schwankungen, denen die Volkswirtschaften der Mercosur-Staaten unterworfen waren und sind[93].

- Ferner wurde auch im Rahmen dieser Untersuchung bereits auf eine, im Vergleich etwa mit den Europäischen Gemeinschaften, unterschiedliche Herangehensweise an das Projekt der Wirtschaftsintegration hingewiesen. Die Schaffung eines Gemeinsamen Marktes wurde so etwa im Vertrag von Asunción für einen Zeitraum von vier Jahren anberaumt. Diese von vornherein bewußt unrealistische Zielsetzung widerspricht den Grundsätzen eines strikt am Vertragstext orientierten Integrationsvorgehens und ist beispielhaft für die unterschiedliche Umgangsweise mit rechtlichen Vorgaben. Dabei räumen auch Kritiker der Methode insgesamt ein, daß sich der Integrationserfolg an dieser Art von Zielsetzung jedenfalls nicht messen lasse[94].
- Einer der entscheidenden Faktoren zur Erläuterung und Begründung eines Sonderweges ist schließlich, daß sich auf der Ebene des Mercosur die Besonderheiten in den Einzelstaaten und der Gesamtregion widerspiegeln. In den präsidentiellen Systemen wird die Politik insgesamt weniger von ineinandergreifenden Institutionen, als gerade von den Präsidenten selbst bestimmt. In diesen als lateinamerikanischer Präsidentialismus bezeichneten Systemen ist der Präsident gleichzeitig Staats- und Regierungschef sowie Oberbefehlshaber der Streitkräfte. Neben seiner Stellung als Kopf der Exekutive ist er auch mit Initiativ- und Mitwirkungsrechten legislativer Art ausgestattet und damit insgesamt das Zentrum des Regierungssystems[95].

Es besteht damit eine deutliche Unterschiedlichkeit der europäischen Ausgangssituation einerseits und den Voraussetzungen in der Mercosur-Region andererseits. Hingewiesen wird in diesem Zusammenhang auch auf generelle wirtschaftliche, kulturelle und soziologische Unterschiede und zusammenfassend von *realidades distintas* - einer anderen Wirklichkeit - im Vergleich von Mercosur und den Europäischen Gemeinschaften gesprochen[96].

Was sich bereits bei der Untersuchung des institutionellen Rechts des Mercosur abzeichnete, steht damit endgültig fest: Dieses Integrationsmodell stellt sowohl von seinen Ausgangsvoraussetzungen her als auch hinsichtlich der eingesetzten Integrationsinstrumente einen Sonderweg dar und ist somit ein Integrationsprojekt sui generis.

---

93 s.o. Teil 1, Kap. 2 A II

94 *O'Keefe*, An Analysis of the Mercosur Economic Integration Project from a Legal Perspective, in: International Lawyer 1994, S. 444

95 zum Begriff des lateinamerikanischen Präsidentialismus vgl. bereits: *Loewenstein*, S. 63 ff., 430 ff.; *Lambert*, in: La transposition du régime présidential hors les États Unis, Revue des Sciences Politiques Françaises 1963, S. 581 ff.; aus heutiger Zeit: *Martínez Ocamica*, Politische Regime in Lateinamerika, S. 437 ff.; mit Bezug ausschließlich auf die Mercosur-Staaten: IRELA, Dossier Nr. 61, 1997, S. 15

96 *Lavopa*, La dimensión jurídica de la integración del Mercosur, S. 1; *Ferrer*, Mercosur: trayectoria, situación actual y perspectivas, in: Desarrollo Económico 1996, S. 581

2. Befürwortung der Vorgehensweise sui generis: Neue Antworten auf alte Probleme

Bereits die Gesamtbetrachtung der lateinamerikanischen Integrationsvergangenheit streitet grundlegend für das Einschlagen eines integrationstechnischen Sonderweges und die Entwicklung neuer Lösungsmöglichkeiten. Denn sowohl komplexe Systeme, wie der Andenpakt, als auch institutionell simplere Mechanismen, wie die ALADI, zeichneten sich vor allem durch weitgehende Erfolglosigkeit aus.

Dabei läßt sich gerade das Beispiel des Andenpaktes für die Bewertung der Mercosur-Methode nutzen: Zum einen war die Andenintegration institutionell und methodisch stark am Vorbild der Europäischen Gemeinschaften orientiert. Sie stellt damit ein, freilich an Erfolgen armes, Beispiel für die Übertragung europäischer Integrationstechniken auf andere Regionen dar. Zum anderen wies der Andenpakt die im folgenden gezeigten integrationstypischen Schwierigkeiten und Mängel auf, denen im Rahmen des Mercosur jeweils anders- und neuartige Lösungen entgegengesetzt werden. Inwieweit die nachstehenden Ausführungen auch für die neugeschaffene Andengemeinschaft gelten, wird einer Bewertung erst zu einem späteren Zeitpunkt zugänglich sein. Die dort unmittelbar nach der Verabschiedung des neuen *Sistema Andino de Integración* aufgetretenen Konflikte[97] legen jedoch die Vermutung nahe, daß die Probleme des ehemaligen Andenpaktes nicht vollständig behoben sind.

a) Institutionen und Bürokratisierung statt Integrationsfortschritten

Die Erfahrungen des Andenpaktes führen zu der Erkenntnis, daß das Integrationsrecht in seiner Gestalt als bloße Rechtsnorm in erster Linie die vorhandenen Tatsachen zu regeln hat, eigenständig jedoch diese Tatsachen nicht hervorzubringen oder zu verändern mag. Weiter geführt, bedeutet dieser Gedanke, daß die vorweg erfolgende Ausstattung eines Integrationsvorhabens mit einer differenzierten institutionellen Struktur, unter Einbeziehung supranationaler Elemente, für sich genommen noch keine entsprechenden Erfolge des Integrationsprojektes sicherstellt. Im Gegenteil bedeutete dies sogar, die Macht des Rechtes neben anderen Faktoren überzubetonen und damit zu überschätzen. Supranationalität und differenzierte institutionelle Strukturen zu Beginn eines Integrationsprozesses vermögen demgemäß nicht, eine fehlende Entschlossenheit zur Wirtschaftsintegration zu kompensieren.

Die institutionelle Ausgestaltung des Andenpaktes vollzog sich in Verkennung der vorgenannten Erkenntnisse häufig anhand von vermeintlichen und vorab auf der Grundlage integrationstheoretischer Erwägungen festgestellten Notwendigkeiten, die in vielen Fällen dem tatsächlichen Bedarf nicht entsprachen. So verfingen sich die Integrationsbemühungen schnell in einem Netz exzessiver Bürokratisierung. Der Integrati-

97 s.o. Teil 1, Kap. 1 A I 3 c)

onswille konnte nicht unmittelbar umgesetzt werden bzw. fehlender Integrationswille durch ein institutionell aufwendiges System verschleiert werden.

Einem Eingeständnis überhand nehmender Komplizierung durch die Vertragsstaaten gleicht im Rahmen des Andenpaktes die Präambel des Vertrages zur Schaffung des Andengerichtshofes aus dem Jahre 1979[98]: Als ein Hauptgrund für dessen Schaffung wurde dort die überhand nehmende Komplexität der für den Andenpakt errichteten Rechtsordnung einschließlich des komplizierten Verhältnisses von Integrationsrecht und nationalem Recht und des unübersichtlichen Umsetzungsverfahrens genannt.

Daß es sich bei dem geschilderten Phänomen nicht um ein spezifisches Integrationsproblem des Andenpaktes handelt, zeigt bereits der Blick auf die Mercosur-Staaten selbst. Diesen wird eine durchgängige Tradition der Schaffung exzessiver nationaler und auch internationaler Bürokratien bescheinigt[99].

b) Flexibilität und Bedarfsorientiertheit statt Bürokratisierung

Die Mercosur-Staaten begegnen der vorstehend aufgezeigten Problematik durch die Aufstellung und Umsetzung entgegenstehender Grundprinzipien für den Integrationsprozeß. Vorschneller Institutionalisierung und exzessiver Bürokratisierung sind die bereits festgestellten folgenden Besonderheiten der Mercosur-Methode entgegengesetzt: die strikt zwischenstaatliche Ausgestaltung mit schlichten Strukturen, das Prinzip der *top-down-integration* und schließlich die Merkmale der Transitorietät und Flexibilität.

So sind die Voraussetzungen dafür geschaffen, daß die Errichtung und Ausgestaltung der Institutionen zeitlich und inhaltlich in Funktion zum Voranschreiten des Integrationsprozesses geschieht und sich an den jeweils auftretenden praktischen Notwendigkeiten orientiert. Erster Beleg dafür ist in der Wirklichkeit des Mercosur, daß eine eigenständige *Mercocracia* - also eine aus dem Begriff der Eurokratie abgeleitete Mercosur-Bürokratie - gegenwärtig nicht besteht[100].

Innerhalb des Mercosur zeigen sich Flexibilität und Pragmatismus in den institutionellen Vorkehrungen vor allem an der Handelskommission und dem Mechanismus zur Streitbeilegung: Mehrfach erwähnt wurde, daß die Handelskommission durch die Mercosur-Gruppe auf präsidentielle Initiative hin zu dem Zeitpunkt geschaffen wurde, als eine entsprechende Notwendigkeit aufgetreten war. In der Situation konnte diese Einrichtung schnell, bedarfsorientiert und ohne institutionelle Hindernisse ins Leben gerufen werden.

---

98 *Tratado de Creación del Tribunal de Justicia,* unterzeichnet am 28. Mai 1979, englische Übersetzung in: I.L.M. 18 (1979), S. 1203 ff.; s.o. Teil 1, Kap. 1 A I 3. b) und c)

99 *Castriote de Azambuja*, Mercosur y CEE: Cooperación entre regiones, in: *Rimoldi*, S. 195

100 *Peña*, New Approaches to Economic Integration in the Southern Cone, in: The Washington Quarterly 1995, S. 116; *Ferrer*, Mercosur: trayectoria, situación actual y perspectivas, in: Desarrollo Económico 1996, S. 581; *Olavo Baptista*, O impacto do Mercosul sobre o sistema legislativo brasileiro, in: Revista Dos Tribunais 1993 (Nr. 680), S. 41

Zur gleichen positiven Bewertung führt die Behandlung der Frage der Streitbeilegung im Mercosur. Der Bedarf nach einem endgültigen permanenten Mechanismus zur Streitbeilegung wird vor allem durch die gegenwärtige institutionelle Ausgestaltung des Mercosur minimiert. Folgerichtig war es daher, die Zeit zur Errichtung eines solchen Systems noch nicht für reif zu halten. Abzuwarten ist vielmehr die zukünftige institutionelle Entwicklung. Bislang war durch das flexible Vorgehen des Mercosur jedenfalls die Schaffung einer zwar differenzierten, aber praktisch nicht oder neben dem tatsächlichen Bedarf agierenden zusätzlichen Institution zu verhindern, die letztlich wirkungslos bleiben, aber einmal errichtet, weitere Lösungen blockieren würde.

Abgerundet wird diese Bewertung durch die unerwartet positiven Effekte der ebenfalls technisch schlichten und pragmatischen Konsensregelung für die Beschlußfassung der Mercosur-Organe. Aus dem Wesen dieses Entscheidungsmodus unmittelbar folgend, besitzen die beschlossenen Rechtsakte einen hohen Grad von Akzeptanz in den jeweiligen nationalen Administrationen. Denn die Entscheidungen können nicht gegen den Willen eines oder mehrerer Mitgliedstaaten ergehen. Hinzu kommt, daß die jeweiligen nationalen Organe, insbesondere die Ministerien, selbst in den Organen des Mercosur repräsentiert sind. Auch hier ist im Vergleich mit komplexeren, supranational geprägten Vorkehrungen die im Mercosur gewählte Lösung jedenfalls in der gegenwärtigen frühen Phase vorzugswürdig: Reduziert ist so die Gefahr, daß Maßnahmen zwar erlassen, aber von vornherein nicht eingehalten werden. Ein entsprechender politischer Integrationswille kann damit nicht nur aufgrund der präsidentiellen Prägung unmittelbar umgesetzt werden, sondern stößt gleichzeitig strukturell bedingt nicht auf Widerstände in den nationalen Administrationen, die ihrerseits an der Beschlußfassung auf Mercosur-Ebene selbst beteiligt sind.

c) Offene Optionen statt eines festgefahrenen Prozesses

Aus den dargelegten Gründen verdient die Mercosur-Methode grundsätzliche Zustimmung. Eröffnet wurde und wird mit ihr vor allem ein relativ unkomplizierter Weg zur Umsetzung des vorhandenen Integrationswillens.

Gleichzeitig findet sich die Kehrseite der institutionell minimalistischen und flexiblen Struktur besonders pointiert in der Feststellung ausgedrückt, das Mercosur-Projekt sei realisierbar in wenigen Jahren, aber auch zerstörbar in wenigen Sekunden[101]. Hintergrund dafür ist in erster Linie die aufgezeigte starke Abhängigkeit des Integrationsfortschrittes vom jeweiligen präsidentiellen Willen. Jedoch sei wiederholt, daß auch komplexere Organisationsformen und der Einsatz supranationaler Elemente keinen Erfolg garantieren können und ferner ein in Europa erfolgreiches Integrationsmodell nicht unter deutlich anderen Bedingungen angewendet werden kann. Auf diese Weise wäre die Irreversibilität des Mercosur-Projektes nicht zu erreichen. Aufschluß über die mögliche

101 *Lavopa,* La dimensión jurídica de la integración del Mercosur, S. 10

Unumkehrbarkeit vermag daher auch nicht allein das methodische Vorgehen der Mercosur-Staaten zu liefern. Hierzu werden sich vielmehr im Rahmen der anschließenden Beschäftigung mit den Ergebnissen des Mercosur-Prozesses im Bereich des materiellen Rechts weitere Aussagen machen lassen. Während also die Frage nach der Irreversibilität des mit der Mercosur-Gründung eingeschlagenen Weges an dieser Stelle offenbleiben muß, wird die Angemessenheit und institutionelle Funktionsfähigkeit des Mercosur hier bejaht. Mit der dem Mercosur eigenen Flexibilität ist in Zukunft die Möglichkeit zur Fortentwicklung gesichert. Hinzu tritt die Tatsache, daß der Mercosur bemüht ist, Vertrauen in seine Beständigkeit und Irreversibilität zu schaffen. Ein Beispiel dafür ist das Protokoll von Ouro Preto, mit dem insgesamt der Zukunftswille des Mercosur demonstriert wurde. Im besonderen wurde damit aber auch auf die dringlichsten Forderungen, wie etwa nach Ausstattung des Mercosur mit Völkerrechtspersönlichkeit, reagiert.

Flexibilität und Pragmatismus ermöglichen einmal, unangemessene Institutionalisierung zu verhindern und die Gestaltung des Integrationsprozesses an den tatsächlichen Bedürfnissen auszurichten. Auch mit Blick auf die europäische Integration wird nicht nur deren differenzierte, bis zur Kompliziertheit reichende institutionelle Ausgestaltung als beispielhaft angesehen, sondern gerade auch die Idee eines sukzessiven, in Etappen gegliederten Vorgehens[102]. Dieses Vorgehen ermöglicht den Mercosur-Staaten die Konzentration auf jeweils schon erreichte oder unmittelbar anstehende Ziele. Im konkreten Fall sind diese in der Errichtung von Freihandelszone und Zollunion und erst später der Einführung eines Gemeinsamen Marktes zu sehen. Angesichts dessen überlagern Fernziele nicht die Gestaltung der Gegenwart und unvermeidbare Schwierigkeiten und mögliche Rückschläge führen zu keiner grundlegenden Enttäuschung der Zielerwartung. Wenn relativ einfache Aufgaben auf dem Integrationsweg mit relativ einfachen Mitteln gelöst werden konnten und können, wie eben die Errichtung einer Zollunion, so ist dies - auch bei ungewisser Erreichung höherer Integrationsstufen - gegenüber einem aufgrund übermäßiger Differenzierung und Kompliziertheit bereits im Anfangsstadium stockenden Vorgehen vorzugswürdig.

---

102 *Villanueva,* La experiencia de la Comunidad Europea: posibles lecciones para el Mercosur, in: Contribuciones 1992, Nr. 2, S. 8

Dritter Teil

Die Europäische Union und der Mercosur: Die Gestalt des Mercosur als Kooperationspartner nach dessen materiellem Recht

Mit Blick auf den möglichen Ausbau der Beziehungen zwischen Europäischer Union und Mercosur fordert die EG-Kommission unmißverständlich als „Voraussetzung für eine [...] umfassende Partnerschaft, daß der Mercosur seine Position als regionale Instanz gefestigt hat“; besonderes Gewicht wird dabei auf die Vollendung einer Zollunion zwischen den Mercosur-Staaten gelegt[1]. Aus dieser Forderung resultiert auch im Mercosur die Erkenntnis, daß nachhaltige Annäherungsfortschritte nur erzielt werden können, wenn die Regelungen des Mercosur gewährleisten, daß den marktteilnehmenden Wirtschaftssubjekten auch tatsächlich *ein* Markt mit 200 Millionen Verbrauchern offensteht[2]. Die Frage nach dem bisherigen Entwicklungsstand des materiellen Rechts im Mercosur ist daher das notwendige Bindeglied zwischen der im Rahmen dieser Arbeit vorangegangenen institutionellen Betrachtung des Mercosur und der nachfolgenden Analyse des Verhältnisses zwischen Mercosur und Europäischer Union.

Die Herausarbeitung des gegenwärtigen Standes der innerhalb des Mercosur erreichten materiellen Regelungen gibt einerseits weiteren Aufschluß über die Leistungsfähigkeit und Attraktivität des Integrationsprojektes. Denn dabei werden die im Rahmen der bislang behandelten Organisationsstruktur erzielten Ergebnisse deutlich. Vor allem aber ist das in materiell-rechtlicher Hinsicht innerhalb des Integrationsprojektes bislang Erreichte für die Bestimmung der Position der Europäischen Union gegenüber dem Mercosur bedeutsam. Denn erst damit wird deutlich, welche Integrationsform der Mercosur bislang erreicht hat, welche Art von Markt sich den europäischen Akteuren also bietet und inwieweit mit dem Mercosur die Errichtung einer Freihandelszone oder sogar Zollunion bereits verwirklicht ist.

A. Die bisherige Entwicklung des materiellen Rechts im Mercosur

Die Entwicklung des Mercosur im Bereich des materiellen Rechtes läßt sich bis heute in zwei Phasen einteilen. Diese Systematisierung dient nicht nur der Übersichtlichkeit, sondern verdeutlicht darüber hinaus auch die graduelle Prägung des Integrationsprozesses.

Als erste Phase ist dabei der Zeitraum vom Inkrafttreten des Vertrages von Asunción im Jahre 1991 bis zum Dezember des Jahres 1994 zu sehen. Diese Einteilung wird vom Vertrag selbst gestützt, der von einem *período de transición* - also einer Übergangszeit - bis zum 31. Dezember 1994 spricht[3].

Die zweite Phase begann mit dem Ende der Übergangszeit am 1. Januar 1995. Sie wird als *período de convergencia* - Konvergenzphase - bezeichnet[4]. In diesem Zeitab-

1 vgl. Mitteilung der Kommission an den Rat und das Europäische Parlament, „Ausbau der Politik der Europäischen Union gegenüber Mercosur“, COM (94) 428, S. 16

2 *Peña*, Mercosur y su relación con Chile, Pacto Andino, NAFTA y Unión Europea, in: Segunda Conferencia Industrial Argentina, 1997, S. 22

3 vgl. Art. 3 des TA

4 so die Terminologie bei: *Pérez Otermin II*, S. 74

schnitt sollen die für die endgültige Errichtung des Gemeinsamen Marktes notwendigen Angleichungen im materiellen Recht und ferner im politischen und wirtschaftlichen Bereich erfolgen.

I. Die Übergangszeit von 1991 bis 1994

Die während der Übergangszeit durchzuführenden Maßnahmen sollten ein Programm zur Handelsliberalisierung, die Koordinierung der Volkswirtschaftspolitiken, ein gemeinsamer Außenzoll und der Abschluß von Vereinbarungen auf sektoraler Ebene zur Verbesserung der Produktivität in den Mitgliedstaaten sein[5].

Über die bloße Erwähnung dieser Maßnahmen hinaus, fanden sich konkrete Bestimmungen zu deren Inhalt, Ablauf und Durchführung anfangs allein im Bereich der Liberalisierung des intrazonalen Warenhandels. Aufgestellt worden war ein detailliertes *Programa de Liberación Comercial* - ein Programm zur Handelsliberalisierung[6]. Ergänzt wurde dieses durch die für den intrazonalen Zollabbau notwendigen Regelungen des Warenursprungs[7]. Weiter vorgesehen war die ausnahmsweise Anwendung von Schutzmaßnahmen für einzelne Erzeugnisse während der Übergangszeit[8].

Allein das zur Errichtung einer Freihandelszone gehörende Merkmal[9], nämlich die Abschaffung von Ein- und Ausfuhrzöllen zwischen den Mitgliedstaaten, erfuhr damit für die Übergangszeit eine Regelung. In sämtlichen anderen Bereichen ermangelte es konkreter materieller Bestimmungen und spezifischer Verfahren[10]. Von ihren Zielen und Mitteln her diente die Übergangszeit von 1991 bis 1994 daher insgesamt der Errichtung einer Freihandelszone im Mercosur-Gebiet.

II. Die Konvergenzphase seit 1995

Innerhalb der Konvergenzphase bedürfen sämtliche materiell-rechtlichen Elemente der Regelung, die über die Errichtung einer Freihandelszone hinausgehend, zur Errichtung einer Zollunion und schließlich eines Gemeinsamen Marktes erforderlich sind. Hierzu zählt in erster Linie die Einführung eines gemeinsamen Außenzollsatzes und die rechtliche Harmonisierung in den von der Integration betroffenen Bereichen. Da ferner auch das Programm zur Handelsliberalisierung aufgrund zahlreicher Ausnahmen nicht wie vorgesehen zu einer vollständigen Liberalisierung des intrazonalen Handels geführt hat, bedarf auch dieser Bereich in Zukunft weiterer Regelungen. Die für das materielle Recht

---

5 vgl Art. 5 a) bis d) des TA

6 enthalten in Anhang I des TA; im folgenden als PLC bezeichnet

7 enthalten in Anhang II des TA; zu Funktion und Notwendigkeit von Ursprungsregeln: s.o. Teil 2, Kap. A II 1. u. 2.

8 enthalten in Anhang IV des TA

9 zu den Merkmalen der wirtschaftsrechtlichen Integrationsformen: s.o. Teil 2, Kap. 1 A II

10 *Bouzas*, Mercosur y la liberación de comercio preferencial en América del Sur, in: Coyuntura Económica 1995, S. 140

ausschlaggebenden Rechtsakte, auf die einzugehen ist, finden sich für die Konvergenzphase, anders als noch für die Übergangszeit, im Bereich des sekundären Rechts.

Ein zentrales Ziel der Konvergenzphase ist die endgültige Verwirklichung des freien intrazonalen Warenverkehrs. Das Programm zur Handelsliberalisierung aus der Übergangszeit wird grundsätzlich fortgeführt und dabei ersetzt durch das *Régimen de Adecuación* - die Anpassungsordnung[11]. Damit soll das weitere Vorgehen zur Erreichung der vollständigen Liberalisierung des Handels zwischen den Mercosur-Staaten geregelt werden.

Weiteres zentrales Element der Konvergenzphase ist die Einführung des gemeinsamen Außenzollsatzes und in integrationstechnischer Hinsicht damit die Errichtung einer Zollunion zwischen den Mercosur-Staaten. Die Einführung dieses gemeinsamen Außenzollsatzes wurde durch den Mercosur-Rat bereits beschlossen[12]. Dabei wurden auch Einzelheiten zu seiner Festsetzung und Ausnahmeregelungen während der Konvergenzphase bestimmt.

Anders als noch im Vertrag von Asunción wird für die Vollendung des Gemeinsamen Marktes kein weiteres festes Datum genannt, was dazu führt, daß auch ein Endtermin für den Zeitraum der Konvergenzphase offen ist[13].

B. Das geltende materielle Recht des Mercosur

Trotz der institutionell schlanken Ausgestaltung und seines kurzen Bestehens, ist im Rahmen des Mercosur bislang eine große Anzahl von Normen hervorgebracht worden, die nur schwer zugänglich und überschaubar sind[14]. Zu dieser Unübersichtlichkeit hat auch die Tatsache beigetragen, daß dem Integrationsprozeß mit dem Vertrag von Asunción keine ordnende und umfassende Kodifizierung, sondern lediglich ein ausfüllungsbedürftiger Rahmen zugrunde gelegt wurde[15].

Jedoch legt der Vertrag von Asunción die Struktur der Untersuchung des materiellen Rechts bereits nahe. Durch seine Zielfestsetzung auf die Errichtung eines Gemeinsamen Marktes, stellt sich die Frage, inwieweit der Mercosur auf diesem Wege bereits vorangekommen ist. Die Analyse orientiert sich dementsprechend an den für das Vorliegen dieser Integrationsform des Gemeinsamen Marktes erforderlichen Elementen. Diese sind, wie bereits an anderer Stelle ausgeführt[16], zunächst die Verwirklichung der drei Grundfreiheiten in Form des freien Verkehrs von Waren, Dienstleistungen und Produktionsfaktoren insgesamt; weiter die Einführung eines Gemeinsamen Außenzolltarifs

11 aufgestellt durch Decisión Nr. 5/94 des Mercosur-Rates
12 Decisión Nr. 22/94 des Mercosur-Rates
13 Pérez *Otermin II*, S. 74
14 als „*unübersichtlicher Haufen von Regelungen*" bezeichnet bei: *Dromi*, Código del Mercosur, Bd. 1, S. 168
15 s.o. Teil 2, Kap. 2 C II
16 s.o. Teil 2, Kap. 1 A II 3.

sowie die Festlegung einer gemeinsamen Handelspolitik gegenüber Drittstaaten und schließlich die Harmonisierung der Gesetzgebung in den von der Integration betroffenen Bereichen.

I. Die Warenverkehrsfreiheit als erste Grundfreiheit

Die Regelungen zur Einführung der Warenverkehrsfreiheit bilden das Kernstück der Übergangsphase. Auch in der anschließenden Konvergenzphase ist der Einführung dieser Grundfreiheit breiter Raum gewidmet. Der Stand der Verwirklichung der Warenverkehrsfreiheit ergibt sich aus dem auf die Übergangsphase bis zum 31. Dezember 1994 beschränkten Programm zur Handelsliberalisierung und der anschließend für die Konvergenzphase maßgeblichen Anpassungsordnung.

1. Das Programm zur Handelsliberalisierung (PLC)

a) Ziel des PLC

Die Durchführung des PLC sollte jedenfalls nach dem Wortlaut des Vertrages von Asunción bis zum 31. Dezember 1994 zur vollständigen Beseitigung der intrazonalen Zölle und nichttarifären Handelshindernisse führen[17]. Auch für die zunächst vom PLC ausgenommenen Waren sollte der vollständige Zollabbau bis zu diesem Zeitpunkt, bzw. bis zum 31. Dezember 1995 für Paraguay und Uruguay, erfolgen[18].

Insgesamt war das ehrgeizige Ziel des Programmes also eine hundertprozentige Liberalisierung des Warenhandels zwischen den Mercosur-Staaten. Wenngleich das PLC auch nichttarifäre Handelshemmnisse behandelt, sind konkrete und operative Regelungen nahezu ausschließlich hinsichtlich des Abbaus von Zöllen und sonstiger staatlicher Abgaben enthalten.

b) Inhalt des PLC

Im Rahmen des PLC wurde zunächst der Gegenstand der Liberalisierung bestimmt: Ausgeführt wird, daß sämtliche Zölle, Abgaben und sonstige Maßnahmen gleicher Wirkung unabhängig von ihrer Beschaffenheit, soweit sie den Außenhandel beeinflussen, dem Liberalisierungsprogramm unterfallen sollen[19].

17 zum Ausdruck gebracht in: Art. 5 lit. a des TA unter Verweis auf dessen Anhang I: *„Un Programa de Liberación Comercial [...] para llegar al 31 de diciembre con arancel cero, sin restricciones no arancelarias sobre la totalidad del universo arancelario (Anexo I).“*

18 vgl. Art. 1 des Anhanges I zum TA

19 vgl. Art. 2 lit. a des Anhanges I zum TA

Nach dieser Bestimmung seines Anwendungsbereiches, beschränkt sich das PLC bei der Aufstellung konkreter Liberalisierungsschritte indessen auf den Zollabbau. Dieser sollte linear und automatisch nach folgendem Schema ablaufen[20]:

Datum für den Zollabbau	Abbau in Prozent des bei Inkrafttreten des TA gültigen Zollsatzes
30.06.1991	47 %
31.12.1991	54 %
30.06.1992	61 %
31.12.1992	68 %
30.06.1993	75 %
31.12.1993	82 %
30.06.1994	89 %
31.12.1994	100 %

Für einige Produkte sollte der Zollabbau nicht automatisch in den angeführten Schritten ablaufen. Jeder Staat konnte deshalb Ausnahmelisten aufstellen, in die bis zu 960 Produkte aufgenommen wurden[21]. Dabei sollte die Zahl der ausgenommenen Produkte für Argentinien und Brasilien jährlich nur um 20 % und im Fall von Paraguay und Uruguay in den ersten zwei Jahren nur um 10 % und dann ebenfalls um 20 % reduziert werden[22]. Die Ausnahmelisten wären demnach im Fall von Argentinien und Brasilien zum 31.12.1994 und im Fall von Paraguay und Uruguay ein Jahr später vollständig abgebaut gewesen. Wie das Schema für den Abbau der übrigen Zölle für nicht ausgenommene Waren zeigt, hätte dies in der Tat zum 31.12.1995 zu einem vollständigen Abbau der Zollbarrieren zwischen allen vier beteiligten Staaten geführt.

c) Ergebnisse des PLC

Nach dem Auslaufen des PLC zeigte sich, daß die gesetzte Frist für den vollständigen Abbau sämtlicher Restzölle bis Dezember 1994 bzw. 1995 nicht eingehalten worden war, da für bestimmte Waren innerhalb des Mercosur weiterhin nationale Zölle galten[23]. Eine Gesamtberechnung des Zollabbaus sowie der weiterhin geltenden Zölle[24] ergab, daß im Januar 1995, dem Zeitpunkt also zu dem für Argentinien und Brasilien bereits eine vollständige Liberalisierung vorgesehen war, Zollfreiheit im intrazonalen Handel

20 basierend auf Art. 3 des Anhanges I zum TA
21 vgl. Art. 6 Anhang I des TA; danach nahm Argentinien 394, Brasilien 324, Paraguay 439 und Uruguay 960 Produkte zunächst vom PLC aus
22 Artt. 6 u. 7 des Anhanges I zum TA
23 vgl. BfAI, Zoll- und Handelsinformationen Nr. 6, Februar 1996, S. 24
24 *Laporte Galli*, La Unión Europea y el Mercosur emprenden la reconciliación, in: Afers Internacionals 1995, Nr. 31, S. 84, FN 16

für 82 % der Produkte herrschte. Dabei hatte Uruguay 950, Paraguay 427, Argentinien 221 und Brasilien 30 Produkte von der Zollfreiheit ausgenommen. Da die Vertragsstaaten indessen weiterhin das Ziel der vollständigen Liberalisierung des gegenseitigen Handels verfolgen, wurde das ausgelaufene PLC durch weitere Maßnahmen ersetzt, die im folgenden erläutert werden.

2. *Das Régimen de Adecuación (die Anpassungsordnung)*

a) Vom Programa de Liberación Comercial zum Régimen de Adecuación

Die Nichteinhaltung des PLC ist insbesondere darauf zurückzuführen, daß die einzelnen Sektoren und Wirtschaftszweige in den Mitgliedstaaten vor der endgültigen und vollständigen Liberalisierung des intrazonalen Handels noch weiterer Anpassung bedürfen[25]. Die Konsequenzen hieraus und aus der absehbaren Nichteinhaltung des Liberalisierungsprogrammes zogen die Staatschefs der beteiligten Staaten im Rahmen der Zusammenkunft des Mercosur-Rates im August 1994. Dieses Zusammentreffen ist insofern von fundamentaler Bedeutung als dabei die ursprünglich vorgesehenen Fristen für die Integrationsfortschritte modifiziert, gleichzeitig aber an der Durchführung weiterer Liberalisierungsmaßnahmen festgehalten wurde[26].

All dies fand seinen Niederschlag in dem *Régimen de Adecuación* - der Anpassungsordnung[27]. In der Nachfolge des PLC ist die Anpassungsordnung nunmehr die ausschlaggebende Grundlage für die weitere Liberalisierung des Handels und damit für die Verwirklichung der Warenverkehrsfreiheit innerhalb des Mercosur.

Aufgestellt wird mit diesem Instrument ein neues Datum, zu dem der vollständige Abbau der intrazonalen Zölle erreicht sein soll. Die ursprünglich vorgesehene Frist wurde dabei um vier Jahre - beziehungsweise wiederum für Uruguay und Paraguay um fünf Jahre - vom 1. Januar 1995 an verlängert. Nach dem *Régimen de Adecuación* sollen nunmehr bis zum 1. Januar 2000 sämtliche unter den Vertragsstaaten fortbestehenden Zölle abgebaut sein[28].

b) Der Regelungsgehalt des Régimen de Adecuación

Wesentlicher Inhalt der Anpassungsordnung ist die vorübergehende Ausnahme als besonders sensibel eingestufter Waren vom intrazonalen Freihandel und die Festsetzung eines weiteren schrittweisen Abbaus der Zölle auf diese Waren. Insgesamt findet sie im Fall von Argentinien auf 221 Positionen, für Brasilien auf 29, für Paraguay auf 427 und

25 *Luis Romero/Agramunt*, Mercosur: Aproximaciones hacia la integración con la Unión Europea, S. 41; *Dromi*, Código del Mercosur, Bd. 1, S. 174

26 vgl. dazu: *Pérez Otermin II*, S. 72

27 verabschiedet durch Decisión Nr. 5/94 des Mercosur-Rates

28 vgl. Art. 3 lit. a des *Régimen de Adecuación* = Decisión 5/94 des Mercosur-Rates

auf 1018 für Uruguay Anwendung. Dabei handelt es sich insbesondere um Waren aus dem metallverarbeitenden Sektor, Agrarprodukte und Textilien[29].

Die Handelserleichterungen sollen nach der Anpassungsordnung für die vorstehend genannten Positionen wie bereits im Fall des PLC wiederum automatisch erfolgen: Der eingerichtete Mechanismus sieht dabei vor, daß die der Anpassungsordnung unterfallenden Produkte, ausgehend von den nominalen Zöllen im August 1994, jährlich eine automatische Zollerleichterung von 25 % erfahren. Mit Beginn am 01. Januar 1995 soll die Frist zum vollständigen Wegfall der Ausnahmen vier Jahre für Argentinien und Brasilien sowie fünf Jahre für Uruguay und Paraguay betragen.
Der Freihandel im Bereich der von der Anpassungsordnung erfaßten Güter soll demnach folgendermaßen verwirklicht werden[30]:

Mitgliedstaat	Argentinien	Brasilien	Paraguay	Uruguay
Anzahl der Produkte im Régimen de Adecuación	212	29	432	958
Produkte	Stahlerzeugnisse, Textilien und Schuhwerk, Papier und Pappe, Holz, Reifen, Elektrogeräte, Orangensaft, Kaffee, Möbel	Textilien, Gummierzeugnisse, Wein, Obstkonserven	Textilien und Schuhwerk, Lebensmittel, Holz, Papier und Karton, Leder, Pharmazieprodukte, Stahl, Möbel, Maschinen, Seife, Glasprodukte, Kunststoff, Zement	Textilien und Schuhwerk, Maschinen, Stahlerzeugnisse, Lebensmittel, Pharmazieprodukte, Chemieerzeugnisse, Kunststoff, Papier und Karton, Glasprodukte, Steine und Keramik, Möbel, Spielzeug, Holz
Freihandel bis	01.01.1999	01.01.1999	01.01.2000	01.01.2000

29 nach: *Luis Romero/Agramunt*, Mercosur: Aproximaciones hacia la integración con la Unión Europea, S. 48
30 auf der Grundlage der Decisiones Nrn. 5/94, 19/94, 24/94, 29/94 und 16/96

c) Ausnahmen von der Anpassungsordnung

Während die Anpassungsordnung des Mercosur diejenigen Waren erfaßt, die vom Grundsatz des freien intrazonalen Handels zunächst ausgenommen bleiben, jedoch schrittweise vom Zollabbau erfaßt werden sollen, sind andere Produkte bis auf weiteres gänzlich den Liberalisierungsmaßnahmen entzogen.

Dazu zählt einmal der Zuckersektor: nahezu alle Zuckererzeugnisse bleiben den nationalen Zöllen und Abgaben der Mitgliedstaaten unterworfen, die erst nach Ausarbeitung einer speziellen Angleichungsregelung für diesen Bereich angepaßt werden sollen[31].

Von weitaus größerer Bedeutung ist der ebenfalls von sämtlichen automatischen Zollsenkungen ausgenommene Kfz-Sektor. Die Handelskommission arbeitete unter Mitwirkung einer hierfür gebildeten Arbeitsgruppe eine vorläufige Anpassungsordnung aus[32]. Der Mercosur-Rat bemerkte auf dieser Grundlage lediglich, daß Fortschritte in der Behandlung des Themas erzielt wurden, verlängerte jedoch gleichzeitig die Frist zur weiteren Ausarbeitung der endgültigen Anpassungsordnung[33]. Bis zu dem erst für das Jahr 2000 geplanten Inkrafttreten einer endgültigen Anpassungsordnung für diesen Sektor gelten die bilateralen Abkommen der Mitgliedstaaten und das jeweilige nationale Recht weiter[34], so daß in diesem Bereich keine Vereinheitlichung und Handelsliberalisierung durch die Regelungen des Mercosur vorliegt.

3. Der Abbau nichttarifärer Handelshindernisse

Neben dem Abbau intrazonaler Zollbeschränkungen war innerhalb des Mercosur von Beginn an auch der Abbau nichttarifärer Handelshindernisse vorgesehen[35]. Die Ausführungen hierzu im Vertrag von Asunción und seinem Programm zur Handelsliberalisierung wurden als verbindliche Verpflichtung der Vertragspartner zum Abbau nichttarifärer Handelshindernisse angesehen[36]. Aufgestellt wurde sogar das Gebot, die nichttarifären Handelshemmnisse bis zum 31.12.1994 zu beseitigen[37]. Bis dahin sollten diese nur noch insoweit angewendet werden dürfen, als sie in dafür vorgesehenen Listen ausdrücklich genannt würden. Demgemäß enthielt die Vereinbarung, durch die der Merco-

31 vgl. Decisión Nr. 19/94 des Mercosur-Rates
32 Grundlage hierfür war die Decisión Nr. 29/94 des Mercosur-Rates
33 Decisión Nr. 21/97 des Mercosur-Rates
34 vgl. BfAI, Zoll- und Handelsinformationen Nr. 2, Februar 1998, S. 34
35 vgl. Art. 5 lit. a des TA und Art. 1 Abs. 1 des Anhanges I
36 *Bouzas,* Mercosur y la liberación de comercio preferencial en América del Sur, in: Coyuntura Económica 1995, S. 140
37 Art. 10 des Anhanges I zum TA

sur im Januar 1992 bei der ALADI registriert wurde, ausführliche Listen solcher Handelshemmnisse[38].

Wiederholt worden war im Jahr 1994 zunächst die Verpflichtung der Vertragsstaaten, bis zur vollständigen Harmonisierung der nichttarifären Handelshindernisse, keine restriktiveren Bedingungen zu schaffen, als die bis dahin für den internen und externen Handel gültigen[39]. Dabei hielten die Vertragspartner grundsätzlich daran fest, daß bis zum Ende des Jahres alle nichttarifären Handelshindernisse beseitigt oder vereinheitlicht werden müßten[40]. Das Vorhaben erwies sich jedoch offenbar als zeitlich nicht realisierbar. Die Eliminierung der nichttarifären Handelshindernisse gestaltete sich äußerst schleppend. Der Mercosur-Rat stellte die Notwendigkeit deutlicher Fortschritte beim Abbau dieser Handelshemmnisse fest, reagierte auf diese unbefriedigende Entwicklung im Jahr 1997 allerdings nur mit der Beauftragung einzelner Organe und Hilfsorgane zur Erfassung vordringlich abzuschaffender Hindernisse[41].

Insgesamt zeigt sich damit, daß die Abschaffung nichttarifärer Handelshindernisse als Teil der angestrebten Verwirklichung der Warenverkehrsfreiheit in ihren bisherigen Ergebnissen weit hinter der Abschaffung intrazonaler Zölle zurücksteht. Wenngleich auch bei den intrazonalen Zöllen das für die Übergangsphase im Rahmen des PLC angestrebte Ziel nur in Teilen verwirklicht werden konnte, sind hier jedenfalls konkrete Ergebnisse auszumachen. Der Stand der Bemühungen bei den sonstigen Handelsbarrieren konnte hingegen über die Vorbereitung konkreter Maßnahmen nicht hinausgehen.

Neben wirtschaftlichen und politischen Gründen sowie der fehlenden Transparenz bei der Identifizierung nichttarifärer Maßnahmen[42], war diese Entwicklung aber auch bereits aufgrund der Ausgestaltung des Vertrages von Asunción absehbar: die Verpflichtungen zur Zolliberalisierung hatten von Anfang an, insbesondere durch die Regelungen des PLC, eine operative Konkretisierung erfahren; demgegenüber würde die Abschaffung nichttarifärer Handelshindernisse in sämtlichen Einzelheiten der weiteren Aushandlung durch die Vertragsstaaten überlassen.

II. Die übrigen Grundfreiheiten eines Gemeinsamen Marktes

Dem Ziel der Errichtung eines Gemeinsamen Marktes entsprechend, obliegt dem Mercosur neben der Verwirklichung der Warenverkehrsfreiheit auch die Verwirklichung der zwei weiteren Grundfreiheiten im Bereich der Dienstleistungen und Produktionsfaktoren. Wie im Fall der Beseitigung nichttarifärer Handelshindernisse, beläßt der Vertrag

38 vgl. Art. 11 und die *Notas Complementarias* des *Acuerdo de Alcance Parcial de Complementación Económica No. 18* vom 29.11.1992, registriert am 23.01.1992, wiedergegeben im brasilianischen Gesetzblatt vom 29.05.1992, S. 6710 ff.

39 vgl. Art. 4 der Decisión Nr. 3/94 des Mercosur-Rates

40 vgl. Decisión Nr. 3/94 des Mercosur-Rates

41 vgl. Decisión Nr. 17/97 des Mercosur-Rates

42 *Bouzas,* Mercosur y la liberación de comercio preferencial en América del Sur, in: Coyuntura Económica 1995, S. 149

von Asunción es auch diesbezüglich bei der allgemeinen Erwähnung dieser Freiheiten[43]. Dabei bestimmte er lediglich für die Übergangszeit die Ausarbeitung von Sektorabkommen mit dem Ziel, die Verwendung und Mobilität der Produktionsfaktoren zu verbessern. Der Weg zur Erreichung dieser Ziele wird weder im Vertrag selbst noch in einem seiner Anhänge oder in einem späteren Abkommen konkretisiert.

1. Freiheit der Produktionsfaktoren: Kapital und Arbeit

Hinsichtlich der Freiheit des Kapital- und Zahlungsverkehrs finden sich auch in den Rechtsakten der Organe des Mercosur lediglich beiläufige Erwähnungen. Diese weisen vor allem auf den bestehenden Analysebedarf hin und legen fest, daß der konkrete Harmonisierungsbedarf zunächst zu eruieren ist[44].

Angesichts der vom Mercosur-Rat selbst als Minimal-Regelung bezeichneten Festlegungen zur Herbeiführung der Freiheit des Kapitalverkehrs[45] bleibt im Rahmen dieser Erörterung des materiellen Rechts nur der Hinweis auf die gegenwärtig bestehenden nachhaltigen Asymmetrien in der Ausgestaltung des Kapital- und Zahlungsverkehrs in den einzelnen Mercosur-Staaten. Diese finden sich vor allem im Regulierungsgrad der jeweiligen nationalen Kapitalmärkte. Während dem argentinischen Kapitalmarkt etwa in den letzten Jahren ein weitgehender Öffnungsprozeß bescheinigt wird, werden die brasilianischen Finanzmärkte aufgrund nachhaltiger Niederlassungsbeschränkungen für ausländische Banken als ausgesprochen restriktiv eingestuft[46].

Damit steht als Ergebnis der Betrachtung des gegenwärtigen Standes der Liberalisierung des Kapitalmarktes im Mercosur fest, daß diese als Bestandteil eines Gemeinsamen Marktes anzusehende Grundfreiheit weder annähernd verwirklicht ist noch abzusehen ist, ob und wie diese Verwirklichung in Zukunft vonstatten gehen soll.

Ein ähnliches Bild präsentiert sich hinsichtlich des Produktionsfaktors Arbeit in seinen Ausprägungen als Arbeitnehmerfreizügigkeit und Niederlassungsfreiheit. Nach wie vor treffen die gesetzlichen Regelungen der vier Vertragsstaaten zum Schutz von Arbeitnehmern die grundlegende Unterscheidung zwischen inländischen und ausländischen Arbeitnehmern[47].

Die bisherige Arbeit zur Harmonisierung dieser und weiterer Unterschiede und zur Verwirklichung von Arbeitnehmerfreizügigkeit und Niederlassungsfreiheit befindet sich allenfalls in einem Vorbereitungsstadium. Bislang wurden lediglich die Mechanismen bestimmt, mit denen entsprechende Fortschritte auf diesem Gebiet erzielt werden sollen: Eingesetzt wurde einmal die Gruppe der Arbeits- und Sozialminister der Mitgliedstaaten

---

43 vgl. Art. 1 Abs. 2 und 5 lit. d des TA

44 vgl. *Luis Romero/Agramunt*, Mercosur: Aproximaciones hacia la integración con la Unión Europea, S. 44

45 vgl. dazu: Decisión Nr. 8/93 des Mercosur-Rates

46 vgl. dazu: Banco Interamericano de Desarrollo, Informe Mercosur, Dez. 1996, S. 39

47 *Dromi*, Código del Mercosur, Bd. 1, S. 186/190; Banco Interamericano de Desarrollo, Informe Mercosur, Dez. 1996, S. 37 f. und Juni 1997, S. 21 ff.

innerhalb des Mercosur-Rates, der die Koordinierung der Arbeitsgesetzgebung obliegen soll[48] sowie später die Arbeitsgruppe Nr. 11, die die anfallenden individual- und kollektivarbeitsrechtlichen Fragen behandeln soll[49]. Auch die Verwirklichung der Freiheit der Produktionsfaktoren Kapital und Arbeit innerhalb des Mercosur ist damit auf absehbare Zeit nicht zu erwarten.

2. Freier Dienstleistungsverkehr

Wie im Fall der Freiheit von Kapital- und Arbeitsmarkt, beschränkte sich der Vertrag von Asunción auch lediglich auf die beiläufige Nennung des freien Dienstleistungsverkehrs als eines der zu verwirklichenden Ziele auf dem Weg zur Errichtung des Gemeinsamen Marktes[50].

Im Jahre 1996 wurde eine ad-hoc-Arbeitsgruppe mit der Ausarbeitung eines Rahmenprotokolles Liberalisierung des Dienstleistungsverkehrs eingerichtet. Bestimmt werden sollte zunächst der Anwendungsbereich eines solchen Protokolles in Form entsprechender Definitionen des Dienstleistungsbegriffes, Grundregeln für den Dienstleistungsverkehr zwischen den Mitgliedstaaten und ein konkreter Liberalisierungsplan aufgestellt werden[51].

Aufgrund des zügigen Voranschreitens dieser Arbeiten konnte im Dezember 1997 das *Protocolo de Montevideo* - das Dienstleistungsprotokoll von Montevideo - unterzeichnet werden[52]. Dessen Hauptziel ist die Verwirklichung des auch aus Artikel 60 Abs. 3 EGV bekannten Grundsatzes der Inländergleichbehandlung[53]. Darüber hinaus sollen Kontingentierungen von Dienstleistungen ausgeschlossen werden und der grenzüberschreitende Kapitalverkehr erleichtert werden[54]. Schließlich enthält das Protokoll von Montevideo detaillierte Bestimmungen seines Anwendungsbereiches und des zugrundeliegenden Dienstleistungsbegriffes[55].

Erreicht werden soll die Freiheit des Dienstleistungsverkehrs innerhalb eines Zeitraumes von zehn Jahren ab dem Inkrafttreten des Protokolles[56]. Vorgehensweise zur Zielerreichung ist die Aushandlung von sogenannten *Listas de compromisos específicos* - speziellen Verpflichtungslisten, in denen die Mitgliedstaaten schrittweise die der Liberalisierung unterfallenden Sektoren bestimmen sollen[57]. Die notwendigen Verhandlungen werden unter Federführung der Mercosur-Gruppe ablaufen, während die Handels-

---

48 Decisión Nr. 16/91 des Mercosur-Rates
49 Resolución Nr. 20/95 der Mercosur-Gruppe
50 vgl. Art. 1 Abs. 2 des TA
51 enthalten in: Decisión Nr. 6/95 der Mercosur-Gruppe
52 *Protocolo de Montevideo sobre el Comercio de Servicios del Mercado Común del Sur* vom 15. Dezember 1997 - im folgenden als *Protocolo de Montevideo* bezeichnet
53 Art. V des *Protocolo de Montevideo*; zur Dienstleistungsfreiheit nach dem EGV vgl.: *Schweitzer/Hummer*, Rdnr. 1186 ff.
54 Art. 4 des *Protocolo de Montevideo*
55 vgl. Art. II und XVIII des *Protocolo de Montevideo*
56 Art. XIX 1.
57 Art. VII des *Protocolo de Montevideo*

kommission für die Informationssammlung und die Behandlung von Beschwerden der Mitgliedstaaten zuständig ist[58]. Nur für die in die genannten Listen aufgenommenen Sektoren und Tätigkeiten gelten dann der Grundsatz der Inländergleichbehandlung und das grundsätzliche Verbot der Kontingentierung[59].

Damit ist der Freie Dienstleistungsverkehr neben dem freien Warenverkehr die Grundfreiheit, deren Verwirklichung im Mercosur bislang am weitesten fortgeschritten ist. Andererseits wird mit dem Protokoll von Montevideo lediglich ein Verfahren zur Aushandlung konkreter Zugeständnisse entwickelt; noch nicht erreicht werden damit hingegen tatsächliche Erleichterungen bei der grenzüberschreitenden Erbringung von Dienstleistungen. Dementsprechend vorsichtig fiel auch die Zielbeschreibung im Protokoll selbst aus, wonach der Freie Dienstleistungsverkehr zunächst lediglich *gefördert* werden soll[60]. Bis dato konnte im Rahmen der letzten Zusammenkunft des Mercosur-Rates in Ushuaia im Juli 1998 die Aufstellung erster Listen erreicht werden, bei denen es sich jedoch noch nicht um die genannten endgültigen *Listas de compromisos específicos* handelt, sondern lediglich um Vorarbeiten dazu[61]. Die Verwirklichung der Freiheit des Dienstleistungsverkehrs hängt somit in erster Linie von den in Zukunft erzielten Verhandlungsfortschritten ab.

III. Die Regelungen zum Gemeinsamen Außenzoll

1. Bedeutung eines Gemeinsamen Außenzolltarifes und Ausgangssituation

Die Errichtung einer Zollunion als Durchgangsstadium für die Vollendung des angestrebten Gemeinsamen Marktes erfordert wegen des Verlustes der nationalen Selbständigkeit in der Gestaltung der Außenhandelspolitik eine Gemeinsame Handelspolitik der Mitgliedstaaten. Kernelement dieser Gemeinsamen Handelspolitik zur Errichtung einer Zollunion sind die Maßnahmen zur Verwirklichung von deren Hauptmerkmal. Dies ist die Einführung eines Gemeinsamen Außenzolltarifes. Dieser ist das Hauptmerkmal einer Zollunion und soll sicherstellen, daß die Einführung von Gütern in die Märkte der Mitgliedstaaten unabhängig vom Einführungsort unter denselben Bedingungen abgewickelt wird[62].

Die Ausgangssituation für die Einführung eines Gemeinsamen Außenzolltarifes war insbesondere mit Blick auf Argentinien und Brasilien schwierig: Während Argentinien das Ziel eines möglichst niedrigen Zollsatzes für Einfuhren von außerhalb des Mercosur verfolgte und im Jahr 1992 sogar einseitig Zollbefreiungen für Kapitalgüter festgesetzt

58 Art. XXII, XXIII des *Protocolo de Montevideo*
59 vgl. Art. 2 lit. a des *Protocolo de Montevideo*
60 Art. I des *Protocolo de Montevideo*
61 Decisión Nr. 9/98 des Mercosur-Rates
62 s.o. Teil 2, Kap. 1 A II 2.

hatte, trat Brasilien anfangs für einen relativ hohen Außenzoll ein[63]. Insgesamt jedoch weisen die angestrengten Bemühungen zur Erreichung niedriger Außenzölle auf eine Abkehr von der sog. Politik der Importsubstition[64] hin, wonach ein gemeinsamer Außenzollsatz vor allem hoch genug sein sollte, um die regionalen Industriezweige zu schützen.

Vor dem geschilderten Hintergrund beurteilt auch die EG-Kommission den Mercosur als in einem offenen Geiste konzipierte Regionalintegration. Dabei sieht sie in der Errichtung einer Zollunion zwischen den Mercosur-Staaten einen qualitativen Sprung von grundlegender Tragweite innerhalb der strategischen Bedeutung der Beziehungen zum Mercosur[65].

2. Die Entwicklung des materiellen Rechts zum Gemeinsamen Außenzolltarif

Zwar wird auch die Einführung eines Gemeinsamen Außenzolltarifes, wie viele andere Integrationsziele, durch den Vertrag von Asunción lediglich als ein Instrument zur Errichtung eines Gemeinsamen Marktes erwähnt[66]. Der Wille zur Einführung des Gemeinsamen Außenzolltarifes wird dann im Jahr 1993 allerdings nachhaltig bekräftigt und die Grundzüge seiner Ausgestaltung und Festsetzung bestimmt. Dabei wurde auch die Entscheidung getroffen, daß dieser grundsätzlich maximal 20 % betragen sollte. Als Datum für die Einführung der Zollunion wurde der bereits im Vertrag von Asunción vorgesehene 1. Januar 1995 beibehalten[67].

Die Ausgestaltung des Außenzolltarifes wurde dann im Jahr 1994 eingeleitet[68]. Ohne vom Wortlaut her von dem Willen zur Einführung der Zollunion zu Beginn des Jahres 1995 abzuweichen, wurden dabei allerdings verschiedene Ausnahmen aufgestellt, durch die zahlreiche Güter dem Gemeinsamen Außenzolltarif zunächst entzogen bleiben. Diese ausgenommenen Güter unterfallen dem sogenannten *Plan de Convergencia* - dem Konvergenzplan, der im Jahr 2006 abgeschlossen sein soll. Darüber hinaus wurde festgelegt, daß einige Sektoren gänzlich gesondert behandelt werden sollen. Die endgültige Entscheidung zur Einführung des Gemeinsamen Außenzolltarifes mit seinen Ausnahmen erfolgte schließlich Ende des Jahres 1994 durch den Mercosur-Rat im Wege des sog. *Acuerdo sobre aranceles externos comunes* - der Vereinbarung über die Gemeinsamen Außenzollsätze[69].

Dieser Überblick zeigt, daß sich die Entwicklung des materiellen Rechts zum Gemeinsamen Außenzolltarif und damit zur Zollunion in ihren grundlegenden Zügen eben-

63 *Bouzas*, Mercosur y la liberación de comercio preferencial en América del Sur, in: Coyuntura Económica 1995, S. 150 f.
64 s.o. Teil 1, Kap. 1 B I
65 vgl. COM (94) 428, S. 3
66 vgl. Art. 5 lit c des TA
67 Decisión Nr. 13/93 des Mercosur-Rates
68 Decisión Nr. 7/94 des Mercosur-Rates
69 Decisión Nr. 22/94 des Mercosur-Rates

so vollzieht wie die Verwirklichung des freien Warenverkehrs und damit der Freihandelszone: Hier wie dort wird zunächst das Ziel aufgestellt, diese bis zum Januar 1995 zu verwirklichen. Im Verlauf der Übergangszeit werden dann Ausnahmen von dem generellen Ziel aufgestellt. Für einige ausgenommenen Produkte wird im Fall des Außenzolltarifes eine spezielle Konvergenzphase vereinbart, die die extrazonale Entsprechung zur Anpassungsordnung für den intrazonalen Handel darstellt. Schließlich werden Sektoren sowohl für den Freihandel innerhalb des Mercosur als auch für die Einführung eines Gemeinsamen Außenzolltarifes gänzlich ausgenommen, um für diese im Laufe der Zeit spezielle Regelungen einzuführen.

3. Inhalt des gegenwärtig gültigen materiellen Rechts zum Gemeinsamen Außenzolltarif

a) Gemeinsamer Außenzoll nach dem *Acuerdo sobre aranceles comunes*

Durch den *Acuerdo sobre aranceles comunes* - die Vereinbarung gemeinsamer Außenzollsätze - gelten für die Einfuhr von Waren und Gütern in den Mercosur seit dem 1. Januar 1995 grundsätzlich und unabhängig von dem Ort der Einfuhr einheitliche Zollsätze. Für die unterschiedlichen Waren und Warengruppen gelten dabei elf verschiedene Zollsätze zwischen 0 und 20%[70]. Damit unterfallen dem Gemeinsamen Außenzolltarif zwischen 85 und 88% der insgesamt 8500 im Mercosur aufgestellten Zollpositionen[71].

Sofern nicht einzelne Waren oder Warengruppen zunächst vom gemeinsamen Außenzollsatz ausgenommen sind, beträgt nach der jüngsten Neubestimmung[72] der gemeinsame Einfuhrzoll seit Anfang 1998 für Kapitalgüter 17 Prozent und für Waren aus dem Bereich Informatik und Telekommunikation 19 Prozent. Als maximaler gemeinsamer Außenzoll wurden 23 Prozent festgesetzt.

Die ausgenommenen Waren und Sektoren unterfallen, wie bereits erwähnt, entweder dem Konvergenzplan oder sind auch von diesem ausgenommen und sollen eine gesonderte Regelung erhalten.

b) Die Ausnahmeregelungen nach dem Konvergenzplan

Für die dem Konvergenzplan[73] unterfallenden Güter gilt nicht bereits ab Januar 1995 ein Gemeinsamer Außenzoll. Nach dem Konvergenzplan, der hierfür einen genauen Zeitplan aufstellt sollen diese Güter vielmehr automatisch bis zum 31. Dezember 1999, im

---

70 Anhang 1 der Decisión Nr. 22/94 des Mercosur-Rates

71 vgl. BfAI, Zoll- und Handelsinformationen Nr. 2, Februar 1998, S. 28; *Luis Romero/Agramunt*, Mercosur: Aproximaciones hacia la integración con la Unión Europea, S. 49

72 vgl. Decisión Nr. 15/97 des Mercosur-Rates; zur Struktur des Außenzollsatzes s.a.: BfAI, Zoll- und Handelsinformationen Nr. 2, Februar 1998, S. 29 f.

73 s. Decisión Nr. 7/94 des Mercosur-Rates

Fall von Paraguay bis zum 31. Dezember 2000, schrittweise durch entsprechende Anhebungen oder Senkungen demselben Zollsatz unterworfen werden.

Der Anwendungsbereich des Konvergenzplanes ergibt sich aus den nationalen Listen, in die die einzelnen Staaten bis zu 399 Produkte aufnehmen konnten, für die der Gemeinsame Außenzollsatz zunächst nicht gelten soll[74]. Die in diese Listen aufgenommenen Güter sind im wesentlichen identisch mit den bereits von der Abschaffung der intrazonalen Zölle ausgenommenen Gütern[75].

Zusätzlich zu diesen Ausnahmelisten ist es den Mitgliedstaaten gestattet, in den besonders problematischen Bereichen von Kapitalgütern und Informatik- und Telekommunikationsprodukten weitere 300 Ausnahmen vom Gemeinsamen Außenzollsatz aufzustellen. Für Güter aus diesem Bereich wurde lediglich eine gemeinsame Zollobergrenze von 14% vereinbart, die ab dem Jahr 2001 Gültigkeit besitzen soll[76].

Weiter wurden die Informatik- und Telekommunikationsprodukte ausgenommen. Auch hier soll ebenfalls lediglich ein gemeinsamer Höchstzollsatz gelten. Dieser ist auf 16 % festgesetzt und erst ab dem Jahr 2006 anzuwenden[77].

c) Bislang gänzlich ausgenommene Bereiche

Für den Zuckersektor und vor allem für den Automobilsektor konnten sich die Vertragsstaaten bislang nicht auf vergleichbare Konvergenzpläne einigen, geschweige denn die Einführung eines gemeinsamen Außenzollsatzes beschließen. Beide Bereiche bleiben daher zunächst ebenso wie von der Liberalisierung des intrazonalen Handels auch von der gemeinsamen Handelspolitik zur Erreichung eines einheitlichen Außenzollsatzes vollständig ausgenommen.

Grundsätzliche Einigung wurde lediglich darüber erzielt, daß für den Automobilsektor und den Zuckersektor jeweils Arbeitsgruppen gebildet werden, die Konvergenzregelungen für den Beginn des Jahres 2000 zunächst vorschlagen sollen. Bis dahin gelten jedoch nationale Einfuhrregelungen weiter[78].

Dementsprechend sind die nationalen Regelungen vor allem in dem für die europäischen Exporteure bedeutsamen Automobilsektor uneinheitlich und starken Schwankungen unterworfen. Ein Beispiel hierfür ist die von Brasilien im April 1995 durchgeführte Zollerhöhung für Kraftfahrzeuge[79]. Zwei Jahre später, im März 1997, folgten weitere einseitige Handelsbeschränkungen für den Automobilsektor durch die brasilianische

74 Art. 4 Abs. 2 u. 6 der Decisión Nr. 7/94 des Mercosur-Rates

75 s.o. Tabelle, in diesem Kapitel B I 2 b); vgl. auch Übersicht bei: *Luis Romero/Agramunt*, Mercosur: Aproximaciones hacia la integración con la Unión Europea, S. 50

76 Art. 3 lit. a der Decison Nr. 7/94 des Mercosur-Rates

77 Art. 3 lit. b der Decison Nr. 7/94 des Mercosur-Rates

78 *Bouzas*, Mercosur y la liberación de comercio preferencial en América del Sur, in: Coyuntura Económica 1995, S. 150 f.

79 vgl. BfAI, Zoll- und Handelsinformationen Nr. 6, Februar 1996, S. 26; *Bouzas*, La agenda económica del Mercosur: Desafíos de política a corto y mediano plazo, in: Integración y Comercio 1996, S. 84

Regierung[80]. Die fehlende Harmonisierung in diesem Bereich führt darüber hinaus vor allem im Verhältnis von Argentinien und Brasilien durch unilaterale Maßnahmen zum Schutz der Automobilindustrie immer wieder zu Störungen innerhalb des Mercosur[81].

Bislang fehlen nach dem Gesagten für den Automobilsektor sowohl bei der Verwirklichung des freien Warenverkehrs innerhalb des Mercosur als auch bei der Aufstellung gemeinsamer Bedingungen für die Einfuhr aus Drittstaaten wirksame materielle Regelungen auf Mercosur-Ebene.

IV. Harmonisierung in den von der Integration betroffenen Rechtsbereichen

Die Zielsetzungen des Vertrages von Asunción zur Harmonisierung der von der Integration betroffenen Rechtsbereiche sind umfangreich, wie häufig jedoch auch wenig konkretisiert: Angemessene und vor allem gleiche Wettbewerbsbedingungen sollen für sämtliche Marktteilnehmer in allen Mercosur-Staaten geschaffen werden[82]. Entsprechend umfangreich, aber auch erst im Entstehen begriffen sind so die bisherigen Rechtssetzungsaktivitäten der Mercosur-Organe in diesem Bereich. Auf eine umfassende Untersuchung der Harmonisierungsbemühungen wird daher und zumal wegen des engen Zusammenhanges mit den jeweiligen nationalen Rechtsordnungen der Mercosur-Staaten hier verzichtet[83]. Lediglich die wichtigsten Regelungen werden im Überblick vorgestellt.

1. Regelungsüberblick

a) Der freie Wettbewerb

Die Mercosur-Staaten haben zumindest erkannt, daß sich ihre Aufgabe zur Verwirklichung des freien Wettbewerbs innerhalb des Mercosur-Gebietes nicht allein darauf beschränkt, tarifäre und nichttarifäre Handelshindernisse abzubauen. Vielmehr ist auch der Versuch zu erkennen, Störungen durch private Unternehmen zu verhindern und ebenso zu unterbinden, daß die Staaten als Wirtschaftssubjekte den freien Wettbewerb stören oder ausschalten. Der freie Wettbewerb wird dabei aufgefaßt als ein Zustand, in dem der Marktzugang frei ist, Veränderungen von Angebot und Nachfrage sich in den Preisen niederschlagen, Produktion und Absatz keinen künstlichen Beschränkungen unterworfen sind und Handlungs- und Wahlfreiheit der Hersteller, Käufer und Konsumenten ungefährdet sind[84].

---

80 IRELA, Dossier Nr. 61, 1997, S. 7

81 vgl. zuletzt: *Boerr*, Buscan liberalizar el mercado de servicios, in: La Nación vom 20.06.1997, S. 6; s.a. zur Gesamtproblematik des Kfz-Sektors: BfAI, Zoll- und Handelsinformationen Nr. 2, Februar 1998, S. 33 ff.

82 Art. 1 Abs. 4 u. 5, Art. 4 Abs. 1 des TA

83 einen Überblick bietet: Banco Interamericano de Desarrollo, Informe Mercosur, Juni 1997, S. 28 f.

84 *Dromi*, Código del Mercosur, S. 203

Die Bemühungen um die Gewährleistung des freien Wettbewerbs müssen zunächst auf einer deutlichen Asymmetrie innerhalb der einzelnen Rechtsordnungen der Mitgliedstaaten aufbauen[85]: So verfügen etwa Paraguay und Uruguay über keine Gesetzgebung im Bereich des Wettbewerbsrechts, während Argentinien und Brasilien hingegen in den grundlegenden Festsetzungen vergleichbare gesetzliche Regelungen besitzen. Unterschiede bestehen jedoch auch im Vergleich der letzten beiden Staaten insofern, als die entsprechenden argentinischen gesetzlichen Regelungen allein wettbewerbsstörende Handlungen erfassen, während Brasilien bereits über Normen zur Fusionskontrolle und Unternehmenskauf verfügt.

aa) Privates Wettbewerbsrecht

Die Entwicklung im Bereich des privaten Wettbewerbsrechts begann zunächst mit der Aufstellung der *pautas generales* - der Leitlinien- für die rechtliche Harmonisierung in dieser Materie[86]. Damit wurde zum einen Einigkeit erzielt, daß Absprachen, insbesondere über die Preisgestaltung und abgestimmte Praktiken zwischen den Wirtschaftssubjekten mit dem Ziel, den freien Wettbewerb zu verhindern, stören oder auszuschalten, verboten sein sollen. Zum anderen sollen Zusammenschlüsse mit wettbewerbsstörenden Zielen und Auswirkungen ebenfalls einem Verbot unterliegen. Ferner enthalten sind Maßnahmen zur Verhinderung marktschädigender Unternehmenskonzentration und Monopolbildung. Nach den Leitlinien sollen die einzelnen Staaten verpflichtet sein, Unternehmen oder Unternehmensgruppen mit einem Marktanteil von mehr als 20% der staatlichen Kontrolle zu unterwerfen.

Die grundlegenden Festsetzungen der Leitlinien aus dem Jahr 1994 wurden 1996 in einem eigenen Protokoll zu Sicherstellung des freien Wettbewerbs wiederholt und teilweise ausgebaut[87]. Erstmals wird dabei ein Mechanismus geschaffen, um den getroffenen Festlegungen und Verboten zur tatsächlichen Durchsetzung zu verhelfen: Die Anwendung des Protokolles soll danach der Handelskommission und dem in ihrem Rahmen eingerichteten Komitee zur Sicherung des freien Wettbewerbs obliegen. Dabei können Wettbewerbsstörungen im oben dargelegten Sinne der Handelskommission vorgetragen werden, die dann innerhalb von dreißig Tagen eine Lösung des Konfliktes herbeiführen soll[88]. Zur Ahndung von Wettbewerbsverstößen legte der Mercosur-Rat inzwischen auch die Höhe der gegebenenfalls von den Unternehmen zu entrichtenden Geldbußen fest[89].

85 nach: Banco Interamericano de Desarrollo, Informe Mercosur, Dez. 1996, S. 27
86 verabschiedet durch: Decisión Nr. 21/94 des Mercosur-Rates
87 verabschiedet durch: Decisión Nr. 18/96 des Mercosur-Rates, veröffentlicht im Boletín Oficial del Mercosur/Boletim Oficial do Mercosul, Año 1 No. 2, September 1997, S. 15 ff.
88 s.o. Teil 2, Kap. 3 C IV
89 vgl. Decisión Nr. 2/97 des Mercosur-Rates, veröffentlicht im: Boletín Oficial del Mercosur/Boletim Oficial do Mercosul, Año I No. 2, September 1997, S. 26

Bislang sind die Wettbewerbsregelungen noch kein geltendes Recht in den einzelnen Mercosur-Staaten. Das Protokoll zum Schutz des freien Wettbewerbs soll vielmehr nach derzeitiger Planung noch umgesetzt werden[90].

bb) Die Rechtsentwicklung zu staatlichen Wettbewerbsstörungen

Im Bereich der Behandlung von Wettbewerbsstörungen durch wirtschaftspolitische Maßnahmen und sonstige staatliche Handlungen ist die rechtliche Entwicklung im Mercosur bislang nicht über das Vorbereitungsstadium hinausgelangt. Im Jahr 1994[91] wurde der Handelskommission lediglich der Auftrag erteilt, einen technischen Ausschuß einzurichten, der wettbewerbsstörende staatliche Maßnahmen erfassen und klassifizieren soll, um schließlich dem Mercosur-Rat Vorschläge entweder zur Harmonisierung oder Abschaffung dieser Maßnahmen zu unterbreiten. Das Hauptaugenmerk ist dabei auf steuerrechtliche Maßnahmen sowie die staatliche Kredit- und Auftragserteilung gerichtet. Obschon der Abschluß der Arbeiten im Rahmen der Handelskommission bereits für Juni 1995 vorgesehen war, sind bislang keine wesentlichen Fortschritte erzielt worden. Wegen der Komplexität dieser Materie und auftretender Meinungsverschiedenheiten zwischen den Mercosur-Staaten konzentrieren sich die Arbeiten auf den Informationsaustausch über entsprechende staatliche Maßnahmen[92]. Darüber hinaus richtete der Mercosur-Rat eine Ad-hoc-Arbeitsgruppe zur Erarbeitung eines Gesamtkonzeptes für die Behandlung von staatlichen Wettbewerbsstörungen ein[93].

Die Beschäftigung mit Wettbewerbsstörungen aufgrund von Subventionen und Dumping-Praktiken obliegt einem im Rahmen der Handelskommission eingerichteten Technischen Ausschuß[94]. Solange jedoch keine gemeinsamen Regelungen auf der Ebene des Mercosur erzielt werden, gelten die einzelstaatlichen Regelungen in diesem Bereich fort[95]. Bislang konnten die Mitgliedstaaten sich lediglich auf eine Abstimmung ihres Vorgehens gegenüber Dumping-Praktiken einigen, die ihren Ursprung in Staaten außerhalb des Mercosur haben[96].

b) Investitionen

Die Notwendigkeit, ausländische Investitionen für die heimischen Märkte anzuziehen, wird mit dem in der Präambel des Vertrages von Asunción ausgedrückten Ziel der Mo-

---

90 BfAI, Zoll- und Handelsinformationen Nr. 2, Februar 1998, S. 52
91 vgl. Decisión Nr. 20/94 des Mercosur-Rates
92 vgl.: Banco Interamericano de Desarrollo, Informe Mercosur, Dez. 1996, S. 26 f.
93 Decisión Nr. 15/96 des Mercosur-Rates
94 Comité Técnico No. 6 - Prácticas Desleales y Salvaguardias. Unter Dumpingmaßnahmen ist das billige Angebot von Waren im Export zu Preisen, die im Ausland niedriger liegen als im Heimatland zu verstehen, um so die Ausweitung ausländischer Marktanteile zu erreichen, *Herdegen*, Internationales Wirtschaftsrecht, § 7, Rdnr. 34
95 vgl. dazu: C.A.R.I., Cuatro Países y un Mercado Común, S. 63
96 Decisión Nr. 11/97 des Mercosur-Rates

dernisierung der Volkswirtschaften und der Verbesserung der Lebensverhältnisse insgesamt in Zusammenhang gebracht. Eine Vereinheitlichung der rechtlichen Investitionsbedingungen wird dabei ferner auch für notwendig erachtet, um zu verhindern, daß unterschiedliche Konditionen der Teilnehmerstaaten die angestrebte Bildung eines Gemeinsamen Marktes stören[97].

Nach wie vor werden die Investitionsbedingungen in den Mercosur-Staaten zwar im wesentlichen von der jeweiligen nationalen Gesetzgebung bestimmt, weshalb trotz des allgemeinen Liberalisierungstrends noch einige signifikante Unterschiede in der Zulassung von Auslandsinvestitionen in bestimmten Bereichen bestehen[98]. Jedoch konnte innerhalb des Mercosur bislang jeweils ein rechtlicher Rahmen für die Behandlung intrazonaler und extrazonaler Investitionen geschaffen und die Aufstellung grundlegender Prinzipien durch das Protokoll von Colonia[99] und das Protokoll von Buenos Aires[100] erreicht werden.

Sowohl für Direktinvestitionen aus Mercosur-Staaten als auch für diejenigen aus Drittstaaten wurde in den Protokollen eine Fortsetzung der nationalen Politiken zur Öffnung der Märkte für ausländisches Kapital vereinbart. Bedeutende Grundprinzipien sind dabei das vereinbarte Enteignungsverbot[101], die garantierte Möglichkeit der Rückführung von Kapital und Gewinnen[102] sowie der Grundsatz der Gleichbehandlung ausländischer Investitionen mit inländischem Kapital[103].

c) Geistiges Eigentum

Die Bemühungen zum Schutz des Geistigen Eigentums und damit zur Schaffung und Sicherung einer wesentlichen Investitions- und wirtschaftlichen Innovationsvoraussetzung setzten bereits kurz nach der Unterzeichnung des Vertrages von Asunción ein. Im Jahr 1992 wurde im Rahmen der Mercosur-Gruppe eine eigene Kommission zu Fragen des Geistigen Eigentums eingesetzt[104]. Auf der Grundlage von deren Arbeiten verabschiedete der Mercosur-Rat bislang ein Protokoll über die Harmonisierung der Normen zu Marken, Herkunfts- und Ursprungsangaben[105]. Darin wird die Verpflichtung der Mitgliedstaaten aufgestellt, mit der Umsetzung des Protokolles in nationales Recht, zunächst das Geistige Eigentum in Gestalt der Marken, Herkunfts- und Ursprungsbezeichnungen zu schützen und die internationalen Verpflichtungen einzuhalten, wie sie im

---

97 *Dromi*, Código del Mercosur, S. 214
98 vgl. dazu: Banco Interamericano de Desarrollo, Informe Mercosur, Dez. 1996, S. 40 ff.
99 *Protocolo de Colonia para la Promoción y Protección Recíproca de Inversiones en el Mercosur (Intrazona)*, verabschiedet durch die Decisión 11/93 des Mercosur-Rates
100 *Protocolo sobre Promoción y Protección de Inversiones provenientes de Estados no Partes del Mercosur*, verabschiedet durch die Decisión 11/94 des Mercosur-Rates
101 Art. 4 der Decision Nr. 11/93 und Abschnitt D Nr. 1 der Decision Nr. 11/94
102 Art. 5 der Decision Nr. 11/93 und Abschnitt E der Decision Nr. 11/94
103 Art. 3 der Decision Nr. 11/93 und Abschnitt C Nr. 3 der Decision Nr. 11/94
104 Res. Nr. 25/92 der Mercosur-Gruppe
105 Decisión Nr. 8/95 des Mercosur-Rates

Rahmen des GATT und der WTO aufgestellt worden sind. Gegenwärtig ist dieselbe Kommission mit der Ausarbeitung gemeinsamer Regelungen für weitere Bereiche des Geistigen Eigentums, wie etwa Urheberrechte und Patente, befaßt[106].

C. Die Gestalt des Mercosur auf der Grundlage der wertenden Betrachtung seines materiellen Rechts

Nochmals wird an dieser Stelle darauf hingewiesen, daß nach dem Wortlaut des Vertrages von Asunción der Mercosur bis zum 31. Dezember 1994 ein Gemeinsamer Markt sein sollte[107]. Zur Erreichung dieses Ziels wären im Rahmen des materiellen Rechts nicht nur die ungehinderte Zirkulation von Gütern, sondern auch der übrigen Produktionsfaktoren Kapital und Arbeit zu regeln gewesen. Darüber hinaus hätte der Abbau sonstiger handelshemmender Regelungen durch rechtliche Harmonisierung und gegenseitige Anerkennung erfolgen sollen[108].

Im Rahmen dieser Arbeit wurde indessen von Beginn an kein Zweifel daran gelassen, daß der Begriff des Gemeinsamen Marktes in diesem Zusammenhang zunächst mehr im Sinne einer politischen Willenserklärung denn als integrationstechnischer Begriff aufzufassen war[109]. Daß der Mercosur also weder mit Ablauf des Jahres 1994 noch zum gegenwärtigen Zeitpunkt einen Gemeinsamen Markt im technischen Sinne darstellt, wird somit als ein Ergebnis hier bereits vorweggenommen. Denn insbesondere die Untersuchung der Freiheit der Produktionsfaktoren hat ergeben, daß mit Blick auf diese Wesensmerkmale eines Gemeinsamen Marktes lediglich von einem Vorbereitungsstadium zur Schaffung entsprechender materiell-rechtlicher Regelungen gesprochen werden kann. Wenngleich im Bereich des Freien Dienstleistungsverkehrs bislang bereits eine erste Regelung erreicht worden ist, dürfte es bis zur Verwirklichung dieser Grundfreiheit im Rahmen des eingerichteten Verhandlungsmechanismus ebenfalls noch ein weiter Weg sein.

Nicht festgestellt ist mit dieser Negativdefinition freilich, welche Integrationsstufe der Mercosur gegenwärtig tatsächlich erreicht hat, welche Art von Wirtschaftszusammenschluß sich also auch für die Europäische Union in Gestalt des Mercosur bietet.

---

106 vgl. BfAI, Zoll- und Handelsinformationen Nr. 6, Februar 1996, S. 42
107 Art. 1 Abs. 1 des TA, s.o. Teil 2, Kap. 1 A I
108 s.o. Teil 2, Kap. 1 A II 3.
109 s.o. Teil 2, Kap. 1 A II 4.

I. Die bislang erreichte Integrationsform nach materiellem Recht

1. Der Mercosur als Freihandelszone?

In der Einführung des *Régimen de Adecuación* nach Ablauf der für den vollständigen Zollabbau vorgesehenen Übergangszeit zeigte sich bereits, daß das mit Inkrafttreten des Vertrages von Asunción angelaufene *Programa de Liberalización Comercial* nicht eingehalten werden konnte. Die im PLC vorgesehene Abschaffung sämtlicher nationaler Zölle wurde zugunsten der aufgezeigten Ausnahmen verschoben. Auch wenn die quantitative Betrachtung ergeben hat, daß die Zollfreiheit für etwa 82% der Produkte eingeführt werden konnte, ist zu bemerken, daß qualitativ besonders bedeutsame Bereiche, wie insbesondere der Kfz-Sektor, ausgenommen wurden. Das PLC und damit das Ziel der Abschaffung sämtlicher intrazonalen Zölle bis zum Jahr 1995 konnte somit nur teilweise verwirklicht werden.

Mit dem *Régimen de Adecuación* wurde die Abschaffung der Zölle als wesentlicher Bestandteil der Einführung der Warenverkehrsfreiheit auf den 1. Januar 2000 verschoben. Auch gegenwärtig besteht daher keine vollständige Zollfreiheit innerhalb des Mercosur, sondern diese soll momentan schrittweise durch automatische Zollsenkungen herbeigeführt werden.

Im Bereich der nichttarifären Handelshindernisse, dem zweiten Bestandteil der Warenverkehrsfreiheit, ist hier gezeigt worden, daß die Arbeiten sich bislang in einem Vorbereitungsstadium befinden. Über konkrete materielle Regelungen zum Abbau dieser Handelshindernisse verfügt der Mercosur gegenwärtig also nicht.

Damit sieht das materielle Recht des Mercosur nach jetzigem Stand Regelungen zur nur teilweisen Durchführung des freien Warenverkehrs innerhalb des Mercosur vor. Also ist so auch das zentrale Element einer Freihandelszone erst teilweise verwirklicht. Dies hält indessen einige Autoren nicht davon ab, den Mercosur seit dem 1. Januar 1995 als eine Freihandelszone zu bezeichnen[110]. Dem kann insofern zugestimmt werden, als die Eliminierung sämtlicher Handelshindernisse, wie auch die europäischen Erfahrungen zeigen, ein langwieriges und kaum endendes Unterfangen ist[111] und es also vermessen wäre, das Vorliegen einer Freihandelszone an die Voraussetzung einer hundertprozentigen Liberalisierung zu knüpfen. Dennoch ist bei dieser Klassifizierung die Einschränkung zu machen, daß der Mercosur gegenwärtig im Innenverhältnis der beteiligten Staaten lediglich eine *unvollständige* Freihandelszone darstellt, in der für eine Vielzahl von Produkten die freie Zirkulation gewährleistet ist, für andere jedoch weiterhin nationale Zölle und sonstige Handelsbeschränkungen bestehen.

---

110 so etwa: *Luis Romero/Agramunt*, Mercosur: Aproximaciones hacia la integración con la Unión Europea, S. 42; *Gratius*, Mercosur - Ein aufsteigender Markt im Süden der USA, S. 1

111 *Stevens*, Mercosur - A Latin American regional integration of the second generation, in: Studia Diplomatica 1995, Nr. 4, S. 51; *Aragao*, La esencialidad de una política de competencia para el éxito del los objetivos del Mercosur, in: Aspectos para la integración latinoamericana, Nr. 1/1995, S. 122

Ein ähnliches Bild wie bei der rechtlichen Verwirklichung des freien intrazonalen Warenverkehrs ergibt sich im Bereich der Regelungen zur Einführung eines Gemeinsamen Außenzolltarifes für den Mercosur. Zwar wurde noch vor Ablauf der Übergangszeit die Einführung eines Gemeinsamen Außenzolltarifes beschlossen. Gleichfalls werden jedoch durch das Konvergenzprogramm zahlreiche Ausnahmen festgesetzt, für die die Einführung eines gemeinsamen Außenzollsatzes schrittweise erfolgen soll. Ferner wurden auch hier einige Sektoren zunächst gänzlich von den Bestimmungen zum Gemeinsamen Außenzoll ausgenommen, um hierfür im Laufe der Zeit spezielle Lösungen auszuhandeln. Ebenso wie für die intrazonale Warenverkehrsfreiheit erfaßt die Vereinheitlichung durch den Gemeinsamen Außenzolltarif zwischen 85 und 88 % aller Warengruppen[112], während für die restlichen Positionen weiterhin nationale Zölle erhoben werden. Bereits bei rein quantitativer Betrachtung der Einführung eines Gemeinsamen Außenzollsatzes und damit der Erfüllung des prägenden Wesensmerkmales einer Zollunion, offenbart sich damit deren Unvollständigkeit.

Für die Existenz einer Zollunion hat das Bestehen von Ausnahmen in Gestalt der fortgeführten Erhebung nationaler Zölle allerdings weitere Konsequenzen. So bedeutet die Existenz von Ausnahmen nicht allein die Nichtanwendung der gemeinsamen Regelungen, sondern führt zum notwendigen Nebeneinander zweier verschiedener Regelungssysteme, die einmal den Anforderungen einer schlichten Freihandelszone entsprechen und ferner den Regelungen zur Zollunion.

Wie zu beobachten ist, führt das gegenwärtig bestehende Regelungsgefüge faktisch dazu, daß die Mercosur-Staaten zuweilen den geltenden gemeinsamen Außenzollsatz bei Eintritt der Ware auch dann erheben, wenn diese über einen anderen Teilnehmerstaat eingeführt wird[113]. Dabei gestaltet sich die Situation noch komplizierter, wenn ein Produkt über einen Mercosur-Staat eingeführt wird, der für dieses den Gemeinsamen Außenzollsatz anwendet, der Zielstaat es aber davon zunächst ausgenommen hat. Insgesamt führt dies dazu, daß Doppelverzollungen, also die erneute Verzollung bereits verzollter Waren aus Drittländern, trotz gegenteiliger Regelungen innerhalb des Mercosur zur Zeit noch an der Tagesordnung sind[114]. Zurückzuführen ist dies einmal darauf, daß zuverlässige Festsetzungen von Listen mit den Produkten, die dem Gemeinsamen Außenzollsatz unterfallen sollen und solchen, die ausgenommen sind, nicht existieren. Zum anderen fehlt es im materiellen Recht des Mercosur bislang an den notwendigen Kompetenzzuweisungen an die zuständigen Stellen zur Erhebung des Außenzolles und den notwendigen Durchführungsvorschriften. Das Projekt des sog. Código Aduanero - des

112 s.o. in diesem Kapitel B III 3. a)

113 vgl. dazu: Banco Interamericano de Desarrollo, Informe Mercosur, Dez. 1996, S. 29 f.

114 BfAI, Zoll- und Handelsinformationen Nr. 2, Februar 1998, S. 32

Zollkodexes-, mit dem diese Defizite ausgeglichen werden sollen, konnte bislang nicht in Kraft gesetzt, geschweige denn zur Anwendung gebracht werden[115].

Auch ein weiteres, für den Übergang von der bloßen Freihandelszone zur Zollunion charakteristisches Merkmal, konnte bislang nicht verwirklicht werden: Dem Grundgedanken einer Zollunion entsprechend, verlieren mit deren Einführung die Regelungen über den Warenursprung ihre Bedeutung; denn Waren, die einmal in das Integrationsgebiet eingeführt worden sind, sollen frei zirkulieren können[116]. Schlußfolgerung daraus wäre, daß zum gegenwärtigen Zeitpunkt allein ein Ursprungszeugnis für die vom Gemeinsamen Außenzoll ausgenommenen Produkte verlangt werden dürfte. In der Praxis wird jedoch auch zwei Jahre nach der Verabschiedung des Protokolles über den Gemeinsamen Außenzollsatz beobachtet, daß die Mercosur-Staaten für fast sämtliche Produkte Ursprungszeugnisse verlangen, wenn diese in den Genuß des freien intrazonalen Warenverkehrs gelangen sollen[117].

Obgleich der Mercosur mit der im Jahr 1994 beschlossenen Einführung eines Gemeinsamen Außenzollsatzes scheinbar die Eigenschaften einer Zollunion erfüllt, ergeben sich Einschränkungen hierzu. Zum einen sind dies die zahlreichen unterschiedlich abgestuften Ausnahmen und zum anderen die Defizite in der praktischen Durchführung der bislang aufgestellten Regelungen. Wie im Fall der Bezeichnung des Mercosur als Freihandelszone, ist hinsichtlich der Einstufung als Zollunion auf die Unvollständigkeit dieser Integrationsform zu verweisen. Zum gegenwärtigen Zeitpunkt ist der Mercosur dementsprechend bezogen auf den Binnenhandel eine unvollständige Freihandelszone und mit Blick auf das Verhältnis zu Drittstaaten eine ebenfalls unvollständige Zollunion.

II. Die Irreversibilität des eingeleiteten Prozesses und die wirtschaftspolitische Grundentscheidung nach materiellem Recht

Aus den Regelungen zur Warenverkehrsfreiheit und zum gemeinsamen Außenzollsatz und der damit angestrebten Errichtung einer Zollunion ergibt sich die Grundentscheidung der Mercosur-Staaten für Handelsliberalisierung und Freihandel. Zum Ausdruck kommt damit die Überzeugung, Wohlstandsgewinne durch Handelsschaffung und marktwirtschaftliche Ausrichtung zu erzielen[118].

Konkret wurde die Entschlossenheit der Mercosur-Staaten zur Erzielung nachhaltiger Liberalisierungserfolge bereits an der Aufstellung und Durchführung des PLC deutlich. In den drei Jahren seiner Laufzeit wurde hierdurch im intrazonalen Handel Zollfreiheit für über 80 % der Produkte erreicht und das Ergebnis daher zu Recht als Rekordzeit[119]

---

115 vgl. dazu: *Dromi,* Código del Mercosur, S. 168 ff.
116 s.o. Teil 2, Kap. 1 A II 2.
117 vgl. dazu: Banco Interamericano de Desarrollo, Informe Mercosur, Dez. 1996, S. 19
118 s.o. Teil 2, Kap. 1 B II
119 *Pérez Otermin II,* S. 74; von einer *„success story"* spricht diesbezüglich IRELA, Dossier Nr. 61, 1997, S. 2

bezeichnet. Deutete sich darin bereits die Unumkehrbarkeit des 1991 eingeleiteten Prozesses an, so zeigt sich diese verstärkt noch in der Weiterführung des PLC durch das *Régimen de Adecuación* - die Anpassungsordnung. Zur Fortsetzung der eingeleiteten Entwicklung wurde damit ein weiteres detailliertes und mit konkreten inhaltlichen und zeitlichen Vorgaben versehenes Programm aufgestellt. Von ebensolcher Bedeutung ist ferner die planmäßige Einführung eines gemeinsamen Außenzollsatzes durch den *Acuerdo sobre aranceles comunes*. Auch hier wird die vollständige Einführung für sämtliche Waren in Form des *Plan de Convergencia* - des Konvergenzplanes - von konkreten und zeitlich bestimmten Liberalisierungsverpflichtungen begleitet. Sowohl für die Vervollständigung des gemeinsamen Außenzolles als auch für die Abschaffung der intrazonalen Zölle gilt, daß diese sich nach den entsprechenden Programmen automatisch vollziehen. Damit kommt es insgesamt zu einer Verselbständigung des eingeleiteten Prozesses, die sich nicht so sehr in institutionellen Vorkehrungen als vielmehr in detaillierten und verbindlichen Verpflichtungen äußert.

Hinzu kommt, daß nach dem Auslaufen des PLC der Mercosur-Rat mit seinem *Programa de Acción del Mercosur hasta el año 2000* - dem Aktionsprogramm bis zum Jahr 2000 - nicht nur seine Entschlossenheit zur Konsolidierung der Zollunion ausdrückte[120], sondern auch die Beseitigung bestehender Defizite einleitete; dazu zählt insbesondere die Ausarbeitung von Durchführungsvorschriften und die Verhinderung von Doppelverzollungen durch geeignete technische Vorkehrungen[121]. Wie die letzten Treffen des Mercosur-Rates zeigen, vollzieht sich die Vertiefung der wirtschaftlichen Integration in vielfältigen Bereichen. Dem im Rahmen der Zusammenkunft in Montevideo im Dezember 1997 verabschiedeten Dienstleistungsprotokoll folgten erste Schritte zur Durchsetzung auf dem anschließenden Treffen des Mercosur-Rates im Juli 1998 in Ushuaia. Die Fortsetzung einmal eingeleiteter Liberalisierungsprogramme, die Aufstellung weiterer zeitlich und inhaltlich bestimmter Programme, deren Durchführung sich vor allem automatisch vollzieht, und schließlich der bislang erreichte Liberalisierungsgrad machen eine Umkehr auf dem Weg zur Zollunion somit in hohem Maße unwahrscheinlich.

Im übrigen hat auch die summarische Betrachtung der weiteren Harmonisierungsbemühungen die an marktwirtschaftlichen Grundprinzipien und der Freihandelsidee ausgerichtete grundlegende Orientierung des Mercosur deutlich gemacht. Dies zeigt auch der Vergleich mit der europäischen Integration: Für das vom EGV geschaffene System bestand aufgrund seiner marktwirtschaftlichen Ausrichtung die Notwendigkeit, neben den Vorschriften über die Errichtung eines Gemeinsamen Marktes auch solche zu erlassen, die den Wettbewerb innerhalb des Marktes schützen[122]. Wettbewerbsverzerrende oder -behindernde Praktiken sollen so auch den marktteilnehmenden natürlichen und juristischen Personen untersagt sein, weshalb die Aufstellung gemeinsamer Wettbe-

120 vgl. *Programa de Acción del Mercosur hasta el año 2000*, Considerando u. Punkt 2, verabschiedet durch Decisión Nr. 9/95 des Mercosur-Rates

121 vgl. *Programa de Acción*, Punkt 2.1, lit. b

122 vgl. Art. 3 lit. g EGV

werbsregelungen insgesamt als Entscheidung für eine marktwirtschaftliche Grundordnung zu verstehen ist[123]. In eben diesem Sinne agieren auch die Mercosur-Staaten: Angestrebt ist die Schaffung eines Gemeinsamen Marktes sowohl durch die Abschaffung von Handelshindernissen als auch durch die Gewährleistung eines freien Wettbewerbs zwischen den übrigen Trägern der Wirtschaft. Als potentieller Kooperationspartner steht der Europäischen Union und den europäischen Akteuren somit insgesamt in Gestalt des Mercosur eine unvollständige Zollunion gegenüber, in der die Grundentscheidung für marktwirtschaftliche Strukturen in Form des Freihandels sowohl untereinander als auch im Verhältnis mit Drittstaaten zum Ausdruck kommt.

123 so auch: *Schweitzer/Hummer*, Rdnr. 1258

Vierter Teil

Die Europäische Union und der Mercosur: Möglichkeiten und Zukunftsaussichten der Zusammenarbeit unter besonderer Berücksichtigung des Interregionalen Rahmenabkommens

Das am 15. Dezember 1995 in Madrid unterzeichnete *Interregionale Rahmenabkommen über die Zusammenarbeit zwischen der Europäischen Gemeinschaft und ihren Mitgliedstaaten einerseits und dem Mercado Común del Sur und seinen Teilnehmerstaaten andererseits*[1] ist die bis dato letzte vertragliche Vereinbarung zur Zusammenarbeit zwischen der Europäischen Union und dem Mercosur. Vielfach wird im Abschluß des IRA auch der bisherige Höhepunkt in der Annäherung zwischen Europäischer Union und Mercosur gesehen und dem Abkommen eine nachgerade bahnbrechende Funktion bescheinigt. Dabei wird von einer deutlichen Wende in den Beziehungen zu Lateinamerika insgesamt oder jedenfalls einer neuen Etappe in den Beziehungen zum Mercosur gesprochen[2], dem IRA enorme Bedeutung für das zukünftige Verhältnis beigemessen[3] und darin im Überschwang die ernsthafteste Annäherung Europas und Lateinamerikas seit den Reisen des Kolumbus gesehen[4].

Aussagen wie die vorangegangenen bedürfen jedoch einer fundierten Überprüfung an der Realität des Verhältnisses zwischen beiden Regionen und an den Inhalten der bislang getroffenen Kooperationsvereinbarungen. Daher werden in Verfolgung des Ziels dieser Arbeit, Möglichkeiten und Zukunftsaussichten der interregionalen Zusammenarbeit aus europäischer Sicht zu beurteilen, zunächst die Interessen der Europäischen Union an einem Ausbau der Beziehungen zum Mercosur untersucht. Sodann erfolgt die Analyse von Technik, Inhalten und Ausfüllungsmöglichkeiten des gegenwärtig für die Zusammenarbeit maßgeblichen IRA.

1. Kapitel: Interessenlage und Einflußfaktoren für eine Kooperation der EU mit dem Mercosur

Die Zusammenarbeit der Europäischen Union mit dem Mercosur ist keineswegs ein bloßer Selbstzweck. Die EG-Kommission betont dementsprechend auch ihr nachhaltiges wirtschaftliches Interesse an einem Ausbau der Beziehungen zum Mercosur[5]. Das Bestehen wirtschaftlicher Interessen ergibt sich indessen nicht allein aus Stand und Entwicklung des Mercosur selbst, sondern auch aus den über den Mercosur hinausreichenden regionalen und kontinentalen Entwicklungen. In diesem Zusammenhang konstatiert die EG-Kommission die Gefahr, daß sich aufgrund der Regionalisierung des Handels geschlossene Blöcke bilden und verweist dabei just auf die Entwicklungen auf

1 vgl. ABl. 1996 Nr. L 69/4 ff.; im folgenden als IRA bezeichnet

2 *Olmedo Gavilán/Gómez-Crespo López*, Relaciones UE-Mercosur, in: Boletín Económico de ICE Nr. 2489 (1996), S. 56; *Dauster*, Las relaciones del Mercosur y la Unión Europea, in: *Leiva*, S. 205; *Smith Perera*, Economic relations between Latin America and the European Union, in: CEPAL Review, Nr. 56, 1995, S. 98

3 *Laporte Galli*, La Unión Europea y el Mercosur emprenden la reconciliación, in: Revista Cidob d'Afers Internacionals, Nr. 31 (1995), S. 64

4 *Castro Escudero*, El Mercosur contra viento y marea, in: Comercio Exterior 1994, S. 99

5 Com (94) 428, S. 4

dem amerikanischen Kontinent[6]. Der anschließenden Behandlung von Handel und Wirtschaft im Mercosur und im Verhältnis zur Europäischen Union folgt daher die Untersuchung der regionalen und kontinentalen Dimension der Wirtschaftsintegration auf dem amerikanischen Kontinent. Andere Prioritäten und Interessen der Europäischen Union werden dem dann gegenüber gestellt. So ergeben sich einmal Anhaltspunkte für die von den europäischen Akteuren zu berücksichtigenden Interessen. Zum anderen wird diese Interessenlage darüber hinaus am Ende für die Analyse der zukünftigen Ausfüllungsmöglichkeiten des IRA nutzbar gemacht werden.

A. Interessenlage aufgrund von Handel und Wirtschaft

I. Der Mercosur selbst

In der volkswirtschaftlichen Betrachtung erweist sich der Mercosur sowohl im Verhältnis zu Lateinamerika als Gesamtregion als auch für sich betrachtet als eine bedeutende Region[7]. Zusammengenommen ist er ein potentieller Markt mit annähernd 200 Millionen Menschen. In den bislang vier Staaten des Mercosur werden mehr als 50 % des lateinamerikanischen Bruttoinlandsproduktes erwirtschaftet. Für 1996 wurde hier ein Wirtschaftswachstum von 3,2 % konstatiert, das für 1997 auf 3,7 % geschätzt wird. Für den Zeitraum von der Gründung des Mercosur bis zum Jahr 1996 ergibt sich insgesamt ein durchschnittliches Wirtschaftswachstum von annähernd 3,4 % jährlich. Beachtlich ist auch der Zufluß ausländischer Direktinvestitionen in die Region[8]. Außerdem handelt es sich bei den beteiligten Staaten aufgrund des bedeutenden Wachstumspotentials um eine neue aufstrebende Wachstumszone mit großen natürlichen Ressourcen und einer wachsenden Nachfrage nach Verbrauchs- und Anlagegütern[9].
Wie bereits festgestellt wurde[10], gelten handelsschaffende Effekte als eines der maßgeblichen Ziele der Wirtschaftsintegration. Somit ist bezogen auf den Mercosur die Entwicklung des interregionalen Handels ein Anzeichen für die Auswirkungen der getrof-

---

6 Com (94) 428, S. 3; von einem Integrationsschub auf dem amerikanischen Kontinent spricht auch: *Schonebohm,* Auf dem Weg zu einem Gemeinsamen Markt?, in: Lateinamerika. Daten-Analysen-Dokumentation, Nr. 34, 1997, S. 11 f.

7 so auch die Einschätzung in: *Marín,* La política comercial común y las nuevas zonas emergentes, in: Información Comercial Española 1995, Nrn. 744-745, S. 101; *Gratius*, Mercosur - Ein aufsteigender Markt im Süden der USA, S. 1; *Laporte Galli*, La Unión Europea y el Mercosur emprenden la reconciliación, in: Revista CIDOB d'Afers Internacionals 1995, S. 91; *Grandi*, Le Mercosur en période de transition, in: Problèmes d'Amérique Latine 1995, Nr. 17, S. 73; IRELA, Dossier Nr. 61, 1997, S. 1; ders., INF-95/5-MERC, S. 1; *Hillcoat* Les relations extérieurs du Mercosur: bilan et perspectives, in: Problèmes d'Amérique latine 1997, Nr. 26, S. 101; ebenso die Einschätzung der EG-Kommission in: Com (94) 428, S. 5

8 vgl. dazu Berechnungen des Banco Interamericano de Desarrollo (B.I.D), in: Informe Mercosur, Juli-Dezember 1996, S. 1 ff; sowie von Unctad und IWF, in: World Investment Report 1996, S. 5 ff.; IRELA, Dossier Nr. 61, Aug. 1997, S. 3

9 Com (94) 428, S. 5

10 s.o. Teil 2 Kap. 1 B II

fenen Freihandelsvereinbarungen. Vor allem bezogen auf die Anfangszeit des Mercosur, also die Jahre von seiner Gründung bis zum Jahr 1995, wird dem Mercosur eine hohe handelsschaffende Dynamik bescheinigt, die sich in einem spektakulären Anstieg des intraregionalen Handels manifestiert[11]. Bestätigt werden diese Beobachtungen durch entsprechendes Zahlenmaterial. Danach wuchsen die intrazonalen Exporte der einzelnen Staaten in den Jahren 1991-1995 durchschnittlich mit einer Rate von 29,6 %, was bezogen auf das Handelsvolumen zu einem Anstieg von etwa 3,8 Milliarden US-Dollar im Jahr 1991 auf ungefähr 16,7 Milliarden US-Dollar im Jahr 1996 geführt hat[12].

Zu bedenken ist dabei, daß der angestrebte Freihandel bislang keineswegs vollständig verwirklicht werden konnte. Dies hat sich bereits als ein Ergebnis der Untersuchung des materiellen Rechts des Mercosur gezeigt[13]. Negativ wirkte sich auf das intrazonale Handelsvolumen vor allem der unvollständige Abbau nichttarifärer Handelshemmnisse zwischen den Vertragspartnern aus[14]. Angesichts des von den Mercosur-Staaten geäußerten Willens, bestehende Restzölle und insbesondere nichttarifäre Handelshindernisse abzubauen[15], scheint die Implementierung des Freihandels und damit die Herbeiführung handelsschaffender Effekte noch ausbaufähig. Jedenfalls veranlaßte die wirtschaftliche Entwicklung seit der Gründung des Mercosur die Kommission der Europäischen Gemeinschaft zu der Einschätzung, es könne beim Mercosur „mittelfristig auf die Entstehung eines Regionalmarktes von weltweiter Bedeutung geschlossen werden“[16].

II. Die Wirtschaftsbeziehungen zwischen EG und Mercosur

Die Einschätzung der wirtschaftlichen Beziehungen zwischen beiden Regionen läßt sich zunächst aus der Sicht des Mercosur beurteilen. Dieser Perspektive ist vor allem deshalb Bedeutung beizumessen, weil sie die Position Europas gegenüber den USA als Hauptkonkurrent auf diesem Markt verdeutlicht. Generalisierend wird davon gesprochen, daß die USA in ganz Lateinamerika traditionell eine wirtschaftlich dominante Rolle spielen und für die ganz überwiegende Zahl der lateinamerikanischen Staaten der bedeutendste Wirtschaftspartner sind[17]. Hinsichtlich des Mercosur besteht hingegen Einigkeit in der Beurteilung, daß die Europäische Gemeinschaft der wichtigste Handelspartner dieser

11 so etwa: *Peña,* El cuadro institucional de las relaciones entre la Europa Comunitaria y el Mercosur, in: A integração aberta, S. 222; *Grandi,* Le Mercosur en période de transition, in: Problèmes d'Amérique latine 1995, S. 86; *Melgarejo,* La integración económica de Mercosur, in: Boletín Económico de ICE, Nr. 2516, 1996, S. 25

12 Berechnungen des Banco Interamericano de Desarrollo (BID), in: Informe Mercosur, Juli-Dezember 1996, S. 8 f.

13 s.o. Teil 3 C

14 vgl. BfAI, Zoll- und Handelsinformationen Nr. 6, Februar 1996, S. 35

15 vgl. Resolución Nr. 6/95 des Mercosur-Rates

16 vgl. Mitteilung der Kommission an den Rat und das Europäische Parlament, COM (94) 428, S. 7

17 *Gratius,* Mercosur - Ein aufsteigender Markt im Süden der USA, S. 16; *Laporte Galli,* La Unión Europea y el Mercosur emprenden la reconciliación, in: Revista Cidob d'Afers Internacionals, Nr. 31 (1995), S. 78

Staaten ist[18]. Dies schlägt sich insbesondere auch in den im Mercosur getätigten ausländischen Direktinvestitionen nieder: ungefähr 47 % der im Mercosur getätigten ausländischen Direktinvestitionen kommen aus Staaten der Europäischen Gemeinschaft[19].

Auch aus der Perspektive der Europäischen Gemeinschaft ergibt sich eine grundsätzlich positive Einschätzung, die allerdings später noch aufgrund zahlreicher anderer Prioritäten in der gemeinsamen Handelspolitik zu hinterfragen sein wird. Jedenfalls wird im Mercosur, unter anderem auch von der EG-Kommission, der am schnellsten wachsende Markt für die europäischen Exporteure gesehen und darauf hingewiesen, daß dieser annähernd drei Viertel der EG-Exporte nach Lateinamerika aufnimmt[20].

Schlußfolgerung sowohl aus der wirtschaftlichen Gestalt des Mercosur als auch aus dem Verhältnis zu Europa ist, daß sich die Gemeinschaft angesichts dessen nicht untätig verhalten darf und sich eine Abwesenheit in der Region nicht leisten kann[21].

Ein weiterer Aspekt, der sich auf die Bedeutung des Mercosur für die Europäische Gemeinschaft im allgemeinen und die deutsche Wirtschaft im besonderen auswirken kann, ist in der integrativen Dynamik des Mercosur zu sehen. Es gilt dabei, Marktverluste und andere Nachteile zu vermeiden, die sich für Drittländer aus der präferentiellen Behandlung der Mitglieder von Zollunionen und Freihandelszonen untereinander ergeben[22]. Dieser Gedanke gewinnt um so mehr an Bedeutung, je stärker Bestrebungen zur Bildung von Wirtschaftsblöcken auftreten. Im Rahmen der Analyse von Einflußfaktoren und Interessenlage im Verhältnis der Europäischen Gemeinschaft zum Mercosur sind dementsprechend auch über die momentanen Mercosur-Staaten hinausgehende Tendenzen zu beachten. Dem dient die anschließende Untersuchung der regionalen und kontinentalen Dimension der Wirtschaftsintegration in Amerika insgesamt.

B. Die regionale und kontinentale Dimension der Wirtschaftsintegration

Maßgeblich für die Ausgestaltung des Wirtschaftsverhältnisses des Mercosur zu den einzelnen Staaten in Südamerika, vor allem zu den Nachbarstaaten, ist in erster Linie

---

18 *Benítez,* Relaciones entre la Unión Europea y el Mercosur, in: Ciuro Caldani, S. 53; *Dromi/Molina del Pozo*, Acuerdo Mercosur-Unión Europea, S. 20; *Laporte Galli*, La Unión Europea y el Mercosur emprenden la reconciliación, in: Revista Cidob d'Afers Internacionals, Nr. 31 (1995), S. 65; so im übrigen auch die Einschätzung der EG-Kommission, Mitteilung der Kommission an den Rat und das Europäische Parlament, COM (94) 428, S. 7

19 *Midón*, Algo más que cooperación: El convenio entre la Comunidad y Mercosur profundiza la integración, in: Derecho, Band 171 (1997), S. 887; *Gratius*, Mercosur - Ein aufsteigender Markt im Süden der USA, S. 20

20 Mitteilung der Kommission an den Rat und das Europäische Parlament, COM (94) 428, S. 7; BfAI, Zoll- und Handelsinformationen Nr. 6, Februar 1996, S. 24; *Peña*, Relaciones América Latina-Unión Europea, S. 29

21 Mitteilung der Kommission an den Rat und das Europäische Parlament, COM (95) 495, S. 4; Mitteilung der Kommission an den Rat und das Europäische Parlament, COM (94) 428, S. 8; Entschließung des EP A3-0140/94, vom 22.05.1994, ABl. 1994 Nr. C 128/443 (444)

22 ebenfalls geäußert in: Lateinamerika-Konzept der Bundesregierung vom 17.Mai 1995, Veröffentlichung des Presse- und Informationsamtes der Bundesregierung, S. 12

der Vertrag von Asunción und das Protokoll von Ouro Preto selbst[23]. Nachdem die laut dem Vertrag von Asunción zunächst bestehende fünfjährige Sperrfrist für mögliche Beitrittsverhandlungen gestrichen wurde[24], steht ein Beitritt zum Mercosur nunmehr grundsätzlich allen Staaten Südamerikas offen.

Darüber hinaus gibt es Bestrebungen, die Wirtschaftsintegration auf dem amerikanischen Kontinent nicht nur blockweise ablaufen zu lassen, sondern eine gesamtamerikanische Strategie zu verfolgen. Unmittelbarer Ausgangspunkt gegenwärtiger gesamtamerikanischer Integrationsbemühungen ist die Ende 1990 vom damaligen amerikanischen Präsidenten George Bush verkündete sogenannte *„Enterprise for the Americas Initiative"*[25]. Ausdrücklich wurde darin der Vorschlag zur Schaffung einer *„hemispherewide free trade zone"* unterbreitet, einer Freihandelszone also von Alaska bis Feuerland.

I. Erweiterung des Mercosur um Chile?

Einen Schwerpunkt der regionalen Aktivitäten des Mercosur bildet die Ausgestaltung des Verhältnisses zu Chile. In der Anbindung Chiles wird neben dessen wirtschaftlicher Situation eine bereits geographische Notwendigkeit gesehen. Der Mercosur soll die gesamte Südkegel-Region umfassen, Zugang sowohl zum Atlantik als auch zum Pazifik gewähren und damit verbesserte Perspektiven zur Anbindung an die Welt sichern[26].

Dementsprechend erfuhren die Wirtschaftsbeziehungen mit dem Inkrafttreten eines Handelsabkommens zwischen dem Mercosur und Chile am 1. Oktober 1996 eine umfassende Regelung[27]. Dabei handelt es sich um das erste Freihandelsabkommen des Mercosur mit einem Drittstaat[28]. Die Aushandlung dieses Abkommens erwies sich zunächst aufgrund der Zurückhaltung Chiles gegenüber einer Anbindung an den Mercosur oder sogar einer Mitgliedschaft als überaus schwierig. Hintergrund ist vor allem der bislang niedrigere Zollschutz in Chile: Während etwa der Gemeinsame Außenzollsatz im Mercosur zwischen 11 und 20 Prozent liegt und zusätzlich zahlreiche Ausnahmen hiervon bestehen, herrscht in Chile ein durchgängiger und einheitlicher Außenzollsatz von nur 11 Prozent[29]. Inzwischen orientiert sich Chile jedoch zunehmend in Richtung seiner Nachbarstaaten und Brasiliens[30].

---

23 vgl. Art. 20 TA; Art. 33 PB; Art. 50 POP; s. zum Ganzen auch: *Pérez Otermin II*, S. 75

24 vgl. *Samtleben*, Der Südamerikanische Gemeinsame Markt (Mercosur) und seine neue Verfassung, in WM 1996, S. 1998

25 Ausführungen des Präsidenten vom 27. Juni 1990 abgedruckt in: 29 I.L.M. (1990), S. 1567 ff.

26 *Castrioto de Azambuja*, Mercosur y CEE: Cooperación entre regiones, in: *Rimoldi de Ladmann*, S. 199; *Hekimian*, El Acuerdo Mercosur-Chile, in: Boletín de Lecturas Sociales y Económicas 1996, Nr. 16, S. 86

27 Acuerdo de Complementación Económica Mercosur-Chile, unterzeichnet am 25. Juni 1996, abgedruckt in: C.A.R.I. (Hrsg.), Cuatro países y un mercado común, S. 108 ff.

28 Banco Interamericano de Desarrollo, Informe Mercosur, Juli-Dezember 1996, S. 54

29 *Nofal*, Integración Argentina-Brasil y regionalización del mercado en el Cono Sur, in: Mercosur Journal 1996, Nr. 3, S. 13

30 *Haubrich*, Eine transatlantische Brücke - Die Europäer unterstützen die Zusammenarbeit mit den Mercosur-Staaten, in: FAZ, Nr. 258 vom 06. Nov. 1997, S. 16

Mittelfristiges Hauptziel bei der Ausgestaltung der gegenseitigen Wirtschaftsbeziehungen ist wegen des geschilderten Hintergrundes zunächst die Bildung einer Freihandelszone zwischen dem Mercosur und Chile. Angestrebt ist für deren Vollendung ein Zeitraum von maximal zehn Jahren[31]. Zur Erreichung dieses Zieles sieht der Vertrag die Durchführung eines Programms zum Zollabbau vor[32]: nach einer allgemeinen Senkung des Zollniveaus um 40 Prozent sollen progressive Zollsenkungen zur grundsätzlichen Abschaffung aller Zölle bis zum 1. Januar 2004 führen. Danach ist dann die Abschaffung der Zölle für die von dem automatischen Abbau ausgenommenen sensiblen Produkte vorgesehen.

Der Klarstellung halber sei darauf hingewiesen, daß es sich nach Vertragsziel und Ablauf des Liberalisierungsprogrammes nicht um einen Beitritt Chiles zum Mercosur handelt, sondern in wirtschaftlicher Hinsicht um eine faktische, partielle Vergrößerung des Mercosur. Gewicht erlangt diese Tatsache schließlich auch aufgrund der Einschätzung der EG-Kommission zur wirtschaftlichen Struktur Chiles[33]. Bescheinigt wird dem Land ein funktionsfähiges Wirtschaftssystem auf der Grundlage einer wettbewerbsfähigen Wirtschaftstätigkeit und einem daraus resultierenden langfristigen Wachstum.

II. Das Verhältnis anderer südamerikanischer Staaten zum Mercosur

Nach Chile kommen insbesondere die Staaten der Andengemeinschaft[34] für eine Annäherung an den Mercosur in Betracht. Diese haben ihrerseits Interesse an einer Intensivierung der Handelsbeziehungen geäußert[35]. Insgesamt sind die Bestrebungen einzelner Staaten der Andengemeinschaft nicht auf einen Beitritt zum Mercosur, sondern vielmehr auf den Abschluß von Handelsvereinbarungen mit dem Mercosur gerichtet. Die Ausgestaltung der Beziehungen vollzog sich zunächst im Verhältnis einzelner Staaten zum Mercosur, wird aber nunmehr vor allem seitens der Andengemeinschaft insgesamt betrieben.

Die einzelstaatliche Annäherung an den Mercosur leitete zunächst Bolivien durch den Abschluß eines Freihandelsvertrages mit dem Mercosur ein, der am 1. April 1997 in Kraft trat[36]. Ist jedoch bereits das Handelsvolumen der Mercosur-Staaten und Boliviens wenig bedeutend[37], so waren auch für die Europäische Gemeinschaft wegen Boliviens geringer Wirtschaftsleistung hieraus keine nennenswerten Konsequenzen zu ziehen.

Angestrebt wurde ein Ausbau der Beziehungen zum Mercosur auch von peruanischer Seite, nachdem es im April 1997 zu Spannungen mit den übrigen Mitgliedstaaten ge-

---

31 Art. 1 des Acuerdo de Complementación Económica Mercosur-Chile
32 Art. 2 ff. des Acuerdo de Complementación Económica Mercosur-Chile
33 Mitteilung der Kommission an den Rat und das Europäische Parlament, Kom (95) 232, S. 2
34 s.o. Teil 1, Kap. 1 A I 3
35 C.A.R.I. (Hrsg.), Cuatro países y un mercado común, S. 106
36 Acuerdo de Complementación Económica Mercosur-Bolivia, unterzeichnet am 17. Dezember 1996, abgedruckt in: C.A.R.I. (Hrsg.), Cuatro países y un mercado común, S. 119 ff.
37 Banco Interamericano de Desarrollo (B.I.D), Informe Mercosur, Juli-Dezember 1996, S. 57

kommen war. Am 15. Mai 1997 ersuchte die peruanische Regierung förmlich um die Aufnahme von Verhandlungen für den Abschluß eines Freihandelsabkommens mit dem Mercosur[38]. Formell wurden die Verhandlungen am 10. Juni 1997 aufgenommen. Ihr Ziel ist es, mittelfristig das Verhältnis zwischen Peru und dem Mercosur zu regeln, ohne daß dabei nennenswerte Fortschritte im Verlauf der ersten Treffen erwartet wurden[39].

Überlagert werden die Aktivitäten der Einzelstaaten nunmehr durch die Bemühungen der Andengemeinschaft insgesamt, einen Ausbau der Handelsbeziehungen mit dem Mercosur zu erreichen. Andengemeinschaft und Mercosur schlossen im April 1998 einen Rahmenvertrag zur späteren Errichtung einer Freihandelszone[40]. Allerdings ist die Aushandlung von Freihandelsvereinbarungen, die gegenwärtige Handelszugeständnisse nennenswert erweitern, darin überhaupt erst vorgesehen[41]. Damit sollen Zollpräferenzen für den gesamten Wirtschaftsraum ausgehandelt werden, die bereits zwischen einzelnen Mitgliedstaaten bestehen[42]. Auch die Errichtung der geplanten Freihandelszone wird lediglich als Ziel des Abkommens genannt, ohne daß Einzelheiten festgelegt worden wären[43]. Im übrigen stehen auch diese neuen Integrationsbestrebungen auf subregionaler Ebene wiederum im größeren Zusammenhang der im folgenden analysierten transamerikanischen Freihandelstendenzen.

III. Das Projekt der Gesamtamerikanischen Freihandelszone ALCA

Der im Rahmen der Initiative „*Enterprise for the Americas*“ durch den US-amerikanischen Präsidenten George Bush geäußerte Vorschlag zur Bildung einer transamerikanischen Freihandelszone bis zum Jahre 2005[44] zog zunächst keine konkreten Folgen nach sich. Auch eine zwischen den Mercosur-Staaten und den USA durch den Abschluß des sogenannten *Rose-Garden-Agreements* über Handel und Investition aus dem Jahre 1991[45] eingeleitete Annäherung blieb bislang ohne nachfolgende Maßnahmen.

Das Projekt zur Bildung einer gesamtamerikanischen Freihandelszone wurde jedoch auf dem Gipfeltreffen von 34 lateinamerikanischen Staats- und Regierungschefs vom 9. bis 11. Dezember 1994 in Miami wiederbelebt und wird seitdem unter der Bezeichnung *Área de Libre Comercio de las Américas (ALCA)* - Gesamtamerikanische Freihan-

38 vgl. La Nación vom 16. Mai 1997, Sección 2, S. 3

39 La Nación vom 11. Juni 1997, Sección 2, S. 3

40 *Acuerdo Marco para la Creación de la Zona de Libre Comercio entre la Comunidad Andina y el Mercosur*, unterzeichnet am 16. April 1998

41 vgl. Art. 2 des *Acuerdo Marco* (FN 41)

42 vgl. auch *BfAI* (Hrsg.), Zukunftsmarkt Mercosur, S. 80

43 vgl. Art. 1 lit. a des *Acuerdo Marco* (FN 41)

44 s.o. in diesem Kapitel B vor I; *Schaal*, La posición de la Unión Europea frente a los nuevos procesos de Integración en América Latina, in: Contribuciones Nr. 4/1996, S: 65; ausführlich: *Bouzas/Lustig*, Liberalización Comercial e Integración Regional, S. 9 ff.

45 sog. *Rose Garden Agreement* vom 19. Juni 1991, abgedruckt in: 30 I.L.M. (1991), S. 1034 ff.

delszone - verfolgt[46]: Als zeitliche Zielvorgabe für den Abschluß der Verhandlungen zur Bildung von ALCA wurde wiederum das Jahr 2005 genannt, wobei jedoch konkrete Fortschritte bereits bis zum Jahr 2000 erzielt worden sein sollen. Die Verwirklichung soll in drei Etappen geschehen. Beginnend mit Verbesserungen im gegenseitigen Informationsaustausch, sollen später insbesondere Zollverfahren und Investitionsschutz verbessert und vereinheitlicht werden, um dann schließlich konkrete Regelungen des jeweiligen Marktzuganges und einen gegenseitigen Zollabbau vereinbaren zu können.

Im wesentlichen beschränkten sich die Tätigkeiten zunächst auf die Einrichtung von Arbeitsgruppen zum Zweck des Informationsaustausches und der Sammlung notwendiger Wirtschaftsdaten aus den einzelnen Staaten[47]. Daneben finden sich insbesondere von nordamerikanischer Seite politische Willensbekundungen, die wechselseitige Öffnung der Märkte und die Schaffung der ALCA als Freihandelszone von Alaska bis Feuerland voranzutreiben[48].

Weitere Zusammenkünfte auf Ebene der Minister der amerikanischen Staaten in Belo Horizonte, Brasilien, im Mai 1997 und in San José, Costa Rica, im März 1998 bereiteten die Aufnahme konkreter Verhandlungen zur Verwirklichung der ALCA vor[49]. Insbesondere im Rahmen des Treffens von San José konnten erkennbare Fortschritte erzielt werden. Die Ministerrunde empfahl den Staats- und Regierungschefs die umgehende Aufnahme von Verhandlungen zur Realisierung des ALCA-Projektes und schlug den anzuwendenden Verhandlungsmechanismus vor[50].

Die Staats- und Regierungschefs folgten auf ihrem Gipfeltreffen in Santiago de Chile im April 1998 mit der Verabschiedung eines Aktionsplanes den Vorschlägen der Ministerrunde und bekräftigten dabei ihren Willen zur Errichtung der ALCA bis zum Jahre 2005[51]. Die Minister wurden zur Aufnahme der Verhandlungen in dem von ihnen vorgeschlagenen Rahmen angewiesen; die Erzielung erster konkreter Verhandlungserfolge wurde für das Jahr 2000 in Aussicht genommen[52]. Danach konnten die Verhandlungen je nach den befaßten Arbeitsgruppen zum 30. Juni 1998 beziehungsweise zum 30. September 1998 beginnen.

---

46 vgl. dazu insgesamt: Ministerio de Relaciones Exteriores, Comercio Internacional y Culto (Hrsg.), El Área de Libre Comercio de Las Américas, 1997, S. 4 ff.; Banco Interamericano de Desarrollo (B.I.D.), Informe Mercosur, Juli-Dezember 1996, S. 58 f.; *Devlin/Garay*, De Miami a Cartagena: nueve enseñanzas y nueve desafíos del ALCA, in: Contribuciones, Nr. 4/1996, S. 25 f.; zum Gipfeltreffen in Miami: *Weber/Moses/Voß*, Mercosur - Ein Markt mit Zukunft, S. 13

47 Ministerio de Relaciones Exteriores, Comercio Internacional y Culto (Hrsg.), El Área de Libre Comercio de Las Américas, 1997, S. 6

48 vgl. die Ausführungen von US-Präsident Clinton in Venezuela, Brasilien und Argentinien, nach: *Lennertz*, Amerikanische Freihandelszone gefordert, in: FAZ vom 15. Okt.1997, S. 8 und: ders., Freier Markt von Alaska bis Feuerland, in: FAZ vom 21. Okt. 1997, S. 20

49 vgl. *Declaración Ministerial de Belo Horizonte* vom 16. Mai 1997 und *Declaración Ministerial de San José* nebst Anhängen I und II vom 19. März 1998

50 vgl. Ziff. II.8 und Ziff. III.10 ff. der *Declaración Ministerial de San José*

51 *Segunda Cumbre de las Américas - Declaración de Santiago* vom 19. April 1998

52 vgl. Ziff. III lit. A des *Segunda Cumbre de las Américas - Plan de Acción* vom 19.April 1998

Während Wirtschaftsbeobachter zunächst erst für Ende 1998 mit ersten konkreten Verhandlungsschritten rechneten[53], konnten die Verhandlungen teilweise bereits Mitte des Jahres 1998 beginnen. Jedoch befinden sich die Bemühungen noch in einem Anfangsstadium, so daß eine Einschätzung der Erfolgsaussichten verfrüht wäre. Abzusehen ist jedoch bereits jetzt, daß dem Mercosur selbst jedenfalls nicht wegen des gesamtamerikanischen ALCA-Projektes seine Bedeutung entzogen werden wird. Aus den transamerikanischen Integrationsbemühungen ergibt sich im Gegenteil eine Bedeutungssteigerung des Mercosur für die Europäische Union. Hintergrund hierfür ist der Gedanke, die Zusammenarbeit mit dem Mercosur könnte eine diagonale Achse im internationalen System bilden, während die Tendenz vor allem zu regionalen beziehungsweise kontinentalen Blöcken geht[54]. Die Mitgliedstaaten des Mercosur betonen regelmäßig ihre Entschlossenheit, im gesamtamerikanischen Kontext als Block zu verhandeln und regionale Abkommen als Grundlage möglicher transamerikanischer Übereinkünfte beizubehalten[55]. Dem Mercosur wird dabei prinzipieller Vorrang vor anderen Projekten eingeräumt[56]. Sollte das ALCA-Projekt tatsächlich Erfolge verzeichnen können, wäre der Mercosur demgemäß als Einheit beteiligt. Daraus wiederum resultierend, stellt sich auch die Kooperation zwischen Europäischer Union und Mercosur gleichzeitig als Zusammenarbeit mit einem wichtigen Teil einer möglichen Gesamtamerikanischen Freihandelszone dar.

C. Mögliche Interessenkollisionen

I. Andere Prioritäten der Europäischen Union

Über die bereits angeführten wirtschaftlichen und strategischen Aspekte hinaus, werden von politischer Seite weitere Faktoren betont, die ein verstärktes Engagement der Europäischen Gemeinschaft im Mercosur und in Lateinamerika insgesamt nahelegen sollen. So findet sich etwa die Hervorhebung historischer, kultureller und politischer Bindungen zwischen den Regionen ebenso wie der Verweis auf den insgesamt erfolgreichen Weg Lateinamerikas hin zu Frieden, Demokratie und nachhaltiger Entwicklung[57]. Lobend hervorgehoben wird in diesem Zusammenhang auch die Reformorientierung la-

53 vgl. *Lennertz*, Freier Markt von Alaska bis Feuerland, in: FAZ vom 21. Okt. 1997, S. 20

54 *Bizzózero*, La agenda de las relaciones Comunidad Europea-Países del Mercosur, in: Revista de Estudios Europeos 1994, S. 88

55 vgl. dazu etwa: Protokoll der Zusammenkunft der Wirtschaftsminister vom 25. bis 27. Februar 1997, Veröffentlichung des Banco Interamericano de Desarrollo vom 28. April 1997

56 vgl. die Ausführungen des brasilianischen Präsidenten Cardoso, wiedergegeben bei: *Lennertz*, Freier Markt von Alaska bis Feuerland, in: FAZ vom 21. Okt. 1997, S. 20

57 vgl. Grundlagenpapier betreffend die Beziehungen der Europäischen Union zu Lateinamerika und Karibik, Veröffentlichung des Rates der Europäischen Union vom 31. Oktober 1994, 10314/94 (Presse 219)

teinamerikanischer Staaten in Gestalt von Marktöffnung, Liberalisierung, Privatisierung und Haushaltskonsolidierung[58].

Dies kann allerdings nicht über Einschätzungen hinwegtäuschen, die rückblickend deutlich machen, daß die Beziehungen zwischen den Regionen über drei Jahrzehnte bis in die achtziger Jahre politisch praktisch inexistent und ökonomisch rückläufig waren[59]. Insbesondere die vertraglichen Beziehungen zu Mittel- und Südamerika insgesamt sind dabei in diesem Zeitraum punktuell und lückenhaft geblieben[60].

Auch gegenwärtig steht der Ausbau der Beziehungen zum Mercosur in einem Spannungsfeld weiterer Interessen der Europäischen Union. Diese ergeben sich zum einen aus deren außenpolitischen Prioritäten. Die EG-Kommission selbst verweist bei der Analyse der Bedeutung Lateinamerikas für die gemeinsame Handelspolitik auf ihre besondere Verantwortung bei der Gestaltung des Übergangsprozesses in Mittel- und Osteuropa[61]. Auf dieses Gebiet konzentrieren sich bereits umfangreiche gemeinschaftliche Tätigkeiten. So wurde von der Kommission die Aufnahme von Beitrittsverhandlungen mit sechs weiteren Staaten, darunter Polen, Ungarn und die Tschechische Republik, vorgeschlagen[62]. Nach acht Monate dauernden technischen Vorgesprächen wurden schließlich am 10. November 1998 die Verhandlungen über den Beitritt von Polen, Ungarn, der Tschechischen Republik, Slowenien und Estland eröffnet[63]. Darüber hinaus betrachtet die Union die Gestaltung einer aktiven Mittelmeerpolitik ebenso wie die Stärkung ihrer Position im asiatischen Raum als weitere prioritäre Vorhaben[64].

Vor dem kurz angerissenen Hintergrund anderer vordringlicher Projekte wird daher der Ausbau der Wirtschaftsbeziehungen der Gemeinschaft zu Lateinamerika insgesamt und zum Mercosur im besonderen allenfalls als dritte Priorität in der Außenhandelspolitik der Gemeinschaft eingestuft[65].

---

58 Lateinamerika-Konzept der Bundesregierung vom 17.Mai 1995, Veröffentlichung des Presse- und Informationsamtes der Bundesregierung, S. 3

59 *Laporte Galli*, La Unión Europea y el Mercosur emprenden la reconciliación, in: Revista Cidob d'Afers Internacionals, Nr. 31 (1995), S. 64 f.

60 Oppermann, Europarecht, Rdnr. 1784

61 Mitteilung der Kommission an den Rat und das Europäische Parlament „Europäische Union-Lateinamerika - Die Partnerschaft heute und die Perspektiven für ihren Ausbau", Kom (95) 495, S. 4

62 vgl. die sog. *„Agenda 2000"* der Kommission der Europäischen Gemeinschaften, Kom (97) 2000, S. 1 ff. (S. 9); die Beitrittsverhandlungen wurden im März 1998 aufgenommen, dazu: *Hort,* in: FAZ vom 30.03.1998, S. 1

63 vgl. F.A.Z. Nr. 263 vom 11. November 1998, S. 1

64 vgl. dazu: Mitteilung der Kommission an den Rat und das Europäische Parlament „Verstärkung der Mittelmeerpolitik der Europäischen Union: Vorschläge für die Entwicklung einer Partnerschaft Europa-Mittelmeer", Kom (95) 72, S. 2; Mitteilung der Kommission an den Rat „Auf dem Weg zu einer neuen Asien-Strategie", Kom (94) 314, S. 1 f.

65 so insgesamt auch: *Aldecoa Luzárraga*, El acuerdo entre la Unión Europea y el Mercosur, in: Revista de Instituciones Europeas 1995, S. 787; *Midón*, Algo más que cooperación: El convenio entre la Comunidad y Mercosur profundiza la integración, in: Derecho, Band 171 (1997), S. 887 f.; zu den Prioritäten deutscher Außenpolitik vgl.: *Langguth*, Deutschland vor neuen Herausforderungen- Das Verhältnis zu Lateinamerika, in: Außenpolitik 1994, S. 31 ff.; auch in der *„Agenda 2000"* wird nach Nennung der Hauptbereiche außenpolitischer Aktion lediglich ausgeführt: *„Asien und Lateinamerika gehören ebenfalls zu den Weltregionen, denen besondere Aufmerksamkeit geschenkt werden sollte"*, Kom (97) 2000, S. 38 f.

II. Problembereich Landwirtschaft

Neben der außenpolitischen Interessen- und Prioritätenlage wird die Entwicklung der Beziehungen zum Mercosur zum anderen auch von den Gegebenheiten der weiteren Marktorganisation auf europäischer Ebene beeinflußt. Im Rahmen dieser Arbeit kann naturgemäß nicht die Gesamtstruktur des europäischen Binnenmarktes in ihrer Bedeutung für eine Zusammenarbeit mit dem Mercosur untersucht werden[66]. Eine Vielzahl grundlegender Probleme tritt im Bereich der gemeinsamen europäischen Agrarpolitik auf: In keinem anderen Bereich des europäischen Binnenmarktes finden sich Zugangsbeschränkungen für Drittstaaten und damit Hindernisse auf dem Weg zur Handelsliberalisierung in vergleichbarer Deutlichkeit. Keine Zweifel besteht auch daran, daß der Agrarsektor das größte Hindernis für Freihandelsvereinbarungen zwischen Mercosur und Europäischer Union bildet[67]. Exemplarisch wird daher die gemeinsame Agrarpolitik als wesentlicher Einflußfaktor auf die gemeinsame Handelspolitik der Gemeinschaft gegenüber dem Mercosur in Grundzügen analysiert.

1. Grundzüge des Markzugangs nach der gemeinsamen Agrarpolitik der Europäischen Gemeinschaft

Die Integration der Landwirtschaft gehört innerhalb des europäischen Binnenmarktes zu den politisch brisantesten und schwierigsten Aufgaben[68]. Ihre Bedeutung zeigt sich auch in der hervorgehobenen Stellung der Regelungen zur Landwirtschaft im Bereich des Primärrechts[69] sowie der kaum überschaubare Umfang des sekundären Rechts deutlich. In keinem anderen Gebiet weist das Gemeinschaftsrecht hinsichtlich der Instrumente zur Zielverwirklichung eine auch nur annähernd vergleichbare Regelungsintensität auf[70].

Die gemeinsame Agrarpolitik war mit dem Ziel angetreten, Produktivitätssteigerungen zu erreichen, den Landwirten eine angemessene Lebensgrundlage zu gewährleisten und die Stabilisierung der Märkte ebenso wie die Versorgung der Bevölkerung zu angemessenen Verbraucherpreisen sicherzustellen[71]. Die wesentlichen Maßnahmen zur Zielerreichung wirken sich dabei unmittelbar auf die Möglichkeiten des Marktzugangs von Drittstaaten aus.

Die Errichtung einer Europäischen Marktordnung ist die stärkste Organisationsform innerhalb der gemeinsamen Agrarpolitik und besteht für eine Vielzahl von Produkten[72].

---

66 eine umfassende Analyse des rechtlichen Rahmens der Zugangsregeln zum europäischen Binnenmarkt freilich ohne besonderes Augenmerk auf den Mercosur bietet: *v. Bogdandy*, in: *Grabitz/Bogdandy/Nettesheim*, S. 9 ff.

67 so auch: IRELA INF-95/5-MERC, S. 6; *Hillcoat*, Les relations extérieures du Mercosur: bilan et perspectives, in: Problèmes d'Amérique latine, Nr. 26, 1997, S. 106

68 *Schweitzer/Hummer*, Rdnr. 1328

69 vgl. die Art. 38 bis 47 EGV

70 *v. Bogdandy*, in: *Grabitz/Bogdandy/Nettesheim*, S. 147

71 vgl. Art. 39 Abs. 1 EGV

72 *Schweitzer/Hummer*, Rdnr. 1340; s.a. Art. 40 Abs. 2 lit. c EGV

Innerhalb dieser Form der Marktorganisation bilden Preisfestsetzungen, die durch Preisstützungsmaßnahmen gewährleistet werden, das zentrale Instrument. Im Rahmen dieses Verfahrens[73] werden üblicherweise vom Rat jährlich Richtpreise für die entsprechenden Produkte festgesetzt. Im Fall des Unterschreitens dieses Richtpreises besteht Aufkaufspflicht staatlicher Interventionsstellen. Diese künstlichen Preisunterstützungsmaßnahmen führen regelmäßig dazu, daß die so erzielten Preise über den Weltmarktpreisen liegen. Konsequenz daraus ist, daß ein Außenschutz vor billigeren Produkten notwendig wird[74].

Das wichtigste Instrument zur Erreichung des Außenschutzes vor billigeren Produkten ist die Durchsetzung von Mindesteinfuhrpreisen[75]. Dies führt im Ergebnis dazu, daß die Preise für Drittlandserzeugnisse auf das Niveau der Gemeinschaftserzeugnisse hochgesetzt werden und somit eine Preiskonkurrenz weitgehend ausgeschlossen ist. Gegenstück zu dieser Praxis sind dann wiederum die Exportsubventionen der Gemeinschaft, deren Ziel ebenfalls die Kompensation der Differenz zwischen den Marktpreisen innerhalb der Gemeinschaft und den niedrigeren Weltmarktpreisen ist[76].

Während neben dem geschilderten Mechanismus der Erhebung von Zöllen als selbständiges Schutzinstrument nur wenig Bedeutung zukommt, wird der Marktzugang schließlich noch durch zusätzliche nichttarifäre Hindernisse erschwert: Zu nennen ist dabei eine Vielzahl von Kontingentierungen und sonstigen Einfuhrquoten sowie die Notwendigkeit von Importlizenzen. Ebenfalls wettbewerbsbeschränkend wirkt sich das Subventionssystem der Gemeinschaft aus, das in wertender Beschreibung als „Leistungen an eine Vielfalt von Empfängern in Myriaden von Formen“ beschrieben wird[77].

2. Folgen der gemeinsamen Agrarpolitik für das Verhältnis zum Mercosur

Die Bedeutung des Agrarsektors für die Ausgestaltung des Verhältnisses der Europäischen Union zum Mercosur macht bereits ein Blick auf die Struktur des gegenseitigen Handels deutlich: Agrarprodukte sind ein zentraler Bestandteil der Exporte des Mercosur und machen etwa 60 Prozent von dessen Gesamtausfuhren in die Europäische Union aus[78].

Demgegenüber zwingt die nunmehr chronische Überproduktion die Gemeinschaft zu einem immer aggressiveren Auftreten auf den Weltmärkten und zugleich zu einer aus-

73 dazu insgesamt: *Schweitzer/Hummer*, Rdnrn. 1347 ff.

74 *v. Bogdandy*, in: *Grabitz/Bogdandy/Nettesheim*, S. 145; *Schäfer*, Die deutsch-lateinamerikanischen Beziehungen im Rahmen der EG-Politik, in: *Mols/Wagner*, S. 367

75 *Ehlermann*, Die wichtigsten Steuermechanismen der gemeinsamen Organisation der Agrarmärkte, in: Integration 1969, S. 294 ff.

76 *Scott*, Tragic Triumph: Agricultural Trade, the Common Agricultural Policy and the Uruguay Round, in: *Emiliou/O'Keefe*, S. 168

77 *Scott*, Tragic Triumph: Agricultural Trade, the Common Agricultural Policy and the Uruguay Round, in: *Emiliou/O'Keefe*, S. 166

78 IRELA INF-95/5-MERC, S. 6

geprägten Abschottungspolitik[79]. Eine wettbewerbliche Konkurrenz über die Merkmale Preis und Qualität wird, wie anhand der Regelungen des Marktzuganges deutlich geworden ist, durch die Einwirkungen im Rahmen der gemeinsamen Agrarpolitik ausgeschlossen. Dabei sind konkrete Auswirkungen auf den Handel zwischen Europäischer Gemeinschaft und Mercosur zu erkennen. Zunächst herrschte in diesem Bereich zwischen beiden Regionen ein, wenngleich wenig diversifizierter, so doch reger Handelsaustausch, wobei aus den Mercosur-Staaten insbesondere Agrarprodukte in die Gemeinschaft eingeführt wurden. Dieser Handel nahm rapide ab mit der Einführung der gemeinsamen Agrarpolitik der Gemeinschaft[80].

Auch bei der jetzigen Ausgestaltung des Verhältnisses zum Mercosur bahnt sich ein Interessenkonflikt an. Ein Hintergrund ist dabei die hohe Wettbewerbsfähigkeit von Agrarprodukten aus dem Mercosur, die zudem sowohl mit entsprechenden Erzeugnissen der EG-Mitgliedstaaten selbst als auch mit solchen aus den besonderen Interessengebieten Mittelmeer und Mittel- und Osteuropa konkurrieren[81].

Dementsprechend fehlt es von europäischer Seite auch nicht an einem nachdrücklichen Hinweis darauf, daß der im Bereich des Agrarhandels vorhandene Spielraum für Liberalisierungsmaßnahmen in den nächsten Jahren sehr begrenzt sei[82].

---

79 *v. Bogdandy*, in: *Grabitz/Bogdandy/Nettesheim*, S. 144

80 *Laporte Galli*, La Unión Europea y el Mercosur emprenden la reconciliación, in: Revista Cidob d'Afers Internacionals, Nr. 31 (1995), S. 66

81 IRELA, INF-95/5-MERC, S. 6

82 Entschließung des Europäischen Parlaments zum Ausbau der Politik der Europäischen Union gegenüber Mercosur vom 16. Mai 1995, ABl. 1995 Nr. C 151/31

2. Kapitel: Zustandekommen und Vertragstechnik des interregionalen Rahmenabkommens

Der Unterzeichnung des Vertrages von Asunción folgte im Abstand von weniger als fünf Jahren der Abschluß des IRA zwischen Europäischer Union und Mercosur. Geschwindigkeit und Dynamik der Annäherung macht die anschließende Darstellung von dessen Vorlaufgeschichte deutlich. Daß unter anderem deshalb aber auch inhaltliche Gründlichkeit und Klarheit bereits in grundlegenden Fragen zurückstehen mußten, zeigt dann die Auseinandersetzung mit den Rechtsgrundlagen und der Rechtsnatur des IRA.

A. Von Asunción nach Madrid

I. Der Beginn der Beziehungen zwischen Mercosur und EG

Seitens der EU und im Rahmen ihrer Außenhandelspolitik steht das Verhältnis zum Mercosur in einem vielschichtigen Geflecht anderer Prioritäten. Wichtige Positionen werden insbesondere von geographisch naheliegenderen Regionen wie den Staaten Mittel- und Osteuropas eingenommen[1].

Demgegenüber sind bereits die ersten, über die Subregion hinausreichenden, außenpolitischen Schritte der Mercosurstaaten nach Europa gerichtet gewesen. Eine erste Bestätigung findet so die Beobachtung, daß die Europäische Union in der Rangfolge der außenpolitischen Prioritäten des Mercosur vor den USA rangiert[2]. Bereits im April 1991, nur etwas mehr als einen Monat nach der Unterzeichnung des Vertrages von Asunción, statteten die Außenminister des Mercosur der Kommission der Europäischen Gemeinschaften einen offiziellen Besuch ab[3]. Zum einen ging es darum, der Kommission die Ziele des Mercosur darzulegen. Dieses Treffen ist gleichzeitig aber auch die erste Grundlage des inzwischen abgeschlossenen interregionalen Rahmenabkommens. Denn bereits bei dieser Gelegenheit wurde den Mercosur-Außenministern von der Kommission in Aussicht gestellt, die Möglichkeit eines späteren Kooperationsabkommens zwischen der Europäischen Gemeinschaft und dem Mercosur zu prüfen, sobald die Mercosurstaaten den institutionellen Aufbau ihres Zusammenschlusses bestimmt haben würden. Ferner wurde vereinbart, ein interinstitutionelles Kooperationsabkommen über technische Hilfe zwischen der Kommission und dem seinerzeit noch zu bestimmenden zuständigen Organ des Mercosur zu schließen.

1 s.o. 4. Teil, Kap. 1 C I
2 *Gratius*, Mercosur - Ein aufsteigender Markt im Süden der USA, Mercosur, S. 11
3 Bull. EG 4-1991, Ziff. 1.3.36

II. Das interinstitutionelle Kooperationsabkommen

Zur ersten vertraglichen Manifestation der eingeläuteten Beziehungen zwischen der Europäischen Gemeinschaft und dem Mercosur kam es ein Jahr später, mit der Unterzeichnung des interinstitutionellen Kooperationsabkommens zwischen der EG-Kommission und dem Mercosur-Rat[4].

Die vergleichsweise eigenartige Konstruktion eines Abkommens zwischen zwei Organen der Integrationszusammenschlüsse läßt sich vor allem auf den zu jenem Zeitpunkt geringen Entwicklungsstand des Mercosur zurückführen; allein die fehlende Völkerrechtspersönlichkeit des Mercosur[5] schloß andere Abkommenstypen und weitergehende Schritte aus.

Als Ausfluß der institutionellen Defizite auf Seiten des Mercosur ist dann auch das Hauptanliegen des Abkommens zu sehen: Europäisches Integrations-know-how sollte dem in den Anfängen befindlichen Mercosur zugänglich gemacht werden. Angestrebt wurde die engst mögliche Kooperation zwischen den entsprechenden Organen insbesondere durch Informationsaustausch, Ausbildung von Personal und andere integrationstechnische Hilfen[6]. Auf diese administrative Zusammenarbeit zwischen den Organen blieb das Abkommen beschränkt; materielle Regelungen fehlten dementsprechend völlig.

Die vorsichtige Fixierung auf rein technische Kooperationsmaßnahmen erwies sich schnell als unzureichend. Für eine nachhaltige Zusammenarbeit zwischen den Regionen auf anderen Gebieten bietet dieses Abkommen auch in Anbetracht der im Zuge zahlreicher Außenministertreffen erzielten Annäherungsfortschritte keinen angemessenen Rahmen[7]. So kommt dem Abkommen heute vor allem politische Bedeutung zu. Die Europäische Gemeinschaft war der erste internationale Akteur, der auf Ministerebene mit dem Mercosur einen offiziellen politischen Dialog aufnahm und in Gestalt des interinstitutionellen Kooperationsabkommens ein erstes - wenngleich begrenztes - konkretes Ergebnis aufweisen konnte. Sie begleitete die Entwicklung des Mercosur von Beginn an. Wenngleich, wie die bisherige Untersuchung gezeigt hat, deutliche methodische Unterschiede zwischen den Integrationsprojekten bestehen, wird die Europäische Gemeinschaft als Hauptquelle des Mercosur für Integrations-know-how angesehen[8].

4 Abkommen vom 29. Mai 1992, Bull. EG 5-1992, Ziff. 1.2.32; abgedruckt in: Integración Latinoamericana Nr. 178 (1992), S. 56

5 s.o. Teil 2, Kap. 5 A I

6 vgl. Artt. 1 und 2 des Kooperationsabkommens

7 so die Auffassung der EG-Kommission, Kom (94) 428, S. 14

8 *Peña*, Relaciones, S. 17; *Menem*, Mercosur, S. 117; *Morelli de Bracali*, Mercosur - Unión Europea: Perspectivas de una relación multidimensional, in: *Stahringer de Caramuti*, S. 224 f.

Der Europäische Rat drückte auf Korfu im Juni 1994, neben der Bekräftigung der Bedeutung Lateinamerikas insgesamt, die Absicht der Europäischen Union aus, ihre Beziehungen zum Mercosur auszubauen und forderte Ministerrat und Kommission auf, diese Fragen weiter zu prüfen[9].

Der Aufforderung des Europäischen Rates entsprechend, legte die Kommission bereits im Oktober desselben Jahres eine Analyse zum „Ausbau der Politik der Europäischen Union gegenüber Mercosur" vor[10]. Bedeutung kommt dieser Mitteilung vor allem insoweit zu, als darin bereits die letztlich eingeschlagene Strategie in Form des Abschlusses eines interregionalen Rahmenabkommens erarbeitet worden ist und andere Vorgehensweisen verworfen wurden.

Diese Strategie, auf die inhaltlich und mit ihren möglichen Alternativen noch eingegangen wird, nimmt der Europäische Rat von Essen im Dezember 1994 insgesamt auf: Rat und Kommission der Europäischen Gemeinschaft werden aufgefordert, möglichst rasch die Voraussetzungen für die baldige Aufnahme von Verhandlungen mit den Mercosur-Staaten über den Abschluß eines solchen interregionalen Rahmenabkommens zu schaffen[11].

In ihrer Feierlichen Gemeinsamen Erklärung vom 22. Dezember 1994 bekräftigen dann Rat und Kommission einerseits sowie die Mitgliedstaaten des Mercosur anderseits erstmals gemeinsam ihren Wunsch nach Abschluß eines solchen interregionalen Rahmenabkommens über wirtschaftliche und politische Zusammenarbeit[12]. Dabei wird auch das Ziel der Schaffung einer interregionalen Assoziation formuliert. Das Europaparlament begrüßt die Erklärung und unterstützt ihrerseits die darin vereinbarte Strategie im Hinblick auf die Schaffung einer interregionalen politischen und wirtschaftlichen Assoziation[13].

Nachdem der Ministerrat der Kommission das Verhandlungsmandat erteilt hatte[14], wurden zwei Verhandlungsrunden mit den Mercosur-Staaten in Brüssel und Montevideo durchgeführt. Die Kommission legte danach den Vorschlag für einen Beschluß des Rates über den Abschluß des interregionalen Rahmenabkommens und über die vorläufige Anwendung bestimmter Bestimmungen vor[15], woraufhin der Rat sowohl die Unterzeichnung als auch die vorläufige Anwendung beschloß[16].

Schließlich wird das interregionale Rahmenabkommen im Rahmen des Treffens des Europäischen Rates am 15. Dezember 1995 in Madrid unterzeichnet[17].

9 Bull. EU 6-1994, Ziff. I.20
10 Kom (94) 428; vgl. auch Bull. EU 10-1994, Ziff. 1.3.51
11 Bull. EU 12-1994; Ziff. I.19
12 Bull. EU 12-1994, Ziff. 1.3.80; Text der Erklärung: ABl. 1994 Nr. C 377/1 ff.
13 ABl. 1995 Nr. C 151/28 ff. (30)
14 Bull. EU 6-1995, Ziff. 1.4.108
15 Kom (95) 504 endg.
16 Bull. EU 11-1995, Ziff. 1.4.95
17 ABl. 1996 Nr. L 69/4

Die Wahl der Rechtsgrundlage und das dahinterstehende Kompetenzgefüge besitzen bei der Durchführung von außenwirtschaftlichen Maßnahmen der Europäischen Gemeinschaft erhebliche Bedeutung. Sie treffen Aussagen darüber, ob die Gemeinschaft überhaupt und gegebenenfalls in welchem Umfange tätig werden darf und schreiben ferner das für die Rechtmäßigkeit der Maßnahmen erforderliche Verfahren vor[18].

Die wichtigste Kompetenzzuweisung zur Gestaltung der weltwirtschaftlichen Beziehungen und des Zugangs zum Binnenmarkt besitzt die Gemeinschaft im Rahmen der gemeinsamen Handelspolitik[19]. Soweit es sich um Gegenstände der gemeinsamen Handelspolitik dreht, hat die Gemeinschaft die ausschließliche Kompetenz zum Abschluß völkerrechtlich verpflichtender Akte mit Drittstaaten, die dann im Namen der Gemeinschaft vom Rat geschlossen werden, der seinerseits den Beschluß hierüber mit qualifizierter Mehrheit faßt[20].

Daneben ist die Gemeinschaft zum Abschluß von Assoziierungsabkommen ermächtigt. Diese Befugnis ist zentral für die Schaffung eines detaillierten, vertraglich begründeten Rechts, durch welches die Wirtschaften von Drittländern mit der Gemeinschaft verbunden werden können. Für den Abschluß dieser Assoziationsabkommen ist ein einstimmiger Ratsbeschluß erforderlich[21].

Neu hinzugetreten ist mit dem Unionsvertrag von 1992 der Bereich der Entwicklungszusammenarbeit. Für den Abschluß von Abkommen auf diesem Feld wird eine neue Zuständigkeit der Gemeinschaft begründet, die allerdings mitgliedstaatliche Kompetenzen unberührt läßt und daher mit diesen konkurriert[22].

I. Die Rechtsgrundlagenproblematik

Nun sind die vom interregionalen Rahmenabkommen erwähnten Zielsetzungen und behandelten Themen derart umfassend und verschiedenartig, daß eine schlichte Zuordnung zu einem einzelnen Bereich gemeinschaftsrechtlicher Kompetenz nicht möglich ist: Seinem Gesamtinhalt nach, läßt sich das IRA nicht ausschließlich dem Bereich der gemeinsamen Handelspolitik zuordnen, so daß auf diesem Wege auch keine ausschließliche Gemeinschaftskompetenz zu begründen ist. Denn im IRA sind etwa auch Bestimmungen zur Investitionsförderung enthalten, für die in erster Linie die Mitgliedstaaten selbst

18 *v. Bogdandy*, in: *Grabitz/Bogdany/Nettesheim*, S. 10

19 *Grabitz*, in: *Grabitz/Hilf*, Art. 189, Rdnr. 4 f.; *v. Bogdandy*, in: *Grabitz/Bogdany/Nettesheim*, S. 10; vgl. auch die Vorschrift des Art. 113 EGV

20 vgl. *Geiger*, Kommentar zu dem Vertrag zur Gründung der Europäischen Gemeinschaft, Art. 113, Rdnrn. 7 u. 11; s. zur Ausschließlichkeit der Kompetenzzuweisung: EuGH-Gutachten 1/75 (Lokale Kosten), Slg. 1975, S. 1355 ff. (S. 1362); zum Abschlußverfahren: Art. 228 Abs. 2, 113 Abs. 4 EGV

21 *v. Bogdandy*, in: *Grabitz/Bogdandy/Nettesheim*, S. 18; vgl. insgesamt Art. 238 EGV und zum Verfahren dessen Abs. 2 S. 2

22 vgl. Titel XVII, Art. 130u -130y EGV; dazu: Nicolaysen, Europarecht, Bd.2, § 46 I; *Schweitzer/Hummer*, Rdnr. 1589

zuständig sind[23]. Auch werden Aspekte der Entwicklungszusammenarbeit behandelt, für die ebenfalls keine ausschließliche Gemeinschaftskompetenz besteht.

In Anbetracht der Vielzahl der unterschiedlichen zumindest angeschnittenen Regelungsbereiche wäre es denkbar gewesen, daß sich die Gemeinschaft für den Abschluß des Rahmenabkommens pauschal auf den EGV insgesamt gestützt hätte. In der Tat war dies eine beliebte Praxis des Rates, wenn er einen Rechtsakt erlassen wollte, ohne sich jedoch auf die Interpretation einer Kompetenznorm festlegen zu wollen[24]. Ein solches Vorgehen wäre jedoch nach der Rechtsprechung des EuGH unzulässig, weil es insbesondere der im EGV statuierten Begründungspflicht für Rechtsakte widerspricht und den unterschiedlichen Verfahrensregeln in den einzelnen Kompetenzbereichen nicht gerecht wird[25].

II. Die Lösung für das Interregionale Rahmenabkommen

Den unterschiedlichen Regelungsmaterien des IRA sollte dadurch Rechnung getragen werden, daß sich der Beschluß des Rates zur Unterzeichnung des Abkommens sowohl auf die Gemeinsame Handelspolitik der Gemeinschaft als auch die im Rahmen der Entwicklungszusammenarbeit enthaltene Kompetenz zum Abschluß internationaler Abkommen stützt. Die Rechtsgrundlagen für den Abschluß des IRA werden nach Angaben der EG-Kommission sowohl dem Bereich der gemeinsamen Handelspolitik als auch der Entwicklungszusammenarbeit entnommen[26]. Dementsprechend bedurfte es zur Beschlußfassung im Rat lediglich einer qualifizierten Mehrheit und der vorherigen Stellungnahme des Europäischen Parlaments.

Damit nähert sich der Rat der für unzulässig befundenen Praxis des pauschalen Verweises auf die Normen des EGV an: Genannt werden im Beschlußvorschlag der Kommission zwar konkrete Normen, jedoch wird gleichzeitig ausgeführt, daß diese lediglich „insbesondere" die Rechtsgrundlage bildeten[27] und also auch noch weitere Kompetenzzuweisungen in Frage kommen. Dieser Formulierung hat sich der Rat angeschlossen, ohne zur weiteren Konkretisierung beizutragen.

III. Die Rechtsnatur des Abkommens: Gemischter Vertrag

Aus den gewählten Rechtsgrundlagen war nach dem Gesagten keine ausschließliche Kompetenz der Gemeinschaft zum Abschluß des IRA abzuleiten. Der EG-Ministerrat hatte diese Schwierigkeit wohl erkannt, versuchte aber, ihr aus dem Weg zu gehen und

23 IRELA, Documento de Base 1996, S. 31
24 *Ehlermann,* The Scope of Art. 113, S. 166
25 insbesondere unter Verweis auf Art. 190 u. 228 EGV: EuGH Rs C-62/88 (Tschernobyl), Slg. 1990, S. 1527 ff. (S. 1552)
26 in Com (95) 504, S. 1c werden als Rechtsgrundlagen die Art. 113 und 130y i.V.m. Art. 228 Abs. 2 S. 1 u. Abs. 3 Unterabs. 1 EGV genannt
27 vgl. Kom (95) 504, S. 1c

behielt sich deshalb bei der Verabschiedung des Verhandlungsmandates für die Kommission zunächst vor, sich zur Rechtsnatur des Abkommens nach Abschluß der Verhandlungen zu äußern[28]. Angesichts dieses Zögerns und der daraus resultierenden Unklarheit wurde die „Verwirrung über die Rechtsnatur" sowohl vom Ausschuß für auswärtige Angelegenheiten als auch vom Europäischen Parlament insgesamt bedauert und die rechtliche Unsicherheit aufgrund der ungeklärten Rechtsnatur bemängelt[29].

Allerdings läßt sich nunmehr die grundlegende rechtliche Einordnung des Abkommens vornehmen: Sowohl die Bezeichnung als „Abkommen zwischen der Europäischen Gemeinschaft und ihren Mitgliedstaaten einerseits (...)" als auch die im IRA in gleichem Sinne vorgenommene Bestimmung des Begriffs der Vertragsparteien[30] zeigen, daß das Abkommen als sogenanntes gemischtes Abkommen abgeschlossen wurde. Denn dieser Vetragstypus liegt dann vor, wenn neben der Gemeinschaft auch die Mitgliedstaaten Vertragspartner werden und diese Abkommen auch zu ratifizieren haben[31].

Ein solches Vorgehen entspricht der gängigen Gemeinschaftspraxis für Konstellationen wie der aufgezeigten, in denen ein Abkommen geschlossen werden soll, zu dessen Abschluß der Gemeinschaft teilweise die erforderlichen Kompetenzen fehlen und Kompetenzen der Mitgliedstaaten betroffen sind[32].

Wenngleich die grundsätzliche Zulässigkeit des Rückgriffs auf den gemischten Abkommenstypus ohne näheres Hinterfragen unterstellt wird[33], finden sich unterschiedliche Bewertungen eines solchen Vorgehens. Während einmal wertfrei ausgeführt wird, Hintergrund und Zweck der gemischten Abkommen bestehe darin, die gelegentlich zweifelhafte Zuständigkeitsgrenze außer Streit zu stellen, wird andererseits von der Möglichkeit gesprochen, offene und strittige Kompetenzfragen zu überspielen[34]. Ein Nachteil des gemischten Vertragsschlusses liegt jedoch von vornherein auf der Hand: Wie auch das Europäische Parlament feststellt[35], führt die gewählte Rechtsnatur wegen der Vielzahl der Beteiligten und der daraus folgenden erhöhten Ratifikationszahl zu nachhaltigen Verzögerungen.

IV. Inkrafttreten

Das endgültige Inkrafttreten des interregionalen Rahmenabkommens ist an die für völkerrechtliche Verträge üblichen Voraussetzungen gebunden. Vorgesehen ist, daß das

28 vgl. Kom (95) 504, S. 1a; Bull. EU 6-1995, Ziff. 1.4.108
29 PE-Dok A 4 -118/96, S. 5 f., 15
30 Art. 32 des IRA
31 *Bleckmann*, Der gemischte Vertrag im Europarecht, in: EuR 1976, S. 301 ff.
32 *Schweitzer/Hummer*, Rdnr. 670
33 *Vedder*, in: *Grabitz/Hilf*, § 228, Rdnr. 18; *Meessen*, in: EuR 1980, S. 40
34 vgl. einerseits: *Ehlermann*, Mixed Agreements, in: *O'Keefe/Schermers*, S. 5; *Dauses*, Handbuch des EG Wirtschaftsrechts, K. I, Rdnr. 77 und andererseits: *Fischer, Das* Assoziationsrecht der Europäischen Gemeinschaften, S. 186; *Schermers*, A Typologie of Mixed Agreements, in: *O'Keefe/Schermers*, S. 23 ff.
35 PE-Dok A 4 -118/96, S. 5

Abkommen in Kraft tritt, nachdem die Vertragsparteien einander den Abschluß der dafür erforderlichen Verfahren notifiziert haben[36]. Da mit diesen Verfahren aufgrund des Abschlusses als gemischtes Abkommen wie gesehen die Ratifikation durch das Europäische Parlament, die 15 Parlamente der Mitgliedstaaten der Union und die vier Parlamente der Mercosurstaaten gemeint sind, ist das Abkommen gegenwärtig noch nicht in Kraft.

In der Praxis der gemischten Abkommen wird versucht, dem Problem der langwierigen Ratifikationsverfahren durch das vorzeitige Inkrafttreten einiger Abkommensteile entgegenzuwirken. Demgemäß beschloß auch der Rat auf Vorschlag der Kommission die vorläufige Anwendung einiger Bestimmungen des interregionalen Rahmenabkommens, die dann durch einen Briefwechsel zwischen Gemeinschaft und Mercosur vereinbart wurde[37].

Auch in diesem Bereich wirkt sich die Kompetenzverteilung zwischen Gemeinschaft und Mitgliedstaaten aus. So kann die Gemeinschaft die vorläufige Anwendung wiederum nur für Bestimmungen vereinbaren, die in ihren Kompetenzbereich fallen; in concreto sind dies sämtliche im Abkommen enthaltenen Vereinbarungen zur handelspolitischen Zusammenarbeit sowie der hierfür vorgesehene institutionelle Rahmen[38]. Der Rest des Abkommens ist nicht in Kraft und findet daher bislang auch keine Anwendung.

C. Vorab angestellte Gesamtbetrachtung des IRA

I. Einordnung der Vorlaufgeschichte

Aus der kurzen Geschichte der Beziehungen zwischen Mercosur und Europäischer Union sowie der bloßen Tatsache, daß es überhaupt zum Abschluß eines Abkommens gekommen ist, wird zuweilen bereits auf einen Durchbruch auf dem Weg zur Gestaltung eines erfolgreichen neuen Kooperationsverhältnisses geschlossen. Die Aussagen einer Reihe von Autoren lassen sich in diesem Sinne als Verweise auf den Pioniercharakter[39] des Rahmenabkommens zusammenfassen. Ausgeführt wird, daß es sich um den weltweit ersten Vertrag handele, mit dem ein juristischer Rahmen für die Beziehungen zwischen zwei, eine Zollunion beinhaltenden Wirtschaftszusammenschlüssen geschaffen wird[40]. Betont wird in diesem Zusammenhang auch die Tatsache, daß auf der einen

---

36 Art. 34 Abs. 3 des IRA

37 Kommissionsvorschlag: Kom (95) 504, S. 29 ff.; Ratsbeschluß und Briefwechsel: ABl. 1996 Nr. L 69/1 ff.

38 Anwendung finden demgemäß die den Handel betreffenden Art. 4 - 8 und die Art. 27, 29, 30 zu institutionellen Fragen

39 Informe de IRELA, INF-95/5-MERC vom 14. Sept. 1995, S. 9

40 *Dromi/Molina del Pozo*, Acuerdo Mercosur-Unión Europea, S. 27

Seite ein industrieller Megablock und auf der anderen ein aufstrebender Wirtschaftsraum im Süden stehe[41].

Als zuverlässige Indikatoren für inhaltliche Leistungsfähigkeit und zukünftige Perspektiven sind derartige Feststellungen allerdings unbrauchbar. Diese Ablehnung fußt gerade in der Eigenschaft des Rahmenabkommens als kooperationstechnischer Präzedenzfall. Aus der Tatsache, daß somit notwendigerweise Modelle fehlen, auf die zurückgegriffen werden könnte, ergibt sich eine Vielzahl offener juristischer, wirtschaftlicher und politischer Fragen zur zukünftigen Ausgestaltung des Verhältnisses. Mit dem Einschlagen eines neuen Weges wird somit zwar der Erkenntnis Rechnung getragen, daß die bis dato eingesetzten Instrumente der Zusammenarbeit unzureichend waren. Dieser Weg ist jedoch keineswegs vorgegeben und bedarf erst noch weiterer Ausgestaltung.

II. Inhaltliche Charakteristika

Eine vorab angestellte Betrachtung der grundlegenden inhaltlichen Merkmale des Rahmenabkommens legt ebenfalls die schon angedeutete zurückhaltende Betrachtungsweise nahe. Das Abkommen behandelt in seinen nur 37 Artikeln eine breite Palette von Themen. Die Inhalte reichen von der Zusammenarbeit im Bereich der Lebensmittel- und Industrienormen, des Zollwesens oder des geistigen Eigentums über die Unternehmenszusammenarbeit bis zur Kooperation in Fragen des Umweltschutzes und der Bekämpfung des Drogenmißbrauchs.

Allein die Gegenüberstellung inhaltlicher Vielfalt mit dem Umfang des Vertragswerkes macht deutlich, daß Vereinbarungen programmatischen Inhalts gegenüber operativen Normen, die konkrete Maßnahmen enthalten, überwiegen. Auch das Abkommen selbst trägt dieser Tatsache mit einer als Evolutivklausel bezeichneten Regelung Rechnung[42]. Verwiesen wird darin auf die Möglichkeit, das Abkommen zur Verbesserung des Niveaus der Zusammenarbeit jederzeit durch den Abschluß von sektor- oder tätigkeitsspezifischen Abkommen zu erweitern.

Die Bezeichnung des Vertrages selbst legt die auch in diesem Zusammenhang wieder vorgenommene[43] Einordnung als sogenannter Rahmenvertrag nahe. Trotz des bereits im Zusammenhang mit dem Vertrag von Asunción angezweifelten juristischen Nutzens einer solchen Kategorisierung[44] wird dieser Begriff auch hier seiner Anschaulichkeit wegen zur Bezeichnung des beschriebenen Phänomens wiedergegeben.

Eng mit dem in weiten Teilen programmatischen Inhalt des Rahmenabkommens verbunden sind Merkmale, die mit der ebenfalls im Völkerrecht nicht gefestigten Bezeich-

41 *Aldecoa Luzárraga,* El acuerdo entre la Unión Europea y el Mercosur, in: Revista de Estudios Europeos 1995, S. 786

42 enthalten in Art. 23 des IRA

43 *Olmedo Gavilán/Gómez-Crespo López,* Relaciones UE-Mercosur, in: Boletín Económico de ICE Nr. 2489 (1996), S. 55; *Dromi/Molina del Pozo,* Acuerdo Mercosur-Unión Europea, S. 51

44 s.o. Teil 2, Kap. 2 C II

nung als *acuerdo interino* - als Übergangsvertrag - erfaßt werden sollen und die graduelle, transitorische und evolutive Prägung des eingeschlagenen Kooperationsprozesses meinen[45]. Letztlich verbirgt sich dahinter nicht mehr als die Feststellung, daß eine nachhaltige Zusammenarbeit zwischen den Regionen erst durch die Vereinbarung und Durchführung weiterer Maßnahmen zu erreichen ist. Von vornherein mit Vorsicht zu genießen sind vor dem Hintergrund der Ausfüllungsbedürftigkeit solche Wertungen, die den Abschluß des Rahmenabkommens als historisches Moment und großen Fortschritt ansehen. Erst der weitere Gang dieser Untersuchung wird darüber näheren Aufschluß geben.

45 Informe de IRELA, INF-95/5-MERC vom 14. Sept. 1995, S. 1; *Núñez*, Crónica de una negociación, in: Archivos del Presente Nr. 3 (1995/96), S. 124; *Dromi/Molina del Pozo*, Acuerdo Mercosur-Unión Europea, S. 28

3. Kapitel: Ziele und Inhalt des Interregionalen Rahmenabkommens

Aufgrund der rahmenartigen Struktur des IRA sind seine inhaltlichen Festlegungen in Ausgestaltung und Konkretisierung unterschiedlich. Ziele und Instrumente sind in verschiedenem Maße bereits bestimmt und einer Bewertung zugänglich oder weitgehend unbestimmt und ausfüllungsbedürftig. Im Rahmen dieses Kapitels wird daher in einem ersten Schritt der unmittelbar dem IRA selbst zu entnehmende Inhalt und damit der bereits jetzt feststehende Regelungsgehalt erörtert.

A. Einführung in das Interregionale Rahmenabkommen

I. Inhaltsübersicht, Anwendungsbereich und nichtpräferentieller Charakter des Interregionalen Rahmenabkommens

Die 37 Artikel des Rahmenabkommens sind auf insgesamt neun Titel verteilt. In der Präambel verweisen die Vertragspartner auf die „*engen historischen, kulturellen, politischen und wirtschaftlichen Bindungen*" sowie die „*gemeinsamen Wertvorstellungen ihrer Völker*". Die Bedeutung regionaler Integration für die wirtschaftliche und soziale Entwicklung wird dabei ebenso betont wie das Eintreten für demokratische Werte, den Rechtsstaat und die Menschenrechte[1].

Damit werden die neben wirtschaftlichen Erwägungen ausschlaggebenden Hintergründe für die gesamte Neubewertung des Verhältnisses zu Lateinamerika wiederholt, wie sie von europäischer Seite propagiert werden[2].

Auch wenn damit dem Wunsch nach einer verstärkt politischen Dimension des IRA Ausdruck verliehen wird, ist seine Regelungsmaterie jedoch vor allem wirtschaftlicher Natur. Als seinen materiellen Anwendungsbereich bestimmt das Abkommen dann auch „*die Bereiche Handel, Wirtschaft und Zusammenarbeit im Hinblick auf die Integration*" und erwähnt ohne nähere Spezifizierung „*andere Bereiche von gemeinsamem Interesse*"[3]. Dementsprechend gelten die Bestimmungen zunächst dem Handelsbereich. In ausdrücklicher Anerkennung der WTO-Regeln verpflichten sich die Vertragsparteien, ihren Handel auszubauen und zu diversifizieren. Dabei soll sich die Zusammenarbeit unter Einschluß sämtlicher Sektoren vor allem auf den Marktzugang, die Liberalisierung des Handels im Bereich der tarifären und nichttarifären Hindernisse und schließlich den Abbau wettbewerbshindernder Praktiken erstrecken[4].

---

1 vgl. Präambel des IRA

2 vgl. Grundlagenpapier betreffend die Beziehungen der Europäischen Union zu Lateinamerika und Karibik, 10314/94 (Presse 219-G), Ziff. 1 u. 2; s.a. Lateinamerika-Konzept der Bundesregierung vom 17. Mai 1995, S. 1 f.

3 vgl. Art. 2 Abs. 3 des IRA

4 Handelsbereich geregelt in: Titel II, Art. 4-9 des IRA

Des weiteren widmet sich das IRA der wirtschaftlichen Zusammenarbeit zwischen den Vertragsparteien. Über die erklärte Absicht hinaus, Wirtschaftswachstum und die Stärkung ihrer internationalen Wettbewerbskraft zu fördern, konkretisieren die Vertragsparteien die Bereiche dieser Zusammenarbeit. Besonderes Gewicht wird dabei auf Unternehmenszusammenarbeit und Investitionsförderung gelegt[5].

Weitgehend inhaltsgleich mit dem interinstitutionellen Kooperationsabkommen vom 29. Mai 1992[6] sieht das IRA ferner die technische Zusammenarbeit zur Förderung der Ziele des vom Mercosur eingeleiteten Integrationsprozesses vor. Angestrebt wird dabei eine engere interinstitutionelle Zusammenarbeit zwischen den jeweiligen Organen der Vertragsparteien.

Vom IRA werden weiter die bereits bei der Bestimmung seines Anwendungsbereiches angesprochenen „anderen Bereiche der Zusammenarbeit" erwähnt[7]. Ohne daß dabei über Absichtserklärungen hinausgegangen würde, reicht das Themenspektrum von den Bereichen Bildung und Ausbildung über Kommunikation, Information und Kultur bis hin zur Bekämpfung des Drogenmißbrauchs.

Besonderes Augenmerk verdienen zum gegenwärtigen Zeitpunkt die getroffenen Regelungen zu den Mitteln der Zusammenarbeit und dem institutionellen Rahmen der Kooperation[8]. Anders als im überwiegenden Teil der übrigen Bestimmungen, werden dabei in relativ hohem Maße bereits konkrete und damit einer Erörterung am ehesten zugängliche Regelungen getroffen. Im übrigen unterfallen - wie gesehen - einige dieser Normen der vorläufigen Anwendung des Rahmenabkommens.

Wie die Betrachtung der Inhalte des IRA ergeben hat, enthält dieses noch keine konkreten handelspolitischen Zugeständnisse in Gestalt von Zollsenkungen oder anderen Zugangserleichterungen zu den jeweiligen Märkten. Es ist daher in die Kategorie der nicht-präferentiellen Abkommen einzuordnen. Abkommen dieses Typs beschränken sich im Gegensatz zu den Präferenzabkommen auf die allgemeine Verpflichtung zu wirtschaftlicher, industrieller und technischer Kooperation, ohne bereits konkrete Liberalisierungsmaßnahmen festzulegen[9].

II. Ziele und Zielstruktur des IRA

1. Globale Zielbestimmungen nach dem interregionalen Rahmenabkommen

Die aufgezeigte Fülle der geregelten - oder zumindest erwähnten - Materien fordert die Frage heraus, worin denn die konkreten Ziele des IRA zu sehen sind und durch welche

5 wirtschaftliche Zusammenarbeit geregelt in: Titel II, Art. 10-17 des IRA
6 zum interinstitutionellen Kooperationsabkommen: s.o. Teil 4, Kap. 2 A II; im IRA geregelt in: Titel IV, „Vertiefung der Integration" und Titel V, „Interinstitutionelle Zusammenarbeit"
7 vgl. Titel VI, Art. 20-23 des IRA
8 Titel VII und VIII des IRA
9 *Schmidt*, in: *Grabitz/Bogdandy/Nettesheim*, S. 100 f.

spezifischen Schritte die Kooperation zwischen beiden Regionen zukünftig geprägt sein soll.

Das Abkommen selbst bezeichnet als sein Ziel *„die Vertiefung der Beziehungen zwischen den Vertragsparteien und die Schaffung der Voraussetzungen für die Errichtung einer interregionalen Assoziation“*[10]. Diese Formulierung beinhaltet zwei unterschiedliche Zielbestimmungen: In allgemeiner Weise wird zum einen auf den Ausbau der Beziehungen - insbesondere im Wirtschaftsbereich - verwiesen und zum anderen die Errichtung einer interregionalen Assoziation ins Spiel gebracht.

Der Ausbau der Beziehungen stellt indessen keinerlei Besonderheit als Zielvorgabe im Rahmen von Kooperationsabkommen dar. Die Formulierung des Rahmenabkommens unterscheidet sich von anderen Kooperationsabkommen allein dadurch, daß sie noch globaler gehalten ist als in diesen anderen Abkommen, in denen beispielsweise der Ausbau der gegenseitigen Handelsbeziehungen[11], eine möglichst weitgehende wirtschaftspolitische Zusammenarbeit[12] oder die Entwicklung enger politischer Beziehungen und ausgewogene Wirtschaftsbeziehungen[13] als Ziele aufgestellt werden.

Anders verhält es sich hingegen mit der ebenfalls als Ziel angeführten Errichtung einer interregionalen Assoziation. Dabei handelt es sich insofern um eine Besonderheit, als der Begriff in dieser Zusammensetzung in keinem anderen von der EG oder EU geschlossenen Abkommen auftaucht. Auch ansonsten erlangte der Begriff der Assoziation seine Bedeutung vor allem im Zusammenhang mit anderen europäischen Staaten oder den sogenannten AKP-Staaten[14].

Gemeinsam ist beiden genannten Zielen indessen, daß sich mit ihnen unmittelbar keine konkreten Inhalte verbinden. Für den angestrebten Ausbau der Beziehungen ergibt sich dies bereits aus der Weite des Begriffes selbst. Im Fall der nach dem Abkommen anzustrebenden interregionalen Assoziation resultiert die fehlende Konkretisierung daraus, daß es sich nicht um eine der überkommenen Formen wirtschaftlicher Zusammenarbeit und Integration handelt, wie sie etwa die Freihandelszone darstellt[15] und der Begriff daher nicht per se mit konkreten Inhalten verbunden ist.

2. Stufenverhältnis der Zielbestimmungen

Auch aus der überaus vagen Zielbestimmung des IRA lassen sich Rückschlüsse auf Systematik und Struktur der von den Vertragsparteien angestrebten Ziele gewinnen. Zum

---

10 Art. 2 Abs. 1 des IRA

11 Art. 2 Abs. 1 des Kooperationsabkommens zwischen EWG und ASEAN vom 07. März 1980, ABl. 1980 Nr. L 144/2 ff.

12 Art. 1 Abs. 1 des Kooperationsabkommens zwischen EWG und Andengruppe vom 07. Dez. 1983, ABl. 1984 Nr. L 153/2 ff.

13 Art. 1 Abs. 2 des Europa-Abkommens zwischen den Europäischen Gemeinschaften und Polen. ABl. 1993 Nr. L 348/2 ff.

14 *Nicolaysen*, Europarecht, Bd.2, § 46 III; *Aldecoa Luzárraga*, El acuerdo entre la Unión Europea y el Mercosur, in: Revista de Instituciones Europeas 1995, S. 785

15 s.o. Teil 2, Kap. 1 A II

einen zeigt sich, daß diese Ziele langfristig ausgerichtet sind. Zum anderen ist der Annäherungsprozeß zwischen beiden Regionen bereits jetzt in verschiedene Stufen eingeteilt: Eine erste Phase ist dabei dem Ausbau und der Vertiefung der interregionalen Beziehungen gewidmet. In diesem Zusammenhang soll dann die Aushandlung eines interregionalen Assoziationsabkommens erfolgen, um schließlich zur Errichtung der interregionalen Assoziation zwischen Europäischer Union und Mercosur zu gelangen.

Langfristige und mehrstufige Ausgestaltung des eingeleiteten Prozesses finden neben ihrer Berücksichtigung in der Zielformulierung auch an anderer Stelle ihren Ausdruck: Das Abkommen selbst wird erst als „*Vorstufe der Aushandlung eines interregionalen Assoziationsabkommens*" bezeichnet[16] und die Errichtung der interregionalen Assoziation wörtlich als ein „*Langzeitziel*" charakterisiert[17]. Auf diese Einteilung stützt sich auch die nunmehr folgende weitere Auseinandersetzung mit den Zielen des IRA.

B. Ziele und Mittel der ersten Phase

I. Die Zielvorgabe: Ausbau der Beziehungen

Eine Zusammenfassung des zeitlich vorrangigen Zieles in Gestalt der Vertiefung der Beziehungen hat die EG-Kommission bereits bei der Ausarbeitung ihrer Strategie gegenüber dem Mercosur vorgenommen. Anzustreben ist demnach die Entwicklung einer regionalen Struktur für die Beziehungen zu den Mercosur-Staaten, um damit eine Rationalisierung des Systems der Außenbeziehungen der EU und eine Erhöhung seiner Wirksamkeit zu erreichen[18]. Wie das IRA zeigt[19], ist darunter vor allem eine Institutionalisierung der Beziehungen zu verstehen, durch die die Zusammenarbeit kanalisiert werden soll. Was allerdings an konkreten Zielen im Wege einer solchen institutionalisierten Zusammenarbeit erreicht werden soll, bleibt auch bei Betrachtung der einzelnen Bereiche dieser Zusammenarbeit weitgehend offen: Im Kernbereich der Beziehungen, also der wirtschaftlichen und handelspolitischen Zusammenarbeit, nennt das IRA lediglich eine Verbesserung des Marktzuganges und die Liberalisierung des Handels[20]. Als ein weiteres Ziel, gleichzeitig aber auch als Einschränkung des Vorgenannten, wird die Identifizierung der für die Vertragsparteien empfindlichen bzw. prioritären Waren genannt[21].

Einer der wenigen Bereiche der Beziehungen, in dem eine konkrete Maßnahme als Ziel angestrebt wird, ist die Zusammenarbeit im Zollwesen. Vorsichtig wird das „*Interesse, [...] den Abschluß eines Protokolls über die Zusammenarbeit im Zollwesen*

16 so die Formulierung in der Präambel des IRA
17 so Art. 25 Abs. 3 des IRA
18 Kom (94) 428, S. 14
19 vgl. Titel VIII des IRA
20 vgl. Art. 5 Abs. 3 lit. a des IRA
21 vgl. Art. 5 Abs. 3 lit. c des IRA

in Erwägung zu ziehen", bekundet[22]. Ein weiterer Bereich der Zusammenarbeit, für den konkrete Schritte angestrebt werden, ist die Investitionsförderung. Hier sollen die EG- und Mercosur-Staaten insbesondere durch den Abschluß bilateraler Investitionsförderungs- und Investitionsschutzabkommen ein günstiges rechtliches Umfeld für die Investitionstätigkeit der beiden Regionen schaffen[23]. Die ohnehin in diesem Bereich bestehenden Investitionsprogramme der Gemeinschaft sind dabei allerdings bereits wesentlich weiter fortgeschritten. Ohne auf die Gemeinschaftsprogramme AL-Invest, ECIP sowie die Tätigkeit der Europäischen Investitionsbank näher eingehen zu können[24], sei angemerkt, daß in diesem Rahmen bereits konkrete Maßnahmen wie etwa die Bereitstellung von Finanzmitteln und die Organisation von Unternehmenszusammenkünften ergriffen werden.

In sämtlichen anderen Bereichen wird hingegen das Fehlen einer Konkretisierung der Ziele oder auch nur einer klaren Bestimmung der inhaltlichen Vorgaben für die zu vertiefenden Beziehungen deutlich: Die wirtschaftliche Zusammenarbeit etwa erfolgt mit dem Ziel, „*einen Beitrag zum Wirtschaftswachstum und der Stärkung der internationalen Wettbewerbskraft beider Regionen zu leisten*"[25]. Ähnlich abstrakt nehmen sich die Vorgaben im Bereich Telekommunikation und Informationstechnologie aus, wo die Vertragsparteien das Ziel anstreben, „*ihre Wirtschafts- und Sozialentwicklung zu fördern*" und „*die Informationsgesellschaft auf den Weg zu bringen*"[26].

II. Die vorgesehenen Instrumente zur Zielerreichung: der Dialogmechanismus

Die Bestimmung der Ziele der ersten Phase bewegt sich, wie gesehen, vornehmlich auf einer allgemeinen und globalen Ebene. Damit sind also nicht bereits konkrete Schritte als Zielmarken vorgegeben, wie sie etwa in Form bereits vorgesehener Zusatzabkommen zur Durchführung konkreter Liberalisierungsschritte oder gar durch die Aufstellung eines konkreten Liberalisierungsplanes denkbar wären.

Von der allgemein gehaltenen Bestimmung der Ziele und dem vornehmlichen Anliegen einer Rationalisierung der gegenseitigen Beziehungen ist auch die Gestalt der bislang vorgesehenen Instrumente geprägt: Als zentrales Instrument zur Begleitung und Konsolidierung der Annäherung zwischen beiden Regionen wird ein regelmäßiges politisches Dialogsystem eingerichtet[27]. Die Mechanismen dieses Dialoges werden in einer gemeinsamen Erklärung von EU und Mercosur bestimmt[28]. Ohne in nennenswertem Maße die Grenze des Selbstverständlichen zu überschreiten, werden darin einmal Kon-

22 vgl. Art. 7 Abs. 3 des IRA
23 vgl. Art. 12 Abs. 2 lit b des IRA
24 vgl. dazu: IRELA, Documento de Base, Juni 1996, S. 31 ff.
25 vgl. Art. 10 Abs. 1 des IRA
26 vgl. Art. 16 Abs. 1 des IRA
27 vgl. Art. 3 des IRA
28 Gemeinsame Erklärung zum politischen Dialog zwischen der Europäischen Union und dem Mercosur, ABl. 1996 Nr. L 69/21 f.

takte auf angemessener Ebene und die umfassende Nutzung diplomatischer Kanäle vorgesehen. Vereinbart werden weiter Kontakte auf höchster Ebene durch regelmäßige Zusammenkünfte der Staatschefs und ein jährliches Treffen der Außenminister der Teilnehmerstaaten des Mercosur und der Mitgliedstaaten der Europäischen Union. In demselben Dokument beschließen die Vertragsparteien jedoch auch die Einrichtung eines spezifischen wirtschaftlichen und handelspolitischen Dialoges im Rahmen der durch das IRA zu schaffenden Institutionen. Der hierfür im IRA vereinbarte Dialogmechanismus stellt einen der Grundpfeiler des Abkommens dar[29]. Der in diesem Rahmen angestrebte wirtschaftliche und handelspolitische Dialog ist insgesamt das maßgebliche Instrument zur Zielverwirklichung in der ersten Phase der Zusammenarbeit zwischen Europäischer Union und Mercosur.

III. Die Institutionen zur Zielerreichung

Anders als im Fall des allgemeinen politischen Dialoges, richtet das IRA für die Gestaltung des wirtschaftlichen und handelspolitischen Dialoges einen speziellen Mechanismus ein. Für dessen Funktionieren, ebenso wie für die Verwaltung des Abkommens, sollen drei Organe geschaffen werden. Dabei handelt es sich um den sogenannten Kooperationsrat, den Gemischten Kooperationsausschuß und den Unterausschuß für den Handel[30].

1. Der Kooperationsrat (el Consejo de Cooperación)

Im Kooperationsrat ist, wenngleich eine ausdrückliche Bestimmung dieser Art fehlt, das höchste Organ des IRA zu sehen[31].

Aufgabe des Kooperationsrates soll es sein, die Umsetzung des Abkommens zu überwachen und sämtliche mit Blick auf die Ziele des Abkommens auftretenden Fragen zu prüfen[32]. Die Befugnisse des Kooperationsrates bestehen darin, geeignete Vorschläge zur Zielerreichung im Einvernehmen mit beiden Vertragsparteien zu formulieren. Ferner soll dieses Organ Empfehlungen aussprechen, die zur Verwirklichung der als Langzeitziel angestrebten Bildung einer interregionalen Assoziation beitragen.

Der Kooperationsrat soll sich aus Mitgliedern des Rates der Europäischen Union und Mitgliedern der Kommission einerseits und Mitgliedern des Mercosur-Rates und der Mercosur-Gruppe andererseits zusammensetzen[33].

Zur Arbeitsweise oder gar zu den Ergebnissen der Tätigkeit dieses Organes können bislang keine Angaben gemacht werden, da dieses noch nicht eingerichtet worden ist.

---

29 so das Europäische Parlament, in: PE-Dok A 4-118/96, S. 9 Ziff. 11
30 vgl. Art. 25, 27, 29 des IRA
31 so auch das Europäische Parlament, PE-Dok A 4 - 118/96, S. 11, Ziff. 17
32 Art. 25 Abs. 2 des IRA
33 vgl. Art. 26 Abs. 3 des IRA

Zurückzuführen ist dies darauf, daß die Vorschriften über den Kooperationsrat mangels vollständiger Ratifikation des IRA noch nicht in Kraft sind und auch nicht den Bestimmungen über die vorläufige Anwendbarkeit des Abkommens unterfallen[34].

2. Der Gemischte Kooperationsausschuß (la Comisión Mixta de Cooperación)

Der Gemischte Kooperationsausschuß[35] soll sich ebenfalls aus Vertretern des Ministerrates und der Kommission sowie nicht näher bestimmten Repräsentanten des Mercosur zusammensetzen. Seine Hauptaufgabe liegt in der Unterstützung des Kooperationsrates bei der Wahrnehmung seiner Aufgaben.

Dieses Organ ist dem Kooperationsrat insgesamt untergeordnet, was sich darin zeigt, daß auch die in seine Kompetenz fallende Erarbeitung von Vorschlägen jeweils dem Kooperationsrat zu unterbreiten sind. Inhaltlich sind seine Aufgaben dadurch bestimmt, daß einmal auf die handelspolitischen Ziele des Vertrages und ferner auf das Langzeitziel der Errichtung einer interregionalen Assoziation Bezug genommen wird. Insbesondere soll sich der Gemischte Kooperationsausschuß demnach zunächst mit der handelspolitischen Zusammenarbeit in Form der Verbesserung des Marktzuganges und der Liberalisierung des Handels insgesamt befassen.

Der Gemischte Kooperationsausschuß soll in der Regel einmal im Jahr zusammentreten. Von vornherein erscheint es bei diesem Tagungsturnus fraglich, ob dieses Organ so der ihm zugewiesenen Aufgabe gerecht werden kann, die Kontinuität zwischen den Tagungen des Kooperationsrates zu gewährleisten.

3. Der Unterausschuß für den Handel (la Subcomisión Mixta Comercial)

Als drittes Organ setzen die Vertragsparteien schließlich einen Unterausschuß für den Handel ein[36]. Auch dieses Organ soll aus Mitgliedern von Rat und Kommission einerseits und Vertretern des Mercosur andererseits zusammengesetzt sein.

Der Unterausschuß für den Handel ist die zentrale Einrichtung zur Durchführung des regelmäßigen Dialoges über Handels- und Wirtschaftsfragen. Inhaltlich soll er sich daher mit der Verwirklichung der handelspolitischen Zielsetzungen, also insbesondere der Liberalisierung des Handels befassen und den Weg für die künftige Liberalisierung des Handels ebnen. Diese Aufgabenstellung findet sich, wie gesehen, neben anderen auch für die Tätigkeit des Gemischten Kooperationsausschusses. Anders als im Fall des Gemischten Kooperationsausschusses, ist der Unterausschuß für den Handel jedoch eine als technisches Organ angelegte Einrichtung[37]. Seine Möglichkeiten und Kompetenzen

---

34 von den institutionellen Vorschriften sind nur die Art. 27, 29 und 39 vorläufig anwendbar, s.o. Teil 4, Kap. 2 B IV

35 Aufgabenzuweisung, Zusammensetzung und Zusammentreten sind in Art. 27 des IRA geregelt

36 Aufgaben, Zusammensetzung und Tagungsweise sind geregelt in Art. 29 des IRA

37 *Dromi/Molina del Pozo*, Acuerdo Mercosur-Unión Europea, S. 56

bestehen darin, alle für notwendig erachteten Studien und technischen Analysen anzufordern. Ferner legt er dem Gemischten Kooperationsausschuß einmal jährlich Vorschläge für die künftige Liberalisierung des Handels vor.

IV. Ergebnisse der bisherigen Tätigkeit

Bislang fanden im Rahmen des Gemischten Kooperationsausschusses drei Zusammenkünfte statt. Diese Treffen - im Juni 1996 in Brüssel, November 1997 in Punta del Este und im April 1998 wiederum in Brüssel - beschränkten sich zunächst auf die Konstituierung des Gemischten Kooperationsausschusses, die vorläufige Aufstellung einer Geschäftsordnung und die Abgabe von Absichtserklärungen zur Vorgehensweise. Gegenstand der weiteren Tätigkeit war bislang die Analyse der Handelsbeziehungen zwischen den Regionen und die Auswertung der im Unterausschuß für den Handel erfolgten Arbeiten. Konkrete Maßnahmen wurden dabei nicht ins Auge gefaßt[38]. Dieses Organ ist somit bislang ein reines Dialogforum.

Der Unterausschuß für den Handel ist in der Zwischenzeit dreimal zusammengetreten. Seine erste Zusammenkunft fand im November 1996 in Belo Horizonte, Brasilien, statt. Bei dieser Gelegenheit wurde für den Unterausschuß jeweils eine Arbeitsgruppe für Waren, Dienstleistungen und technische Handelsangelegenheiten geschaffen. Die Arbeitsgruppe für Waren soll den gegenwärtigen Warenaustausch analysieren, sensible Produkte für die Vertragspartner identifizieren und insgesamt Maßnahmen zur Diversifizierung des Handels vorschlagen. Die gleiche Aufgabenbestimmung findet sich, auf den Dienstleistungsverkehr bezogen, für die zweite Arbeitsgruppe. Der letztgenannten Arbeitsgruppe schließlich obliegt die Analyse der in beiden Regionen bestehenden Lebensmittel- und Industrienormen sowie der Zollnomenklatur und der Sicherstellung eines kontinuierlichen Informationsaustausches in diesen Bereichen.Weitere Zusammenkünfte des Unterausschusses fanden im November 1997 in Punta del Este, Uruguay und im April 1998 in Brüssel statt. Gegenstand der Beratungen war die Evaluation der Handelsbeziehungen, die Betrachtung der in den Arbeitsgruppen vorgenommenen Beratungen und der interregionale Informationsaustausch.

Die Arbeitsgruppen traten ihrerseits erstmals im März 1997 in Brüssel zusammen. Dabei wurden lediglich die inhaltlichen Grundzüge der zukünftigen Tätigkeit bestimmt sowie allgemeine methodische Festlegungen getroffen. Die Ergebnisse der Zusammenkunft beschränken sich weitgehend auf die Wiederholung der vom Unterausschuß für den Handel vorgenommenen Aufgabenzuweisungen[39]: So wurde etwa im Bereich des Warenaustausches die Untersuchung und Analyse der Bedingungen des jeweiligen

---

38 vgl. gemeinsame Presseerklärungen von Mercosur und Europäischer Gemeinschaft vom 11.06.1996 und vom 29.11.1997 und EU-Doc. MEMO/98/57 vom 22. Juli 1998, Relaciones entre la UE y Mercosur

39 nach: Conclusiones: Grupo de Bienes, Grupo de Servicios, Grupo de Normas y Disciplinas Comerciales, März 1997 (nicht veröffentlicht)

Marktzuganges und der Handelsstruktur beider Regionen mit Drittstaaten einerseits und des gegenseitigen Handelsaustausches andererseits als Aktivität der Arbeitsgruppe für Waren für das Jahr 1997 beschlossen. Ebenso wie im Bereich der Dienstleistungen hat sich auch die Arbeitsgruppe für technische Handelsangelegenheiten zunächst die Erfassung der gegenwärtig bestehenden Situation zur Aufgabe gemacht. Konkrete Maßnahmen mit tatsächlichen Auswirkungen auf den Handel zwischen beiden Regionen sind am ehesten im Bereich der Lebensmittel- und Industrienormen in Form der teilweisen Vereinheitlichung und Vereinbarungen zur gegenseitigen Anerkennung der Konformität zu erwarten[40]. Ergebnis der Tätigkeit des Unterausschusses für den Handel und der von ihm eingerichteten Arbeitsgruppen sind bislang Berichte über den gegenwärtigen Stand der Handelsbeziehungen zwischen der Europäischen Union und dem Mercosur[41]. Die Analysetätigkeiten wurden weiter auf Treffen der Arbeitsgruppen in Punta del Este im November 1997 und in Brüssel im April 1998 fortgesetzt. Sie dienen weiterhin ausschließlich einer Bestandsaufnahme der Handelsbeziehungen zwischen den Regionen.

Die Tätigkeit der mit dem IRA geschaffenen Institutionen wurde begleitet von bislang drei Ministertagungen zwischen der Europäischen Union und den Mercosurstaaten. Die Zusammenkünfte in Luxemburg im Juni 1996[42], in Noordwijk im April 1997[43] und in Panamá im Februar 1998[44] brachten als Ergebnisse vor allem Absichtserklärungen zur Weiterführung und Vertiefung des Dialoges hervor. Weiter kamen die Minister jeweils überein, ihre Bemühungen zur Erreichung der Ziele des IRA fortzusetzen.

Zusammenfassend lassen sich die bislang eingeleiteten Tätigkeiten damit als nahezu ausschließlich analytischer Art bezeichnen mit dem Ziel, zunächst ein zusammenhängendes Bild des Verhältnisses beider Regionen zu erhalten und Stand und Austausch der gegenseitigen Informationen zu verbessern. Zwar sind die zu behandelnden Themen festgelegt worden, jedoch ohne daß hierfür konkrete Zielsetzungen und Maßnahmen im Bereich der Handelsliberalisierung vorgesehen worden wären. Auch nach dem Abschluß der Bestandsaufnahme der Handelsbeziehungen durch die einezelnen Institutionen des IRA wird sich zunächst ein Prozeß interner Erörterungen in der Europäischen Union und im Mercosur anschließen, bevor die Verhandlungen zur Errichtung einer interregionalen Assoziation aufgenommen werden[45]. Abgesehen von der allgemeinen Zielbestimmung des IRA, die gegenseitigen Beziehungen zu vertiefen, bleibt damit bislang im Unklaren, welche konkreten Ziele in Angriff genommen werden sollen.

---

40 so: Banco Interamericano de Desarrollo, Informe Mercosur, Dez. 1996, S. 60
41 General Report on the Current Status of Trade Relations between the European Union and Mercosur, vom 17. November 1997 (nicht veröffentlicht)
42 Bull. EU 6-1996, Ziff. 1.4.102
43 Bull. EU 4-1997, Ziff. 1.4.104
44 Bull. EU 1/2-1998, Ziff. 1.4.138
45 vgl. EU-Doc. 5920/98 (Presse 31) vom 12. Februar 1998 zur Ministertagung in Panamá

C. Ziele und Mittel der zweiten Phase

Die methodischen und inhaltlichen Festsetzungen hinsichtlich der unmittelbaren Ziele sind zum einen auf das global zusammengefaßte Ziel des Ausbaus der Beziehungen gerichtet und sollen der Vorbereitung für mögliche Liberalisierungsmaßnahmen dienen. In der mit dem IRA eingeleiteten Phase der Beziehungen wird daher eine einleitende *etapa intermedia* - eine Zwischenstufe - gesehen, die zu einer zweiten Phase des Verhältnisses überleiten soll[46].

Zum anderen weist aber das IRA immer wieder darauf hin[47], daß all diese Vorbereitungen dem einen Ziel dienen sollen, die so bezeichnete interregionale Assoziation zwischen Europäischer Union und Mercosur zu errichten.

I. Das Langzeitziel

So eindeutig und unmißverständlich der Wille zur Errichtung einer interregionalen Assoziation wiederholt erklärt wird, so rar sind auf der anderen Seite Hinweise zu deren Gestaltung und Inhalt. Die einzige - freilich auch wenig weiterführende - Konkretisierung ist, daß es sich um eine interregionale Assoziation *„mit politischer und wirtschaftlicher Zielsetzung“* handeln soll[48].

Auch ergänzt durch die Feststellung, daß sie politische und wirtschaftliche Elemente beinhaltet, handelt es sich bei einer interregionalen Assoziation nicht um ein inhaltlich klar umrissenes Modell. Diese Figur hat bislang keinen Eingang in das System von Integration und Kooperation gefunden.

Um das aufgestellte Ziel von vornherein mit Inhalt zu füllen, wird der Begriff der interregionalen Assoziation in die Nähe der Freihandelszone als einem bekannten Kooperations- und Integrationsmodell gerückt oder mit dieser sogar gleichgesetzt: So sprach auch die EG-Kommission bei der Untersuchung der Perspektiven einer Zusammenarbeit mit dem Mercosur davon, daß die Schaffung einer interregionalen Assoziation insbesondere über die schrittweise Errichtung einer Freihandelszone zu erreichen sei[49]. Nach Ausarbeitung und Abschluß des IRA schlossen sich verschiedene Vertreter der Auffassung an, wonach wesentlicher Bestandteil der interregionalen Assoziation die progressive Liberalisierung des Handelsverkehrs und die Errichtung einer Freihandelszone seien[50].

---

46 *Olmedo Gavilán/Gómez-Crespo López*, Relaciones UE-Mercosur, in: Boletín Económico de ICE Nr. 2489 (1996), S. 53; Decisión Nr. 5/95, abgedruckt bei: *Dromi/Molina del Pozo*, Acuerdo Mercosur-Unión Europea, S. 254 ff. (255)

47 vgl.: Präambel, Artt. 2, 4, 27 Abs. 5 d), 34 Abs. 2 des IRA

48 vgl. Präambel des IRA

49 Kom (94) 428, S. 14 f.

50 vgl.: *Gratius*, Mercosur - Ein aufsteigender Markt im Süden der USA, S. 17; *Aldecoa Luzárraga*, El acuerdo entre la Unión Europea y el Mercosur, in: Revista de Instituciones Europeas 1995, S. 784; *Navarro/Pico de Coaña*, Nuevo acuerdo marco entre la Unión Europea y el Mercosur, in: Eurocampus 1995, 2. Novemberhälfte, S. 1; Informe de IRELA, Inf.-95/5-MERC, 14. Sept. 1995, S. 10

Gegenüber dieser weitgehenden Gleichsetzung von interregionaler Assoziation ist allerdings Zurückhaltung geboten: denn im IRA selbst wird der Begriff der Freihandelszone offensichtlich vermieden und taucht an keiner Stelle auf. Bemerkenswert ist darüber hinaus, daß dieser ursprünglich im Verhandlungsmandat enthaltene Begriff schließlich sogar aus dem endgültigen Abkommenstext gestrichen wurde[51]. Ein Automatismus beim Übergang zu einer Freihandelszone ist nicht vorgesehen. Dies macht bereits der zweistufige Ansatz deutlich[52].

Im Vorgriff auf die Auseinandersetzung mit Begriff und Inhalten der Assoziation ist gegen die weitgehende Gleichsetzung der interregionalen Assoziation mit einer Freihandelszone eine weitere Beobachtung anzuführen: Die bisherigen Assoziationsabkommen der Europäischen Gemeinschaft begründeten zwar häufig eine Freihandelszone oder Zollunion, enthielten des öfteren aber auch lediglich Regelungen über wirtschaftliche und finanzielle Kooperation[53].

Festzuhalten bleibt damit, daß das IRA zwar als Fernziel die Schaffung einer interregionalen Assoziation zwischen der Europäischen Union und dem Mercosur vereinbart, ohne dieses jedoch inhaltlich näher zu bestimmen.

II. Die Mittel zur Erreichung des Langzeitzieles

Als Mittel zur Erreichung des aufgestellten Langzeitzieles und damit zur Errichtung einer interregionalen Assoziation dienen im weiteren Sinne zunächst die bereits in der ersten Phase vorgesehenen Instrumente und Institutionen. Denn wie bereits ausgeführt, sollen im Rahmen des Dialogmechanismusses und der zugehörigen Institutionen zunächst die entsprechenden Voraussetzungen für deren Gründung geschaffen werden.

Darüber hinausgehende Vorkehrungen zur Vorbereitung der zweiten Stufe der Annäherung zwischen den beiden Regionen finden sich indessen im IRA nicht. Beiläufige Hinweise auf das weitere Vorgehen ergeben sich lediglich aus der Regelung zur Geltungsdauer des IRA[54]: Beschlossen wird dort, daß die Vertragsparteien über die Aufnahme von Verhandlungen über die Errichtung der interregionalen Assoziation entscheiden. Zum Ausdruck kommt damit, daß die angestrebte interregionale Assoziation nur durch den Abschluß eines neuen Abkommens zustande kommen kann. Das IRA selbst entwickelt somit keine Mittel und Instrumente, die unmittelbar der Erreichung des langfristig angestrebten Zieles dienen. Das Instrument zur Errichtung der interregionalen Assoziation kann daher nur ein neuer und neu auszuhandelnder Vertrag zwischen der Europäischen Union und dem Mercosur sein.

---

51 *Olmedo Gavilán/Gómez-Crespo López*, Relaciones UE-Mercosur, in: Boletín Económico de ICE Nr. 2489 (1996), S. 54

52 s.o. in diesem Kapitel A II

53 *Schweitzer/Hummer*, Rdnr. 694

54 vgl. Art. 30 des IRA

Für den Abschluß eines neuen umfassenden Assoziations- und Partnerschaftsabkommens wird - je nach Verhandlungsstand - ein Zeitraum von höchsten zehn Jahren angesetzt[55]. Der Einstieg in die Errichtung der interregionalen Assoziation wird für das Jahr 2001 für möglich gehalten, wobei der Zollabbau für ausgewählte Produkte bereits im Jahr 1999 beginnen könnte[56]. Zu diesem Zeitpunkt könnte dann die schrittweise und gegenseitige Handelsliberalisierung eingeleitet werden, die mit der Abschaffung der Handelsbarrieren im Industrie- und Dienstleistungssektor beginnen dürfte. Dieser Zeitplan scheint durch die Untersuchungen der EG-Kommission gestützt zu werden, die ihrerseits die Szenarien für die kurzfristige Entwicklung des Verhältnisses zwischen den Regionen bis zum Jahr 2000 erstellte und für die nachfolgende Zeit die Einleitung konkreter Handelsliberalisierungen anstrebt[57].

Das IRA indessen läßt die für die Errichtung der interregionalen Assoziation wichtige Frage nach dem Zeitplan offen. Wie auch das Europäische Parlament in seiner Stellungnahme bemängelt[58], haben es beide Seiten vorgezogen, sich auf keinen konkreten Zeitpunkt festzulegen oder diesbezüglich auch nur einen Anhaltspunkt zu geben.

55 Informe de IRELA, Inf.-95/5-MERC, 14. Sept. 1995, S. 10; *Gratius*, Mercosur - Ein aufsteigender Markt im Süden der USA, S. 17

56 *Olmedo Gavilán/Gómez-Crespo López*, Relaciones UE-Mercosur, in: Boletín Económico de ICE Nr. 2489 (1996), S. 54; BfAI, Zoll- und Handelsinformationen Nr. 2, Februar 1998, S. 58; *Wegener/Wigand/López Rey*, Investitionen in Lateinamerika, S. 58

57 Kom 94 (428), S. 11 ff.

58 PE-Dok A 4 - 118/96, S. 7 f., Ziff. 8

4. Kapitel: Wertende Betrachtung der Ausfüllungsmöglichkeiten des Interregionalen Rahmenabkommens

Gegenwärtig ist die Tätigkeit auf der neugeschaffenen Grundlage des IRA wie gesehen vornehmlich auf die Analyse der Handelsströme zwischen beiden Regionen und die Bestimmung sensibler Bereiche beschränkt, um so zunächst ein Gesamtbild der wirtschaftlichen und handelspolitischen Situation in beiden Regionen und im Verhältnis zueinander zu erhalten.

Die Erreichung konkreter Ziele ist zunächst allenfalls in einzelnen, jeweils isolierten Bereichen zu erwarten. Als Beispiel wurde bereits auf die mögliche gegenseitige Anerkennung der Konformität einzelner Industrie- und Lebensmittelnormen hingewiesen[1]. Ein in sich geschlossenes Ziel für die Zusammenarbeit und also zur Ausfüllung des IRA ist damit nicht bestimmt. Offen ist vor allem, wann der Übergang zur Vereinbarung tatsächlicher Handelszugeständnisse in Form von Liberalisierungsmaßnahmen stattfinden und in welchen Schritten sich diese Liberalisierung vollziehen soll.

Für die Gestaltung des Verhältnisses zwischen Europäischer Union und Mercosur ist darüber hinaus auch kein Präzedenzfall der Zusammenarbeit zwischen zwei Regionalzusammenschlüssen vorhanden, der zur Konkretisierung der Bestimmungen des IRA beitragen würde. Vielmehr könnte das Verhältnis zwischen den Vertragspartnern im Erfolgsfall selbst als Modell für die Beziehungen der Europäischen Union zu anderen Wirtschaftszusammenschlüssen dienen. Bei der Bestimmung und Konkretisierung des Verhältnisses zu Regionalzusammenschlüssen insgesamt handelt es sich um eine Aufgabe, deren Bedeutung sich bereits aus der Tatsache ergibt, daß allein im Zeitraum von 1990-1994 insgesamt 33 regionale Integrationsabkommen geschlossen wurden[2], womit die Verdichtung regionaler Verpflechtungen deutlich wird.

Damit das IRA allerdings eine tragende Rolle beim Ausbau der Beziehungen zum Mercosur erlangen und als Modell für die Ausgestaltung des Verhältnisses zu anderen Regionalzusammenschlüssen dienen kann, muß in erster Linie dem Hauptmerkmal des Abkommens, nämlich gerade seiner Ausfüllungsbedürftigkeit Rechnung getragen werden.

Die zentrale Aussage des IRA, aus der sich ein Gesamtmodell für die weitere Gestaltung der Beziehungen zum Mercosur ergeben könnte, ist die ins Spiel gebrachte Errichtung einer Interregionalen Assoziation zwischen Europäischer Union und Mercosur. Dabei handelt es sich um die hervorragende Neuerung bei der Ausgestaltung des interregionalen Verhältnisses. Die Beschäftigung mit den Möglichkeiten der langfristigen Errichtung einer solchen Assoziation und ihren möglichen Inhalten steht daher am Be-

1 s.o. Teil 4, Kap. 3 B IV

2 *Marín*, La política comercial común y las nuevas zonas emergentes, in: ICE 1995, Nrn. 744-745, S. 99

ginn der Analyse zukünftiger Ausfüllungsmöglichkeiten des IRA. Weiteren Aufschluß über dessen denkbare Ausfüllung liefert sodann die Auseinandersetzung mit der gemeinsamen Handelspolitik der Europäischen Gemeinschaft. Schließlich finden die Auswirkungen des GATT auf die zukünftige Ausgestaltung des IRA Berücksichtigung.

A. Die interregionale Assoziation

Auch das Europäische Parlament sieht in der Vorbereitung des Übergangs zur konstituierenden Phase der interregionalen Assoziation den entscheidenden Faktor bei der notwendigen Ausfüllung des IRA. Es spricht dabei von einem „neuen Modell der vertraglichen Beziehungen zwischen der Europäischen Union und anderen regionalen Integrationsprozessen“[3]. In der Tat ist dieser Verweis auf die inhaltliche Neuartigkeit des IRA gerechtfertigt. Denn erstmals sollen zwei Regionalzusammenschlüsse im Wege der Assoziation verbunden werden[4].

Allerdings kann die bloße Anwendung des Begriffes der interregionalen Assoziation nicht zur hinreichenden Bestimmung eines „neuen Modells“ genügen. Vielmehr stellt sich die Frage nach dem Inhalt dieser Konstruktion sowohl im allgemeinen als auch im besonderen Fall des Verhältnisses der Europäischen Union zum Mercosur.

I. Aus dem Völkerrecht abzuleitender Inhalt der Assoziation

Das Instrument der Assoziation oder Assoziierung[5] findet im Völkerrecht seine Ausprägung im Bereich des Rechts der Internationalen Organisationen. Sein Inhalt wird anhand des Begriffes der Mitgliedschaft in einer Internationalen Organisation bestimmt. Danach ist die Assoziation ein Minus zur Vollmitgliedschaft. Sie gewährt im Hinblick auf Form, Inhalt und Intensität zwischen 1 v.H. und 99 v.H. der Rechte und Pflichten eines Mitgliedes und ermöglicht die außerordentliche Teilnahme eines Staates oder Gebietes am Zweck einer Internationalen Organisation[6].

Im IRA finden sich indessen keinerlei Hinweise darauf, daß eine wie auch immer geartete Teilnahme des Mercosur am europäischen Integrationsprozeß und an dessen Zielsetzungen vorgesehen werden soll. Die spärlichen Ausführungen zum Inhalt der interregionalen Assoziation[7] weisen vielmehr auf eine eigene politische und wirtschaftliche Zielsetzung der neu zu errichtenden Assoziation etwa in Form der auf Gegenseitigkeit beruhenden Liberalisierung des gesamten Handels hin. Dennoch ergibt sich aus der Be-

---

3 PE-Dok A 4 -118/96, S. 5 u. 7

4 *Dauster*, Las relaciones del Mercosur y la Unión Europea, in: *Leiva*, S. 223

5 Die Begriffe „Assoziation“ und „Assoziierung“ sind sinngleich. so: *Vedder*, in: *Grabitz*, Art. 238, Rdnr. 3; *Schön*, Der rechtliche Rahmen für Assoziierungen der Europäischen Gemeinschaft, S. 4 (FN 6)

6 Definition nach: *Seidl-Hohenveldern/Loibl*, Das Recht der internationalen Organisationen, § 31, Rdnr. 515; *Hollenweger*, Die Assoziation von Staaten mit internationalen Organisationen, S. 15

7 s.o. Teil 4 Kap. 3 C II

fassung mit der völkerrechtlichen Dimension der Assoziation bereits ein erstes auch für das Verhältnis von Europäischer Union und Mercosur gültiges Merkmal: So zeichnet sich das Instrument der Assoziation durch die Breite und Verschiedenartigkeit möglicher Inhalte und Gestaltungsformen aus und ist einer einheitlichen Bestimmung nur eingeschränkt zugänglich.

Die Uneinheitlichkeit des Assoziationsbegriffes wird gerade auch auf die bislang von der Europäischen Gemeinschaft abgeschlossenen Abkommen in diesem Bereich zurückgeführt[8]. Zur weiteren Herausarbeitung der möglichen zukünftigen Gestaltung des Assoziationsverhältnisses mit dem Mercosur muß daher auf das Assoziationsrecht der Europäischen Gemeinschaft eingegangen werden.

II. Der Inhalt der Assoziation nach dem Assoziationsrecht der Europäischen Gemeinschaft

1. Ablösung vom völkerrechtlichen Assoziationsrecht

Das Assoziationsrecht der Europäischen Gemeinschaft hat sich in weiten Teilen von dem im Völkerrecht herrschenden Verständnis abgelöst. Bereits die Römischen Verträge gaben der Assoziation einen anderen als den überkommenen völkerrechtlichen Inhalt. Dies zeigt sich unter anderem daran, daß von vornherein auch die Assoziierung außereuropäischer Gebiete und Länder möglich war, die als solche überhaupt nicht die Beitrittsvoraussetzung des EGV erfüllen würden[9]. Der europarechtliche Assoziationsbegriff hat so die Mitgliedschaft als notwendigen Anknüpfungspunkt verloren, weshalb eine an der Mitgliedschaft orientierte Assoziation lediglich zu einem möglichen Teilbereich innerhalb des europäischen Assoziationsrechtes wurde.

Auch die Motive für den Abschluß von Assoziationsabkommen sind dementsprechend nicht auf die Anbahnung einer Mitgliedschaft oder die Ermöglichung einer mitgliedschaftsähnlichen Beteiligung beschränkt. Beweggründe können vielmehr wirtschaftliche Erwägungen, politische und strategische Gesichtspunkte sowie historisch bedingte Sonderbeziehungen zu bestimmten Staaten sein[10]. Demgemäß beschränkten sich die Assoziationsbemühungen lange Zeit auf den Mittelmeerraum und auf die ehemaligen Kolonialländer von Mitgliedstaaten. Die Zuwendung zu Staaten Lateinamerikas, ebenso wie zum vorderasiatischen und asiatischen Raum, ist demgegenüber ein Phänomen aus jüngerer Zeit[11]. Das Modell der Assoziation ist daher mit Blick auf den Mercosur in zweifacher Hinsicht ein Novum, da der potentielle Assoziationspartner zum

---

8 *Rohde/Kaltenborn*, Neuere Entwicklungen im Assoziierungsrecht der EG, in: FS-Bleckmann, S. 238
9 *Rohde/Kaltenborn*, ebda.
10 *Schmidt*, in: *Grabitz/Bogdandy/Nettesheim*, S. 101
11 vgl. VO Nr. 443/92 über die finanzielle und rechnische Hilfe zugunsten der Entwicklungsländer Asiens und Lateinamerikas sowie über die wirtschaftliche Zusammenarbeit mit diesen Ländern, ABl. 1992, Nr. L 52, S. 1 ff.

einen eine regionale Wirtschaftsorganisation ist und es sich zum anderen um eine lange Zeit nicht mit dem Assoziationsbegriff in Verbindung gebrachte Region handelt.

2. Der Assoziationsbegriff im Europarecht

Die Betrachtung der Assoziationsmotive und die Vielzahl der möglichen Assoziationspartner durch die Ablösung der Assoziierung von der Mitgliedschaft deutet bereits die Weite des Begriffes der Assoziation im europarechtlichen Sinne an. Das führt dazu, daß der materielle und geographische Anwendungsbereich der Assoziations- und Kooperationsabkommen sowie die Assoziationspraxis insgesamt enorm variieren[12]. Einen ersten Anhaltspunkt zur Systematisierung bieten die gemeinschaftsrechtlichen Rechtsgrundlagen für die Eingehung von Assoziationsverhältnissen.

a) Rechtsgrundlagen und Assoziationsarten

Als Rechtsgrundlagen für eine Assoziation mit der Gemeinschaft finden sich im EGV einmal die Artikel 131 bis 136a und zum anderen der Artikel 238. Daraus ergibt sich die grundlegende Einteilung in die sogenannte konstitutionelle und die vertragliche Assoziation mit der Europäischen Gemeinschaft[13]. Die konstitutionelle Assoziation nach den Artikeln 131 ff. galt für die überseeischen Länder und Hoheitsgebiete, die mit einigen EG-Staaten besondere Beziehungen in Form kolonialer Abhängigkeiten unterhielten, bereits kraft des EWGV. Der Abschluß besonderer Assoziationsverträge war dabei nicht mehr erforderlich. Da der Großteil der ehemaligen Kolonialgebiete bereits in den 60er Jahren unabhängig geworden war, hat die konstitutionelle Assoziierungsform ihre Bedeutung weitgehend verloren[14].

Alle weiteren möglichen Assoziationsformen finden ihre Grundlage nunmehr in Art. 238 EGV. Über diese Vorschrift wurde einerseits die Neuregelung des Verhältnisses zu den ehemaligen Kolonialgebieten und weiteren Ländern Afrikas, der Karibik und des Pazifik, den sogenannten AKP-Staaten, in Form der Abkommen von Lomé vorgenommen[15]. Des weiteren werden die auf einen späteren Beitritt abzielenden sogenannten dynamischen Assoziationen ebenso wie die nach inhaltlichen Kriterien unterschiedenen Typen der Freihandels- und Entwicklungsassoziation ebenfalls aus Art. 238 EGV abgeleitet[16]. Dieser ist damit die zentrale Vorschrift im europäischen Assoziationsrecht.

12 *Schweitzer/Hummer*, Rdnr. 692; *Schmidt,* in: *Grabitz/Bogdandy/Nettesheim*, S. 101
13 *Nicolaysen*, Europarecht, Bd.2, § 46 I (S. 517)
14 *Rohde/Kaltenborn*, Neuere Entwicklungen im Assoziierungsrecht der EG, in: FS-Bleckmann, S. 238
15 für einen Überblick vgl.: *Schweitzer/Hummer*, Rdnrn. 702, 707
16 *v. Bogdandy*, in: *Grabitz/Bogdandy/Nettesheim*, S. 18

b) Bestimmung des Begriffes

Eine Bestimmung dessen, was eine Assoziation inhaltlich kennzeichnet, findet sich in den entsprechenden Rechtsgrundlagen nicht. Allgemein wird nur von einem Verhältnis *„mit gegenseitigen Rechten und Pflichten, gemeinsamem Vorgehen und besonderen Verfahren*“ gesprochen[17]. Auch in den Abkommen, die jeweils ausdrücklich von der Gründung bzw. Aufrechterhaltung einer Assoziation sprechen, finden sich keine Ausführungen dazu, was dieses Rechtsverhältnis tatsächlich beinhaltet[18].

Dementsprechend bleiben die bislang vorgenommenen Bestimmungen des Begriffes der Assoziierung allgemein. Es handelt sich danach um eine umfassende, dauerhafte und intensive vertragliche Beziehung mit der Gemeinschaft, die feste Einrichtungen und Verfahren zur gemeinsamen Willensbildung vorsieht[19].

Zwar ist diese Begriffsbestimmung, gerade mit Blick auf das Anliegen, die mögliche Gestalt einer interregionalen Assoziation mit dem Mercosur zu bestimmen, wenig befriedigend. Diese Unbestimmtheit macht indessen von vornherein die Vielfalt der Ausgestaltungsmöglichkeiten deutlich. Verstärkt wird dieser Eindruck noch durch die Rechtsprechung des EuGH, die in Einklang mit der dargestellten Definition ein denkbar weites Verständnis des Assoziationsbegriffes offenbart: In den Grenzen der Vertragsziele können Assoziationsabkommen Vereinbarungen über sämtliche im EGV geregelte Materien im Verhältnis zu dritten Staaten und internationalen Organisationen enthalten[20].

3. Inhalte nach der bisherigen Assoziationspraxis

a) Assoziierungsabkommen mit der Türkei

Mit der Türkei schloß die Europäische Wirtschaftsgemeinschaft im Jahre 1963 ein Abkommen, das seinem Titel nach bereits die Gründung einer Assoziation beinhaltete[21]. Es sollte einen späteren Beitritt der Türkei erleichtern[22] und wird daher dem Typus der Beitrittsassoziation zugeordnet[23]. Das Abkommen nennt darüber hinaus indessen auch den Aufbau der türkischen Wirtschaft als ein weiteres Assoziationsziel[24]. Aus diesem Grund kann das Assoziationsverhältnis auch mit Blick auf den Mercosur herangezogen

---

17 vgl. Art. 238 EGV

18 z.B. Art. 1 des Abkommens mit der Türkei v. 12.9.1963; 2. Erwägungsgrund des II. Abkommens von Yaoundé v. 29.7.1969, ABl. 1969 Nr. L 282/3 ff.

19 nach: *Nicolaysen*, Europarecht, Bd.2, § 46 I (S. 517); ähnlich: *Vedder*, in: *Grabitz/Hilf*, Art. 238, Rdnr. 16

20 EuGH, RS. 12/86, *Demirel*, Urt. v. 30.9.1987, abgedruckt in: EuR 1988, S. 46 ff. (S. 48 f., Rdnr. 9)

21 Abkommen zur Gründung einer Assoziation zwischen der EWG und der Türkei vom 12.9.1963, ABl. 1964 , S. 3678, im folgenden bezeichnet als: Türkei-Assoziationsabkommen

22 vgl. Abs. 4 der Präambel des Türkei-Assoziationsabkommens

23 *Vedder*, in: *Grabitz/Hilf*, Art. 238, Rdnr. 39

24 vgl. Art. 2 des Türkei-Assoziationsabkommens

werden. Denn es handelt sich nicht um eine reine Beitrittsassoziation, die für den Mercosur irrelevant wäre, sondern enthält auch davon losgelöste wirtschaftliche Aspekte. Demgemäß ist in dem Assoziationsverhältnis mit der Türkei eine Mittelform zwischen Entwicklungs- und Beitrittsassoziation zu sehen.

Darüber hinaus zeigt sich, daß auch dem Aspekt der Verwirklichung des Freihandels entscheidende Bedeutung zukommt. Denn ein wesentlicher Inhalt des Assoziationsverhältnisses besteht in der Aufstellung eines dreistufigen Zeitplanes zur Errichtung der als Assoziationsziel genannten Zollunion[25]: Ursprünglich war danach ab dem Inkrafttreten des Assoziationsabkommens eine fünfjährige Vorbereitungsphase vorgesehen. Folgen sollten eine auf zwölf Jahre angesetzte, durch ein neues Abkommen einzuleitende Übergangsphase und schließlich eine nicht näher terminierte Endphase zur Erreichung einer Zollunion.

Die vorgesehene Übergangsphase wurde im Jahr 1970 durch den Abschluß eines Zusatzprotokolles eingeleitet und in Teilbereichen auf eine Dauer von bis zu 22 Jahren ausgedehnt[26]. Darin sind dann erste materielle auf den Handel bezogene Regelungen enthalten. Diese sahen, weiterhin mit dem Ziel der Errichtung einer Zollunion, die stufenweise Aufhebung der Zölle der Türkei gegenüber der Gemeinschaft und die Anpassung an deren Gemeinsamen Außenzoll vor. Die Beseitigung aller Zölle, mengenmäßigen Beschränkungen und Maßnahmen gleicher Wirkung gegenüber der Türkei wurde durch ein Interimsabkommen aus dem Jahre 1971 vereinbart[27]. Die Einleitung der Endphase erfolgte schließlich im Jahr 1995 auf der Grundlage eines Beschlusses des eingerichteten Assoziationsrates EG-Türkei[28]. Dieser Beschluß betrifft zum einen die Herstellung des freien Warenverkehrs, das Zollrecht und die Zolltarife, behandelt aber weitergehend auch die Anwendung von Sekundärrecht durch die Organe der Zollunion, eigene Wettbewerbsregeln und Bestimmungen zum Schutz des geistigen Eigentums.

Mit Blick auf die denkbare interregionale Assoziation mit dem Mercosur zeigt dieses Beispiel, daß die Assoziation als Modell nicht notwendig ein komplexes Gebilde darstellt, sondern wie in der Anfangsphase der Kooperation zwischen EG und Türkei schon die Aufstellung eines langfristigen Zeitplanes zur Errichtung eines Assoziationsverhältnisses genügte. Insofern wird auch von einer rudimentären inhaltlichen Ausgestaltung des Assoziationsabkommens gesprochen[29], die ausreichte, um die Assoziation ins Leben zu rufen. Aus den materiellen Bestimmungen dieser Assoziation spricht die Konzentration auf die möglichst weitgehende Verwirklichung des Freihandels zwischen den Assoziationspartnern und die Orientierung an einem bekannten Integrationsmodell, in die-

25 Artt. 2-5 des Türkei-Assoziationsabkommens

26 Zusatzprotokoll vom 23.11.1970 zum Abkommen zur Gründung einer Assoziation zwischen der EWG und der Türkei, ABl. 1972 Nr. L 293, S. 3 ff., hier bezeichnet als: Zusatzprotokoll; zur Verlängerung der Übergangsphase: Art. 61 des Zusatzprotokolles

27 Artt. 7 ff. des Zusatzprotokolles, zum Interimsabkommen: *Nicolaysen*, Europarecht, Bd.2, § 45 III 2, (S. 527)

28 Beschluß 1/95 des Assoziationsrates EG-Türkei über die Durchführung der Endphase der Zollunion vom 22.12.1995, ABl. 1996 Nr. L 35, S. 1 ff.

29 *Vedder*, in: *Grabitz/Hilf*, Art. 238, Rdnr. 40

sem Fall der Zollunion. Allerdings nahm der gesamte Agrarsektor von vornherein eine Ausnahmestellung ein und sollte durch spezielle Regelungen den sonstigen Liberalisierungsschritten entzogen sein[30]. Erkennbar wird schließlich auch die Langwierigkeit der Gestaltung des Assoziationsprojektes: Bereits bis zur Einleitung der Endphase wurden 17 Jahre angesetzt und 22 Jahre benötigt.

b) Die Assoziation von Malta und Zypern

In der Rechtsform der Assoziation sollte auch das Verhältnis zu Malta durch ein Abkommen aus dem Jahre 1970[31] und zu Zypern durch ein Abkommen aus dem Jahre 1972[32] ausgestaltet werden. Erwähnung finden diese Abkommen hier, da sie nicht von vornherein auf einen Beitritt der beiden Staaten ausgerichtet waren und ein Beispiel für den Typus der Freihandelsassoziation darstellen[33]. Zum anderen bestätigen beide Fälle die bereits am Beispiel der Assoziation mit der Türkei festgestellten inhaltlichen Bestandteile der Assoziation. Auch die mit Malta und Zypern geschlossenen Abkommen enthielten zunächst nur handelspolitische Regelungen, ohne materielle Festlegungen zum Abbau von Handelsbeschränkungen und zur Einführung gegenseitiger Handelszugeständnisse zu treffen. Das Ziel der Assoziation wurde wiederum unter Rückgriff auf ein integrationstechnisches Instrument, die Errichtung einer Zollunion, angegeben[34]. Indessen verschoben sich die Schwerpunkte in beiden Assoziationsverhältnissen kurze Zeit nach ihrer Gründung zugunsten entwicklungspolitischer Zielsetzungen. In den Jahren 1976 und 1977 wurde die eingeleitete erste Stufe der Zusammenarbeit mit beiden Staaten verlängert und statt des weiterbestehenden Fernziels der Zollunion die weitgehend freie Einfuhr von Waren aus Malta und Zypern in die EG gewährt, der lediglich eine präferentielle Behandlung durch die beiden assoziierten Staaten gegenübersteht[35]. Aus dem Verlauf des Assoziationsverhältnisses hat sich für Zypern inzwischen eine konkrete Beitrittsperspektive ergeben. Im Rahmen der anstehenden Erweiterung der Europäischen Union werden Beitrittsverhandlungen auch mit diesem Staat geführt[36].

---

30 vgl. Art. 31 des Zusatzprotokolles; s.a.: VO 3590/82 des Rates über die Einführen von Agrarerzeugnissen mit Ursprung in der Türkei, ABl. 1983 Nr. L 375, S. 1 ff.

31 Abkommen zur Gründung einer Assoziation zwischen der EWG und Malta vom 5.12.1970, ABl. 1971 Nr. L 61, S. 2 ff

32 Abkommen zur Gründung einer Assoziation zwischen der EWG und der Republik Zypern vom 19.12.1972, ABl. 1973 Nr. L 133, S. 2 ff.

33 *Schön*, Der rechtliche Rahmen für Assoziierungen der Europäischen Gemeinschaft, S. 103; *Vedder*, in: *Grabitz/Hilf*, Art. 238, Rdnr. 39

34 jeweils 3. Erwägungsgrund der Abkommen

35 vgl. jeweils Artt. 3 ff. des Ergänzungsprotokolles mit Malta vom 4.3.1976, ABl. 1976 Nr. L 111, S. 3 ff. und des Zusatzprotokolles mit Zypern vom 15.9.1977, ABl. 1977 Nr. L 339, S. 2 ff.

36 vgl. F.A.Z. vom 30.03.1998, S. 1

c) Die Assoziation der AKP-Staaten durch die Abkommen von Lomé

Die Assoziation von zunächst 46 und später 71 Staaten Afrikas, der Karibik und des Pazifik im Rahmen der vier sogenannten Lomé-Abkommen wird gemeinhin dem Typus der Entwicklungsassoziation zugeordnet[37]. Die Schaffung dieses einheitlichen Vertragssystems für eine Vielzahl von Staaten hat ihren Ursprung in der nach der Unabhängigkeit einer Vielzahl von Staaten weitgehend obsolet gewordenen konstitutiven Assoziierung[38]. Zusätzlich bedingt durch den EG-Beitritt Großbritanniens, das im Commonwealth mit einer Vielzahl von Entwicklungsländern verbunden ist, wurde eine generelle und umfassende Neuregelung der Beziehungen zu den überseeischen und afrikanischen Staaten notwendig[39]. Gegenwärtig findet sich die entsprechende Regelung im Lomé-IV-Abkommen, das 1990 abgeschlossen wurde und im Februar des Jahres 2000 ausläuft[40]. Die Verhandlungen für ein fünftes Lomé-Abkommen haben am 29. September 1998 in Brüssel begonnen[41].

Wenngleich der kurze Abriß zur Vorgeschichte der Lomé-Abkommen gezeigt hat, daß die Ausgangsbedingungen nicht mit denjenigen des Mercosur vergleichbar sind, lassen sich aus dem Inhalt der Lomé-Abkommen einige Charakteristika der Assoziation ableiten. Ein wesentlicher Schwerpunkt liegt auch bei der Lomé-Assoziation im Handelsbereich. Die Einfuhr von Waren mit Ursprung in den AKP-Staaten ist frei von Zöllen und Abgaben gleicher Wirkung sowie von mengenmäßigen Beschränkungen[42]. So gesehen ist diese Assoziation am Integrationsmodell der Freihandelszone orientiert. Die entwicklungspolitische Zielsetzung der Lomé-Politik basiert freilich nicht auf der Notwendigkeit der Reziprozität der Handelserleichterungen, sondern sieht keine Verpflichtung der AKP-Staaten zu Zollzugeständnissen vor. Dementsprechend wird das zugrundeliegende Modell auch als eine hinkende Freihandelszone bzw. Einbahn-Freihandelszone bezeichnet[43]. Allerdings sind auch im Verhältnis zu den AKP-Staaten landwirtschaftliche Erzeugnisse von der Zollfreiheit ausgenommen, die einer gemeinsamen Marktorganisation oder einer anderen Sonderregelung im Rahmen der gemeinsamen Agrarpolitik unterliegen[44].

Darüber hinaus manifestiert sich besonders an den Abkommen von Lomé die Bedeutung des Instruments der Assoziation zur Verfolgung politischer Ziele, im konkreten Fall die Achtung der Menschenrechte in den AKP-Staaten. Nachdem im Anhang zu Lomé III zunächst eine gemeinsame Erklärung auf die Einhaltung der Menschenrechte

---

37 *v. Bogdandy*, in: *Grabitz/Bogdandy/Nettesheim*, S. 18; *Vedder*, in: *Grabitz*, Art. 238, Rdnr. 39; *Rohde/Kaltenborn*, Neuere Entwicklungen im Assoziierungsrecht der EG, in: FS-Bleckmann, S. 243

38 s.o. in diesem Kapitel A II 2. a)

39 *Nicolaysen*, Europarecht, Bd.2, § 46 III 1 (S. 522)

40 Abkommen vom 15.12.1989, ABl. 1991 Nr. L 299, S. 1 ff.

41 F.A.Z. Nr. 227 vom 30. September 1998, S. 9

42 so bereits Artt. 130, 131 des Dritten Abkommens von Lomé vom 8.12.1984, ABl. 1986 Nr. L 86, S. 3 ff.

43 *Nicolaysen*, Europarecht, Bd.2, § 46 III 1 (S. 523); *Vedder*, in: *Grabitz/Hilf*, Art. 238, Rdnr. 57

44 vgl. etwa Art. 130 Abs. 2 des Dritten Abkommens von Lomé, s.o. FN 42

verweist, konnte in Lomé IV ein Bekenntnis zur Achtung und Förderung der Menschenrechte und der Menschenwürde aufgenommen werden[45]. Inzwischen besteht nach Auffassung der Kommission der Europäischen Gemeinschaften eine eindeutige Rechtsgrundlage für die Aussetzung oder Kündigung des Abkommens bei schweren Menschenrechtsverletzungen, die im Wege der Revision von Lomé IV erreicht wurde[46].

d) Die Europa-Abkommen

Auch zur Vorbereitung des EU-Beitritts der mittel- und osteuropäischen Länder (MOEL) wird auf das Konzept der Assoziation zurückgegriffen. Bereits die Vielzahl der Abkommen macht eine nähere Auseinandersetzung mit diesen Assoziationsfällen hier unmöglich. So sind derzeit Europa-Abkommen mit Polen[47], Ungarn[48], Rumänien[49], Tschechien[50] und der Slowakei[51] in Kraft und ferner mit Slowenien sowie den drei baltischen Staaten Estland, Lettland und Litauen vorgesehen[52].

In ihrer Zielsetzung unterscheiden sich die Europa-Abkommen von möglichen Zielen einer Assoziation mit dem Mercosur insofern, als sie bekanntlich die Wiedereingliederung der Staaten nach Europa zu ermöglichen suchen, die durch die Spaltung in zwei Blöcke nach dem Zweiten Weltkrieg verhindert wurde[53]. Indessen vermag auch die summarische Beschäftigung mit diesen Abkommen, generelle Anhaltspunkte für die zukünftige Ausgestaltung des Verhältnisses zum Mercosur zu liefern. Die Europa-Abkommen stellen nicht nur von der Zahl der beteiligten Staaten, sondern auch mit Blick auf die Fülle der behandelten Materien die mit Abstand umfangreichste Assoziationstätigkeit der EU dar: Neben der angestrebten schrittweisen Liberalisierung des Warenverkehrs finden sich Vereinbarungen zur Inländergleichbehandlung, die Planung von Verbesserungen im Bereich der Freizügigkeit und des Niederlassungsrechts. In den Abkommen sind ferner wettbewerbsrechtliche Regelungen und zahlreiche Bestimmungen

45 *Nicolaysen*, Europarecht, Bd.2, § 46 III 1 (S. 523)

46 Mitteilung der Kommission über die Berücksichtigung der Wahrung der Grundsätze der Demokratie und der Achtung der Menschenrechte in den Abkommen zwischen der Gemeinschaft und Drittländern, Kom (95) 216, S. 9

47 Europa-Abkommen zur Gründung einer Assoziation zwischen den Europäischen Gemeinschaften und ihren Mitgliedstaaten einerseits und der Republik Polen andererseits vom 16.12.1991, ABl. 1993, Nr. L 348, S. 1 ff.

48 Europa-Abkommen zur Gründung einer Assoziation zwischen den Europäischen Gemeinschaften und ihren Mitgliedstaaten einerseits und der Republik Ungarn andererseits vom 16.12.1991, ABl. 1993 Nr. L 347, S. 1 ff.

49 Europa-Abkommen zur Gründung einer Assoziation zwischen den Europäischen Gemeinschaften und ihren Mitgliedstaaten einerseits und der Rumänien andererseits vom 01.02.1993, ABl. 1994 Nr. L 357, S. 1 ff.

50 Europa-Abkommen zur Gründung einer Assoziation zwischen den Europäischen Gemeinschaften und ihren Mitgliedstaaten einerseits und der Tschechischen Republik andererseits vom 04.10.1994, ABl. 1994, Nr. L 360, S. 1 ff.

51 Europa-Abkommen zur Gründung einer Assoziation zwischen den Europäischen Gemeinschaften und ihren Mitgliedstaaten einerseits und der Slowakischen Republik andererseits vom 04.10.1993, ABl. Nr. L 359, S. 1 ff.

52 vgl. Überblick mit Nwen. bei: *Schweitzer/Hummer*, Rdnr. 698

53 *Nicolaysen*, Europarecht, Bd.2, § 46 III 3 (S. 530)

über eine Zusammenarbeit auf allen Gebieten der Wirtschaft, Wissenschaft und im Kulturbereich enthalten[54]. Auch in den Europa-Abkommen ist dem Handel mit landwirtschaftlichen Produkten wiederum eine Ausnahmestellung eingeräumt worden, wonach landwirtschaftliche Produkte von der allgemeinen Handelsliberalisierung ausgenommen werden und die Möglichkeit spezieller Schutzmaßnahmen eröffnet wird[55].

Im Zusammenhang mit den Europa-Abkommen erhält der Assoziationsbegriff eine äußerst weitreichende Dimension. Die Assoziation ist danach ein umfassendes und enges Kooperationsverhältnis. Ihre Inhalte reichen weit über den Aspekt der Liberalisierung des Warenhandels hinaus. Getroffen oder zumindest angestrebt werden Regelungen, die mit den Merkmalen eines gemeinsamen Marktes, also insbesondere dessen drei Grundfreiheiten[56] korrespondieren. Damit ist indessen nicht nur der Assoziationsbegriff im europäischen Recht um eine denkbar umfassende Version erweitert, sondern auch der Schluß naheliegend, daß die Assoziationskapazitäten der EU in großem Umfang durch die Eingliederung der MOEL absorbiert werden und Abkommen mit anderen Staaten und Staatengruppen, so naturgemäß auch mit dem Mercosur, in Umfang, Bedeutung und Inhalt zurückstehen müssen. Dies gilt um so mehr, als die Beitrittsverhandlungen mit zehn mittel- und osteuropäischen Staaten noch im März 1998 aufgenommen wurden[57].

4. Weitere Rückschlüsse aus dem europäischen Assoziationsrecht

a) Schlichte Strukturen

Die Assoziationsverhältnisse, die die EG eingegangen ist, sind bilateral und paritätisch ausgestaltet und verfügen über Vertragsorgane, durch die die Vertragsparteien gemeinsam handeln; diese Organe sind dabei inhaltlich auf die Durchführung und Weiterentwicklung der Assoziierung im Innenverhältnis beschränkt[58]. Wegen der Beschränkung auf das Innenverhältnis ist die Assoziation nicht als internationale Organisation aufzufassen und trägt erst recht keine supranationalen Züge[59]. Dementsprechend ist die Struktur insgesamt rein völkerrechtlich gehalten und damit in organisatorischer Hinsicht einfacher Art.

---

54 vgl. beispielhaft das Europa-Abkommen mit Polen: zum Thema Ausweitung des Handels und freier Wettbewerb: Titel III, Art. 7-36; zur Arbeitnehmerfreizügigkeit: Titel IV, Art. 37-42; zu wettbewerbsrechtlichen Bestimmungen: Titel V, Art. 63-67

55 *Nicolaysen*, Europarecht, Bd.2, § 46 III 3; vgl beispielhaft Titel II, Kap. 2 und dort Art. 21 S. 2 des Europa-Abkommens mit Polen; sowie das Europa-Abkommen mit Ungarn, Titel III, Kap. II, insbes. Art. 21

56 s.o. Teil 2, Kap. 1 A II 3

57 vgl. F.A.Z. vom 30.03.1998, S. 1

58 vgl. z.B. Art. 23 Abs. 1 des Lomé III-Abkommens (s.o. FN 42); Art. 24 Abs. 3 des Türkei-Assoziations-Abkommens; *Rohde/Kaltenborn*, Neuere Entwicklungen im Assoziierungsrecht der EG, in: FS-Bleckmann, S. 239

59 *Vedder*, in: *Grabitz/Hilf*, Art. 238, Rdnr. 24; *Nicolaysen*, Europarecht, Bd.2, § 46 I (S. 518)

Die strukturelle Schlichtheit wurde hier in Gestalt der rudimentären Ausgestaltung des Assoziationsvertrages am Beispiel der Türkei gezeigt. Eine Assoziation lag nach dem Sprachgebrauch des Türkei-Assoziationsabkommens bereits vor, nachdem nicht wesentlich mehr als ein Zeitplan und Ziele für das zukünftige Vorgehen vereinbart worden waren.

b) Keine Entwicklungsassoziation mit dem Mercosur

Im Fall der Assoziation mit den AKP-Staaten sowie im Assoziationsverhältnis zwischen der Europäischen Gemeinschaft und Malta und Zypern waren entwicklungspolitische Zielsetzungen lange Zeit vordringlich. Mit außereuropäischen Staaten insgesamt gibt es bislang kein Assoziationsbeispiel, in dem das Ziel der Entwicklung des Assoziationspartners der Gemeinschaft nicht zentral gewesen wäre. Wie gesehen, ist Hauptmerkmal dieser entwicklungspolitischen Prägung die Nichtanwendung des Prinzips von Leistung und Gegenleistung bei der Einräumung von Handelserleichterungen. Mit den Vorgaben des EGV ist dies vereinbar, da als eines der wenigen Merkmale der Assoziation zwar die Eingehung von gegenseitigen Rechten und Pflichten genannt wird[60], jedoch nicht notwendig ist, daß dabei die vollständige Reziprozität gewahrt wird[61].

Indessen würde die Regel, daß die Assoziierung der außereuropäischen Staaten unter dem Aspekt der Entwicklungspolitik steht[62], im Fall der Errichtung einer Assoziation mit dem Mercosur durchbrochen. Abzuleiten ist dies aus der eindeutigen Formulierung des IRA[63], wonach eine „auf Gegenseitigkeit beruhende" Liberalisierung des Handels angestrebt werden soll. Ausgeschlossen ist so eine entwicklungspolitisch dominierte Gestalt der möglichen Assoziation von Europäischer Union und Mercosur. Damit wird die Assoziation auch nicht den Inhalt einer hinkenden oder unvollständigen Freihandelszone nach dem Beispiel der Lomé-Assoziation haben.

c) Der Freihandelsaspekt

Angesichts des in den dargestellten Beispielen immer wieder erfolgten Rückgriffes auf bekannte institutionelle Integrationsformen in Gestalt von Freihandelszone oder Zollunion zur Ausfüllung der Assoziationsziele, kommt auch im Fall des Mercosur die Errichtung einer Freihandelszone als prägendes Merkmal der interregionalen Assoziation in Betracht.

Für das Verständnis der interregionalen Assoziation als weitgehend gleichbedeutend mit einer Freihandelszone finden sich in der Tat auch Anzeichen. Insbesondere ist dies

60 vgl. Art. 238 EGV

61 *Rohde/Kaltenborn*, Neuere Entwicklungen im Assoziierungsrecht der EG, in: FS-Bleckmann, S. 240 f.; *Vedder*, in: *Grabitz/Hilf*, Art. 238, Rdnr. 5

62 *Schweitzer/Hummer*, Rdnr. 600

63 vgl. Präambel des IRA

die bereits genannte Zielsetzung der auf Gegenseitigkeit beruhenden Liberalisierung des gesamten Handels zwischen den Regionen[64]. Auch besteht insbesondere auf Seiten des Mercosur ein nachhaltiges Interesse am Ausbau der Handelsbeziehungen durch den Abschluß von Freihandelsabkommen[65]. Jedoch ist die pauschale Gleichsetzung der interregionalen Assoziation mit dem Modell der Freihandelszone gerade mit Blick auf die angeführten Assoziationsbeispiele nicht haltbar[66]. Zutreffend ist zwar, daß Assoziierungsabkommen meist Freihandelszonen oder Zollunionen anstreben und Endziel auch meist die zollfreie Einfuhr der überwiegenden Anzahl der Industrieprodukte ist[67]. Die Assoziationsabkommen können sich indessen auch lediglich auf Regelungen über die wirtschaftliche und finanzielle Kooperation beschränken. Im Assoziationsabkommen mit der Türkei waren so etwa, wie gesehen, lediglich handelspolitische Regelungen enthalten, obgleich hier die Errichtung einer Zollunion als Ziel genannt wurde. Im Fall von Malta und Zypern wurde im Laufe der Zeit von der Errichtung einer vollständigen Zollunion trotz des darauf gerichteten Assoziationsabkommens Abstand genommen und das Hauptaugenmerk auf die wirtschaftliche und finanzielle Kooperation gerichtet. Des weiteren hat sich gezeigt, daß dem Begriff der Assoziation und damit auch dem im IRA formulierten Ziel nicht notwendig die Elemente einer der bekannten institutionellen Integrationsformen wie Freihandelszone und Zollunion innewohnen. Vielmehr hat sich der Spielraum der Möglichkeiten innerhalb des Assoziierungsbegriffes als ausgesprochen weit erwiesen. Zu Recht wird daher auch darauf verwiesen, daß der Inhalt der Assoziation eine Verbindung sein kann, die kaum über ein Handelsabkommen hinausreicht oder aber ein hohes Maß der gegenseitigen Integration an der Grenze zur EU-Mitgliedschaft darstellen kann[68].

d) Erste Einschätzung des möglichen Inhaltes der interregionalen Assoziation

Die als Langzeitziel des IRA angegebene Errichtung einer interregionalen Assoziation läuft nicht notwendig auf die Errichtung einer Freihandelszone zwischen Europäischer Union und Mercosur hinaus. Insbesondere gibt es aufgrund von dessen stufenartiger Ausgestaltung auch keinen Automatismus für den Übergang zur Festlegung konkreter Handelszugeständnisse[69]. Ein anderes Verständnis des aufgestellten Modells der inter-

64 s. vorstehend, in diesem Kap. A II 4 b)

65 IRELA, INF-95/5-MERC, S. 8; *Midón,* Algo más que cooperación. El convenio entre la Comunidad y Mercosur profundiza la integración, in: Derecho 171 (1997), S. 887 f.; zu Freihandelsabkommen und -zone auch: Entschließung des EP vom 22. April 1994, ABl. 1994 Nr. C 128/445, Punkt 7; COM (94) 428, S. 7ff./11

66 weitgehend gleichgesetzt bei: *Ernst,* Le Mercosur et l'Union Européenne: Un rapprochement prometteur?, S. 230; *Aldecoa Luzárraga*, El acuerdo entre la Unión Europea y el Mercosur, in: Revista de Instituciones Europeas 1995, S. 784; *Navarro/Pico de Coaña*, Nuevo acuerdo marco entre la Unión Europea y el Mercosur, in: Eurocampus 1995, 2. Novemberhälfte, S. 1; *Dauster*, Las relaciones del Mercosur y la Unión Europea, in: *Leiva*, S. 218

67 *Schweitzer/*Hummer, Rdnr. 694; *Schmidt,* in: *Grabitz/Bogdandy/Nettesheim*, S. 101

68 *v. Bogdandy,* in: *Grabitz/Bogdandy/Nettesheim*, S. 18

69 s.o. Teil 4, Kap. 3 A II

regionalen Assoziation kann weder auf den Begriff der Assoziation noch auf die Assoziationspraxis gestützt werden.

Vielmehr zeigen sich bereits hier verschiedene Anzeichen, die gegen eine nachhaltige Handelsliberalisierung auf absehbare Zeit im Zuge der Ausfüllung des IRA sprechen. Selbst wenn von vornherein eine bekannte Integrationsform als Ziel vereinbart wurde, wie im Fall der Assoziation mit der Türkei, hat sich an diesem Beispiel auch gleichzeitig die Langwierigkeit eines solchen Projektes manifestiert.

Die bisherige Assoziationspraxis hat ferner gezeigt, daß in allen Fällen der Agrarsektor eines der Haupthindernisse auf dem Weg zur Handelsliberalisierung war. Abzulesen ist dies daran, daß hierfür jeweils Sonderregelungen vereinbart wurden. Auch im Zusammenhang mit dem Mercosur hat der Ausschuß für Landwirtschaft und ländliche Entwicklung bereits „an die Schwierigkeiten der europäischen Landwirte" erinnert[70]. Im übrigen hat die Assoziationspraxis insbesondere im Zusammenhang mit den Abkommen von Lomé, über den landwirtschaftlichen Sektor hinaus, auch zu einer weiteren Einschätzung Anlaß geboten[71]: Seitens der Europäischen Union werden Handelszugeständnisse lediglich für solche Produkte gemacht, bei denen ein Verzicht angesichts der hohen Entwicklungsstufe der europäischen Produktion leicht ist.

Der zur Beschreibung des Langzeitzieles im Verhältnis zum Mercosur gewählte Begriff der Assoziation ist gerade auch vor dem Hintergrund der aufgezeigten Schwierigkeiten zu sehen. Es ist anzunehmen, daß damit der konkretere Begriff der Freihandelszone als Ziel vermieden werden sollte. So jedenfalls läßt sich erklären, daß jegliche Erwähnung eines notwendig mit Handelszugeständnissen verbundenen Kooperationsmodelles aus dem Mandat für die Aushandlung des IRA herausgenommen wurde[72]. Es spricht gegen die Erzielung schneller und nachhaltiger Ergebnisse auf der Grundlage des IRA, daß zur Festlegung seines Langzeitzieles mit der interregionalen Assoziation auf ein denkbar unbestimmtes Modell zurückgegriffen worden ist.

Wenn in der bisherigen Ausgestaltung der Beziehungen der EU bereits ein neues Modell für die Gestaltung des Verhältnisses zu aufstrebenden Wirtschaftszusammenschlüssen insgesamt gesehen wird, ist dem entgegenzuhalten, daß es bislang an der hierfür erforderlichen Ausfüllbarkeit mangelt. Im Sinne einer wertenden Beschreibung der Unsicherheiten, die mit dem gewählten Begriff der Assoziation verbunden sind, wird abschließend nochmals auf die bereits in anderem Zusammenhang erwähnte[73] Formel verwiesen, nach der die Assoziation zwischen 1 % und 99 % der Rechte und Pflichte eines Mitgliedes gewähren kann. Geringe Konkretisierung und die große Bandbreite möglicher Inhalte einer interregionalen Assoziation zwischen Europäischer Union und Mercosur werden damit deutlich.

---

70 PE-Dok A 4-118/96

71 so zutreffend auch: *Schmidt*, in: *Grabitz/Bogdandy/Nettesheim*, S. 104

72 *Olmedo Gavilán/Gómez-Crespo López*, Relaciones UE-Mercosur, in: Boletín Económico de ICE Nr. 2489 (1996), S. 54

73 s.o. in diesem Kap. A I

B. Die gemeinsame Handelspolitik

Aus der geringen inhaltlichen Konkretisierung des Fernzieles des IRA und dem festgelegten stufenweisen Vorgehen ergibt sich für die Vertragsparteien die Notwendigkeit, überhaupt erst zu einer konstituierenden Phase der interregionalen Assoziation überzugehen, also einen entsprechenden neuen Vertrag auszuhandeln und abzuschließen[74]. Maßgeblich für Aushandlung und Abschluß handelspolitischer Verträge ist vor allem die von der Europäischen Gemeinschaft durchgeführte gemeinsame Handelspolitik. Die Beschäftigung damit wird zeigen, welche Handlungsmöglichkeiten im Hinblick auf die Kompetenzverteilung zwischen Gemeinschaft und Mitgliedstaaten bei der Ausgestaltung des Verhältnisses zum Mercosur überhaupt bestehen und welche inhaltlichen Grundzüge erkennbar sind.

I. Grundlagen der gemeinsamen Handelspolitik

1. Der Begriff der gemeinsamen Handelspolitik

Die Gemeinschaft führt gegenüber Drittstaaten eine gemeinsame Handelspolitik[75]. Das Recht der Europäischen Gemeinschaften enthält indessen keine normierte Bestimmung des Begriffs dieser gemeinsamen Handelspolitik, sondern liefert dafür lediglich Anhaltspunkte. Danach besteht die gemeinsame Handelspolitik aus der Beeinflussung des Handelsvolumens und des Handelsstromes im Außenhandel und widmet sich der Gestaltung des Zuganges zum Europäischen Binnenmarkt und der Regelung des internationalen Handels insgesamt[76].

Der Begriff der gemeinsamen Handelspolitik und damit auch das Spektrum der gemeinschaftlichen Handlungsmöglichkeiten sind nicht starr und abschließend gefaßt. Dies zeigt auch das dynamische Begriffsverständnis des EuGH, wonach die gemeinsame Handelspolitik flexibel und offen für neuentwickelte handelspolitische Instrumente bleiben soll, die evolutiv aus der Entwicklung des Welthandels hervorgehen[77]. Maßgeblicher Anknüpfungspunkt ist dabei die internationale Verwendung des Begriffes der Handelspolitik, so daß grundsätzlich sämtliche Konstellationen unter diesem Wort verstanden werden, die auch international hierunter gefaßt werden[78].

Vor dem Hintergrund des dynamischen Begriffsverständnisses beinhaltet die gemeinsame Handelspolitik die umfassende Steuerung des Handels mit Drittstaaten. Darunter

74 s.a. Einschätzung des Europäischen Parlaments: PE-Dok A 4 -118/96, S. 7
75 vgl. Art. 3 lit b und die Konkretisierung in Art. 113 EGV
76 vgl. Art. 113 EGV; ähnlich auch: *Geiger*, Kommentar zu dem Vertrag zur Gründung der Europäischen Gemeinschaft, Art. 113, Rdnr. 4; *v. Bogdandy*, in: *Grabitz/Bogdandy/Nettesheim*, S. 9
77 EuGH Gutachten 1/78 (Naturkautschuk), Slg. 1979, S. 2871 ff. (S. 2912 f.)
78 EuGH Rs. 8/73 (Massey-Ferguson), Slg. 1973, S. 897 ff. (S. 907)

fällt die Regelung und Harmonisierung sämtlicher Zugangserschwernisse und die Ergreifung von Maßnahmen, die darauf angelegt sind, Handelsvolumen und Handelsströme zu beeinflussen[79]. Inhaltlich unterfallen der gemeinsamen Handelspolitik also die für die Ausgestaltung des Verhältnisses zum Mercosur wesentlichen handelspolitischen Aspekte in Form der Ausgestaltung des Außenhandels und der Martkzugangsregeln.

2. Weltmarktfreundlichkeit der gemeinsamen Handelspolitik

Erklärtes Ziel der gemeinsamen Handelspolitik ist es, *„zur harmonischen Entwicklung des Welthandels, zur schrittweisen Beseitigung der Beschränkungen im internationalen Handelsverkehr und zum Abbau der Zollschranken beizutragen"*[80]. Für die Ausgestaltung des Verhältnisses der Gemeinschaft zu Drittstaaten werden so die Grundsätze wiederholt, wie sie auch innergemeinschaftlich gelten sollen[81].

Die Zielformulierung der gemeinsamen Handelspolitik gilt als Bekenntnis zu einer liberalen Handelspolitik und Vorgabe einer liberalen Grundlinie der Gemeinschaft, mit der protektionistischen Bestrebungen eine Absage erteilt werden sollte[82]. Damit ist dem handelspolitischen Instrumentarium der Gemeinschaft die Richtung vertraglich vorgegeben und die liberale Zielsetzung eine echte vertragliche Verpflichtung[83].

Zur Annahme eines zwangsläufig weltmarktfreundlichen Verhaltens der Gemeinschaft besteht jedoch kein Anlaß. Denn gerade mit der gemeinsamen Handelspolitik werden auch nachhaltige Eigeninteressen verfolgt. Hier realisiert sich eines der grundlegenden allgemeinen Ziele des Wirtschaftszusammenschlusses, nämlich die Wahrung und der Ausbau der Position der europäischen Wirtschaft im internationalen Konkurrenzkampf[84]. Insgesamt ist das liberale Bekenntnis nicht dahingehend zu verstehen, daß es der Gemeinschaft vertraglich jegliche Maßnahme verbietet, die den Handel mit Drittländern beeinträchtigen könnte[85].

II. Handlungsmöglichkeiten der Gemeinschaft im Rahmen der gemeinsamen Handelspolitik

1. Kompetenz der Europäischen Gemeinschaft

Die Vorrangstellung der Europäischen Gemeinschaft bei der vertraglichen Ausgestaltung der Handelspolitik zeigt der Blick auf die konkrete Ausgestaltung der Kompetenz-

---

79 *Vedder*, in: *Grabitz/Hilf*, Art. 113, Rdnr. 44; *Bogdandy*, in: *Grabitz/Bogdandy/Nettesheim*, S. 15
80 vgl. Art. 110 Abs. 1 EGV
81 vgl. Präambel und Art. 2 EGV
82 *Vedder*, in: *Grabitz/Hilf*, Art. 110, Rdnrn. 1 u. 4; *Wohlfarth/Everling/Glaesner/Sprung*, Die Europäische Wirtschaftsgemeinschaft, Art. 110, Rdnr. 1
83 *Nicolaysen*, Europarecht, Bd.2, § 45 I
84 *Deubner*, Die Außenpolitik der Europäischen Gemeinschaft, S. 36; *Nicolaysen*, Europarecht, Bd.2, § 45 I
85 so der EuGH in: Rs. 112/80 (Dürbeck), Slg. 1981, S. 1095 ff. (S. 1119)

regelung. Zentrale Kompetenznorm für den Bereich der gemeinsamen Handelspolitik der Gemeinschaft ist Art. 113 EGV[86]. Schon angesichts des Wortlautes dieser Vorschrift können jedenfalls im Bereich der vertraglichen Gestaltung der Handelspolitik keine Zweifel an der Zuständigkeit der Gemeinschaft bestehen. Die zur Vornahme von Akten gegenüber anderen Völkerrechtssubjekten für die Gemeinschaft erforderliche Außenkompetenz[87] ist im Fall des Art. 113 EGV unproblematisch, da der Abschluß internationaler Abkommen ausdrücklich genannt ist.

Im Bereich der gemeinsamen Handelspolitik besteht demnach eine ausschließliche Gemeinschaftskompetenz, wodurch die Mitgliedstaaten vom Abschluß handelspolitischer Verträge ausgeschlossen sind[88]. Diese Auffassung wird auch durch die ständig geäußerte Ansicht des EuGH bestätigt[89]. Aus der ausschließlichen Zuständigkeit der Gemeinschaft für die vertragliche Gestaltung der gemeinsamen Handelspolitik ergibt sich konkret auch deren ausschließliche Zuständigkeit für die vertragliche Vereinbarung von Liberalisierungsmaßnahmen mit dem Mercosur.

2. Inhalte

a) Die vertragliche Handelspolitik

Die Errichtung einer interregionalen Assoziation zwischen Europäischer Union und Mercosur bleibt in jedem Fall einem weiteren Vertrag vorbehalten. Daher ist es auch die *vertragliche* Handelspolitik, die in erster Linie Aufschluß über deren möglichen Inhalte liefert. Auf der Grundlage der vertraglichen Handelspolitik unterhält die Gemeinschaft Handelsbeziehungen mit den meisten Drittstaaten, die ein regional differenziertes nahezu weltweites schwer überschaubares Netz von Handelsabkommen ergeben[90].

Mit Blick auf die inhaltlichen Merkmale dieser Handelsabkommen ergibt sich eine grundlegende Einteilung in zwei Kategorien[91]: einerseits die präferentiellen und andererseits die nicht-präferentiellen Abkommen. Dabei beschränken sich die nicht-präferentiellen Abkommen[92] grundsätzlich auf die allgemeine Verpflichtung zu wirtschaftlicher, industrieller und technischer Kooperation. Davon unterscheiden sich die

---

86 allg. Ansicht, z.B.: *v. Bogdandy*, in: *Grabitz/Bogdandy/Nettesheim*, S. 10; *Vedder*, in: *Grabitz/Hilf*, Art. 113, Rdnr. 1; *Chalmers*, Legal Base and the External Relations of the European Community, in: *Emiliou/O'Keefe*, S. 46

87 *v. Bogdandy*, in: *Grabitz/Bogdandy/Nettesheim*, S. 17

88 *Schweitzer/Hummer*, Rdnr. 343; *Schmidt*, in: *Grabitz/Bogdandy/Nettesheim*, S. 100; *Nicolaysen*, Europarecht, Bd.2, § 45 III (S. 487); *Geiger*, Kommentar zu dem Vertrag zur Gründung der Europäischen Gemeinschaft, Art. 113, Rdnr. 7; i.E. auch: *Vedder*, in: *Grabitz/Hilf*, Art. 113, Rdnr. 6

89 seit: EuGH Gutachten 1/75 (Lokale Kosten), Slg. 1975, S. 1355 ff. (S. 1363 f.); s.a.: Rs. 41/76 (Donckerwolcke), Slg. 1976, S. 1921 ff. (S. 1937)

90 *Vedder*, in: *Grabitz/Hilf*, Art. 113, Rdnr. 158; Nachweis der bilateralen Abkommen in: Analyse synthétique des accords qui lient les Communautés à des pays tiers, Veröffentlichung der Kommission IA/47/96

91 nach: *Schmidt*, in: *Grabitz/Bogdandy/Nettesheim*, S. 100 f.

92 einen Überblick bietet: *Bourgeois*, in: *Groeben/Thiesing/Ehlermann*, Art. 113, Rdnr. 145

Präferenzabkommen der Gemeinschaft durch die verbindliche Vereinbarung konkreter Liberalisierungsmaßnahmen zur Förderung des Freihandels. Ihrem materiellen Inhalt nach, wirken sich diese Abkommen daher direkt auf die erhobenen Zölle und sonstigen Einfuhrregelungen aus. Allen Präferenzabkommen ist gemeinsam, daß sie eine zollfreie Einfuhr industrieller Produkte in die EG ebenso wie eine Abschaffung quantitativer Beschränkungen vorsehen. Zu dieser Gruppe zählen auch die über den handelspolitischen Bereich hinausgehenden Assoziierungsabkommen[93]. Bemerkenswert ist, daß auch von sämtlichen präferentiellen Abkommen der Bereich der Landwirtschaft niemals erfaßt wird[94].

Eine weitere inhaltliche Einteilung[95], die indessen nur zur Verdeutlichung der vielfältigen Ausgestaltungsmöglichkeiten dient, ist die Einteilung in globale und sektorale Handelsabkommen. Dementsprechend können Abkommen entweder eine Vielzahl oder gar die Gesamtheit des Warenaustausches zwischen den Vertragspartnern regeln oder sich lediglich auf bestimmte Waren oder Warengruppen beschränken.

b) Weitere handelspolitische Instrumente

Neben dem Abschluß von Handelsabkommen stehen der Gemeinschaft im Rahmen ihrer Handelspolitik noch zahlreiche weitere Instrumente zur Verfügung. Grundsätzlich spielen diese für die Ausgestaltung des spezifischen Verhältnisses zum Mercosur keine Rolle, da sie vor allem im Verordnungswege und ohne konkrete Bezugnahme auf die Wirtschaftsbeziehungen zu einzelnen Staaten angewendet werden[96]. Daher wird hier lediglich auf ein für das Verhältnis zum Mercosur aufschlußreiches Instrument eingegangen: Von dem im Verordnungswege geschaffenen Allgemeinen Präferenzsystem werden auch die vier Staaten des Mercosur jeweils einzeln erfaßt[97].
Kern des Allgemeinen Präferenzsystems ist eine je nach Entwicklungsstand der begünstigten Länder abgestufte, einseitige Einräumung von vollständiger oder teilweiser Zollfreiheit bei der Wareneinfuhr in die Gemeinschaft[98]. Im Rahmen dieses Systems können die einseitig gewährten Zollkonzessionen indessen ebenfalls einseitig wieder zurückgenommen werden, wenn etwa die Wettbewerbsfähigkeit einzelner Beteiligter steigt[99]. Ferner ist sein Anwendungsbereich durch eine Vielzahl gänzlich oder teilweise ausgenommener Produkte stark begrenzt. Dazu zählen einmal der Bereich der Landwirtschaft

93 *Schmidt,* in: *Grabitz/Bogdandy/Nettesheim*, S. 100
94 *Schmidt* in: *Grabitz/Bogdandy/Nettesheim*, S. 102
95 nach: *Vedder*, in: *Grabitz/Hilf*, Art. 113, Rdnr. 157
96 vgl. dazu den Überblick über das Instrumentarium der autonomen Handelspolitik bei: *Nicolaysen*, Europarecht, Bd.2, § 45 V
97 Das APS wurde erstmals geregelt durch VOen Nr. 1308-1314/71 des Rates vom 21 Juni 1971, ABl. 1971 Nr. L 142/S. 1 ff.; verlängert durch VO Nr. 3281/94 des Rates vom 19. Dezember 1994, ABl. 1994 Nr. L 348/S. 1 ff.
98 *Schmidt,* in: *Grabitz/Bogdandy/Nettesheim*, S. 107
99 *Vedder,* in: *Grabitz/Hilf*, Art. 113, Rdnr. 89

und ferner die Gesamtheit der von der Gemeinschaft als sensibel eingestuften Produkte[100].

III. Schlußfolgerungen für die Ausgestaltung des IRA

Die Rolle der Gemeinschaft bei der Gestaltung der internationalen Wirtschaftsbeziehungen und damit auch hinsichtlich des Verhältnisses zum Mercosur ist gegenüber ihren Mitgliedstaaten dominant. Die Gemeinschaft ist aufgrund ihrer ausschließlichen Kompetenz alleiniger Akteur bei Entwicklung und Durchführung von Maßnahmen sowie Aushandlung und Abschluß eines weiteren Vertrages, soweit handelspolitische Inhalte betroffen sind. Jegliche Vereinbarung konkreter Liberalisierungsmaßnahmen ist damit Sache der Gemeinschaft. Insofern entscheidet die Gemeinschaft auch über sämtliche handelspolitischen Aspekte bei der vertraglichen Errichtung einer möglichen interregionalen Assoziation. Hinzu kommt eine allgemeine Tendenz, nach der die Gemeinschaft, motiviert durch den Willen der EG-Kommission zu mehr internationalem Gewicht, in zunehmendem Maße die Aushandlung internationaler Verträge beansprucht und dabei eine immer größer werdende Zahl von Aufgabenbereichen abdeckt[101].

Innerhalb der vertraglichen Handelspolitik richten sich die Interessen vor allem auf den Abschluß von Präferenzabkommen. Dies ergibt sich aus der den Regelungen zur gemeinsamen Handelspolitik zugrundeliegenden Freihandelsidee, der Verpflichtung von Mercosur und Europäischer Gemeinschaft auf das Prinzip der Gegenseitigkeit[102] und der Tatsache, daß allein Präferenzabkommen eine direkte Beeinflussung der Handelsströme ermöglichen[103].

Richtung und Tendenz der vertraglichen Ausgestaltung der Beziehungen scheinen nach dem vorstehenden und unter Zugrundelegung des für die gemeinsame Handelspolitik formulierten liberalen Bekenntnisses der Gemeinschaft vorgezeichnet zu sein. Die Annahme, damit ergebe sich aus Struktur und Prinzipien der gemeinsamen Handelspolitik auch notwendig gegenüber dem Mercosur die Vereinbarung konkreter Liberalisierungsmaßnahmen, muß indessen von vornherein skeptisch betrachtet werden. Wie gesehen steht die Ausgestaltung der gemeinsamen Handelspolitik naturgemäß unter dem Vorbehalt der eigenen berechtigten oder vermeintlichen Wirtschaftsinteressen; ausgebaut werden soll die Position der europäischen Wirtschaft im internationalen Konkurrenzkampf und nicht abstrakt das Ziel einer weltweiten Handelsliberalisierung verfolgt werden.

Auch die vorstehende Untersuchung der gemeinsamen Handelspolitik zeigt lediglich, daß eine Ausfüllung des IRA in Gestalt konkreter Liberalisierungsmaßnahmen zwischen

100 *Laporte Galli,* La Unión Europea y el Mercosur emprenden la reconciliación, in: Revista Cidob d'Afers Internacionals, Nr. 31 (1995), S. 71; *Rapoport/Musacchio*, La Comunidad Europea y el Mercosur, S. 149

101 *Elles*, The Role of EU Institutions in External Trade Policy, in: *Emiliou/O'Keefe,* S. 19 u. 21

102 vgl. Präambel des IRA

103 s.o. in diesem Kapitel B II 2. a)

Gemeinschaft und Mercosur *möglich* ist und von Gemeinschaftsseite durch einen entsprechenden Vertrag mit dem Mercosur herbeigeführt werden könnte. Dies gilt auch für die über einzelne Handelskonzessionen sogar weit hinausgehende Ausgestaltung der interregionalen Assoziation als eine transatlantische Freihandelszone. Nach der bisherigen Praxis der gemeinsamen Handelspolitik ist ein solches Ergebnis jedoch keineswegs *zwingend*: Der nahezu vollständige Ausschluß landwirtschaftlicher Produkte im Rahmen des APS und die Ausklammerung sogenannter sensibler Produkte deuten bereits auf Vorsicht und Zurückhaltung der Gemeinschaft im Fall von konkreten Handelskonzessionen hin. In diesem Verhalten ist keineswegs ein Einzelfall zu sehen. Auch die von der Gemeinschaft eingegangenen Assoziationsverhältnisse waren in ihrem Anwendungsbereich auf Sektoren begrenzt, in denen die Wettbewerbsfähigkeit der Gemeinschaft ohnehin sehr hoch ist[104]. Hinzu kommt, daß die Gestaltung der gemeinsamen Handelspolitik wie auch die Ausfüllung des IRA in zunehmendem Maße Vorgaben gerecht werden müssen, die sich aus multilateralen Vereinbarungen ergeben. Auch diese wirken sich nachhaltig auf die zukünftige Ausgestaltung des Verhältnisses zum Mercosur aus und sind daher Gegenstand der nachfolgenden Ausführungen.

C. Auswirkungen von GATT und WTO auf die Ausfüllung des IRA

Multilaterale Vereinbarungen zur Regelung des Welthandels spielen sowohl als politische Einflußfaktoren auf das weitere Vorgehen der EU im Verhältnis zum Mercosur eine bedeutende Rolle, als auch in ihrer Eigenschaft als konkrete, völkerrechtlich verbindliche Vorgaben. Global betrachtet, bedeutet die Konsolidierung des multilateralen Handelssystems durch den Abschluß der Uruguay-Runde im Jahre 1994 die Schaffung eines neuen Rahmens für den internationalen Handel[105]. Die Bindung der Europäischen Gemeinschaft an die Regeln des *General Agreement on Tariffs and Trade* (GATT) ist seit langem anerkannt und erstreckt sich auch auf die Vorgaben der neugeschaffenen *World Trade Organisation* (WTO), der die Gemeinschaft im Gegensatz zum GATT förmlich beigetreten ist[106]. Dementsprechend richtet sich die völkerrechtliche Zulässigkeit handelspolitischer Maßnahmen, also auch die Ausgestaltung des Verhältnisses zum Mercosur mit der möglichen Schaffung einer interregionalen Assoziation, nach den genannten Regelungen. Wegen des übermächtigen Umfanges der multilateralen Handelsvereinbarungen im Rahmen von GATT und WTO kann hierauf nur um den Preis einer Konzentration auf wesentliche Grundlagen und eine globale Betrachtung von Auswirkungen und berührten politischen Interessen eingegangen werden[107].

---

104 s.o. in diesem Kapitel A II 3 a) bis c)

105 *Marín*, La política comercial común y las nuevas zonas emergentes, in: ICE 1995, Nrn. 744-745, S. 99, 105

106 vgl. EuGH Rs. 21-24/72 (International Fruit Company), Slg. 1972, S. 1219 ff. (S. 1227); *Schweitzer/Hummer*, Rdnr. 639

107 s. zur WTO: *Jansen*, Die neue Welthandelsorganisation, in: EuZW 1994, S. 333 ff.

Grundordnung des internationalen Welthandels war über Jahrzehnte das im Jahre 1947 zunächst als Provisorium unterzeichnete *General Agreement on Tariffs and Trade*[108]. Grundlegendes Ziel war die umfassende Liberalisierung des Welthandels; dies sollte insbesondere durch das Meistbegünstigungsprinzip, die Grundsätze des Diskriminierungsverbots und der Gegenseitigkeit von Zugeständnissen sowie den Abbau von Zöllen und nichttarifärer Handelshindernisse erreicht werden[109].

Die Vertragsparteien führten mit unterschiedlichen Zielsetzungen und Ergebnissen bis heute acht Handelsrunden durch, um das Ziel eines freien Welthandels weiter voranzutreiben[110]. Die ehrgeizigste und bedeutendste dieser Handelsrunden ist bislang die als Uruguay-Runde bekannte achte Welthandelsrunde. Diese wurde 1986 begonnen und im April 1994 mit der Unterzeichnung eines umfangreichen Schlußdokuments mit zahlreichen Anhängen in Marrakesch zum Abschluß gebracht[111].

Die Grundordnung des Welthandels ist in groben Zügen danach folgende: Die zentrale institutionelle Neuerung liegt in der Gründung der Welthandelsorganisation WTO[112]. Aufgabe der WTO ist es vor allem, den organisatorischen Rahmen für die verschiedenen Welthandelsabkommen zu bilden. Die materiellen Säulen der WTO sind die Abkommen der Uruguay-Runde sowie das GATT 1947, das nach den Neuerungen nunmehr als GATT 94 bezeichnet wird[113]. Neben der weitgehenden Überführung der grundlegenden Prinzipien des GATT 1947 kam es auch zu nachhaltigen materiellen Neuerungen. Neben dem auf den Warenhandel konzentrierten GATT werden durch das *General Agreement on Trade in Services* (GATS) und ein Abkommen über *Trade-Related Intellectual Property Rights* (TRIPS) erstmals auch der zunehmend an Bedeutung gewinnende Dienstleistungshandel und handelsbezogene Aspekte des Rechts des geistigen Eigentums einer Regelung zugeführt. Darüber hinaus sollen mit den zahlreichen in der Schlußakte der Uruguay-Runde enthaltenen Abkommen insbesondere der Agrarsektor und die Textilmärkte für den globalen Wettbewerb geöffnet werden[114].

Der in der Schlußakte der Uruguay-Runde enthaltene Liberalisierungsertrag wird als der umfangreichste und größte aller Welthandelsrunden eingestuft[115]. Dementsprechend

108 abgedruckt bei: *Brand/Zamora*, Basic Documents of International Law, Bd. 1, 1990, S. 9 ff.; hier bezeichnet als GATT 1947

109 vgl. Abs. 3 der Präambel des GATT 1947

110 vgl. *Herdegen*, Internationales Wirtschaftsrecht, § 7, Rdnr. 5

111 Schlußakte mit Anhängen abgedruckt in: I.L.M. 33 (1994), S. 1125 ff.

112 vgl. dazu auch deutsche Übersetzung des Abkommens zur Errichtung der Welthandelsorganisation, abgedruckt in: EuZW 1994, S. 338 ff.

113 *Jansen*, Die neue Welthandelsorganisation, in: EuZW 1994, S. 334

114 vgl. dazu insgesamt: *Jackson*, From GATT to the World Trade Organisation, in: Cottier, S. 30 ff.; *Oppermann*, Die Europäische Gemeinschaft und Union in der Welthandelsorganisation (WTO), 1994, S. 21 f.

115 *Herdegen*, Internationales Wirtschaftsrecht, § 7, Rdnr. 8; *Jackson*, From GATT to the World Trade Organisation, in: Cottier, S. 30

erfolgten seitens der Europäischen Gemeinschaft Handelskonzessionen bereits in beträchtlichem Umfang. Insgesamt wird von einer Verpflichtung der Gemeinschaft im Rahmen der Uruguay-Runde zu einer durchschnittlichen Zollsenkungen von 37 Prozent in den nächsten fünf Jahren und einer teilweisen Abschaffung von Zöllen in einigen Sektoren gesprochen[116]. Unabhängig von der Ausgestaltung des Verhältnisses zum Mercosur, bestehen so bereits zahlreiche materielle Liberalisierungsvorgaben für die Europäische Gemeinschaft. Dieses Phänomen eines bereits tatsächlich oder vermeintlich erschöpften Liberalisierungsspielraumes aufgrund multilateraler Verpflichtungen wird im folgenden am Beispiel des Agrarhandels noch verdeutlicht.

II. Bereits bestehende Liberalisierungsvorgaben: das Beispiel Landwirtschaft

1. Das GATT vor der Uruguay-Runde:

Bis zum Abschluß der Uruguay-Runde fristete der Agrarhandel innerhalb der GATT-Regelungen ein bloßes Schattendasein: Wenngleich formal einbezogen, war der Agrarsektor faktisch bislang von der GATT-Disziplin ausgeklammert. Versuche einer Einbeziehung in vorangegangenen Welthandelsrunden scheiterten und führten zu einer traditionellen Beschränktheit und Unangemessenheit des GATT-Regimes zur Schaffung offener Agrarmärkte[117].

Belegt wird das Gesagte durch die Tatsache, daß Agrarsubventionen in direkter Form oder durch Einwirkungen auf das jeweilige Preisniveau nicht untersagt waren: Vom grundsätzlichen Diskriminierungsverbot für Importprodukte gegenüber heimischen Produkten waren Subventionszahlungen an heimische Produzenten ausgenommen[118]. Diese Situation bestand ähnlich auch hinsichtlich der Exportsubventionierung, deren allgemeines Verbot durch den GATT 1947 für landwirtschaftliche Produkte abgeschwächt wurde[119]. Auch das grundsätzliche Verbot mengenmäßiger Handelsbeschränkungen erstreckte sich nicht auf die Einfuhr landwirtschaftlicher Erzeugnisse[120]. Von den daraus resultierenden Möglichkeiten einer hohen Regulierung des Agrarmarktes machte und macht die Europäische Gemeinschaft im Rahmen der gemeinsamen Agrarpolitik auch regen Gebrauch[121].

---

116 *Marín*, La política comercial común y las nuevas zonas emergentes, in: ICE 1995, Nrn. 744-745, S. 105

117 *Scott*, Tragic Triumph: Agricultural Trade, the Common Agricultural Policy and the Uruguay Round, in: *Emiliou/O'Keefe*, S. 166; *Jackson*, From GATT to the World Trade Organisation, in: *Cottier*, S. 30 f.

118 vgl. Art. III.8 (b) des GATT 1947

119 vgl. Art. XVI.3 des GATT 1947

120 vgl. Art. XI.2 des GATT 1947

121 s.o. Teil 4, Kap. 1 C II

2. Regelungen nach dem Abschluß der Uruguay-Runde:

Mit dem Abschluß der Uruguay-Runde wird die Ausklammerung des Agrarmarktes von den multilateralen Liberalisierungsmaßnahmen eingeschränkt. Gerade die Überwindung der Unangemessenheit des GATT 1947 im Bereich der Landwirtschaft war eines der Hauptziele der Uruguay-Runde[122]. Mit dem Abkommen zur Gründung der WTO wurde zum einen gleichzeitig ein Anhang mit einem separaten Landwirtschaftsabkommen unterzeichnet, in dem ein genereller Rahmen für die Liberalisierung des Agrarhandels vorgegeben wird[123]. Ferner findet sich ein Protokoll zur Uruguay-Runde, in dessen Anhängen 1 und 5 wiederum konkrete Zeitpläne für Handelszugeständnisse sowie die Verpflichtung zur Abschaffung beziehungsweise Reduzierung einzelner tarifärer und nichttarifärer Handelshindernisse enthalten sind[124].

Zusammengefaßt widmen sich die verabschiedeten Regelungen drei Hauptbereichen, nämlich den Unterstützungsleistungen an heimische Landwirte, Exportsubventionen und der Regelung des Marktzuganges. Die danach eingegangenen Verpflichtungen beinhalten für die Europäische Gemeinschaft in einem Zeitraum von sechs Jahren hinsichtlich der Unterstützungsleistungen einen Reduzierungbedarf um 20 Prozent; im Fall der Exportsubventionierung ist eine Herabsetzung des Gesamtumfanges um 36 Prozent sowie bei der Menge subventionierter Exporte um 21 Prozent erforderlich[125].

3. Auswirkungen auf die zukünftige Ausgestaltung des Verhältnisses zum Mercosur

Aus dem Beitritt der Europäischen Gemeinschaft zur WTO und den damit verbundenen Zusatzabkommen resultiert für die Gemeinschaft naturgemäß die völkerrechtliche Verpflichtung, die vereinbarten Konzessionen auch tatsächlich zu gewähren. Wegen der Ergebnisse der Uruguay-Runde steht zu erwarten, daß der Außenschutz erheblich modifiziert werden wird, indem vor allem das bisherige Schutzinstrumentarium in Zölle umgewandelt wird, um insgesamt ein gewisses Maß an transparentem Marktzugang zu gewähren[126]. Diese notwendigen Anpassungen gehen auch über die bereits im Wege der 1992 eingeleiteten Reform der Gemeinsamen Agrarpolitik gemachten Zugeständnisse weit hinaus[127].

---

122 *Oppermann,* Die Europäische Gemeinschaft und Union in der Welthandelsorganisation (WTO), S. 6; *Herdegen*, § 7, Rdnr. 8; *Jackson*, From GATT to the World Trade Organisation, in: *Cottier*, S. 30

123 Annex 1A zum *Agreement Establishing the World Trade Organisation: Agreement in Agriculture*; unterzeichnet am 15.04.1994, deutsche Übersetzung bei: *Hummer/Weiss,* S. 853;

124 sog. *Marakesh Protocol to the GATT 1994*, abgedruckt in: I.L.M. 33 (1994), S. 1165 ff.

125 vgl. hierzu auch die Zusammenfassung bei: *Scott*, Tragic Triumph: Agricultural Trade, the Common Agricultural Policy and the Uruguay Round, in: *Emiliou/O'Keefe*, S. 171 ff.

126 *v. Bogdandy*, in: *Grabitz/Bogdandy/Nettesheim*, S. 146; *Guth*, Agriculture Trade Policy, S. 5 u. 12

127 *Scott*, Tragic Triumph: Agricultural Trade, the Common Agricultural Policy and the Uruguay Round, in: *Emiliou/O'Keefe*, S. 175 ff.; zur Reform der Gemeinsamen Agrarpolitik: *v. Bogdandy*, in: *Grabitz/Bogdandy/Nettesheim*, S. 145 f.

Genau in dieselbe Richtung wie die multilateralen Vorgaben zur Liberalisierung der Agrarmärkte zielen nun aber auch die Interessen der Mercosur-Staaten an der Errichtung einer interregionalen Assoziation mit der Europäischen Union. Diese streben vor allem Erleichterungen bei der Einfuhr ihrer Agrarprodukte in den europäischen Markt an[128].Widerstände von Gemeinschaftsseite und beträchtliche Konflikte bei der Liberalisierung des Agrarmarktes zeigten sich bereits innerhalb der Verhandlungen der Uruguay-Runde. Sowohl die Unmöglichkeit, in diesem Verhandlungsrahmen wie vorgesehen bereits 1990 zu einem Abschluß zu gelangen, als auch die 1992 erfolgte nochmalige Verschiebung um ein weiteres Jahr werden maßgeblich fehlender Kompromißbereitschaft auf europäischer Seite zugeschrieben[129]. Gleichzeitig war der Agrarsektor während der Verhandlungen auch im Verhältnis zwischen Europäischer Gemeinschaft und Lateinamerika insgesamt einer der sensibelsten Bereiche[130].

Wenn im Rahmen der Uruguay-Runde dennoch Zugeständnisse seitens der Europäischen Gemeinschaft gemacht wurden, so deutet die geschilderte Interessenlage darauf hin, daß diese für den Moment die äußerste Stufe der Bereitschaft der Gemeinschaft darstellen. Speziell für das Verhältnis zum Mercosur bedeutet dies wiederum, daß ihm gegenüber weitere Zugeständnisse von Gemeinschaftsseite unwahrscheinlich sind. Dementsprechend wird dann auch von Seiten des Europäischen Parlaments mit Blick auf die Politik der Europäischen Union gegenüber dem Mercosur der Hinweis erteilt, daß nach dem Abschluß der Uruguay-Runde *„der vorhandene Spielraum für zusätzliche Zugeständnisse [...] in den nächsten Jahren sehr begrenzt*“ sei[131].

Der Interessengegensatz im Agrarhandel zeitigt dabei über diesen speziellen Bereich hinaus weitere Konsequenzen. Denn eine umgekehrte Entsprechung findet die Gegenläufigkeit der Interessen im Fall der Industrieprodukte. Diesbezüglich ist die Gemeinschaft an einer Öffnung des Mercosur-Marktes interessiert, wobei jedoch deren Empfindlichkeiten auf dem Agrarsektor denjenigen des Mercosur im Bereich der Industrieproduktion entsprechen[132]. Nach dieser Betrachtung steht fest, daß der Spielraum für konkrete Konzessionen der Europäischen Gemeinschaft gering ist und umfangreiche präferentielle Abkommen in absehbarer Zeit nicht zu erwarten sind. Weitergehend folgt daraus, daß die Ausgestaltung der interregionalen Assoziation durch die Errichtung einer Freihandelszone in den nächsten Jahren ebenso unwahrscheinlich ist.

---

128 s.o. Teil 4, Kap. 1 C II 2.

129 *Oppermann,* Die Europäische Gemeinschaft und Union in der Welthandelsorganisation (WTO), S. 37 f.

130 *Dromi/Molina del Pozo,* Acuerdo Mercosur-Unión Europea, S. 19 f.

131 Entschließung zum Ausbau der Politik der Europäischen Union gegenüber dem Mercosur vom 19.06.1995, ABl. 1995 Nr. C 151, S. 31, Ziff. 7

132 *Bouzas,* Mercosur y la liberación de comercio preferencial en América del Sur, in: Coyuntura Económica 1995, S. 160; *Núñez,* Crónica de una negociación, in: Archivos del Presente 1995/96, S. 123

III. Konkrete Vorgaben für die Ausgestaltung der interregionalen Assoziation

1. Der Meistbegünstigungsgrundsatz und seine Ausnahmen

Jede Form der Handelsliberalisierung stellt zunächst eine Verletzung des im GATT zentralen Prinzips der Meistbegünstigung dar, sofern die erfolgten Zugeständnisse nur bestimmten Staaten oder Staatengruppen zugute kommen sollen. Denn nach dem Meistbegünstigungsgrundsatz[133] sind die Staaten innerhalb des GATT verpflichtet, alle Handelsvorteile, die sie einem oder mehreren Staaten einräumen, unverzüglich und bedingungslos auch allen anderen GATT-Vertragsparteien zu gewähren[134].

Das GATT geht indessen ebenfalls von der positiven Wirkung regionaler Zusammenschlüsse, Freihandelszonen und Zollunionen aus. Es statuiert daher ein Ausnahmeregime für Freihandelszonen und Zollunionen, die dadurch vom Meistbegünstigungsgrundsatz ausgenommen werden[135]. An den dort aufgestellten Vorgaben müssen sich grundsätzlich sämtliche auf einen bestimmten Kreis von Staaten oder Staatenzusammenschlüssen beschränkten Handelszugeständnisse, also auch entsprechende Vereinbarungen zwischen Europäischer Union und Mercosur, messen lassen.

Danach gilt, daß jegliche Integrationsvereinbarungen - und eben auch die Errichtung einer Assoziation - nur in den Genuß der Privilegierung durch Ausnahme vom Meistbegünstigungsgrundsatz gelangen, wenn sie die Schaffung einer Freihandelszone oder sogar Zollunion, wenigstens aber Vorstufen dazu vorsehen[136]. In diesem Fall sind darüber hinaus weitere Voraussetzungen zu beachten[137]: Zunächst dürfen durch die Handelszugeständnisse einzelner Staaten anderen GATT-Vertragsparteien keine neuen Schranken gesetzt werden, also Drittstaaten gegenüber keine restriktiveren Regeln als vorher eingeführt werden. Von zentraler Bedeutung ist schließlich die Vorgabe, daß der Abbau von Handelsbarrieren sich auf „*substantially all the trade*" beziehen muß[138], im wesentlichen also der gesamte Handel einer Liberalisierung zu unterziehen ist.

2. Konsequenzen für das Verhältnis zum Mercosur

Aus den genannten Vorgaben folgt zwangsläufig, daß Abmachungen, die sich lediglich auf bestimmte Sektoren beschränken, nicht zu einer Abweichung vom Meistbegünstigungsgebot berechtigen[139]. Mithin wäre auch ein zukünftiger Vertrag zwischen Europäischer Union und Mercosur zur Errichtung einer interregionalen Assoziation, der sich

133 vgl. Art. I des GATT 1947
134 *Herdegen,* Internationales Wirtschaftsrecht, § 7, Rdnr. 23
135 vgl. Art. XXIV des GATT 1947
136 *Vedder*, in: *Grabitz/Hilf*, Art. 238, Rdnr. 32; IRELA, INF-95/5-MERC, S. 7
137 nach Art. XXIV des GATT 1947; vgl dazu auch: *Hauser/Schanz*, Das neue GATT, S. 254
138 vgl. Art. XXIV des GATT 1947
139 *Hauser/Schanz*, Das neue GATT, S. 254

unter Ausklammerung sensibler Produkte lediglich auf bestimmte Sektoren beschränkte, mit den Regeln des GATT unvereinbar.

Bei strenger Einhaltung der GATT-Vorgaben müßte nach dem Gesagten die Errichtung der im IRA vorgesehenen interregionalen Assoziation die Errichtung einer Freihandelszone beinhalten, sofern dabei in Zukunft tatsächlich Handelspräferenzen vereinbart werden sollen. Jedoch lassen sich gerade diese GATT-Regeln auch zur Begründung des vorsichtigen und graduellen Vorgehens der Gemeinschaft bei der Ausgestaltung des Verhältnisses zum Mercosur heranziehen: Verwiesen wird in diesem Zusammenhang etwa darauf, daß es für den sofortigen Beginn einer umfassenden - und damit GATT-konformen - Handelsliberalisierung noch zu früh sei[140]. Daß der Zeitpunkt für eine umfassende, im wesentlichen den ganzen Handel erfassende Liberalisierung verfrüht wäre, spiegelt auch die von der EG-Kommission vorgeschlagene Strategie zum Ausbau der Beziehungen zum Mercosur wider[141]. Diese spricht sich ebenfalls gegen die sofortige Vereinbarung von präferentiellen Zugeständnissen aus. Bevorzugt wird zunächst vielmehr, wie mit dem Abschluß des IRA auch geschehen, der Weg über die Vertiefung der wirtschaftlichen und handelspolitischen Zusammenarbeit mit nicht-präferentiellen Inhalten.

In diesem Zusammenhang sei nochmals auf die Bedeutung des Agrarsektors hingewiesen. Wenn präferentielle Maßnahmen erfolgen sollten, wäre weder dieser Bereich ausnehmbar noch eine Beschränkung auf den Industriesektor möglich.

Selbst wenn die aufgezeigten Privilegierungsvorschriften des GATT bislang sehr großzügig gehandhabt werden[142] und die bisherigen Freihandelsabkommen der EG sich kaum mit den Bestimmungen des GATT vereinbaren lassen[143], steht damit jedenfalls eine politische Rechtfertigung für das Unterbleiben konkreter Liberalisierungsschritte zur Verfügung: Unter Verweis auf die andernfalls notwendige Liberalisierung des gesamten Handels unterbleiben Präferenzmaßnahmen zunächst gänzlich.

D. Kein interregionaler Freihandel absehbar

Auch nach der Betrachtung einiger für die Ausgestaltung der möglichen interregionalen Assoziation maßgeblichen Vorschriften des GATT ist die baldige Vereinbarung konkreter Handelspräferenzen zwischen Europäischer Gemeinschaft und Mercosur unwahrscheinlich. Dies ergibt sich zum einen aus den ohnehin nach dem Abschluß der Uruguay-Runde bestehenden materiellen Liberalisierungsvorgaben, zumal da hiervon auch der sensible Bereich der Landwirtschaft betroffen ist. Auf diesem Sektor sind die Interessen des Mercosur und der Europäischen Union in weiten Teilen gegensätzlich. Des

140 *Núñez*, Crónica de una negociación, in: Archivos del Presente 1995/96, S. 124
141 Com (94) 428, S. 13 ff.
142 *Herdegen*, Internationales Wirtschaftsrecht, § 9, Rdnr. 6
143 *Schmidt*, in: *Grabitz/Bogdandy/Nettesheim*, S. 110

weiteren kämen der Mercosur und die Europäische Union beim Abschluß von Freihandelsvereinbarungen nur dann in den Genuß einer Privilegierung vom Meistbegünstigungsgrundsatz, wenn diese im wesentlichen den gesamten Handel umfaßten. Ein solches Vorgehen wäre seiner weitreichenderen Wirkungen wegen deutlich gravierender und ist damit noch unwahrscheinlicher als die gegenseitige Einräumung von Handelszugeständnissen in einigen wenigen, ausgewählten Bereichen.

Mit den weiteren bei der Bewertung der Ausfüllungsmöglichkeiten des IRA gewonnenen Ergebnissen, bilden auch die inzwischen bestehenden Vorgaben des GATT eine Reihe von Faktoren, die nachhaltigen Fortschritten bei der Ausgestaltung des interregionalen Verhältnisses zwischen der Europäischen Union und dem Mercosur entgegenstehen. Dies beginnt bei der inhaltlichen Unbestimmtheit des aufgeworfenen Modells der interregionalen Assoziation und endet bei der Umgehung des Begriffes der Freihandelszone und der Vermeidung konkreter vertraglicher Liberalisierungsverpflichtungen im Rahmen des IRA. Hinzu kommt, daß die Assoziationskapazitäten auf Seiten der Europäischen Union weitgehend absorbiert werden durch den vorrangigen Ausbau der Beziehungen zu den mittel- und osteuropäischen Staaten und die Vorbereitung von deren Mitgliedschaft. Insgesamt ist daher nicht zu erwarten, daß die im IRA vereinbarte interregionale Assoziation auf absehbare Zeit die Gestalt einer transatlantischen Freihandelszone mit dem Mercosur annehmen wird.

Fünfter Teil

Der Mercosur und die Ausgestaltung des interregionalen Verhältnisses zur Europäischen Union: Ausblick und Zusammenfassung

1. Innerhalb von nur sieben Jahren konnten im Rahmen des Mercosur große Teile des intrazonalen Handels liberalisiert und für eine Vielzahl von Produkten ein gemeinsamer Außenzoll eingeführt werden. In diesem überaus kurzen Zeitraum hat es der Mercosur geschafft, die Integrationsform einer - wenngleich unvollständigen - Zollunion anzunehmen. Der Mercosur ist völkerrechtlich anerkannt und besitzt Völkerrechtspersönlichkeit.

In wirtschaftlicher Hinsicht weist die Mercosur-Region eine hohe Dynamik auf. Bereits bis zum Jahr 1996 vervierfachte sich das intrazonale Handelsvolumen. Ferner besitzt der Mercosur eine hohe Anziehungskraft für eine Vielzahl von Staaten auf dem südamerikanischen Kontinent. Er ist nicht nur der mit Abstand größte aufstrebende Markt in der Region, sondern darüber hinaus auch in einem offenen, dem Freihandel verpflichteten Geist konzipiert. Entscheidende Manifestation hiervon ist im Hinblick auf den Handel mit Drittländern die Einführung des gemeinsamen Außenzolltarifes.

Seine methodischen Besonderheiten machen den Mercosur zu einem neuartigen Integrationsprojekt sui generis. Die Annäherung der Mercosur-Staaten ist als *top-down-integration* gestaltet: Zum einen liegen Gestaltung und Fortschritt des Mercosur nahezu ausschließlich in den Händen der jeweiligen nationalen Regierungen und dort der Staatspräsidenten. Zum anderen soll die endgültige Institutionalisierung nicht Ursache und Mittel des Integrationsfortschrittes sein, sondern jeweils dessen Ergebnis.

Des weiteren zeigt sich die Besonderheit der Mercosur-Methode im Vergleich mit der Integration auf europäischer Ebene darin, daß seine Organisationsform strikt intergouvernemental ist. Die Teilnehmerstaaten verzichten bislang gänzlich auf die Einführung supranationaler Elemente. Dementsprechend verfügt der Mercosur sowohl über eine schlichte Organstruktur als auch über ein einfaches Verfahren zum Erlaß seiner Rechtsakte. Prägende Merkmale sind dabei das Konsensprinzip und die völkerrechtliche Ausgestaltung der Vorkehrungen zur innerstaatlichen Wirksamkeit des Mercosur-Rechts. Vor allem aufgrund der daraus folgenden Absage an die unmittelbare innerstaatliche Geltung der Rechtsnormen verfügt der Mercosur nicht über ein Gemeinschaftsrecht und auch nicht über eine eigenständige Gemeinschaftsrechtsordnung.

2. Aus der speziellen Mercosur-Methode resultiert eine starke politische Abhängigkeit des gesamten Mercosur-Prozesses. Der Mercosur ist kein durch starke Institutionen verselbständigtes Integrationsprojekt, das eine eigene Dynamik unabhängig vom politischen Willen einzelner Mitgliedstaaten entfalten könnte. Folge davon ist das mangelnde Vertrauen in die Kontinuität und Irreversibilität des Gesamtprojektes; darüber hinaus muß sich der Mercosur mit dem Vorwurf der institutionellen Schwäche auseinandersetzen. Dennoch sind die Funktionsfähigkeit des Integrationsansatzes und seine Erfolgsaussichten aufgrund der in dieser Arbeit gewonnenen Erkenntnisse positiv zu beurteilen. Die Rechtsakte der Mercosur-Organe besitzen gerade aufgrund des Konsensprinzips und der Zusammensetzung aus Regierungsvertretern ein hohes Maß an Akzeptanz in den

Teilnehmerstaaten. Der vorhandene Integrationswille kann sich in dem schlichten und flexiblen Gefüge des Mercosur ohne große institutionelle Reibungsverluste durchsetzen. Dazu trägt auch die Tatsache bei, daß die Schaffung einer womöglich überbordenden Mercosur-Bürokratie verhindert werden konnte.

Der Integrationsprozeß ist strikt an den auftretenden Notwendigkeiten orientiert. Wie insbesondere die Schaffung der Handelskommission zeigt, werden institutionelle Vorkehrungen aufgrund des tatsächlich festgestellten Bedarfs getroffen und nicht als Folge abstrakter integrationstheoretischer Überlegungen. Aus diesem Grunde verzichtete der Mercosur bislang auch zu Recht auf die Entwicklung eines aufwendigen Mechanismus zur Streitbeilegung. Mit der Verfolgung einer institutionellen Minimallösung traten bislang keine unnachholbaren Versäumnisse auf: für die vollständige intrazonale Handelsliberalisierung und die Verwirklichung eines durchgängigen einheitlichen Außenzollsatzes bestehen konkrete Vorgaben. Vor allem vermieden es die Mercosur-Staaten jedoch, sich zukünftige Optionen bereits zu verbauen: gegenwärtig erfolgt eine Konzentration auf die Verwirklichung der Zollunion; erst anhand der tatsächlichen Ergebnisse und des tatsächlichen Bedarfs kann dann die weitere Zielbestimmung und die damit erforderliche institutionelle Ausgestaltung erfolgen. In Zukunft wird der Mercosur dabei vor allem die Gestalt einer Zollunion annehmen. Die materiell-rechtlichen Vorkehrungen sind bislang auf diese Integrationsform ausgerichtet, während konkrete Regelungen, die den Elementen eines Gemeinsamen Marktes entsprechen, trotz erster Erfolge auf dem Dienstleistungssektor nur in Ansätzen vorhanden sind.

Mit der Ausgestaltung des Mercosur tragen die Beteiligten der Erkenntnis Rechnung, daß fehlender Integrationswille nicht durch institutionelle Vorkehrungen ersetzt werden kann. Vorschnelle Institutionalisierung kann vielmehr auch ein Hindernis auf dem Integrationsweg sein und würde weder den aktuellen wirtschaftlichen Zielen noch den tatsächlichen Gegebenheiten in der Mercosur-Region gerecht. Die institutionelle Minimallösung des Mercosur ist insgesamt nicht als institutionelle Schwäche zu verstehen; sie ist vielmehr Ausfluß von Flexibilität und Pragmatismus.

3. Zentrale inhaltliche Vorgabe des interregionalen Rahmenabkommens zwischen der Europäischen Union und dem Mercosur aus dem Jahr 1995 ist die Errichtung einer interregionalen Assoziation zwischen den Vertragspartnern. Mit dem Modell der interregionalen Assoziation ist kein konkreter Inhalt, sondern ein breites Spektrum von Möglichkeiten verbunden. Diese reichen von einfachen Schritten technischer Zusammenarbeit bis hin zur Vereinbarung konkreter Handelszugeständnisse und zur Errichtung einer transatlantischen Freihandelszone. Eine vertragliche Verpflichtung zur Handelsliberalisierung oder ein Automatismus beim Übergang zur Errichtung der interregionalen Assoziation bestehen aufgrund dieses Abkommens nicht. Sein Inhalt ist damit nichtpräferentieller Art.

Als operative Festlegung, die über die Abgabe bloßer Absichtserklärungen hinausgeht, enthält das interregionale Rahmenabkommen, einen vielschichtigen Dialogmechanismus. Die Beziehungen zwischen der Europäischen Union und dem Mercosur erhalten hierdurch ein hohes Maß an Institutionalisierung. Wesentlicher Verdienst des Abkommens ist somit die Kanalisierung der biregionalen Kontakte. Es eröffnet zumindest die Möglichkeit, einen möglichen politischen Willen zum Ausbau der Beziehungen umzusetzen.

Wesentliche Merkmale des interregionalen Rahmenabkommens sind im übrigen dessen Unbestimmtheit, Ausfüllungsbedürftigkeit und Langfristigkeit. Bereits die Einordnung dieses Abkommens als Zwischenschritt auf dem Weg zur Errichtung einer interregionalen Assoziation ist zu weitgehend. Das interregionale Rahmenabkommen ist lediglich die *Vorstufe zur Vorbereitung* eines solchen Schrittes: konkrete Verhandlungen zur Errichtung der interregionalen Assoziation werden durch den Abschluß des Abkommens nicht eingeleitet, sondern sollen überhaupt erst vorbereitet werden.

4. Die zukünftige Entwicklung der Beziehungen im Rahmen der Ausgestaltung des interregionalen Rahmenabkommens wird sich nach den im Rahmen dieser Arbeit gewonnenen Erkenntnissen auf einem niedrigen Niveau bewegen. Um spürbare Fortschritte zu erzielen, bedarf es der Aushandlung und des Abschlusses eines gänzlich neuen Abkommens zwischen dem Mercosur und der Europäischen Union. Zu der inhaltlichen Unbestimmtheit des Modelles der interregionalen Assoziation tritt das Fehlen zeitlicher Vorgaben für die Verwirklichung konkreter Schritte. Die zentralen Fragen, wann und mit welchen Mitteln der Übergang zur Handelsliberalisierung und zur Ausgestaltung des interregionalen Verhältnisses insgesamt erfolgen sollen, bleiben offen. Prognosen, nach denen der Zollabbau für ausgewählte Produkte bereits im Jahre 1999 und der Einstieg in die Errichtung der interregionalen Assoziation im Jahre 2001 beginnen könnten, sind als verfrüht zurückzuweisen. Zahlreiche andere Prioritäten der Europäischen Union stehen dem zusammen mit protektionistischen Problembereichen entgegen. Besonderes Gewicht erlangt dabei die eingeleitete Osterweiterung der Europäischen Union. Als nachhaltiges Hindernis für jegliche Form der Liberalisierung des Handelsaustausches erweist sich ferner die gemeinsame Agrarpolitik der Europäischen Gemeinschaft. Zwar scheinen die Vorgaben des GATT im Rahmen der neugeschaffenen WTO eine nachhaltige Handelsliberalisierung nahezulegen. Jedoch sind hierdurch auch vorhandene Liberalisierungskapazitäten oder zumindest die politische Liberalisierungbereitschaft in sensiblen Problembereichen bereits erschöpft. Auf seiten der Europäischen Union ist die Position gegenüber dem Mercosur insgesamt durch Vorsicht und Zurückhaltung geprägt. Der Rückgriff auf ein denkbar unbestimmtes Kooperationsmodell, die strikte Umgehung des Begriffes der Freihandelszone und die Vermeidung konkreter vertraglicher Liberalisierungsverpflichtungen insgesamt zeugen davon.

Zahlreiche Faktoren sprechen dafür, diese Haltung kritisch zu überdenken: Die Europäische Gemeinschaft besitzt aufgrund der Kompetenzverteilung im Rahmen der gemeinsamen Handelspolitik die entscheidenden Handlungsmöglichkeiten für eine konstruktive Gestaltung der interregionalen Beziehungen. Es hat sich bislang gezeigt, daß sie auch in der Lage ist, nachhaltigen Einfluß auf den Mercosur auszuüben. Ein Beispiel hierfür ist die schnelle Reaktion des Mercosur auf entsprechende Gemeinschaftsforderungen bei der Schaffung der Voraussetzung für seine Völkerrechtssubjektivität. Durch diese Möglichkeit der Europäischen Gemeinschaft, Unsicherheiten innerhalb des Mercosur entgegenzuwirken und durch die Festlegung des Mercosur auf bestimmte vertragliche Verpflichtungen stabilisierend zu wirken, lassen sich auch die Perspektiven für europäische Akteure positiv beeinflussen. Bislang ist deren *standing* in der Mercosur-Region überaus gut und das Interesse des Mercosur an einer Vertiefung der Beziehungen zur Europäischen Union hoch. Der Mercosur sucht ein Gegengewicht zum Einfluß der USA auf dem südamerikanischen Kontinent; seine ersten außenpolitischen Schritte waren nach Europa gerichtet, welches bereits jetzt der wichtigste Handelspartner des Mercosur ist. Ein Bedeutungsverlust Europas auf Mercosur-Ebene hätte weitreichende Konsequenzen über die Region hinaus: Im Rahmen der unter dem Begriff ALCA eingeleiteten Bemühungen zur Errichtung einer gesamtamerikanischen Freihandelszone wird der Mercosur als Block aller Voraussicht nach eine zentrale Rolle spielen und wäre daher im Erfolgsfall dieser Bemühungen auch ein Schlüssel zur Gesamtregion.

5. Die wirtschaftliche Entwicklung des Mercosur und seine institutionelle Konsolidierung gestalteten sich weitaus dynamischer als der Ausbau des interregionalen Verhältnisses durch die Europäische Union. Für die europäischen Wirtschaftsakteure bieten sich Chancen und Gewinnmöglichkeiten daher stärker durch eine Partizipation am Mercosur-Prozeß selbst als über die langfristigen Aktivitäten der Europäischen Union zum Ausbau der Beziehungen. Dies gilt zumal deshalb, weil der Mercosur faktisch um den aufstrebenden chilenischen Markt erweitert wird und ferner eine gesamtamerikanische Perspektive bietet. Darüber hinaus erweist sich der Mercosur auch als Stabilitätsfaktor in der Region, der sowohl die traditionelle Rivalität zwischen Argentinien und Brasilien eingedämmt hat, als auch die wirtschaftliche und demokratische Konsolidierung unterstützt.

Selbst wenn die Errichtung eines Gemeinsamen Marktes noch fern ist und es zunächst bei der Vervollständigung einer Zollunion bleibt, wurden im Rahmen des Mercosur-Projektes in kurzer Zeit bereits Fortschritte erzielt, die nach Auffassung von Skeptikern insgesamt nicht zu erwarten waren. Jedenfalls diese Erfolge sind nicht mehr rückgängig zu machen. Der Mercosur ist somit kein weiterer Mythos in der langen Geschichte lateinamerikanischer Integrationsversuche, sondern bereits heute ein erfolgreiches Integrationsprojekt mit weiterem Entwicklungspotential.

Literaturverzeichnis

Abreu Bonilla, Sergio, Mercosur e Integración, Montevideo 1994

Aldecoa Luzárraga, Francisco, El acuerdo entre la Unión Europea y el Mercosur en el marco de la intensificación de relaciones entre Europa y América Latina, in: Revista de Instituciones Europeas 1996, S. 761 ff.

Alonso García, Ricardo, Tratado de Libre Comercio, Mercosur y Comunidad Europea - Solución de controversias e interpretación uniforme, Madrid 1997

Alterini, Aníbal Atilio, El sistema jurídico en el Mercosur - Instrumentos fundacionales y complementarios, Buenos Aires 1993

Alvarez, Gladis/Highton, Elena, ¿Un tribunal transnacional para el Mercosur?, in: La Ley, 26. Nov. 1996, S. 1 f.

Andrade Valencia, Mónica, Derecho Comunitario andino y Tribunal Andino de Justicia, Bogotá 1989

Antía, Fernando, El Mercosur dos años después, in: Cuadernos del CLAEH, Nr. 65-66/1993, S. 101 ff.

Appel, Holger, Südamerikas Gemeinsamer Markt bringt den Handel in Schwung, in: FAZ Nr. 16, 20. Jan. 1997, S. 12

Aragao, José Maria, La esencialidad de una política de competencia para el éxito de los objetivos del Mercosur, in: Aspectos para la integración latinoamericana, Nr. 1, 1995, S. 113 ff.

Arbuet Vignali, Heber, La solución de controversias en el Mercosur - Un aspecto esencial aún por resolver, in: Edición Fundación de Cultura Universitaria, El Derecho Internacional en un mundo de transformación, Liber Amicorum Eduardo Jiménez Aréchaga II, Montevideo 1994

Baptista, Luis Olavo, Le Traité d'Asunción établissant le Marché Commun du Sud (Mercosul), in: Revue de Droit des Affaires Internationales (RDAI) 1992, S. 567 ff.

Baptista, Luis Olavo, O impacto do Mercosul sobre o sistema legislativo brasileiro, in: Revista Dos Tribunais, April 1993, S. 39 ff.

Baumer, Jean-Max, Neue Integrationsbewegungen in Lateinamerika, in: Lateinamerika Nachrichten 1992, S. 5 ff.

Behar, Jaime , Economic Integration and Intra-Industry Trade: The Case of the Argentine-Brazilian Free Trade Agreement, in: Journal of Common Market Studies 1991, S. 527 ff.

Bekerman, Marta, La integración en el Cono Sur y sus ventajas potenciales para la economía brasileña, in: Trimestre Económico, Nr. 242, 1994, S. 281 ff.

Benítez, María Angeles, Relaciones entre la Unión Europea y el Mercosur, in: Ciuro Caldani, Miguel Angel, Del Mercosur, Buenos Aires 1996, S. 49 ff.

Berg, Hartmut, Außenwirtschaftspolitik, in: Bender, Dieter/Gabisch Günter/Willms, Manfred u.a., Vahlens Kompendium zur Wirtschaftstheorie und Wirtschaftspolitik, 5. Aufl., München 1992

Bergsten, Fred, Globalizing Free Tade, in: Foreign Affairs, Nr. 3, 1996, S. 105 ff.

Beutler, Bengt/Bieber, Roland/Pipkorn, Jörn/Streil, Jochen, Die Europäische Union - Rechtsordnung und Politik, 4. Aufl., Baden-Baden 1993

BfAI, Bundesstelle für Außenhandelsinformationen (Hrsg.), Zoll- und Handelsinformationen - Mercosur - Der Mercosur-Vertrag und die nachfolgende handelspolitische Entwicklung, Nr. 6, Köln, Februar 1996; zitiert: BfAI, Zoll- und Handelsinformationen Nr. 6, Februar 1996

BfAI, Bundesstelle für Außenhandelsinformationen (Hrsg.), Zoll- und Handelsinformationen - Mercosur - Der Mercosur-Vertrag und die nachfolgende handelspolitische Entwicklung, Nr. 2, Köln, Februar 1998; zitiert: BfAI, Zoll- und Handelsinformationen Nr. 2, Februar 1998

BfAI, Bundesstelle für Außenhandelsinformationen (Hrsg.), Zoll- und Handelsinformationen - Andenpakt - Zoll- und Handelspolitik seit dem Abschluß des Vertrages über die subregionale Integration der Andengruppe, Nr. 25, Köln, August 1996

Bizzózero, Lincoln, La agenda de las relaciones Comunidad Europea-Paises del Mercosur: Perspectivas de la ampliación comunitaria, in: Revista de Estudios Europeos, Nr. 31, 1994, S. 76 ff.

Bleckmann, Alfred, Europarecht. Das Recht der Europäischen Wirtschaftsgemeinschaft, 5. Aufl., Köln 1990

Boerr, Martín, Buscan liberalizar el mercado de servicios, in: La Nación, 20. Juni 1997, S. 6

Boerr, Martín, Mercosur: Reunión cumbre tras la crisis, in: La Nación, 16. Juni 1997, Sección 2, S. 15

Bogdandy, Armin von/Nettesheim, Martin, Strukturen des gemeinschaftlichen Außenhandelsrechts, in: EuZW 1993, S. 465 ff.

Boldorini, María Cristina/Czar de Zalduendo, Susana, La estructura jurídico-institucional del Mercosur después del Protocolo de Ouro Preto, in: Boletín Informativo de Techint, Nr. 283, 1995, S. 73 ff.

Bouzas, Roberto/Lustig, Nora, Liberalización Comercial e Integración Regional, Buenos Aires 1992

Bouzas, Roberto, Mercosur y la liberación de comercio preferencial en América del Sur: resultados, temas y proyecciones, in: Coyuntura Económica 1995, S. 135 ff.

Bouzas, Roberto, La agenda económica del Mercosur: Desafíos de política a corto y mediano plazo, in: Integración y Comercio 1996, S. 64 ff.

Bouzas, Roberto, El regionalismo en el hemisferio occidental: NAFTA, Mercosur y después, in: Desarrollo Económico, Número Especial, Sommer 1996, S. 87 ff.

Brand, Diana, Freihandel in Lateinamerika. Ein erfolgversprechender Weg aus der Krise?, in: Ifo-Schnelldienst 1991, S. 15 ff.

Brand, Ronald/Zamora, Susana, Basic Documents of International Law, Bd. 1, 1990

Buscaglia, Edgardo, Análisis de los determinantes legales y económicos de la integración en América Latina: el caso del Mercosur, in: Contribuciones 4/1996, S. 191 ff.

C.A.R.I., Consejo Argentino para la Relaciones Internacionales (Hrsg.), El Mercosur explicado: Cuatro Países y un Mercado Común, Buenos Aires 1997

Cassagne, Juan Carlos, El Mercosur y las relaciones con el derecho interno, in: La Ley, 1995 Band C, S. 875 ff.

Castrioto de Azambuja, Marcos, Mercosur y CEE: Cooperación entre regiones, in: Rimoldi de Ladmann, Eve (Hrsg.), Mercosur y Comunidad Europea, Buenos Aires 1995, S. 195 ff.

Castro Escudero, Alfonso, Inflación en Argentina - ¿un problema resuelto?, in: Comercio Exterior 1993, S. 954 ff.

Castro Escudero, Alfredo, El Mercosur, contra viento y marea, in: Comercio Exterior 1994, S. 990 ff.

Chalmers, Damian, Legal Base and the External Relations of the European Community, in: Emiliou, Nicholas/O'Keefe, David, The European Union and World Trade Law, New York u.a., 1996, S. 46 ff.

da Motta Veiga, Pedro, Grados de convergencia real y monetaria en los procesos de integración latinoamericana, in: Integración Latinoamericana, Nr. 201, 1994, S. 29 ff.

Dauses, Manfred (Hrsg.), Handbuch des EG Wirtschaftsrechts, Loseblattsammlung, München

Dauster, Jorio, Las relaciones del Mercosur y la Unión Europea, in: Leiva, Patricio (Hrsg.), América Latina y la Unión Europea Construyendo es Siglo XXI, Santiago de Chile 1996

Dauster, Jorio, Mercosul-Uniao Européia: Rumo à associaçao inter-regional, in: Política Externa, Nr. 4/1996, S. 46 ff.

Daverede, Álvaro, El Sistema de Solución de Controversias en el Mercosur, in: La Ley, 1992 Band B, S. 1048 ff.

Davidson, Eliana , The Treaty of Asunción and a Common Market for the Southern Cone: A Timely Step in the Right Direction, in: Virginia Journal of International Law 1991, S. 265 ff.

Deubner, Christian, Die Außenpolitik der Europäischen Gemeinschaft, Stuttgart 1991

Devlin, Robert/Garay, Luis Jorge, De Miami a Cartagena: nueve enseñanzas y nueve desafíos del ALCA, in: Contribuciones 4/1996, S. 25 ff.

Dichiara, Raúl Oscar, Wirtschaftsintegration in Lateinamerika: der Mercosur, in: Integration, Beilage zur Europäischen Zeitung, Nr. 10, 1994, S. 234 ff.

Díez de Velasco, Manuel, Las Organizaciones Internacionales, 10. Aufl., Madrid 1996

Donges, Juergen B., Außenwirtschafts- und Entwicklungspolitik - Die Entwicklungsländer in der Weltwirtschaft, Heidelberg u.a. 1981

Dougherty, James E./Pfaltzgraff, Robert L., Contending Theories in International Relations, 3. Auflage, New York 1990

Dreyzin de Klor, Adriana, Fuentes jurídicas de la integración regional, in: Revista de Derecho Privado y Comunitario, Nr. 11/1996, S. 407 ff.

Dromi, Roberto/Molina del Pozo, Carlos, Acuerdo Mercosur - Unión Europea, Buenos Aires 1996

Dromi, Roberto/Ekmekdjian, Miguel/Rivera, Julio/, Derecho Comunitario - Sistemas de integración - Régimen del Mercosur, Buenos Aires 1995

Dromi, Roberto, Código del Mercosur, Band 1, Buenos Aires 1996

Early, Edwin F., Towards the Economic Union of Argentina, Brazil, Paraguay and Uruguay, in: Gustafson, Lowell S., Economic development under democratic regimes, Westport 1994

Edwards, Sebastian, Latin American Economic Integration: A New Perspective on an Old Dream, in: The World Economy 1993, S. 317 ff.

Eguivar, Luis A./Rua Boiero, Rodolfo R./, Mercosur, Buenos Aires 1991

Ehlermann, Claus-Dieter, Die wichtigsten Steuermechanismen der gemeinsamen Organisation der Agrarmärkte in der EWG, in: Integration 1969, S. 294 ff.

Ehlermann, Claus-Dieter, The Scope of Article 113, in: Integration 1982, S. 155 ff.; zitiert: Ehlermann, The Sope of Article 113

Ehlermann, Claus-Dieter, Mixed Agreements - A List of Problems, in: O'Keefe, David/Schermers, Henry G., Mixed Agreements, Deventer 1983, S. 3 ff.

Ekmekdjian, Miguel, Introducción al derecho comunitario latinoamericano, Buenos Aires 1994

Ekmekdjian, Miguel, Introducción al Derecho Comunitario Latinoamericano, Buenos Aires 1994

Elles, Baroness, The Role of EU Institutions in External Trade Policy, in: Emiliou, Nicholas/O'Keefe, David, The European Union and World Trade Law, New York u.a., 1996, S. 19 ff.

Emiliou, Nicholas/O'Keefe, David, The European Union an World Trade Law after the GATT Uruguay Round, New York u.a. 1996

Emmes, Manfred, Äquivalente zur Europäischen Politischen Zusammenarbeit in Lateinamerika, Mainz 1990

Ernst, Christoph, Le Mercosur et l'Union Européenne: Un rapprochement économique prometteur?, Regensburg 1997

Faria, Werter R., Harmonização legislativa no Mercosul, in: Estudos da Integração, Nr. 8/1995, S. 76 ff.

Felperín, Miriam/del Huerto Romero, María, in: Mabel Laredo, Iris (Hrsg.), De la ALALC al Mercosur, Buenos Aires 1992

Fernándes Illanes, Samuel, Las normas del Mercosur y su vigencia en el derecho interno, in: Revista Diplomacia, März/Juni 1996, S. 5 ff.

Ferrer, Aldo, Mercosur: trayectoria, situación actual y perspectivas, in: Desarrollo Económico - Revista de Ciencias Sociales, Nr. 140, 1996, S. 563 ff.

Ferrere, Daniel, The Uruguayan-Argentinian Trade Cooperation Agreement, in: Journal of World Trade Law 1984, S. 320 ff.

Fischer, Bernhard, Regionalisierungstendenzen in Amerika - Erscheinungsformen, Ursachen und Bewertung, in: Außenwirtschaft 1994, S. 527 ff.

Fischer, Peter, Free Trade Areas, in: Bernhardt (Hrsg.), Encyclopedia of Public International Law (EPIL), Bd. 8, Heidelberg 1985, S. 250 ff.

Fischer, Peter, Free Trade Areas, in: EPIL 8 1985, S. 250 ff.

Fischer, Roger A., Das Assoziationsrecht der Europäischen Gemeinschaften, Bonn 1994; zitiert: Fischer, Assoziationsrecht

Foders, Federico, Mercosur: A New Approach to Regional Integration?, Kiel Working Paper No. 746, Kiel 1996

Franco da Fonseca, José, Los nuevos problemas jurídicos e institucionales en la integración de América Latina: El Mercosur y el modelo de los acuerdos de libre comercio, in: Instituto Hispano-Luso-Americano de Derecho Internacional (Hrsg.), Anuario Hispano-Luso-Americano de Derecho Internacional, Madrid 1995, S. 29 ff.

Fritz, Barbara, Der Mercosur: Zwei Schritte vor, einer zurück, in: Jahrbuch Dritte Welt: Daten, Übersichten, Analysen, München 1996

García Lerena, Roberto, Menem y Cardoso buscan un acuerdo, in: La Nación, 25. April 1997, S. 1

García Lerena, Roberto, Mercosur: tiempo para acordar, in: La Nación, 25. April 1997, Sección 2, S. 1 f.

Garré Copello, Belter, El Tratado de Asunción y el Mercado Común del Sur - Los megabloques económicos y América Austral, Montevideo 1991

Garré Copello, Belter, Solución de controversias en el Mercado Común del Sur - El Protocolo de Brasilia al Tratado de Asunción, in: Vázquez, Cristina/Benítez Gómez, Juan u.a., Estudios multidisciplinarios sobre el Mercosur, Montevideo 1995, S. 193 ff.

Garriga, Marcelo/Sanguinetti, Pablo, Coordinación Macroeconómica en el Mercosur: Ventajas, desventajas y la práctica, Buenos Aires 1995

Gassner, Carolin/Wolf, Fernando, Der Mercosur - Ein Beispiel für eine erfolgreiche Integration?, in: IFO-Schnelldienst, Nr. 16, 1995, S. 25 ff.

Geiger, Rudolf, Kommentar zu dem Vertrag zur Gründung der Europäischen Gemeinschaft, 2. Aufl., München 1995

Geneyro, Rodrigo , El Mercosur: Una Transición Jurídica Compleja, in: Publicaciones del Instituto de Relaciones Internacionales de La Plata, Nr. 2 (1992), S. 11 ff.

Goes Filho, Synésio, El Mercosur y la Unión Europea, in: FESCOL, Fundación Friedrich Ebert de Columbia (Hrsg.), El Diálogo Unión Europea-América Latina, S. 51 ff.

González, Florencia, Solución de conflictos en un sistema de integración: los casos del Mercosur y la CEE, in: Integración Latinoamerican, Nr. 185, Dezember 1992, S. 33 ff.

Grabendorff, Wolfgang, Lateinamerika in einer neuen internationalen Ordnung, in: Europa-Archiv, Folge 20/1993, S. 587 ff.

Grabitz, Eberhard/v. Bogdandy, Armin/Nettesheim, Martin, Europäisches Außenwirtschaftsrecht - Der Zugang zum Binnenmarkt: Primärrecht, Handelsschutz und Außenaspekte der Binnenmarktharmonisierung, München 1994; zitiert: Bearbeiter, in: Grabitz/Bogdandy/Nettesheim

Grabitz, Eberhard / Hilf, Meinolf (Hrsg.), Kommentar zur Europäischen Union, Loseblattsammlung, München; zitiert: Bearbeiter, in: Grabitz/Hilf

Grandi, Jorge, Le Mercosur en période de transition: évaluation et perspectives, in: Problèmes d'Amérique latine, Nr. 17, 1996, S. 73 ff.

Gratius, Susanne , Mercosur - Ein aufsteigender Markt im Süden der USA, FES-Analyse, Bonn 1996

Grigera Naón , Latin American Economic Integration, in: EPIL (6) 1983, S. 242 ff.

Grigera Naón, Horacio, Latin American Economic Cooperation, in: Bernhardt (Hrsg.), Encyclopedia of Public International Law (EPIL), Bd. 6, Heidelberg 1983, S. 241 ff.

Grigera Naón, Horacio, Latin American Integration Association, in: Bernhardt (Hrsg.), Encyclopedia of Public International Law (EPIL), Bd. 6, Heidelberg 1983, S. 247 ff.

Groeben, Hans/Thiesing, Jochen/Ehlermann, Claus-Dieter (Hrsg.), Kommentar zum EWG-Vertrag, 4 Bände, Baden-Baden 1991; zitiert: Bearbeiter, in: Groeben/Thiesing/Ehlermann

Gudiño, Patricia, Le processus d'intégration économique dans le continent américain: La logique du regroupement nord-sud, in: Revue d'intégration européenne, Nr. 2-3/1995, S. 235 ff.

Guillermo, José, La aplicación directa del ordenamiento jurídico del Acuerdo de Cartagena, in: Integración Latinoamericana 1985 (Nr. 98), S. 45 ff.

Haines-Ferrari, Marta, Mercosur: A New Model of Latin American Economic Integration?, in: Case Western Reserve Journal of International Law, 1993, S. 413 ff.

Hallstein, Walther, Die echten Probleme der europäischen Integration, Kieler Vorträge, N.F. 37 (1965)

Halperín, Marcelo, Los particulares y el Mercosur: el Protocolo de Brasilia para la solución de controversias, in: Integración Latinoamericana, Nr. 178, Mai 1992, S. 61 ff.

Haubrich, Walter, Eine transatlantische Brücke - Die Europäer unterstützen die Zusammenarbeit mit den Mercosur-Staaten, in: FAZ Nr. 258, 6. Nov. 1997, S. 16

Hauser, Heinz/Schanz, Kai-Uwe, Das neue GATT - Die Welthandelsordnung nach Abschluß der Uruguay-Runde, München/Wien 1995

Hekimian, Leonardo Pablo, El Acuerdo Mercosur-Chile, in: Boletín de Lecturas Sociales y Económicas de la Universidad Católica Argentina, Nr. 16, 1996, S. 83 ff.

Henze, Torsten, Aufgaben- und Ausgabenkompetenz der Europäischen Gemeinschaft und ihrer Mitgliedstaaten im Bereich der Entwicklungspolitik, in: EuR 1995, S. 76 ff.

Herdegen, Matthias, Internationales Wirtschaftsrecht, 2. Aufl., München 1995

Herrera Vegas, Jorge H., Politica Exterior: de la rivalidad a la integración regional, Buenos Aires 1995

Hillcoat, Guillermo, Les relations extérieures du Mercosur: bilan et perspectives, in: Problèmes d'Amérique latine, Nr. 26, 1997, S. 101 ff.

Hilpold, Peter, Neue Freihandelszonen in Asien und Amerika als Herausforderung für Europa, in: Wirtschaftspolitische Blätter 1996, S. 184 ff.

Hirst, Monica, Mercosur and the new circumstances for its integration, in: CEPAL Review, Nr. 46, 1992, S. 139 ff.

Hirst, Monica, Avances y desafíos en la formación del Mercosur, Buenos Aires 1992; zitiert: Hirst, Avances y desafíos

Hirst, Monica, Reflexiones para un Análisis político del Mercosur, Buenos Aires 1991

Hollenweger, Peter, Die Assoziation von Staaten mit internationalen Organisationen, Tübingen 1963

Hummer, Waldemar, Die Lateinamerikanische Integrationsassoziation (ALADI) als Rechtsnachfolger der Lateinamerikanischen Freihandelsassoziation (ALALC), in: Verfassung und Recht in Übersee 1980, S. 361 ff.

Hummer, Waldemar/Weiss, Friedl, Vom GATT '47 zur WTO '94, Neuwied u.a. 1995

Ipsen, Hans-Peter, Europäisches Gemeinschaftsrecht, Tübingen 1972; zitiert: Ipsen, Europäisches Gemeinschaftsrecht

Ipsen, Knut, Völkerrecht, 3. Aufl., München 1990; zitiert: Ipsen, Völkerrecht

IRELA (Hrsg.), Mercosur: Prospects for an Emerging Bloc, Dossier Nr. 61, August 1997; zitiert: IRELA, Dossier Nr. 61, 1997

IRELA (Hrsg.), El acuerdo interregional entre la UE y el Mercosur: ¿Una nueva estrategia de la UE en América Latina?, Un informe de IRELA, INF-95/5-MERC, Madrid 1995; zitiert: IRELA INF-95/5-MERC

IRELA (Hrsg.), La Unión Europea y el Mercosur: ¿Hacia una nueva relación económica?, Documento de Base, Madrid, Juni 1996; zitiert: IRELA, Documento de Base 1996

Jaber, Tomas A., The Relevance of Traditional Integration Theory to Less Developed Countries, in: Journal of Common Market Studies 1971, S. 254 ff.

Jackson, John H., From GATT to the World Trade Organisation: Implications for the World Trading System, in: Cottier, Thomas (Hrsg.), GATT-Uruguay Round, Bern 1995

Jansen, Bernhard, Die neue Welthandelsorganisation (World Trade Organization - WTO), in: EuZW 1994, S. 333 ff.

Johnson, William, The Montevideo Treaty for a Latin American Free Trade Area, in: International Trade and Investment 1965, S. 718 ff.

Johnson, William, The Montevideo Treaty for a Latin American Free Trade Area, in: International Treade and Investment 1965, S. 718 ff.

Kuesters, Hans Juergen, Die Gründung der Europäischen Wirtschaftsgemeinschaft, Baden-Baden 1982

Lambert, Jaques, La transposition du régime présidential hors les États Unis: le cas de l'Amérique Latine, in: Revue de Sciences Politiques Françaises 1962, S. 581 ff.

Landoni, Sosa, La solución de conflictos en el Mercosur, in: Revista del Colegio de Abogados de La Plata 1994, S. 325 ff.

Langguth, Gerd, Deutschland vor neuen Herausforderungen - Das Verhältnis zu Lateinamerika, in: Außenpolitik 1994, S. 20 ff.

Laporte Galli, Diego A., La Unión Europea y el Mercosur emprenden la reconciliación, in: Revista CIDOB d'Afers Internacionals, Nr. 31, 1995, S. 63 ff.

Laredo, A. Toledano, Les relations entre l'Union européenne et le Mercosur, in: Revue du Marché Unique Européen, Nr. 4/1995, S. 17 ff.

Laurelli, Elsa/Montaña, Elma, Los territorios del Mercado Común del Sur: propuestas y efectos esperados, in: Revista Interamericana de Planificación, Nr. 10, 1994, S. 138 ff.

Lauricella, Roberto, Políticas de integración regional: el Mercosur, Mailand 1994

Lavopa, Jorge Horacio, La dimensión jurídica de la integración, in: Contribuciones 4/1996, S. 149 ff.

Lavopa, Jorge Horacio, ALADI - Seminario - La Dimensión jurídica de la integración del Mercosur, Seminarveröffentlichung, Montevideo, 3. Dez. 1996; zitiert: Lavopa, La Dimensión jurídica de la integración del Mercosur

Lavopa, Jorge Horacio, La estructura orgánica funcional del Mercosur, in: Plenario - Publicación de la Asociación de Abogados de Buenos Aires, Nr. 8/1995, S. 25 ff.

Lennertz, Michael, Schwere Krawalle bei Clintons Besuch in Argentinien - Südamerika-Reise des amerikanischen Präsidenten als gelungen bewertet, in: FAZ Nr. 242, 18. Okt. 1997, S. 1 f.

Lennertz, Michael, Mercosur und Andenpakt schließen sich zusammen, in: FAZ Nr. 196, 25. Aug. 1997, S. 13

Lennertz, Michael, Amerikanische Freihandelszone gefordert - Brasilianer kritisieren Präsident Clinton, in: FAZ Nr. 239, 15. Okt. 1997, S. 8

Lennertz, Michael, Freier Markt von Alaska bis Feuerland - Clinton plädiert für gesamtamerikanische Freihandelszone, in: FAZ Nr. 244, 21. Okt. 1997, S. 20

Leu, Hans-Joachim, Andean Common Market, in: Bernhardt (Hrsg.), Encyclopedia of Public International Law (EPIL), Bd. 6, Heidelberg 1983, S. 13 ff.

Lion, Christopher P., Regional Trade Arrangements in the Western Hemisphere, in: Business America, December 1994, S. 16 ff.

Lipovetzky, Jaime César/Lipovetzky, Daniel Andrés, Mercosul - Estratégias para a integração - Mercado Comum ou Zona de Livre Comércio? - Análises e Perspectivas do Tratado de Assunção, São Paulo 1994

Loewenstein, Karl, Verfassungslehre, 2. Aufl., Tübingen 1969

Louis, Jean-Victor, Die Rechtsordnung der Europäischen Gemeinschaften, 3. Aufl., Brüssel/Luxemburg 1990

Lucángeli, Jorge, Mercosur: Antecedentes, Logros y Perspectivas, in: Pensamiento Iberoamericano 1995, S. 157 ff.

Luis Romero, Elena/Agramunt, Luis Felipe, Mercosur - Aproximaciones hacia la integración con la Unión Europea, Santa Fe 1996

Magariños, Gustavo, Uruguay en el Mercosur, Montevideo 1991

Mangas Martín, Araceli, Análisis comparativo del derecho integracionista en la UE, GRAN, Mercosur, Madrid 1995

Mantilla, Enrique, La controversia con Brasil, in: La Nación, 20. Juni 1997, Sección 5, S. 12

Manzetti, Luigi, The Political Economy of Mercosur, in: Journal of Interamerican Studies an World Affairs 1993, S. 101 ff.

Marín, Manuel, La política comercial común y las nuevas zonas emergentes: América Latina y Asia, in: Información Comercial Española (I.C.E.), Nrn. 744/745, 1995, S. 99 ff.

Mármora, Leonardo/Messner, Diego, La integración de Argentina, Brasil Paraguay y Uruguay, in: Nueva Sociedad 1991, S. 130 ff.

Martínez Ocamica, Gutenberg, Politische Regime in Lateinamerika - ein Semipräsidialsystem als Lösung?, in: Hofmeister, Wilhelm/Thesing, Josef, Der Wandel politischer Systeme in Lateinamerika, Frankfurt a.M. 1996

Marwege, Renata/Samtleben, Jürgen, Wirtschaftliche Integration und gewerbliche Schutzrechte in der Rechtsprechung des Andengerichtshofs, in: GRUR-Int. 1993, S. 279 ff.

Marwege, Renata, Der Andengerichtshof: das Rechtsschutzsystem des Andenpaktes mit vergleichenden Bezügen zum Recht der Europäischen Gemeinschaft, Berlin 1995

Mayr, Jelka Liselotte, Die Rolle des Mercosur im multidimensionalen Integrationsschema Lateinamerikas, in: Verfassung und Recht in Übersee 1993, S. 258 ff.

Meessen, Karl Matthias, Das Abkommen von Lomé als gemischter Vertrag, in: Europarecht 1980, S. 36 ff.

Melgarejo, Iñigo Febrel, La integración económica de Mercosur, in: Boletín Económico de Información Comercial Española, Nr. 2516, 1996, S. 25 ff.

Menem, Carlos Saúl, ¿Qué es el Mercosur?, Buenos Aires 1996

Midón, Mario, Algo más que cooperación. El convenio entre la Comunidad y Mercosur profundiza la integración, in: El Derecho, Band 171 (1997), S. 883 ff.

Ministerio Argentino de Relaciones Exteriores, Comercio Internacional y Culto (Hrsg.), El Área de Libre Comercio de las Américas (ALCA) - Evaluación preliminar de la evolución del intercambio y de las principales cuestiones que plantea su instrumentación, Buenos Aires 1997

Minsburg, Naúm, Argentina y el Mercosur: un proceso complejo, in: Cuadernos del CLAEH, Nr. 68/1993-94, S. 39 ff.

Moavro, Horacio/Orieta, Pedro/Parera, Ricardo, Las instituciones del Mercosur, in: Centro Interdisciplinario de Estudios sobre el Desarrollo Latinoamericano (Hrsg.), Documento de Trabajo Nr. 3, Buenos Aires 1997

Mols, Manfred , The Integration Agenda: A Framework for Comparison, in: Peter H. Smith (Hrsg.), The Challenge of Integration: Europe and the Americas, Miami 1993

Mols, Manfred/Thiesing, Josef, Der Staat in Lateinamerika, Mainz 1995; zitiert: Mols/Thiesing

Morelli de Bracali, Silvia, Mercosur - Unión Europea: Perspectivas de una relación multidimensional, in: Stahringer de Caramuti, Ofelia, El Mercosur en el nuevo orden mundial, Buenos Aires 1996, S. 191 ff.

Morelli, Alfredo R., Las instituciones del Mercosur en funcionamiento, in: Mercosur Journal, Nr. 4/1996, S. 23 ff.

Morello, Augusto M., El Mercosur - Aspectos institucionales y económicos, La Plata 1993

Naim, Moisés, Lateinamerikas wachsende wirtschaftliche Attraktivität, in: Internationale Politik, Nr. 2, 1995, S. 53 ff.

Navarro, Alberto/Pico de Coaña, Yago, Nuevo acuerdo marco entre la Unión Europea y el Mercosur, in: Eurocampus, November 1995, S. 1 ff.

Nicolaysen, Gert, Europarecht, Band 2: Das Wirtschaftsrecht im Binnenmarkt, Baden-Baden 1996

Nofal, Beatriz, Acuerdo Chile Mercosur: una fuerza de estabilidad y progreso en la región, in: Mercosur Journal Nr. 3/1996, S. 13 ff.

Nofal, Beatriz, Integración Argentina-Brasil y regionalización del mercado en el Cono Sur, in: Contribuciones 4/1991, S. 113 ff.

Nogues, Julio/Quintanilla, Rodolfo, Latin American Integration and the Multilateral Trading System, in: de Melo/Panagariya (Hrsg.), New Dimensions in Regional Integration, Cambridge 1992

Núñez, Alberto, Crónica de una negociación, in: Archivos del Presente - Revista Latinoamericana de Temas Internacionales, Nr. 3/1995-96, S. 117 ff.

O'Keefe, Thomas Andrew, Las posibilidades de incorporar el Mercosur al NAFTA para crear un zona de libre comercio hemisférica antes del año 2005, in: Stahringer de Caramuti, Ofelia, El Mercosur en el nuevo orden mundial, Buenos Aires 1996, S. 297 ff.

O'Keefe, Thomas Andrew, An Analysis of the Mercosur Economic Integration Projekt from a Legal Perspective, in: International Lawyer, vol. 28, 1994, S. 439 ff.

Olmedo Gavilán, Mercedes/Gómez-Crespo López, Antonio, Relaciones UE-Mercosur, in: Boletín Económico de Información Comercial Española, Nr. 2489, 1996, S. 53 ff.

Oppermann, Thomas, Die Europäische Gemeinschaft und Union in der Welthandelsorganisation (WTO), in: Zentrum für Europäisches Wirtschaftsrecht (Hrsg.), Vorträge und Berichte, Nr. 54, Bonn 1995

Oppermann, Thomas, Europarecht. Ein Studienbuch, München 1991

Papaño, Ricardo J., Mercosur: armonización legislativa y derecho comunitario, in: La Ley 1994, S. 706 ff.

Pastori, Alejandro, Marché Commun du Sud - Mercosur, in: Revue du Marché commun et de l'Union européenne 1993, S. 778 ff.

Peaske, Amos J., International Governmental Organisations, New York 1974

Peña, Felix, Relaciones América Latina - Unión Europea: Nuevas Perspectivas, Santiago de Chile 1994; zitiert: Peña, Relaciones

Peña, Felix, Mercosur, CE e Iniciativa para las Américas, in: Rimoldi de Ladmann, Eve (Hrsg.), Mercosur y Comunidad Europea, Buenos Aires 1995, S. 95 ff.

Peña, Felix, New Approaches to Economic Integration in the Southern Cone, in: The Washington Quarterly 1995, S. 113 ff.

Peña, Felix, El cuadro institucional de las relaciones entre la Europa Comunitaria y el Mercosur, in: A integração aberta - um projecto da União Europeia e do Mercosul, Lissabon 1995, S. 212 ff.

Peña, Felix, Mercosur y su relación con Chile, Pacto Andino, NAFTA y Unión Europea, in: Fernández Bugna, Roberto/Landívar, Julio, Segunda Conferencia Industrial Argentina, Mar del Plata - 10/12 agosto 1995, Buenos Aires 1995

Peña, Felix, La construcción del Mercosur - Lecciones de una experiencia, in: Archivos del Presente, Nr. 4/1996, S. 113 ff.

Pérez Otermin, Jorge, El Mercado Común del Sur: Desde Asunción a Ouro Preto - Aspectos jurídico-institucionales, Montevideo 1995; zitiert: Pérez Otermin II

Pérez Otermin, Jorge, Solución de Controversias en el Mercosur, Montevideo 1992; zitiert: Pérez Otermin I

Pescatore, Pierre, L'ordre juridique des Communautés Européennes, Lüttich 1973

Pizarro, Roberto, Renovación y dinamismo de la integración latinoamericana en los años noventa, in: Estudios Internacionales 1995, S. 197 ff.

Rahmatullah, Khan, Andean Common Market, Court of Justice, in: Bernhardt (Hrsg.), Encyclopedia of Public International Law (EPIL), Bd. 6, Heidelberg 1983, S. 15 ff.

Rapoport, Mario/Musachio, Andrés/u.a., La Comunidad Europea y el Mercosur - Una evaluación comparada, Buenos Aires 1993

Richter, Stefan, Die Assoziierung osteuropäischer Staaten an die Europäischen Gemeinschaften, Berlin 1993

Riklin, Alois, Die Europäische Gemeinschaft im System der Staatenverbindungen, Bern 1972

Rimoldi de Ladmann, Eve, Escenario del Mercosur, in: Rimoldi de Ladmann, Eve (Hrsg.), Mercosur y Comunidad Europea, Buenos Aires 1995, S. 17 ff.

Rimoldi de Ladmann, Eve, La estructura institucional a partir del protocolo de Ouro Preto, in: Rimoldi de Ladmann, Eve (Hrsg.), Mercosur y Comunidad Europea, Buenos Aires 1995, S. 205 ff.; zitiert: Rimoldi, Estructura institucional

Rohde, Bettina/Kaltenborn, Markus, Neuere Entwicklungen im Assoziierungsrecht der EG, in: Coen, Martin (Hrsg.), Europa '93 - auf dem Weg zur Europäischen Union: Festschrift für Albert Bleckmann, Berlin u.a. 1993

Rosales, Jorge, Perú pidió ser socio externo del Mercosur, in: La Nación, 16. Mai 1997, Sección 2, S. 3

Ruiz-Giménez, Guadalupe, Buscando nuevas formas de cooperación euro-latinoamericana, in: A integração aberta - um projecto da União Europeia e do Mercosul, Lissabon 1995, S. 266 ff.

Salomão Filho, Calixto/Samtleben, Jürgen, Der Südamerikanische Gemeinsame Markt - Eine rechtliche Analyse des Mercosur, in: WM 1992, S. 1345 ff. und S. 1385 ff.

Samtleben, Jürgen, Der Südamerikanische Gemeinsame Markt (Mercosur) und seine neue Verfassung, in: WM 1996, S. 1997 ff.

Samtleben, Jürgen, Das Recht des Mercosur - wichtig für Europa?, in: EuZW, Nr. 3 1998, vor S. 65

Samtleben, Jürgen, Las Perspectivas para un Tribunal de Mercosur y la Experiencia Europea, in: Jurisprudencia Argentina, 1998 Band I, S. 786 ff.

Sangmeister, Hartmut, Auf dem Weg in den Weltmarkt: Regionale Wirtschaftsintegration im Cono Sur, in: Junker, Detlef/Nohlen, Dieter/Sangmeister, Hartmut, Lateinamerika am Ende des 20. Jahrhunderts, München 1994, S. 191 ff.

Sangmeister, Hartmut, Regionale Integration und Kooperation in den beiden Amerikas: Auf dem Weg zu einer gesamtamerikanischen Freihandelszone?, in: Betz, Joachim/Brüne, Stefan (Hrsg.), Jahrbuch Dritte Welt, München 1994

Sanguinetti, Julio Luis, Mercosur: las alternativas del diseño institucional definitivo, in: Integración Latinoamericana, Nr. 201, 1994, S. 3 ff.

Schaal, Peter, La posición de la Unión Europea frente a los nuevos procesos de integración en América Latina, in: Contribuciones 4/1996, S. 65 ff.

Schäfer, Alexander, Die deutsch-lateinamerikanischen Beziehungen im Rahmen der EG-Politik, in: Mols, Manfred/Wagner, Christoph (Hrsg.), Deutschland-Lateinamerika - Geschichte, Gegenwart und Perspektiven, Frankfurt a.M. 1994, S. 319 ff.

Schermers, Henry G., A Typology of Mixed Agreements, in: O'Keefe, David/ Schermers, Henry G., Mixed Agreements, Deventer 1983, S. 23 ff.

Schön, Cordula, Der rechtliche Rahmen für Assoziierungen der Europäischen Gemeinschaft: vor dem aktuellen Hintergrund der Annäherungs- und Mitgliedschaftswünsche der mittel- und osteuropäischen Staaten, Frankfurt a.M. u.a. 1994

Schonebohm, Dieter, Auf dem Weg zu einem Gemeinsamen Markt? - Der Mercosur und seine Institutionen, in: Lateinamerika - Analysen, Daten, Dokumentation, Nr. 34/35, 1997, S. 11 ff.

Schweitzer, Michael/Hummer, Waldemar, Europarecht - Das Recht der Europäischen Union - Das Recht der Europäischen Gemeinschaften (EGKS, EG, EAG) - mit Schwerpunkt EG, 5. Aufl., Neuwied u.a. 1996; zitiert: Schweitzer/Hummer

Scott, Joanne, Tragic Triumph: Agricultural Trade, the Common Agricultural Policy and the Uruguay Round, in: Emiliou, Nicholas/O'Keefe, David, The European Union and World Trade Law, New York u.a., 1996, S. 165 ff.

Seidl-Hohenveldern, Ignaz/Loibl, Gerhard, Das Recht der internationalen Organisationen einschließlich der Supranationalen Gemeinschaften, 6. Auflage, Köln u.a. 1996

Seitenfus, Ricardo, Nationalregierungen und Mercosur: Ziele und Zeitplan als politisches Instrument, in: Lateinamerika - Analysen, Daten, Dokumentation, Nr. 22, 1993, S. 11 ff.

Siebert, Horst, Außenwirtschaft, 6. Aufl., Stuttgart u.a. 1994; zitiert: Siebert, Außenwirtschaft

Siebert, Horst, Weltwirtschaft, Stuttgart u.a. 1997; zitiert: Siebert, Weltwirtschaft

Simmonds, K. R., Carribean Cooperation, in: Bernhardt (Hrsg.), Encyclopedia of Public International Law (EPIL), Bd. 6, Heidelberg 1983, S. 69 ff.

Smith Perera, Roberto, Routine oder Rückschritt? Europa und Lateinamerika, in: Europa-Archiv, Folge 13-14, 1994, S. 381 ff.

Smith Perera, Roberto, Economic relations between Latin America and the European Union, in: CEPAL Review, Nr. 56, 1995, S. 97 ff.

Statistisches Bundesamt (Hrsg.), Statistisches Jahrbuch 1997 für das Ausland, Stuttgart 1997

Stevens, Willy, Mercosur - A Latin American regional integration of the second generation, in: Studia Diplomatica, Nr. 4, 1995, S. 49 ff.

Streinz, Rudolf, Europarecht, 3. Auflage, Heidelberg 1996

Tabaré, Vera/Bizzózero, Lincoln, La construcción del Mercosur: Diagnóstico y evaluación de lo acordado, Buenos Aires 1993

Unctad/IWF (Hrsg.), World Investment Report 1996, Investment, Trade an International Policy Arrangements, New York, 1996

Uribe Restrepo, Fernando, El Derecho de la Integración en el Grupo Andino, Cartagena 1990

Verdross, Alfred/Simma, Bruno, Universelles Völkerrecht: Theorie und Praxis, 3. Aufl., Berlin 1984

Vicent, Jorge, La solución de conflictos en el comercio internacional. El Mercosur, in: El Derecho, 171 (1997), S. 878 ff.

Villanueva, Javier, La experiencia de la Comunidad Europea: posibles lecciones para el Mercosur, in: Contribuciones, Nr. 2/1992, S. 7 ff.

Viner, Jacob , The Customs Union Issue, New York 1950

Weber, Tilmann/Moses, Carl/Voß, Helmut/, Mercosur - Ein Markt mit Zukunft, Köln u.a., 1994

Wegener, Wolf/Wigand, Klaus/López Rey, Mercedes, Investitionen in Lateinamerika - Rechtliche und wirtschaftliche Rahmenbedingungen, in: Beiten-Burkhardt-Mittl-Wegener (Hrsg.), Internationale Schriftenreihe, Heft 4, München u.a. 1996

Witker, Jorge, La resolución de controversias en el Mercosur, in: Pemex Lex - Revista Jurídica de los Petroleros Mexicanos, Nrn. 77-78, 1994, S. 34 ff.

Wohlfahrt, E./Everling, U./Glaesner, H./Sprung, R., Die Europäische Wirtschaftsgemeinschaft, Kommentar zum Vertrag, Berlin und Frankfurt a.M. 1960

Woll, Artur, Allgemeine Volkswirtschaftslehre, 6. Aufl., München 1978

Wuthenau, Celedonio von, Mercosur: Entstehung, Ziele und Perspektiven, in: Lauth, Hans-Joachim/Mols, Manfred, Integration und Kooperation auf dem amerikanischen Kontinent, Mainz 1993

Wuthenau, Celedonio von, Los procesos de integración interestatales en el continente americano, in: Contribuciones 4/1996, S. 7 ff.

Zelada Castedo, Alberto, Competencias legales y toma de decisiones en la integración en América Latina, in: Integración Latinoamerican, Nr. 186, Dezember 1993, S. 57 ff.